Machine Learning
with Python Cookbook

실무로 통하는
ML 문제 해결 with 파이썬

O'REILLY® **HB 한빛미디어**
Hanbit Media, Inc.

◐ 지은이 · 옮긴이 소개

지은이 카일 갤러틴 Kyle Gallatin

데이터 분석가, 데이터 과학자, 머신러닝 엔지니어로 수년간 경력을 쌓은 머신러닝 인프라를 위한 소프트웨어 엔지니어입니다. 또한 전문적인 데이터 과학 멘토이자 자원봉사 컴퓨터 과학 교사입니다. 소프트웨어 엔지니어링과 머신러닝이 접목되는 분야의 글을 종종 발표합니다. 현재 카일은 엣시Etsy의 머신러닝 플랫폼 팀에서 소프트웨어 엔지니어로 일하고 있습니다.

지은이 크리스 알본 Chris Albon

위키백과를 호스팅하는 비영리 단체인 위키미디어 재단의 머신러닝 이사입니다.

옮긴이 박해선 haesun.park@tensorflow.blog

기계공학을 전공했지만 졸업 후엔 줄곧 코드를 읽고 쓰는 일을 했습니다. Microsoft AI MVP, GCP Champion Innovator입니다. 텐서 플로우 블로그(*tensorflow.blog*)를 운영하고 있고, 머신러닝과 딥러닝에 관한 책을 집필하고 번역하면서 소프트웨어와 과학의 경계를 흥미롭게 탐험하고 있습니다.

『챗GPT로 대화하는 기술』(한빛미디어, 2023), 『혼자 공부하는 데이터 분석 with 파이썬』(한빛미디어, 2023), 『혼자 공부하는 머신러닝+딥러닝』(한빛미디어, 2020), 『Do it! 딥러닝 입문』(이지스퍼블리싱, 2019)을 집필했습니다.

『머신러닝 교과서: 파이토치 편』(길벗, 2023), 『스티븐 울프럼의 챗GPT 강의』(한빛미디어, 2023), 『핸즈온 머신러닝 3판』(한빛미디어, 2023), 『만들면서 배우는 생성 딥러닝 2판』(한빛미디어, 2023), 『코딩 뇌를 깨우는 파이썬』(한빛미디어, 2023), 『트랜스포머를 활용한 자연어 처리』(한빛미디어, 2022), 『케라스 창시자에게 배우는 딥러닝 2판』(길벗, 2022), 『개발자를 위한 머신러닝&딥러닝』(한빛미디어, 2022), 『XGBoost와 사이킷런을 활용한 그레이디언트 부스팅』(한빛미디어, 2022), 『구글 브레인 팀에게 배우는 딥러닝 with TensorFlow.js』(길벗, 2022), 『(개정2판)파이썬 라이브러리를 활용한 머신러닝』(한빛미디어, 2022), 『머신러닝 파워드 애플리케이션』(한빛미디어, 2021), 『파이토치로 배우는 자연어 처리』(한빛미디어, 2021), 『머신러닝 교과서 3판』(길벗, 2021)을 포함하여 여러 권의 책을 우리말로 옮겼습니다.

Machine Learning with Python Cookbook

실무로 통하는
ML 문제 해결 with 파이썬

| 표지 설명 |

표지 동물은 나리나 트로곤Narina trogon (학명: *Apaloderma narina*)입니다. 프랑스의 조류학자 프랑소와 르베일란트François Levaillant의 연인 이름에서 따왔습니다. 나리나는 꽃을 의미하는 코이코이Khoikhoi 족의 단어로, 그녀의 이름이 발음하기 어려워 대신 이렇게 불렀습니다. 나리나 트로곤은 아프리카의 저지대나 고지대, 열대와 온화한 기후에서 모두 널리 서식하며 보통 속이 빈 나무에 둥지를 틉니다. 다양한 서식지 때문에 관심 대상종으로 지정되었습니다. 나리나 트로곤은 곤충이나 작은 무척추동물은 물론 작은 설치류나 파충류도 먹습니다. 수컷은 더 밝은 색이며 낮고 귀에 거슬리는 울음소리를 반복하여 자기 영역을 지키고 암컷을 유혹합니다. 암수 모두 초록빛의 머리 깃털과 금속 느낌의 청록색 꼬리 깃털이 있습니다. 암컷의 머리와 가슴 깃털은 갈색이고 수컷의 배는 밝은 빨강색입니다. 어린 새들은 암컷과 색깔이 비슷하고 안쪽 날개 끝이 하얀 것이 특징입니다.

오라일리 책 표지에 실린 많은 동물은 멸종 위기에 처해 있으며 모두 소중한 존재입니다. 이 책의 표지 그림은 존 조지우드의 『Animate Creation』(1885)를 바탕으로 캐런 몽고메리Karen Montgomery가 그렸습니다.

실무로 통하는 ML 문제 해결 with 파이썬

전처리부터 딥러닝까지, 216개 실용 예제로 익히는 문제 해결 기법

초판 1쇄 발행 2024년 4월 29일

지은이 카일 갤러틴, 크리스 알본 / **옮긴이** 박해선 / **펴낸이** 전태호
펴낸곳 한빛미디어(주) / **주소** 서울시 서대문구 연희로2길 62 한빛미디어(주) IT출판2부
전화 02-325-5544 / **팩스** 02-336-7124
등록 1999년 6월 24일 제25100-2017-000058호 / **ISBN** 979-11-6921-237-3   93000

총괄 송경석 / **책임편집** 서현 / **기획 · 편집** 박지영 / **교정** 김가영
디자인 표지 · 내지 최연희 / **전산편집** 백지선
영업 김형진, 장경환, 조유미 / **마케팅** 박상용, 한종진, 이행은, 김선아, 고광일, 성화정, 김한솔 / **제작** 박성우, 김정우

이 책에 대한 의견이나 오탈자 및 잘못된 내용은 출판사 홈페이지나 아래 이메일로 알려주십시오.
파본은 구매처에서 교환하실 수 있습니다. 책값은 뒤표지에 표시되어 있습니다.
한빛미디어 홈페이지 www.hanbit.co.kr / 이메일 ask@hanbit.co.kr

© HANBIT MEDIA INC. 2024.

Authorized Korean translation of the English edition of **Machine Learning with Python Cookbook**
ISBN 9781098135720 © 2023 Kyle Gallatin.

This translation is to be published and sold by permission of O'Reilly Media, Inc., the owner of all rights to publish and sell the same.

이 책의 저작권은 오라일리와 한빛미디어(주)에 있습니다.
저작권법에 의해 보호를 받는 저작물이므로 무단 전재와 무단 복제를 금합니다.

지금 하지 않으면 할 수 없는 일이 있습니다.
책으로 펴내고 싶은 아이디어나 원고를 메일(writer@hanbit.co.kr)로 보내주세요.
한빛미디어(주)는 여러분의 소중한 경험과 지식을 기다리고 있습니다.

얼마 전 여행지에서 전날 내린 뜻밖의 눈으로 온 세상이 뒤덮였습니다. 가족과 함께 고운 눈 위에 발자국을 찍으며 숲속을 걸었습니다. 순백의 세상에 둘러싸여 아름다운 그림을 마주하고 있으면 잠시 시간과 공간을 잊어 버리게 됩니다. 화폭 위로 꿈틀거리며 전진하는 물감에서 마지막까지 한 점, 한 점 그려낸 화가의 운명을 느낍니다.

돌 하나 하나가 쌓여 탑이 세워지고 명성을 이루듯이 짧은 레시피가 차곡차곡 모여 한 권의 책이 되었습니다. 어떤 레시피가 어떤 사람에게 도움이 될지 모릅니다. 하지만 그 순간 저자와 역자의 시간을 뛰어넘어 하얀 종이 위에 찍힌 글 자국을 통해 즐거운 운명을 느낄 수 있기를 바랍니다.

이 책은 1판의 내용을 최신으로 바꾸고 많은 내용을 추가했습니다. 특히 딥러닝 주제를 다루기 위해 케라스 라이브러리 대신 파이토치를 사용했습니다. 파이토치 자료에 목말랐던 독자에게 유용한 자료가 되기를 기대합니다. 1판과 마찬가지로 2판의 코드는 역자의 깃허브(*https://bit.ly/3VaQhKD*)에서 볼 수 있습니다.

좋은 책을 맡겨주신 한빛미디어와 2판의 업데이트 내용을 꼼꼼하게 챙겨주신 박지영 님에게 감사드립니다. 언제나 명랑한 우리 가족 주연이와 진우에게도 고맙고 사랑한다는 말을 전합니다.

이 책의 정오표는 블로그(*https://tensorflow.blog/ml-cookbook-2/*)에 등록해놓겠습니다. 책을 보기 전에 꼭 확인해주세요. 이 책에 관한 이야기라면 무엇이든 환영합니다. 언제든지 블로그나 이메일로 알려주세요.

2024년 4월
박해선

2018년에 출간된 1판은 늘어나는 머신러닝 콘텐츠 사이에서 중요한 간극을 채웠습니다. 실용적이고 잘 테스트된 파이썬 레시피를 제공하여 실무자들이 코드를 복사하여 붙여넣은 후 쉽게 자신의 문제에 맞게 조정할 수 있었습니다. 지난 5년 동안 머신러닝 분야는 딥러닝과 이와 관련된 파이썬 프레임워크의 발전과 함께 계속 크게 성장해왔습니다.

이제 해가 바뀌었고 머신러닝과 딥러닝 실무자들의 요구를 충족시킬 수 있는 최신 파이썬 라이브러리를 활용한 실용적인 콘텐츠가 필요하게 되었습니다. 이 책은 1판의 저자가 해낸 기존의 훌륭한 작업을 기반으로 다음과 같은 내용을 추가했습니다.

- 예제를 최신 파이썬 버전과 프레임워크로 업데이트합니다.
- 데이터 소스, 데이터 분석, 머신러닝 및 딥러닝 분야의 최신 방법을 반영합니다.
- 딥러닝 콘텐츠를 확장하여 텐서와 신경망을 추가하고, 파이토치로 텍스트 및 비전을 위한 모델을 만듭니다.
- 한 걸음 더 나아가 모델을 서빙하여 API로 제공합니다.

1판과 마찬가지로 이 책은 작업 단위 방식으로 머신러닝을 다룹니다. 모델을 구축하는 데이터 과학자나 머신러닝 엔지니어가 마주치게 될 가장 보편적인 작업을 위해 (복사, 붙여넣기하여 실행 가능한) 200개 이상의 완전한 솔루션을 담고 있습니다.

한국어판만의 레시피별 추가 팁 수록

쿡북 스타일의 이 책은 하나의 레시피가 특정 메서드나 클래스의 사용 방법을 다룹니다. 하지만 레시피가 비교적 짧다 보니, 다양한 옵션이나 유사 함수들을 충분히 설명하지는 못합니다.

원서의 이런 미진한 부분을 보완하고자 박해선 역자는 대부분의 레시피에 '덧붙임'이라는 항목을 새롭게 만들고 내용을 추가했습니다(모든 레시피에 다 들어가지는 않습니다). 역자가 세심하게 추가 보완한 내용을 통해 독자 여러분이 더욱 풍부하고 유용한 정보를 얻기를 바랍니다.

이번 2판은 원저자인 크리스 알본이 1판에서 제공한 환상적인 내용, 구조 및 품질 덕분에 세상에 나올 수 있었고, 덕분에 2판의 제1저자로서 작업을 상당히 수월하게 할 수 있었습니다.

머신러닝 분야가 빠르게 진화하고 있기 때문에 2판에 포함된 업데이트는 동료들의 친절한 피드백 없이는 불가능했을 것입니다. 특히 엣시Etsy의 동료인 안드레아 헤이먼Andrea Heyman, 마리아 고메즈Maria Gomez, 알렉 맬스트럼Alek Maelstrum, 브라이언 슈미트Brian Schmidt에게 여러 장에 대한 의견을 요청했고 추가 내용을 위한 즉석 브레인스토밍에 참여해준 것에 감사드립니다. 또한 기술 검토자인 지야사 그로버Jigyasa Grover, 마테우스 탄하Matteus Tanha, 가네시 하르케Ganesh Harke와 오라일리 편집자인 제프 블라이엘Jeff Bleiel, 니콜 버터필드Nicole Butterfield, 클레어 레일록Clare Laylock에게도 감사의 말씀을 전합니다. 이 책과 저에게 도움을 준 사람이 정말 많습니다. 저의 머신러닝 여정에 어떤 식으로든 동참해주고 이 책이 나오도록 도와주신 모든 분에게 감사를 전합니다. 여러분 모두를 사랑합니다.

CONTENTS

CHAPTER 1 **벡터, 행렬, 배열**

CHAPTER 2 데이터 적재

CHAPTER 3 데이터 랭글링

CHAPTER 4 수치형 데이터 다루기

CHAPTER **5**   **범주형 데이터 다루기**

CHAPTER **6** **텍스트 다루기**

•• CONTENTS

CHAPTER **9** 특성 추출을 사용한 차원 축소

CHAPTER **10** 특성 선택을 사용한 차원 축소

● CONTENTS

CHAPTER 11 모델 평가

CHAPTER 12 모델 선택

●● CONTENTS

● CONTENTS

CHAPTER 21 신경망

벡터, 행렬, 배열

1.0 소개

넘파이는 파이썬 머신러닝 스택stack의 기본 도구입니다. 머신러닝에 자주 사용되는 벡터와 행렬, 텐서 같은 데이터 구조에 대한 효율적인 연산을 제공합니다. 넘파이가 이 책의 관심 주제는 아니지만 이어지는 장에서 자주 등장합니다. 이 장에서는 머신러닝 작업 과정에서 보편적으로 마주치게 되는 넘파이 연산을 다뤄보겠습니다.

1.1 벡터 만들기

과제 **벡터를 만들어야 합니다.**

해결 넘파이로 1차원 배열을 만듭니다.

```python
# 라이브러리를 임포트합니다.
import numpy as np

# 행이 하나인 벡터를 만듭니다.
vector_row = np.array([1, 2, 3])

# 열이 하나인 벡터를 만듭니다.
vector_column = np.array([[1],
```

$$[2],$$
$$[3]])$$

설명 넘파이의 핵심 데이터 구조는 다차원 배열입니다. 벡터는 단순히 하나의 차원을 가진 배열입니다. 따라서 벡터를 만들려면 1차원 배열을 만들면 됩니다. 벡터처럼 배열을 수평(행) 또는 수직(열)으로 표현할 수 있습니다.

참고 • 벡터, Math Is Fun(*http://bit.ly/2FB5q1v*)

• 벡터(물리), 위키피디아(*https://bit.ly/2AA9KtV*)

✚ 덧붙임 넘파이 배열은 ndarray 클래스의 객체입니다.

```
# 넘파이 배열의 클래스를 출력합니다.
print(type(vector_row))
```

```
<class 'numpy.ndarray'>
```

ndarray 클래스의 첫 번째 매개변수에 배열 크기를 정수 튜플로 지정하여 직접 넘파이 배열을 만들 수 있지만 권장하는 방법은 아닙니다.

```
# ndarray를 사용하는 방법은 권장하지 않습니다.
bad_way = np.ndarray((3,))
```

asarray 함수를 사용하여 배열을 만들 수도 있습니다. 이 함수는 입력이 넘파이 배열일 때는 새로운 배열을 생성하지 않습니다.

```
new_row = np.asarray([1, 2, 3])

# asarray는 새로운 배열을 만들지 않습니다.
new_row = np.asarray(vector_row)
new_row is vector_row
```

```
True
```

array 함수는 입력 배열을 복사할지를 선택하는 copy 매개변수가 있습니다. 이 매개변수의 기본값이 True이기 때문에 배열이 입력되면 복사본을 만듭니다.

```
# array는 배열이 입력되면 새로운 배열을 만듭니다.
new_row = np.array(vector_row)
```

```
new_row is vector_row
```

```
False
```

asarray 함수도 array 함수를 사용하지만 copy 매개변수를 False로 지정하기 때문에 새로운 배열을 만들지 않습니다. 배열을 복사하려면 의도가 명확하게 나타나도록 배열 객체의 copy 메서드를 사용하는 것이 좋습니다.

```
# copy 메서드를 사용하면 의도가 분명해집니다.
new_row = vector_row.copy()
new_row is vector_row
```

```
False
```

1.2 행렬 만들기

과제 행렬을 만들어야 합니다.

해결 넘파이로 2차원 배열을 만듭니다.

```
# 라이브러리를 임포트합니다.
import numpy as np

# 행렬을 만듭니다.
matrix = np.array([[1, 2],
                   [1, 2],
                   [1, 2]])
```

설명 2차원 넘파이 배열을 사용해 행렬을 만듭니다. 이 예에 있는 행렬은 세 개의 행과 두 개의 열(숫자 1인 열과 2인 열)을 가집니다. 사실 넘파이에는 행렬에 특화된 데이터 구조가 있습니다.

```
matrix_object = np.mat([[1, 2],
                        [1, 2],
                        [1, 2]])
```

```
matrix([[1, 2],
```

```
            [1, 2],
            [1, 2]])
```

단, 이 행렬 데이터 구조는 다음 두 가지 이유로 권장하지 않습니다. 첫째, 넘파이 표준 데이터 구조가 행렬입니다. 둘째, 대부분 넘파이 함수는 행렬 객체가 아니라 배열을 반환합니다.

참고 • 행렬, 위키피디아(*https://bit.ly/2Xe6EFK*)

• 행렬, Wolfram MathWorld(*http://bit.ly/2Fut7IJ*)

1.3 희소 행렬 만들기

과제 데이터에 0이 아닌 값이 매우 적을 때 이를 효율적으로 표현하고 싶습니다.

해결 희소 행렬을 만듭니다.

```python
# 라이브러리를 임포트합니다.
import numpy as np
from scipy import sparse

# 행렬을 만듭니다.
matrix = np.array([[0, 0],
                   [0, 1],
                   [3, 0]])

# CSR 행렬을 만듭니다.
matrix_sparse = sparse.csr_matrix(matrix)
```

설명 머신러닝에서 대용량의 데이터를 다루는 경우는 흔합니다. 이런 데이터의 원소는 대부분 0입니다. 예를 들어 넷플릭스 사용자와 영화가 행과 열로 표현된 행렬을 생각해보겠습니다. 이 행렬은 사용자가 특정 영화를 얼마나 많이 보았는지를 저장합니다. 이 행렬은 수백만 행과 수만 열로 이루어집니다! 대부분 사용자가 보는 영화 수는 적기 때문에 이 행렬의 원소 대부분은 0입니다.

희소 행렬sparse matrix은 대부분의 원소가 0인 행렬입니다. 희소 행렬은 0이 아닌 원소만 저장합니다. 다른 모든 원소는 0이라 가정하므로 계산 비용이 크게 절감됩니다. 해결에서 0이 아닌 원소가 두 개인 넘파이 배열을 생성한 후 희소 행렬로 변환했습니다. 희소 행렬을 출력하면 0이 아닌 원소만 저장되었다는 것을 확인할 수 있습니다.

```
# 희소 행렬을 출력합니다.
print(matrix_sparse)
```

```
  (1, 1)  1
  (2, 0)  3
```

여러 종류의 희소 행렬이 있습니다. CSR^compressed sparse row 행렬에서 (1, 1), (2, 0)은 0이 아닌 값인 1과 3의 (0에서 시작하는) 인덱스를 각각 나타냅니다. 예를 들어 1은 두 번째 행의 두 번째 열에 있는 원소입니다. 0이 많은 큰 행렬을 만들어 앞의 희소 행렬과 비교해보며 장점을 살펴보겠습니다.

```
# 큰 행렬을 만듭니다.
matrix_large = np.array([[0, 0, 0, 0, 0, 0, 0, 0, 0, 0],
                         [0, 1, 0, 0, 0, 0, 0, 0, 0, 0],
                         [3, 0, 0, 0, 0, 0, 0, 0, 0, 0]])

# CSR 행렬을 만듭니다.
matrix_large_sparse = sparse.csr_matrix(matrix_large)

# 원래 희소 행렬을 출력합니다.
print(matrix_sparse)
```

```
  (1, 1)  1
  (2, 0)  3
```

```
# 큰 희소 행렬을 출력합니다.
print(matrix_large_sparse)
```

```
  (1, 1)  1
  (2, 0)  3
```

여기서 볼 수 있듯이 0을 많이 추가하여 큰 행렬을 만들었지만 희소 행렬의 표현은 원래의 희소 행렬과 같습니다. 즉 0인 원소를 추가해도 희소 행렬 크기는 바뀌지 않습니다.

앞서 언급한 것처럼 희소 행렬은 여러 종류가 있습니다. CSC^compressed sparse column, 리스트의 리스트, 키의 딕셔너리 등입니다. 여러 종류의 희소 행렬에 대한 설명과 예제는 이 책의 범위를 벗어나므로 생략하겠습니다. 가장 '좋은' 희소 행렬이라는 말은 없습니다. 이들 사이에는 유의미한 차이가 있습니다. 이들 중 하나를 선택한다면 그 이유를 알고 있어야 합니다.

참고 • 희소 행렬, 싸이파이 문서(*http://bit.ly/2HReBZR*)

• 희소 행렬을 만드는 101가지 방법(*http://bit.ly/2HS43cI*)

▶ **덧붙임** 일반적으로 밀집 배열dense array로부터 희소 행렬을 만드는 일은 드뭅니다. 원소의 행과 열의 인덱스를 직접 지정하여 희소 행렬을 만들 수 있습니다.

```
# (data, (row_index, col_index))로 구성된 튜플을 전달합니다.
# shape 매개변수에서 0을 포함한 행렬의 전체 크기를 지정합니다.
matrix_sparse_2 = sparse.csr_matrix(([1, 3], ([1, 2], [1, 0])), shape=(3, 10))

print(matrix_sparse_2)
```

```
  (1, 1)  1
  (2, 0)  3
```

희소 행렬을 밀집 배열로 변환하려면 **toarray** 메서드를 사용합니다.

```
print(matrix_sparse_2.toarray())
```

```
[[0 0 0 0 0 0 0 0 0 0]
 [0 1 0 0 0 0 0 0 0 0]
 [3 0 0 0 0 0 0 0 0 0]]
```

todense 메서드는 레시피 1.2에서 소개한 **np.matrix** 객체를 반환합니다.

```
matrix_sparse_2.todense()
```

```
matrix([[0, 0, 0, 0, 0, 0, 0, 0, 0, 0],
        [0, 1, 0, 0, 0, 0, 0, 0, 0, 0],
        [3, 0, 0, 0, 0, 0, 0, 0, 0, 0]], dtype=int64)
```

1.4 넘파이 배열 사전 할당하기

과제 특정 값을 채운 일정 크기의 배열을 할당해야 합니다.

해결 넘파이는 0, 1 또는 임의의 값으로 초기화하면서 일정 크기의 벡터와 행렬을 생성하는 함수를 가지고 있습니다.

```python
# 라이브러리를 임포트합니다.
import numpy as np

# 모두 0으로 채워진 (1,5) 크기의 벡터를 생성합니다.
vector = np.zeros(shape=5)

# 벡터를 출력합니다.
print(vector)
```

```
array([0., 0., 0., 0., 0.])
```

```python
# 모두 1로 채워진 (3,3) 크기의 행렬을 생성합니다.
matrix = np.full(shape=(3,3), fill_value=1)

# 행렬을 출력합니다.
print(matrix)
```

```
array([[1., 1., 1.],
       [1., 1., 1.],
       [1., 1., 1.]])
```

설명 여러 이유로 일정한 값으로 채워진 배열을 생성하는 기능은 유용합니다. 예를 들어 코드의 성능을 높이거나 합성 데이터를 사용해 알고리즘을 테스트하는 경우입니다. 많은 프로그래밍 언어가 배열에 (0과 같은) 기본값을 사전 할당하는 기능을 지원합니다.

덧붙임 empty 함수는 조깃값 내신 크기만 지정하여 인이익 값이 채워진 배열을 만듭니다.

```python
# 임의의 값이 채워진 배열을 만듭니다.
empty_matrix = np.empty((3, 2))
```

ones는 1로 채운 배열을 만듭니다.

```python
one_matrix = np.ones((3, 2))
one_matrix
```

```
array([[1., 1.],
       [1., 1.],
       [1., 1.]])
```

1.5 원소 선택하기

과제 벡터나 행렬에서 원소를 하나 이상 선택해야 합니다.

해결 넘파이 배열에서는 벡터나 행렬에서 손쉽게 원소를 선택할 수 있습니다.

```
# 라이브러리를 임포트합니다.
import numpy as np

# 행 벡터를 만듭니다.
vector = np.array([1, 2, 3, 4, 5, 6])

# 행렬을 만듭니다.
matrix = np.array([[1, 2, 3],
                   [4, 5, 6],
                   [7, 8, 9]])

# vector의 세 번째 원소를 선택합니다.
vector[2]
```

```
3
```

```
# matrix의 두 번째 행, 두 번째 열의 원소를 선택합니다.
matrix[1,1]
```

```
5
```

설명 파이썬과 마찬가지로 넘파이 배열의 인덱스는 0부터 시작합니다. 즉, 첫 번째 원소의 인덱스는 1이 아니라 0입니다. 넘파이는 배열에서 원소나 원소 그룹을 선택하는 다양한 방법(예를 들면 인덱싱과 슬라이싱)을 제공합니다.

```
# 벡터에 있는 모든 원소를 선택합니다.
vector[:]
```

```
array([1, 2, 3, 4, 5, 6])
```

```
# 세 번째 원소를 포함하여 그 이전의 모든 원소를 선택합니다.
vector[:3]
```

```
array([1, 2, 3])
```

```
# 세 번째 이후의 모든 원소를 선택합니다.
vector[3:]
```

```
array([4, 5, 6])
```

```
# 마지막 원소를 선택합니다.
vector[-1]
```

```
6
```

```
# 벡터에 있는 원소의 순서를 뒤집습니다.
vector[::-1]
```

```
# 행렬에서 첫 번째 두 행과 모든 열을 선택합니다.
matrix[:2,:]
```

```
array([[1, 2, 3],
       [4, 5, 6]])
```

```
# 모든 행과 두 번째 열을 선택합니다.
matrix[:,1:2]
```

```
array([[2],
       [5],
       [8]])
```

▣ 덧붙임 행과 열의 인덱스 리스트를 전달하여 배열의 원소를 선택할 수 있습니다. 이를 팬시
인덱싱fancy indexing이라고도 부릅니다.

```
# 첫 번째 행과 세 번째 행을 선택합니다.
matrix[[0,2]]
```

```
array([[1, 2, 3],
```

```
           [7, 8, 9]])
```

```
# (0, 1), (2, 0) 위치의 원소를 선택합니다.
matrix[[0,2], [1,0]]
```

```
array([2, 7])
```

불리언 마스크^{boolean mask} 배열을 만들어 원소를 선택할 수도 있습니다.

```
# matrix의 각 원소에 비교 연산자가 적용됩니다.
mask = matrix > 5
```

```
mask
```

```
array([[False, False, False],
       [False, False,  True],
       [ True,  True,  True]])
```

```
# 불리언 마스크 배열을 사용하여 원소를 선택합니다.
matrix[mask]
```

```
array([6, 7, 8, 9])
```

1.6 행렬 정보 확인하기

과제 행렬 크기, 원소 개수, 차원을 알고 싶습니다.[1]

해결 넘파이 배열 객체의 shape과 size, ndim 속성을 사용하세요.

```
# 라이브러리를 임포트합니다.
import numpy as np
```

```
# 행렬을 만듭니다.
matrix = np.array([[1, 2, 3, 4],
                   [5, 6, 7, 8],
                   [9, 10, 11, 12]])
```

---

1 옮긴이_ 넘파이 배열의 shape 속성의 사전적인 의미는 '모양' 또는 '형태'이지만 보통 행렬의 '크기'로 부르는 경우가 많기 때문에 이를 따랐습니다. 대신 size 속성은 '원소 개수'라고 옮겼습니다.

```python
# 행렬 크기를 확인합니다.
matrix.shape
```

```
(3, 4)
```

```python
# 행렬의 원소 개수를 확인합니다(행 * 열).
matrix.size
```

```
12
```

```python
# 차원 수를 확인합니다.
matrix.ndim
```

```
2
```

설명 기초적인 내용으로 보일 수 있습니다(실제로 기초입니다). 계산을 이어가거나 또는 어떤 계산이 끝난 후 확신하는 차원에서 배열 크기와 원소 개수를 확인하는 것이 좋습니다.

덧붙임 원소의 데이터 타입이나 바이트 크기를 구할 수 있습니다.

```python
# 원소의 데이터 타입을 확인합니다.
print(matrix.dtype)
```

```
int64
```

```python
# 원소 하나가 차지하는 바이트 크기입니다.
print(matrix.itemsize)
```

```
8
```

```python
# 배열 전체가 차지하는 바이트 크기입니다.
print(matrix.nbytes)
```

```
96
```

1.7 벡터화 연산 적용하기

과제 배열의 여러 원소에 어떤 함수를 적용하고 싶습니다.

해결 넘파이의 vectorize 클래스를 사용합니다.

```python
# 라이브러리를 임포트합니다.
import numpy as np

# 행렬을 만듭니다.
matrix = np.array([[1, 2, 3],
                   [4, 5, 6],
                   [7, 8, 9]])

# 100을 더하는 함수를 만듭니다.
add_100 = lambda i: i + 100

# 벡터화된 함수를 만듭니다.
vectorized_add_100 = np.vectorize(add_100)

# 행렬의 모든 원소에 함수를 적용합니다.
vectorized_add_100(matrix)
```

```
array([[101, 102, 103],
       [104, 105, 106],
       [107, 108, 109]])
```

설명 넘파이 vectorize 클래스는 배열의 일부나 전체에 적용하도록 함수를 변환시킵니다. vectorize는 기본적으로 원소를 순회하는 for 루프를 구현한 것으로 성능이 향상되지는 않습니다. 반면, 넘파이 배열은 차원이 달라도 배열 간의 연산을 수행할 수 있습니다(이를 **브로드캐스팅**broadcasting이라고 부릅니다). 예를 들면 다음처럼 브로드캐스팅을 사용하여 훨씬 간단한 버전을 만들 수 있습니다.

```python
# 모든 원소에 100을 더합니다.
matrix + 100
```

```
array([[101, 102, 103],
       [104, 105, 106],
       [107, 108, 109]])
```

브로드캐스팅이 배열의 크기나 상황에 상관없이 모두 통하는 것은 아니지만 넘파이 배열의 모든 원소에 간단한 연산을 적용하는 데 자주 사용되는 방법입니다.

▶ **덧붙임** 브로드캐스팅은 배열에 차원을 추가하거나 반복해서 배열 크기를 맞춥니다.

```
# (3, 3) 크기 행렬에 (3, ) 크기 벡터를 더하면
# (1, 3) 크기가 된 다음 행을 따라 반복됩니다.
matrix + [100, 100, 100]
```

```
array([[101, 102, 103],
       [104, 105, 106],
       [107, 108, 109]])
```

```
# (3, 3) 크기 행렬에 (3, 1) 크기 벡터를 더하면 열을 따라 반복됩니다.
matrix + [[100], [100], [100]]
```

```
array([[101, 102, 103],
       [104, 105, 106],
       [107, 108, 109]])
```

1.8 최댓값, 최솟값 찾기

과제 배열에서 최댓값이나 최솟값을 찾아야 합니다.

해결 넘파이의 max 함수와 min 함수를 사용합니다.

```
# 라이브러리를 임포트합니다.
import numpy as np

# 행렬을 만듭니다.
matrix = np.array([[1, 2, 3],
                   [4, 5, 6],
                   [7, 8, 9]])

# 가장 큰 원소를 반환합니다.
np.max(matrix)
```

```
9
```

```
# 가장 작은 원소를 반환합니다.
np.min(matrix)
```

```
1
```

설명 배열의 일부나 전체에서 최댓값과 최솟값을 알아야 할 경우가 많습니다. 이때 max와 min 함수를 사용합니다. axis 매개변수를 사용하여 특정 축을 따라 연산을 수행할 수 있습니다.

```
# 각 열에서 최댓값을 찾습니다.
np.max(matrix, axis=0)
```

```
array([7, 8, 9])
```

```
# 각 행에서 최댓값을 찾습니다.
np.max(matrix, axis=1)
```

```
array([3, 6, 9])
```

덧붙임 keepdims 매개변수를 True로 지정하면 원본 배열의 차원과 동일한 결과를 만듭니다. 원본 배열과 안전하게 브로드캐스팅 연산을 할 수 있습니다.

```
# 이전 예와 달리 (3, 1) 크기의 열 벡터가 만들어집니다.
vector_column = np.max(matrix, axis=1, keepdims=True)

vector_column
```

```
array([[3],
       [6],
       [9]])
```

```
# 열 벡터이므로 브로드캐스팅을 이용하여 각 행의 최댓값을 뺄 수 있습니다.
matrix - vector_column
```

```
array([[-2, -1,  0],
       [-2, -1,  0],
       [-2, -1,  0]])
```

1.9 평균, 분산, 표준편차 계산하기

과제 배열의 특징을 설명하는 일부 통곗값을 계산하고 싶습니다.

해결 넘파이의 mean, var, std 함수를 사용합니다.

```python
# 라이브러리를 임포트합니다.
import numpy as np


# 행렬을 만듭니다.
matrix = np.array([[1, 2, 3],
                   [4, 5, 6],
                   [7, 8, 9]])

# 평균을 반환합니다.
np.mean(matrix)
```

```
5.0
```

```python
# 분산을 반환합니다.
np.var(matrix)
```

```
6.666666666666667
```

```python
# 표준편차를 반환합니다.
np.std(matrix)
```

```
2.581988897471611
```

설명 max나 min처럼 전체 행렬 또는 한 축을 따라 통곗값을 구할 수 있습니다.

```python
# 각 열의 평균을 계산합니다.
np.mean(matrix, axis=0)
```

```
array([4., 5., 6.])
```

▶**덧붙임** 통계학에서는 종종 모집단에서 추출한 샘플의 자유도$^{\text{degree of freedom}}$를 고려하여 편향되지 않은 분산과 표준편차를 계산합니다. 훈련 데이터의 독립적인 샘플 수는 전체 샘플 수에서

1을 빼야 합니다. np.std 함수와 np.var 함수에서 ddof 매개변수를 1로 지정하여 편향되지 않은 추정값을 얻을 수 있습니다. ddof 매개변수의 기본값은 0입니다.

```
np.std(matrix, ddof=1)
```

```
2.7386127875258306
```

넘파이와 다르게 다음 장에서 배울 판다스pandas 데이터프레임dataframe의 std 메서드는 ddof 매개변수의 기본값이 1입니다(flatten 메서드는 레시피 1.11을 참고하세요).

```
import pandas as pd

df = pd.DataFrame(matrix.flatten())
df.std()
```

```
0    2.738613
dtype: float64
```

실제 머신러닝 모델을 훈련할 때는 자유도가 큰 영향을 미치지 않기 때문에 고려하지 않는 경우가 많습니다. 예를 들면 레시피 4.2에 나오는 사이킷런의 StandardScaler 클래스는 np.std 함수의 기본값을 사용합니다. 9장에서 살펴볼 PCA 클래스는 자유도를 고려하여 ddof 매개변수를 1로 지정합니다.

넘파이 mean, std, var 함수도 keepdims 매개변수를 지원합니다.

1.10 배열 크기 바꾸기

과제 원소의 값은 변경시키지 않고 배열 크기(행과 열의 수)를 바꾸려고 합니다.

해결 넘파이의 reshape 함수를 사용합니다.

```
# 라이브러리를 임포트합니다.
import numpy as np

# 4x3 행렬을 만듭니다.
matrix = np.array([[1, 2, 3],
                   [4, 5, 6],
```

```
                      [7, 8, 9],
                      [10, 11, 12]])
```

```
# 2x6 행렬로 크기를 바꿉니다.
matrix.reshape(2, 6)
```

```
array([[ 1,  2,  3,  4,  5,  6],
       [ 7,  8,  9, 10, 11, 12]])
```

설명 reshape 함수는 데이터를 동일하게 유지하면서 배열의 구조를 변경하여 행과 열의 수를 다르게 조직할 수 있습니다. 새로운 행렬은 원래 행렬과 원소 개수가 같아야 합니다. size 속성을 사용해 원소 수를 확인할 수 있습니다.

```
matrix.size
```

```
12
```

reshape에 사용할 수 있는 매개변수 -1은 '가능한 한 많이'라는 뜻입니다. 예를 들어, reshape(1, -1)은 '행 하나에 열은 가능한 한 많이'라는 의미입니다.

```
matrix.reshape(1, -1)
```

```
array([[ 1,  2,  3,  4,  5,  6,  7,  8,  9, 10, 11, 12]])
```

reshape에 정수 하나를 입력하면 그 길이의 1차원 배열을 반환합니다.

```
matrix.reshape(12)
```

```
array([ 1,  2,  3,  4,  5,  6,  7,  8,  9, 10, 11, 12])
```

덧붙임 배열의 길이 전체를 헤아릴 필요 없이 reshape 메서드에 -1을 입력하면 1차원 배열로 바꾸어줍니다.

```
matrix.reshape(-1)
```

```
array([ 1,  2,  3,  4,  5,  6,  7,  8,  9, 10, 11, 12])
```

ravel 메서드도 이와 동일한 작업을 수행합니다.

```
matrix.ravel()
```

```
array([ 1,  2,  3,  4,  5,  6,  7,  8,  9, 10, 11, 12])
```

1.11 벡터나 행렬 전치하기

과제 벡터나 행렬을 전치transpose해야 합니다.

해결 T 메서드를 사용합니다.

```
# 라이브러리를 임포트합니다.
import numpy as np

# 행렬을 만듭니다.
matrix = np.array([[1, 2, 3],
                   [4, 5, 6],
                   [7, 8, 9]])

# 행렬을 전치합니다.
matrix.T
```

```
array([[1, 4, 7],
       [2, 5, 8],
       [3, 6, 9]])
```

설명 **전치**는 선형대수학에서 자주 사용하는 연산입니다. 이 연산은 각 원소의 행과 열의 인덱스를 바꿉니다. 선형대수학 수업과는 다르게 기술적으로 벡터는 단지 값의 모음이기 때문에 전치할 수 없습니다.

```
# 벡터 전치합니다.
np.array([1, 2, 3, 4, 5, 6]).T
```

```
array([1, 2, 3, 4, 5, 6])
```

일반적으로 벡터의 전치는 행 벡터를 열 벡터로 변환하거나 그 반대를 의미합니다. 대괄호를 두 번 사용하면 벡터를 전치할 수 있습니다.

```
# 행 벡터를 전치합니다.
np.array([[1, 2, 3, 4, 5, 6]]).T
```

```
array([[1],
       [2],
       [3],
       [4],
       [5],
       [6]])
```

▣ **덧붙임** 전치는 배열의 차원을 바꾸는 것이므로 1차원 배열에는 영향을 미치지 않습니다. T 메서드 대신 transpose 메서드를 사용할 수도 있습니다.

```
matrix.transpose()
```

```
array([[1, 4, 7],
       [2, 5, 8],
       [3, 6, 9]])
```

transpose 메서드는 튜플로 바꿀 차원을 직접 지정할 수도 있습니다.

```
# 2x3x2 행렬을 만듭니다.
matrix = np.array([[[ 1,  2],
                    [ 3,  4],
                    [ 5,  6]],

                   [[ 7,  8],
                    [ 9, 10],
                    [11, 12]]])
```

```
# 두 번째와 세 번째 차원을 바꾸어 2x2x3 행렬로 만듭니다.
matrix.transpose((0, 2, 1))
```

```
array([[[ 1,  3,  5],
        [ 2,  4,  6]],
       [[ 7,  9, 11],
        [ 8, 10, 12]]])
```

1.12 행렬 펼치기

과제 행렬을 1차원 배열로 펼쳐야 합니다.

해결 flatten 메서드를 사용합니다.

```python
# 라이브러리를 임포트합니다.
import numpy as np

# 행렬을 만듭니다.
matrix = np.array([[1, 2, 3],
                   [4, 5, 6],
                   [7, 8, 9]])

# 행렬을 펼칩니다.
matrix.flatten()
```

```
array([1, 2, 3, 4, 5, 6, 7, 8, 9])
```

설명 flatten은 행렬을 1차원 배열로 변환하는 간단한 메서드입니다. reshape 메서드를 사용하여 행 벡터를 만들 수도 있습니다.

```python
matrix.reshape(1, -1)
```

```
array([[1, 2, 3, 4, 5, 6, 7, 8, 9]])
```

행렬을 펼치는 데 사용하는 또 다른 방법은 ravel 메서드입니다. 원본 배열의 복사본을 반환하는 flatten과 달리 ravel은 원본 객체를 조작하며 조금 더 빠릅니다. 또한 flatten 메서드로 펼칠 수 없는 배열의 리스트를 펼칠 수 있습니다. 이 메서드를 사용하면 매우 큰 배열을 빠르게 펼칠 수 있습니다.

```python
# 첫 번째 행렬을 만듭니다.
matrix_a = np.array([[1, 2],
                     [3, 4]])

# 두 번째 행렬을 만듭니다.
matrix_b = np.array([[5, 6],
                     [7, 8]])
```

```
# 행렬의 리스트를 만듭니다.
matrix_list = [matrix_a, matrix_b]

# 행렬의 리스트를 모두 펼칩니다.
np.ravel(matrix_list)
```

```
array([1, 2, 3, 4, 5, 6, 7, 8])
```

🐾 **덧붙임** reshape 메서드는 넘파이 배열의 뷰^{view}를 반환하지만 flatten 메서드는 새로운 배열을 만듭니다.

```
vector_reshaped = matrix.reshape(-1)
vector_flattened = matrix.flatten()

# (0, 0) 위치의 원소를 바꿉니다.
matrix[0][0] = -1

# 배열의 뷰는 원본 배열의 변경 사항을 반영합니다.
vector_reshaped
```

```
array([-1,  2,  3,  4,  5,  6,  7,  8,  9])
```

reshape 메서드로 변환한 `vector_column`은 원본 배열에서 변경된 내용이 반영되지만 flatten 메서드는 배열을 복사하여 새로운 배열을 만들기 때문에 반영되지 않습니다.

```
# 복사된 배열에는 영향이 미치지 않습니다.
vector_flattened
```

```
array([1, 2, 3, 4, 5, 6, 7, 8, 9])
```

1.13 행렬의 랭크 구하기

과제 행렬의 랭크^{rank}를 알아야 합니다.

해결 넘파이의 선형대수 메서드 `matrix_rank`를 사용합니다.

```
# 라이브러리를 임포트합니다.
import numpy as np
```

```
# 행렬을 만듭니다.
matrix = np.array([[1, 1, 1],
                   [1, 1, 10],
                   [1, 1, 15]])

# 행렬의 랭크를 반환합니다.
np.linalg.matrix_rank(matrix)
```

```
2
```

설명 행렬의 **랭크**는 행이나 열이 만든 벡터 공간의 차원입니다. 넘파이에서는 matrix_rank 덕택에 행렬의 랭크를 쉽게 찾을 수 있습니다.

참고 • 행렬의 랭크, CliffsNotes(*http://bit.ly/2HUzkMs*)

▼ **덧붙임** 행렬의 랭크(혹은 계수)는 선형 독립적인 행 또는 열 개수입니다. 해결에 나온 행렬은 첫 번째 열과 두 번째 열이 동일하기 때문에 독립적인 열이 2개입니다.

행렬의 차원을 계산하는 rank 함수를 행렬의 랭크로 오해하기 쉽습니다. 이 함수는 넘파이 1.18 버전에서 삭제되었습니다. 1.18 버전 이후에서 행렬의 차원을 구하려면 ndim 함수를 사용하세요.

```
# 2D 배열이므로 2가 반환됩니다.
np.ndim(matrix)
```

```
2
```

matrix_rank 함수는 특잇값 분해singluar value decomposition 방식으로 랭크를 계산합니다. linalg 모듈의 svd 함수로 특잇값을 구한 다음 0이 아닌 값 수를 헤아립니다.

```
# svd 함수로 특잇값만 계산합니다.
s = np.linalg.svd(matrix, compute_uv=False)

# 오차를 고려하여 0에 가까운 아주 작은 값을 지정합니다.
np.sum(s > 1e-10)
```

```
2
```

1.14 행렬의 대각원소 추출하기

과제 행렬의 대각원소가 필요합니다.

해결 넘파이 diagonal 메서드를 사용합니다.

```python
# 라이브러리를 임포트합니다.
import numpy as np

# 행렬을 만듭니다.
matrix = np.array([[1, 2, 3],
                   [2, 4, 6],
                   [3, 8, 9]])

# 대각원소를 반환합니다.
matrix.diagonal()
```

```
array([1, 4, 9])
```

설명 넘파이의 diagonal 메서드를 사용하여 대각원소를 손쉽게 얻을 수 있습니다. offset 매개변수를 사용하면 주 대각선에서 벗어난 대각원소를 얻을 수 있습니다.

```python
# 주 대각선 하나 위의 대각원소를 반환합니다.
matrix.diagonal(offset=1)
```

```
array([2, 6])
```

```python
# 주 대각선 하나 아래의 대각원소를 반환합니다.
matrix.diagonal(offset=-1)
```

```
array([2, 8])
```

📌 **덧붙임** diagonal 메서드는 넘파이 1.9 버전부터 원본 배열의 뷰^{view}를 반환합니다. 반환된 배열의 원소를 바꾸려면 배열을 복사하여 사용해야 합니다.

```python
# 반환된 배열을 변경하려면 복사해야 합니다.
a = matrix.diagonal().copy()
```

넘파이 diag 함수도 대각원소를 추출합니다. 이 함수는 1차원 배열이 주어졌을 때 역으로 대각행렬을 만듭니다.

```python
a = np.diag(matrix)
print(a)
```

```
[1 4 9]
```

```python
# 1차원 배열이 주어지면 2차원 대각행렬을 만듭니다.
np.diag(a)
```

```
array([[1, 0, 0],
       [0, 4, 0],
       [0, 0, 9]])
```

1.15 행렬의 대각합 계산하기

과제 행렬의 대각합을 계산해야 합니다.

해결 trace 메서드를 사용합니다.

```python
# 라이브러리를 임포트합니다.
import numpy as np

# 행렬을 만듭니다.
matrix = np.array([[1, 2, 3],
                   [2, 4, 6],
                   [3, 8, 9]])

# 대각합을 반환합니다.
matrix.trace()
```

```
14
```

설명 행렬의 **대각합**은 대각원소의 합으로 머신러닝 알고리즘 내부에서 종종 사용됩니다. 넘파이 다차원 배열의 대각합은 trace 메서드를 사용하여 간단하게 계산할 수 있습니다. 행렬의 대각원소를 직접 더할 수도 있습니다.

```python
# 대각원소를 사용하여 합을 구합니다.
sum(matrix.diagonal())
```

```
14
```

참고 • 정방행렬의 대각합(*http://bit.ly/2FunM45*)

🚩 **덧붙임** trace 메서드도 offset 매개변수를 지원합니다.

```python
# 주 대각선 하나 위의 대각원소의 합을 반환합니다.
matrix.trace(offset=1)
```

```
8
```

```python
# 주 대각선 하나 아래의 대각원소의 합을 반환합니다.
matrix.trace(offset=-1)
```

```
10
```

1.16 점곱 계산하기

과제 두 벡터의 점곱dot product을 계산해야 합니다.

해결 넘파이 dot 함수를 사용합니다.

```python
# 라이브러리를 임포트합니다.
import numpy as np

# 두 벡터를 만듭니다.
vector_a = np.array([1,2,3])
vector_b = np.array([4,5,6])

# 점곱을 계산합니다.
np.dot(vector_a, vector_b)
```

```
32
```

설명 두 벡터 a와 b의 점곱은 다음과 같이 정의합니다.

$$\sum_{i=1}^{n} a_i b_i$$

a_i는 벡터 a의 i 번째 원소이고 b_i는 벡터 b의 i 번째 원소입니다. 넘파이 dot 함수를 사용하여 점곱을 계산할 수 있습니다. 파이썬 3.5 이상에서는 새로 추가된 @ 연산자를 사용할 수 있습니다.

```
# 점곱을 계산합니다.
vector_a @ vector_b
```

```
32
```

참고
- 벡터 점곱과 벡터 길이, Khan Academy(*http://bit.ly/2Fr0AUe*)
- 점곱, Paul's Online Math Notes(*http://bit.ly/2HgZHLp*)

▌덧붙임 사실 @ 연산자는 np.dot이 아니라 np.matmul 함수를 나타냅니다. np.matmul 함수는 np.dot 함수와 달리 넘파이 스칼라 배열에 적용되지 않습니다.

```
scalar_a = np.array(1)
scalar_b = np.array(2)
np.dot(scalar_a, scalar_b)
```

```
2
```

```
# 스칼라 배열에 적용되지 않습니다.
scalar_a @ scalar_b
```

```
ValueError
```

행렬 곱셈에서 np.dot과 @의 차이점은 레시피 1.19를 참고하세요.

1.17 행렬 덧셈과 뺄셈

과제 두 행렬을 더하거나 빼야 합니다.

해결 넘파이의 add와 subtract 메서드를 사용합니다.

```
# 라이브러리를 임포트합니다.
import numpy as np
```

```
# 행렬을 만듭니다.
matrix_a = np.array([[1, 1, 1],
                     [1, 1, 1],
                     [1, 1, 2]])

# 행렬을 만듭니다.
matrix_b = np.array([[1, 3, 1],
                     [1, 3, 1],
                     [1, 3, 8]])

# 두 행렬을 더합니다.
np.add(matrix_a, matrix_b)
```

```
array([[ 2,  4,  2],
       [ 2,  4,  2],
       [ 2,  4, 10]])
```

```
# 두 행렬을 뺍니다.
np.subtract(matrix_a, matrix_b)
```

```
array([[ 0, -2,  0],
       [ 0, -2,  0],
       [ 0, -2, -6]])
```

설명 간단하게 +와 - 연산자를 사용할 수도 있습니다.

```
# 두 행렬을 더합니다.
matrix_a + matrix_b
```

```
array([[ 2,  4,  2],
       [ 2,  4,  2],
       [ 2,  4, 10]])
```

1.18 행렬 곱셈

과제 두 행렬을 곱하려고 합니다.

해결 넘파이의 dot 함수를 사용합니다.

```python
# 라이브러리를 임포트합니다.
import numpy as np

# 행렬을 만듭니다.
matrix_a = np.array([[1, 1],
                     [1, 2]])

# 행렬을 만듭니다.
matrix_b = np.array([[1, 3],
                     [1, 2]])

# 두 행렬을 곱합니다.
np.dot(matrix_a, matrix_b)
```

```
array([[2, 5],
       [3, 7]])
```

설명 파이썬 3.5 이상에서는 @ 연산자를 사용할 수도 있습니다.

```python
# 두 행렬을 곱합니다.
matrix_a @ matrix_b
```

```
array([[2, 5],
       [3, 7]])
```

원소별 곱셈을 수행하려면 * 연산자를 사용합니다.

```
array([[1, 3],
       [1, 4]])
```

참고 • 배열과 행렬 연산 MathWorks

(*http://bit.ly/2FtpXVr*)

▶ **덧붙임** **np.dot** 함수는 다차원 배열에도 적용할 수 있습니다. 이때는 첫 번째 배열의 마지막 차원과, 두 번째 배열의 끝에서 두 번째 차원이 동일해야 합니다.

• (a, b, c, D) 크기의 배열과 (e, f, D, h) 크기의 배열이 있을 때 두 배열의 점곱 결과는 (a, b, c, e, f, h) 크기의 배열을 만듭니다.

이와 달리 **np.matmul** 함수와 @ 연산자는 다차원 배열을 마지막 두 차원이 단순히 쌓인 것으로 취급합니다.

- (a, b, c, D) 크기의 배열과 (e, f, D, h) 크기의 배열이 있을 때 np.matmul 함수나 @ 연산자를 적용하려면 a와 e가 같거나 둘 중 하나는 1이어야 합니다. 또한 b와 f가 같거나 둘 중 하나는 1이어야 합니다. 연산의 결과는 (a', b', c, h) 크기의 배열을 만듭니다. 여기에서 a'는 a와 e 중에서 1이 아닌 값이고 b'는 b와 f 중에서 1이 아닌 값입니다.

```
a = np.random.rand(2, 1, 4, 5)
b = np.random.rand(1, 3, 5, 6)

np.dot(a, b).shape
```

```
(2, 1, 4, 1, 3, 6)
```

```
np.matmul(a, b).shape
```

```
(2, 3, 4, 6)
```

1.19 역행렬

과제 정방행렬의 역행렬을 계산하려고 합니다.

해결 넘파이 선형대수 모듈의 inv 함수를 사용합니다.

```
# 라이브러리를 임포트합니다.
import numpy as np

# 행렬을 만듭니다.
matrix = np.array([[1, 4],
                   [2, 5]])

# 역행렬을 계산합니다.
np.linalg.inv(matrix)
```

```
array([[-1.66666667,  1.33333333],
       [ 0.66666667, -0.33333333]])
```

설명 정방행렬 $\mathbf{A}$의 역행렬은 다음 식의 두 번째 행렬 $\mathbf{A}^{-1}$입니다.

$$\mathbf{A}\mathbf{A}^{-1} = \mathbf{I}$$

$\mathbf{I}$는 단위행렬identity matrix입니다. 역행렬 $\mathbf{A}^{-1}$가 존재한다면 넘파이의 `linalg.inv` 함수를 사용하여 계산할 수 있습니다. 행렬에 역행렬을 곱해 단위행렬이 만들어지는지 확인해볼 수 있습니다.

```python
# 행렬과 역행렬을 곱합니다.
matrix @ np.linalg.inv(matrix)
```

```
array([[1., 0.],
       [0., 1.]])
```

참고 • 역행렬(*http://bit.ly/2Fzf0BS*)

▌덧붙임 `pinv` 함수를 사용하면 정방행렬이 아닌 행렬의 역행렬을 계산할 수 있습니다. 이를 유사 역행렬pseudo-inverse matrix이라고 부릅니다.

```python
matrix = np.array([[1, 4, 7],
                   [2, 5, 8]])
```

```python
# 유사 역행렬을 계산합니다.
np.linalg.pinv(matrix)
```

```
array([[-1.16666667,  1.        ],
       [-0.33333333,  0.33333333],
       [ 0.5       , -0.33333333]])
```

1.20 난수 생성하기

과제 의사난수pseudo-random values를 생성하고 싶습니다.

해결 넘파이의 random 모듈을 사용합니다.

```python
# 라이브러리를 임포트합니다.
import numpy as np
```

```python
# 초깃값을 지정합니다.
np.random.seed(0)
```

```
# 0.0과 1.0 사이에서 세 개의 실수 난수를 생성합니다.
np.random.random(3)
```

```
array([0.5488135 , 0.71518937, 0.60276338])
```

설명 넘파이는 난수 생성을 위한 다양한 도구를 제공합니다. 여기에서 다루는 것보다 훨씬 많습니다. 이 예에서는 실수를 생성했지만 정수 난수를 만들 수도 있습니다.

```
# 1과 10 사이에서 세 개의 정수 난수를 생성합니다.
np.random.randint(0, 11, 3)
```

```
array([3, 7, 9])
```

또한 어떤 분포에서 난수를 뽑아 생성할 수 있습니다(기술적으로 보면 랜덤이 아닙니다).

```
# 평균이 0.0이고 표준편차가 1.0인 정규분포에서 세 개의 수를 뽑습니다.
np.random.normal(0.0, 1.0, 3)
```

```
array([-1.42232584,  1.52006949, -0.29139398])
```

```
# 평균이 0.0이고 스케일이 1.0인 로지스틱 분포에서 세 개의 수를 뽑습니다.
np.random.logistic(0.0, 1.0, 3)
```

```
array([-0.98118713, -0.08939902,  1.46416405])
```

```
# 1.0보다 크거나 같고 2.0보다 작은 세 개의 수를 뽑습니다.
np.random.uniform(1.0, 2.0, 3)
```

```
array([1.47997717, 1.3927848 , 1.83607876])
```

동일한 결과를 얻으려면 같은 난수를 생성해야 합니다. 이렇게 하려면 의사 난수 생성기의 '초깃값(정수)'을 설정합니다. 동일한 초깃값을 가진 난수 생성은 항상 같은 결과를 출력합니다. 이 책은 독자가 코드를 실행했을 때 동일한 결과를 얻을 수 있도록 난수 생성 초깃값을 사용하겠습니다.

덧붙임 random 함수와 sample 함수는 random_sample 함수의 단순한 별칭입니다. 또한 uniform 함수에 최솟값을 0.0, 최댓값을 1.0으로 지정한 것과 동일합니다.

```
# 0.0(포함)과 1.0 사이에서 세 개의 실수 난수를 생성합니다.
# np.random.random((2, 3)), np.random.sample((2, 3)),
# np.random.uniform(0.0, 1.0, (2, 3))과 동일합니다.
np.random.random_sample((2, 3))
```

```
array([[0.33739616, 0.64817187, 0.36824154],
       [0.95715516, 0.14035078, 0.87008726]])
```

이와 비슷한 rand 함수는 생성할 배열의 크기를 튜플이 아니라 개별 매개변수로 전달합니다.

```
# np.random.random_sample((2, 3))과 동일합니다.
np.random.rand(2, 3)
```

```
array([[0.47360805, 0.80091075, 0.52047748],
       [0.67887953, 0.72063265, 0.58201979]])
```

randint 함수는 최솟값을 포함하고 최댓값은 포함하지 않는 정수 난수를 생성합니다.

```
np.random.randint(0, 1, 10)
```

```
array([0, 0, 0, 0, 0, 0, 0, 0, 0, 0])
```

이와 비슷한 random_integers 함수는 최댓값도 포함하여 정수 난수를 생성합니다. 이 함수는 삭제될 예정이므로 대신 randint 함수를 사용하세요.

standard_normal 함수를 사용하여 평균이 0.0이고 표준편차가 1.0인 정규분포의 난수를 생성할 수 있습니다.

```
# np.random.normal(0.0, 1.0, (2, 3))과 동일합니다.
np.random.standard_normal((2, 3))
```

```
array([[-0.13309028,  1.59456053,  0.23043417],
       [-0.06491034, -0.96898025,  0.59124281]])
```

이와 비슷한 randn 함수는 생성할 배열의 크기를 튜플이 아니라 개별 매개변수로 전달합니다.

```
# np.random.normal(0.0, 1.0, (2, 3))과 동일합니다.
np.random.randn(2, 3)
```

```
array([[-0.7827755 , -0.44423283, -0.34518616],
       [-0.88180055, -0.44265324, -0.5409163 ]])
```

이외에도 자주 사용하는 함수들은 다음과 같습니다.

choice 함수는 배열의 원소 중에서 랜덤하게 지정된 횟수만큼 샘플을 만듭니다. 또는 0~정수−1 사이의 원소 중에서 랜덤하게 샘플을 선택합니다.

```
# 0~2 사이의 정수 중 랜덤하게 5번을 뽑습니다.
# np.random.choice(3, 5)와 동일합니다.
np.random.choice([0,1,2], 5)
```

```
array([0, 1, 2, 2, 0])
```

shuffle 함수는 입력된 배열을 섞습니다.

```
a = np.array([0, 1, 2, 3, 4])
np.random.shuffle(a)
a
```

```
array([0, 2, 3, 4, 1])
```

permutation 함수는 입력된 배열의 복사본을 만들어 섞은 후 반환합니다. 정수를 입력하면 0에서부터 정수−1까지 숫자를 섞은 후 반환합니다.

```
# a는 변경되지 않습니다.
np.random.permutation(a)
```

```
array([2, 0, 1, 3, 4])
```

```
np.random.permutation(5)
```

```
array([4, 1, 2, 0, 3])
```

## CHAPTER 2

데이터 적재

2.0 소개

머신러닝 작업의 첫 번째 단계는 시스템으로 원본 데이터를 불러오는 것입니다. 원본 데이터는 로그 파일^{log file}이나 데이터셋 파일, 데이터베이스^{database}, 아마존^{Amazon} S3와 같은 클라우드 스토리지^{cloud storage}일 수 있습니다. 또한 여러 소스^{source}에서 데이터를 추출해야 하는 경우가 많습니다.

이 장에서는 CSV 파일, SQL 데이터베이스 같은 다양한 소스에서 데이터를 적재하는 방법을 소개합니다. 실험에 필요한 특성을 가진 모의 데이터를 생성하는 방법도 다룹니다.

끝으로 파이썬 생태계에는 데이터를 적재할 수 있는 도구들이 많습니다. 여기에서는 외부 데이터를 적재할 때는 판다스^{pandas} 라이브러리의 다양한 도구를 사용하고, 모의 데이터를 생성하는 데 파이썬의 오픈 소스 머신러닝 라이브러리인 사이킷런^{scikit-learn}을 사용하겠습니다.

2.1 샘플 데이터셋 적재하기

과제 사이킷런 라이브러리에 내장된 샘플 데이터셋을 사용하고 싶습니다.

해결 사이킷런에는 잘 알려진 데이터셋이 포함되어 있습니다.

```
# 사이킷런의 데이터셋을 적재합니다.
from sklearn import datasets

# 숫자 데이터셋을 적재합니다.
digits = datasets.load_digits()

# 특성 행렬을 만듭니다.
features = digits.data

# 타깃 벡터를 만듭니다.
target = digits.target

# 첫 번째 샘플을 확인합니다.
features[0]
```

```
array([ 0.,  0.,  5., 13.,  9.,  1.,  0.,  0.,  0.,  0., 13., 15., 10.,
       15.,  5.,  0.,  0.,  3., 15.,  2.,  0., 11.,  8.,  0.,  0.,  4.,
       12.,  0.,  0.,  8.,  8.,  0.,  0.,  5.,  8.,  0.,  0.,  9.,  8.,
        0.,  0.,  4., 11.,  0.,  1., 12.,  7.,  0.,  0.,  2., 14.,  5.,
       10., 12.,  0.,  0.,  0.,  0.,  6., 13., 10.,  0.,  0.,  0.])
```

설명 일반적으로 머신러닝 알고리즘이나 방법을 배우기 전에 실전 데이터셋을 적재하고 변환, 정제하는 작업을 수행하지는 않습니다. 다행히 사이킷런은 바로 적재 가능한 잘 알려진 데이터셋을 포함하고 있습니다. 이 데이터셋들은 실전에서 만나는 것보다 아주 작고 정제되어 있기 때문에 토이 ^{toy} 데이터셋이라고 부릅니다. 사이킷런에서 자주 사용하는 데이터셋은 다음과 같습니다.

- load_iris

  150개의 붓꽃 샘플 치수를 가지고 있습니다. 분류 알고리즘을 배울 때 사용하기 좋은 데이터셋입니다.

- load_digits

  손으로 쓴 숫자 이미지 1,979개를 가지고 있습니다. 이미지 분류 작업을 배울 때 사용하기 좋은 데이터셋입니다.

데이터셋에 대한 자세한 정보를 보고 싶으면 **DESCR** 속성을 출력하세요.

```
# 사이킷런 데이터셋을 임포트합니다.
from sklearn import datasets
```

```
# digits 데이터셋을 로드합니다.
digits = datasets.load_digits()

# DESCR 속성을 출력합니다.
print(digits.DESCR)
```

```
.. _digits_dataset:

Optical recognition of handwritten digits dataset
--------------------------------------------------

**Data Set Characteristics:**

    :Number of Instances: 1797
    :Number of Attributes: 64
    :Attribute Information: 8x8 image of integer pixels in the range 0..16.
    :Missing Attribute Values: None
    :Creator: E. Alpaydin (alpaydin '@' boun.edu.tr)
    :Date: July; 1998
...
```

참고 • 사이킷런 토이 데이터셋(*https://bit.ly/30AnRWk*)

• 숫자 데이터셋(*http://bit.ly/2mNSEBZ*)

📕 덧붙임 sklearn.datasets 모듈 아래에 있는 함수들은 파이썬 딕셔너리와 유사한 Bunch 클래스 객체를 반환합니다.

```
digits.keys()
```

```
dict_keys(['data', 'target', 'target_names', 'images', 'DESCR'])
```

이 함수들의 유일한 매개변수인 return_X_y를 True로 설정하면 Bunch 클래스 객체가 아니라 특성 X와 타깃 y 배열을 반환합니다. 이 매개변수의 기본값은 False입니다. 특별히 load_digits 함수는 필요한 숫자 개수를 지정할 수 있는 n_class 매개변수를 추가로 제공합니다.

```
import numpy as np

# 0에서부터 4까지 다섯 개의 숫자만 적재합니다.
X, y = datasets.load_digits(n_class=5, return_X_y=True)
# 배열에 있는 고유한 값을 반환합니다.
```

```
np.unique(y)
```

```
array([0, 1, 2, 3, 4])
```

2.2 모의 데이터셋 만들기

과제 모의 데이터셋을 생성해야 합니다.

해결 사이킷런에는 모의 데이터셋을 만들기 위한 방법이 많습니다. 그중에 세 개의 함수가 특히 유용합니다. `make_regression`, `make_classification`, `make_blobs`입니다.

선형 회귀에 사용할 데이터셋이 필요할 때는 `make_regression`이 좋은 선택입니다.

```python
# 라이브러리를 임포트합니다.
from sklearn.datasets import make_regression

# 특성 행렬, 타깃 벡터, 정답계수를 생성합니다.
features, target, coefficients = make_regression(n_samples = 100,
                                                 n_features = 3,
                                                 n_informative = 3,
                                                 n_targets = 1,
                                                 noise = 0.0,
                                                 coef = True,
                                                 random_state = 1)

# 특성 행렬과 타깃 벡터를 확인합니다.
print('특성 행렬\n', features[:3])
print('타깃 벡터\n', target[:3])
```

```
특성 행렬
 [[ 1.29322588 -0.61736206 -0.11044703]
 [-2.793085    0.36633201  1.93752881]
 [ 0.80186103 -0.18656977  0.0465673 ]]
타깃 벡터
 [-10.37865986  25.5124503   19.67705609]
```

분류에 필요한 모의 데이터셋을 만들려면 `make_classification`을 사용합니다.

```
# 라이브러리를 임포트합니다.
from sklearn.datasets import make_classification

# 특성 행렬과 타깃 벡터를 생성합니다.
features, target = make_classification(n_samples = 100,
                                       n_features = 3,
                                       n_informative = 3,
                                       n_redundant = 0,
                                       n_classes = 2,
                                       weights = [.25, .75],
                                       random_state = 1)

# 특성 행렬과 타깃 벡터를 확인합니다.
print('특성 행렬\n', features[:3])
print('타깃 벡터\n', target[:3])
```

```
특성 행렬
 [[ 1.06354768 -1.42632219  1.02163151]
 [ 0.23156977  1.49535261  0.33251578]
 [ 0.15972951  0.83533515 -0.40869554]]
타깃 벡터
 [1 0 0]
```

마지막으로 군집^{clustering} 알고리즘에 적용할 데이터셋이 필요하다면 사이킷런의 **make_blobs**를
사용합니다.

```
# 라이브러리를 임포트합니다.
from sklearn.datasets import make_blobs

# 특성 행렬과 타깃 벡터를 생성합니다.
features, target = make_blobs(n_samples = 100,
                             n_features = 2,
                             centers = 3,
                             cluster_std = 0.5,
                             shuffle = True,
                             random_state = 1)

# 특성 행렬과 타깃 벡터를 확인합니다.
print('특성 행렬\n', features[:3])
print('타깃 벡터\n', target[:3])
```

```
특성 행렬
 [[ -1.22685609   3.25572052]
 [ -9.57463218  -4.38310652]
 [-10.71976941  -4.20558148]]
타깃 벡터
 [0 1 1]
```

설명 해결 부분에 잘 나와 있듯이 make_regression은 실수 특성 행렬과 실수 타깃 벡터를 반환합니다. make_classification과 make_blobs는 실수 특성 행렬과 클래스의 소속을 나타내는 정수 타깃 벡터를 반환합니다.

사이킷런의 모의 데이터셋 함수는 생성할 데이터셋의 종류를 조정하는 여러 가지 옵션을 제공합니다. 사이킷런 문서에 전체 매개변수에 대한 설명이 있지만 중요한 몇 가지를 언급하겠습니다.

make_regression과 make_classification의 n_informative는 타깃 벡터를 생성하는 데 사용할 특성 수를 결정합니다. n_informative가 전체 특성 수(n_features)보다 작으면 만들어진 데이터셋에 여분의 특성이 있게 되고 특성 선택 기법을 사용해 구별해야 합니다.

또한 make_classification의 weights 매개변수를 사용해 불균형한 클래스를 가진 모의 데이터셋을 만들 수 있습니다. 예를 들어 weights = [.25, .75]는 샘플의 25%가 한 클래스이고 75%는 두 번째 클래스에 속한 데이터셋을 반환합니다.

make_blobs의 centers 매개변수가 생성될 클러스터의 수를 결정합니다. 시각화 라이브러리인 matplotlib을 사용하여 make_blobs에서 생성한 클러스터를 시각화해보겠습니다.

```python
# 라이브러리를 임포트합니다.
import matplotlib.pyplot as plt

# 산점도를 출력합니다.
plt.scatter(features[:,0], features[:,1], c=target)
plt.show()
```

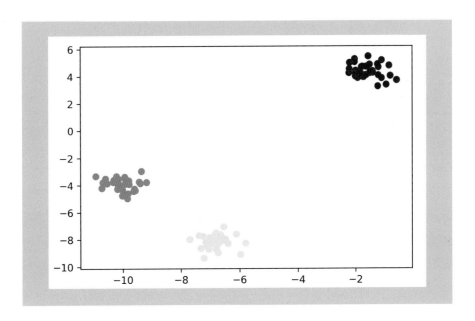

참고 · make_regression 문서(*http://bit.ly/2FtIBwo*)

· make_classification 문서(*http://bit.ly/2FtIKzW*)

· make_blobs 문서(*http://bit.ly/2FqKMAZ*)

2.3 CSV 파일 적재하기

과제 CSV^comma-separated value 파일을 불러와야 합니다.

해결 판다스 라이브러리의 **read_csv** 함수를 사용하여 로컬 혹은 원격 CSV 파일을 판다스 데이디프레인으로 적재합니다

```python
# 라이브러리를 임포트합니다.
import pandas as pd

# 데이터 URL
url = 'https://bit.ly/47Hl2t5'

# 데이터 적재
dataframe = pd.read_csv(url)
```

```
# 처음 두 행을 확인합니다.
dataframe.head(2)
```

	integer	datetime	category
0	5	2015-01-01 00:00:00	0
1	5	2015-01-01 00:00:01	0

CSV 파일을 적재할 때 두 가지 언급할 것이 있습니다. 첫째, 적재하기 전에 파일의 내용을 잠깐 확인해보는 것이 좋습니다. 데이터셋이 어떻게 구성되어 있는지, 파일을 적재하기 위해 어떤 매개변수를 설정할지 이해하는 데 크게 도움이 됩니다. 둘째, read_csv 함수의 매개변수는 30개가 넘기 때문에 문서가 엄청납니다. 다행히 대부분 매개변수는 다양한 종류의 CSV 형식을 지원하는 것입니다.

CSV 파일은 그 이름처럼 값들이 콤마로 구분되어 있습니다(즉, 한 행이 2,"2015-01-01 00:00:00",0과 같습니다). 하지만 구분자로 탭 같은 다른 문자를 사용하는 CSV 파일도 흔합니다(TSV 파일이라고도 부릅니다). sep 매개변수에 파일이 사용하는 구분자를 지정할 수 있습니다. 항상 그렇지는 않지만 CSV 파일에 자주 등장하는 형식 이슈는 파일의 첫 번째 줄이 열 제목을 정의하는 데 사용되는 것입니다(예를 들면, 해결에 있는 예의 경우 integer, datetime, category). header 매개변수로 제목 행이 몇 번째 줄인지 지정할 수 있습니다. 제목 행이 없으면 header=None으로 설정합니다.

read_csv 함수는 판다스 데이터프레임을 반환합니다. 데이터프레임은 테이블 형태 데이터를 다룰 때 유용하며 널리 사용됩니다. 이 책 전반에 걸쳐 데이터프레임에 대해 자세히 알아보겠습니다.

▌ 덧붙임 header=None일 경우 names 매개변수로 제목을 설정할 수 있습니다. header 매개변수의 기본값은 'infer'로 첫 번째 줄에서 제목을 추출합니다.

skiprows 매개변수에 건너뛸 행의 개수나 범위를 지정하고 nrows 매개변수에 읽을 행의 개수를 지정할 수 있습니다. 다음 코드는 1~12번째 행을 건너뛴 다음 1개 행을 읽습니다.

```
# 1~10번째 행을 건너뛰고 한 행을 읽습니다.
dataframe = pd.read_csv(url, skiprows=range(1, 11), nrows=1)
dataframe
```

	integer	datetime	category
0	5	2015-01-01 00:00:10	0

2.4 엑셀 파일 적재하기

과제 엑셀 스프레드시트를 불러와야 합니다.

해결 판다스 라이브러리의 read_excel 함수를 사용하여 엑셀 스프레드시트를 적재합니다.

```python
# 라이브러리를 임포트합니다.
import pandas as pd

# 데이터 URL
url = 'https://bit.ly/3V07wOm'

# 데이터 적재
dataframe = pd.read_excel(url, sheet_name=0, header=0)

# 처음 두 행을 확인합니다.
dataframe.head(2)
```

	integer	datetime	category
	5	2015-01-01 00:00:00	0
0	5	2015-01-01 00:00:01	0
1	9	2015-01-01 00:00:02	0

설명 이 해결은 CSV 파일을 위한 해결과 비슷합니다. 주요 차이점은 엑셀 파일에서 적재할 스프레드시트를 지정할 sheet_name 매개변수입니다. sheet_name 매개변수는 시트 이름 문자열이나 시트의 위치를 나타내는 정수(0부터 시작되는 인덱스)를 모두 받을 수 있습니다. 또는 이름이나 정수의 리스트를 전달할 수 있습니다. 예를 들어 sheet_name=[0,1,2, "Monthly Sales"]은 첫 번째, 두 번째, 세 번째 시트와 Monthly Sales 시트를 담은 판다스 데이터프레임의 딕셔너리를 반환합니다.

> 💬 **덧붙임** read_excel 함수를 사용하려면 openpyxl 패키지를 설치해야 합니다.

```
conda install openpyxl
```

또는 다음 명령으로 설치합니다.

```
pip install openpyxl
```

read_excel 함수도 na_filter, skip_rows, nrows, keep_default_na, na_values 매개변수를 지원합니다. 예전 매개변수인 sheetname은 삭제될 예정입니다. 대신 sheet_name을 사용하세요.

2.5 JSON 파일 적재하기

과제 데이터 전처리를 위해 JSON 파일을 적재해야 합니다.

해결 판다스 라이브러리의 read_json 함수를 사용해 JSON 파일을 데이터프레임 객체로 변환합니다.

```python
# 라이브러리를 임포트합니다.
import pandas as pd

# 데이터 URL
url = 'https://bit.ly/3IaJXer'

# 데이터 적재
dataframe = pd.read_json(url, orient='columns')

# 처음 두 행을 확인합니다.
dataframe.head(2)
```

	integer	datetime	category
0	5	2015-01-01 00:00:00	0
1	5	2015-01-01 00:00:01	0

설명 JSON 파일을 판다스로 불러오는 것은 앞서 본 레시피들과 비슷합니다. 주요 차이점

은 JSON 파일이 어떻게 구성되었는지 지정하는 **orient** 매개변수입니다. 어떤 매개변숫값 (**split**, **records**, **index**, **columns**, **values**)이 맞는지 알아내려면 실험이 필요합니다. 판다 스는 구조화가 덜 된 JSON 데이터를 판다스 데이터프레임으로 변환하는 유용한 도구인 **json_ normalize** 함수도 제공합니다.

참고 • json_normalize 문서(*http://bit.ly/2HQqwaa*)

📌 **덧붙임** '**column**'은 JSON 파일이 {열: {인덱스: 값, ...}, ...}의 구조를 가질 것으로 기 대합니다. 예를 들어 해결의 JSON 파일 구조는 다음과 같습니다.

```
{
  "integer": {
    "0": 5,
    "1": 5,

    …
  },
  "datetime": {
    "0": 1420070400000,
    "1": 1420070401000,

    …
  },
  "category": {
    "0": 0,
    "1": 0,

    …
  }
}
```

그 외 다른 값들은 다음과 같은 구조를 의미합니다.

- '**split**' : {"index": [인덱스, ...], "columns": [열, ...], "data": [값, ...]}
- '**records**' : [{열: 값}, ..., {열: 값}]
- '**index**' : {인덱스: {열: 값, ...}, ...}
- '**values**' : [값, ...]

2.6 파케이 파일 적재하기

과제 파케이^Parquet **파일을 적재해야 합니다.**

해결 판다스 read_parquet 함수를 사용해 파케이 파일을 읽습니다.

```python
# 라이브러리를 임포트합니다.
import pandas as pd

# 데이터 URL
url = 'https://bit.ly/3SMBLFY'

# 데이터 적재
dataframe = pd.read_parquet(url)

# 처음 두 행을 확인합니다.
dataframe.head(2)
```

	category	datetime	integer
0	0	2015-01-01 00:00:00	5
1	0	2015-01-01 00:00:01	5

설명 파케이는 대용량 데이터 분야에서 널리 사용하는 데이터 저장 포맷입니다. 하둡^Hadoop과 스파크^Spark 같은 빅 데이터 도구에서 사용됩니다. 파이스파크^PySpark는 이 책에서 다루지 않습니다. 하지만 대규모 데이터를 다루는 회사에서는 파케이 같은 효율적인 데이터 저장 포맷을 사용할 가능성이 높습니다. 따라서 이를 데이터프레임으로 읽고 조작하는 방법을 알아 두면 좋습니다.

참고 • 아파치 파케이 문서(*https://oreil.ly/M5bRq*)

덧붙임 read_parquet 함수를 사용하려면 **pyarrow** 패키지를 설치해야 합니다.

```
conda install pyarrow
```

또는 다음 명령으로 설치합니다.

```
pip install pyarrow
```

2.7 아브로 파일 적재하기

과제 아브로Avro 파일을 판다스 데이터프레임으로 적재해야 합니다.

해결 pandavro 라이브러리의 read_avro 함수를 사용합니다.

```python
# 라이브러리를 임포트합니다.
import requests
import pandavro as pdx

# 데이터 URL
url = 'https://bit.ly/42PLdx1'

# 파일을 다운로드합니다.
r = requests.get(url)
open('data.avro', 'wb').write(r.content)

# 데이터 적재
dataframe = pdx.read_avro('data.avro')

# 처음 두 행을 확인합니다.
dataframe.head(2)
```

	category	datetime	integer
0	0	2015-01-01 00:00:00	5
1	0	2015-01-01 00:00:01	5

설명 아파치 아브로는 오픈 소스 이진 데이터 포맷으로 데이터 구조를 위한 스키마schema를 사용합니다. 이 글을 쓰는 시점에는 파케이만큼 많이 사용하지 않습니다. 하지만 아브로, 쓰리프트Thrift, 프로토콜 버퍼Protocol Buffer 같은 대용량 이진 데이터 포맷이 효율적이라 점점 인기가 높아지고 있습니다. 대규모 데이터 시스템을 다룬다면 가까운 미래에 이런 포맷 중 하나를 만날 가능성이 높습니다.

참고 • 아파치 아브로 문서(*https://oreil.ly/Y1TJA*)

덧붙임 read_avro 함수를 사용하려면 pandavro 패키지를 설치해야 합니다.

```
pip install pandavro
```

2.8 SQLite 데이터베이스로부터 적재하기

과제 SQL^{structured query language}을 사용해 데이터베이스에서 데이터를 적재해야 합니다.

해결 판다스의 **read_sql_query** 함수를 사용하여 데이터베이스에 SQL 쿼리^{query}를 던져 데이터를 적재합니다.

```python
# 라이브러리를 임포트합니다.
import pandas as pd
from sqlalchemy import create_engine

# 데이터베이스에 연결합니다.
database_connection = create_engine('sqlite:///sample.db')

# 데이터를 적재합니다.
dataframe = pd.read_sql_query('SELECT * FROM data', database_connection)

# 처음 두 개의 행을 확인합니다.
dataframe.head(2)
```

	first_name	last_name	age	preTestScore	postTestScore
0	Jason	Miller	42	4	25
1	Molly	Jacobson	52	24	94

설명 SQL은 데이터베이스에서 데이터를 끌어오는 표준 언어입니다. 이 레시피에서 먼저 SQLite 데이터베이스 엔진으로 연결하기 위해 **create_engine** 함수를 사용합니다. 그다음 판다스의 **read_sql_query** 함수로 SQL을 사용하여 데이터베이스에 질의하고 그 결과를 데이터프레임으로 가져옵니다.

SQL은 그 자체로 하나의 언어이므로 이 책의 범위를 넘어섭니다. 머신러닝을 배우려는 사람이라면 이를 알아둘 가치가 있습니다. 여기서 사용한 SQL인 **SELECT * FROM data**는 데이터베이스에 **data** 테이블의 모든 열(*)을 반환하라고 요청합니다.

이 코드는 이 책에서 독립적으로 실행할 수 없는 몇 개의 레시피 중 하나입니다. **create_engine('sqlite:///sample.db')**는 SQLite 데이터베이스가 이미 존재한다고 가정한 코드

입니다.[1]

참고 · SQLite (*https://www.sqlite.org/*)
· W3Schools SQL 튜토리얼 (*https://www.w3schools.com/sql*)

▌ 덧붙임 read_sql_query 함수를 사용하려면 sqlalchemy 패키지를 설치해야 합니다.

```
conda install sqlalchemy
```

또는 다음과 같은 명령으로 설치할 수도 있습니다.

```
pip install sqlalchemy
```

데이터베이스 테이블의 모든 행을 가져오려면 read_sql_table 함수를 사용하면 편리합니다.

```python
# 테이블의 전체 데이터를 가져옵니다.
dataframe = pd.read_sql_table('data', database_connection)
dataframe.head(2)
```

	first_name	last_name	age	preTestScore	postTestScore
0	Jason	Miller	42	4	25
1	Molly	Jacobson	52	24	94

2.9 원격 SQL 데이터베이스에 쿼리하기

과제 원격 SQL 데이터베이스에 연결하여 데이터를 불러와야 합니다.

해결 pymysql로 데이터베이스에 연결하고 판다스 데이터프레임으로 데이터를 읽습니다.[2]

```python
# 라이브러리를 임포트합니다.
import pymysql
import pandas as pd
```

---

1 옮긴이_ 이 코드를 실행하기 전에 다음 코드를 실행하여 sample.db를 다운로드 받으세요.
!wget https://bit.ly/3UTVSoy -O sample.db

2 옮긴이_ 이 예제는 로컬에 MySQL 서버가 설치되어 있다고 가정한 것입니다. 코랩에서 MySQL 서버를 설치하고 테스트하는 방법은 깃 허브 노트북을 참고해주세요.

```
# 데이터베이스를 연결합니다.
# 예를 위해 다음 주소의 데이터베이스를 사용합니다.
# https://github.com/kylegallatin/mysql-db-example
conn = pymysql.connect(
    host='localhost',
    user='root',
    password = "",
    db='db',
)

# 데이터프레임으로 데이터를 읽습니다.
dataframe = pd.read_sql("select * from data", conn)

# 처음 두 개의 행을 출력합니다.
dataframe.head(2)
```

	integer	datetime	category
0	5	2015-01-01 00:00:00	0
1	5	2015-01-01 00:00:01	0

설명 이 장에 있는 레시피 중에서 아마도 이 레시피를 실전에서 가장 많이 사용할 것입니다. sqlite 데이터베이스를 연결하고 데이터를 읽는 게 유용하지만 기업에서 데이터를 관리하는 데 사용하는 도구는 아닙니다. 대부분 SQL 데이터베이스는 원격 머신의 호스트와 포트, 사용자 이름, 패스워드를 사용해 접속해야 합니다. 이 예제는 로컬에서 MySQL 데이터베이스를 실행해야 합니다(*https://oreil.ly/Sxjqz*). 이를 통해 원격 서버 대신 로컬호스트localhost를 사용해 전체 워크플로를 이해할 수 있습니다.

참고 • PyMySQL 문서(*https://oreil.ly/8zSnj*)

• 판다스 read_sql 문서(*https://oreil.ly/Yb7sH*)

2.10 구글 시트에서 데이터 적재하기

과제 구글 시트google sheet에서 데이터를 바로 읽어야 합니다.

해결 판다스 read_csv 함수에 구글 시트를 CSV로 내보내는 URL을 전달합니다.

```python
# 라이브러리를 임포트합니다.
import pandas as pd

# 구글 시트를 CSV로 다운로드하는 URL
url = "https://bit.ly/3SQU24Y"

# CSV를 데이터프레임으로 읽습니다.
dataframe = pd.read_csv(url)

# 처음 두 개의 행을 출력합니다.
dataframe.head(2)
```

	integer	datetime	category
0	5	2015-01-01 00:00:00	0
1	5	2015-01-01 00:00:01	0

설명 구글 시트를 쉽게 다운로드할 수 있지만 중간 단계를 거치지 않고 파이썬에서 직접 읽을 수 있으면 편리합니다. 앞의 URL 끝에 있는 /export?format=csv 쿼리 파라미터는 파일을 내려받거나 판다스로 읽을 수 있는 엔드포인트endpoint를 만듭니다.

참고 • 구글 시트 API (*https://oreil.ly/GRLzg*)

2.11 S3 버킷에서 데이터 적재하기

과제 S3 버킷에서 CSV 파일을 읽어야 합니다.

해결 판다스에서 S3 오브젝트를 읽을 수 있도록 read_csv에 스토리지 옵션을 추가합니다.

```python
# 라이브러리를 임포트합니다.
import pandas as pd

# CSV의 S3 경로
s3_uri = "s3://machine-learning-python-cookbook/data.csv"
```

```
# AWS 자격 증명(여러분의 것으로 바꾸세요)
ACCESS_KEY_ID = "xxxxxxxxxxxxx"
SECRET_ACCESS_KEY = "xxxxxxxxxxxxxxxx"

# CSV를 데이터프레임으로 읽습니다.
dataframe = pd.read_csv(s3_uri,storage_options={
        "key": ACCESS_KEY_ID,
        "secret": SECRET_ACCESS_KEY,
    }
)

# 처음 두 개의 행을 출력합니다.
dataframe.head(2)
```

	integer	datetime	category
0	5	2015-01-01 00:00:00	0
1	5	2015-01-01 00:00:01	0

설명 많은 기업은 아마존 S3나 구글 클라우드 스토리지(GCS) 같은 클라우드 저장소에 데이터를 보관합니다. 머신러닝 기술자가 데이터를 받기 위해 이런 저장소에 접속하는 일이 많습니다. S3 URI(*s3://machine-learning-python-cookbook/data.csv*)는 공개되어 있지만 이를 다운로드하려면 AWS 접근 권한이 필요합니다. 이 CSV 파일(*https://oreil.ly/byelc*)처럼 다운로드할 수 있는 HTTP URL을 가진 공개 오브젝트도 있습니다.

참고 • 아마존 S3(*https://oreil.ly/E-CZX*)
　　　• AWS 보안 자격 증명(*https://oreil.ly/aHBBb*)

2.12 비구조적인 데이터 적재하기

과제 텍스트나 이미지 같은 비구조적인 데이터를 적재해야 합니다.

해결 파이썬의 open 함수를 사용해 데이터를 로드합니다.

```
# 라이브러리를 임포트합니다.
import requests
```

```python
# 텍스트 파일을 다운로드할 URL
txt_url = "https://bit.ly/3SVj6YI"

# 텍스트 파일을 다운로드합니다.
r = requests.get(txt_url)

# 로컬 text.txt 파일에 씁니다.
with open('text.txt', 'wb') as f:
    f.write(r.content)

# 파일을 읽습니다.
with open('text.txt', 'r') as f:
    text = f.read()

# 내용을 출력합니다.
print(text)
```

```
Hello there!
```

설명 구조적인 데이터는 CSV, JSON 또는 데이터베이스로부터 쉽게 읽을 수 있지만 비구조적인 데이터는 읽기 까다롭고 별도의 코드가 필요할 수 있습니다. 이따금 파이썬의 기본 open 함수로 파일을 열고 읽는 것이 도움이 됩니다. 이 함수를 사용하면 이런 파일을 열고 내용을 읽을 수 있습니다.

참고 • 파이썬 open 함수 (*https://oreil.ly/Xuuom*)

• 파이썬 문맥 관리자^{context manager} (*https://oreil.ly/UyZnL*)

CHAPTER **3**

데이터 랭글링

3.0 소개

데이터 랭글링data wrangling은 원본 데이터를 정제하고 사용 가능한 형태로 구성하기 위한 변환 과
정을 광범위하게 의미하는 비공식적인 용어입니다. 데이터 랭글링은 데이터 전처리의 한 단계
에 불과하지만 중요한 단계입니다.

데이터 랭글링에 사용되는 가장 일반적인 데이터 구조는 데이터프레임입니다. 사용하기 쉽고
기능이 매우 많습니다. 데이터프레임은 표 형식 데이터입니다. 즉 스프레드시트에서 본 것처럼
행과 열을 기반으로 합니다.

타이타닉Titanic 승객 데이터로 데이터프레임을 만들어보겠습니다.

```python
# 라이브러리를 임포트합니다.
import pandas as pd

# 데이터 URL
url = 'https://bit.ly/3Tb15qr'

# 데이터프레임으로 데이터를 적재합니다.
dataframe = pd.read_csv(url)

# 처음 다섯 개의 행을 출력합니다.
dataframe.head(5)
```

	Name	PClass	Age	Sex	Survived	SexCode
0	Allen, Miss Elisabeth Walton	1st	29.00	female	1	1
1	Allison, Miss Helen Loraine	1st	2.00	female	0	1
2	Allison, Mr Hudson Joshua Creighton	1st	30.00	male	0	0
3	Allison, Mrs Hudson JC (Bessie Waldo Daniels)	1st	25.00	female	0	1
4	Allison, Master Hudson Trevor	1st	0.92	male	1	0

데이터프레임에 관해 세 가지 언급할 점이 있습니다.

첫째, 데이터프레임의 각 행은 하나의 샘플(예를 들면 한 명의 승객)에 해당합니다. 각 열은 하나의 특성(성별, 나이 등)에 해당합니다. 예를 들어 첫 번째 샘플에서 1등급에 탑승한 Elisabeth Walton Allen은 29살 여성으로 사고에서 살아남았습니다.

둘째, 각 열은 이름(예를 들어 Name, PClass, Age)을 가지고 있고 각 행은 인덱스 숫자(예를 들어 살아남은 Elisabeth Walton Allen 양의 인덱스는 0)를 가집니다. 이를 사용하여 샘플과 특성을 선택하고 조작합니다.

셋째, Sex와 SexCode 두 열은 같은 정보를 다른 형태로 가지고 있습니다. Sex에는 여성이 문자열 'female'로 나타납니다. SexCode에는 여성이 숫자 '1'로 표시됩니다. 모든 특성이 고유해야 하므로 이 열들 중 하나를 삭제해야 합니다.

이 장에서는 판다스 라이브러리의 데이터프레임을 조작하는 다양한 기술을 다루겠습니다. 이어지는 전처리 작업을 위해 깨끗하고 구조적인 샘플의 세트[1]를 만드는 것이 목표입니다.

---

1 옮긴이_ set가 파이썬의 데이터 타입을 의미할 때는 '집합'으로 번역하고 단순한 묶음을 의미할 때는 발음나는 대로 '세트'라고 썼습니다.

3.1 데이터프레임 만들기

과제 새로운 데이터프레임을 만들고 싶습니다.

해결 판다스에는 새로운 데이터프레임 객체를 만들 수 있는 방법이 많습니다. 간단한 방법 하나를 꼽자면 파이썬 딕셔너리로 DataFrame을 초기화하는 것입니다. 이 딕셔너리의 키는 열 이름이고, 값은 리스트입니다. 이 리스트의 각 원소는 하나의 행에 해당합니다.

```python
# 라이브러리를 임포트합니다.
import pandas as pd

# 딕셔너리를 만듭니다.
dictionary = {
  "Name": ['Jacky Jackson', 'Steven Stevenson'],
  "Age": [38, 25],
  "Driver": [True, False]
}

# 데이터프레임을 만듭니다.
dataframe = pd.DataFrame(dictionary)

# 데이터프레임을 확인합니다.
dataframe
```

	Name	Age	Driver
0	Jacky Jackson	38	True
1	Steven Stevenson	25	False

리스트를 사용해 데이터프레임에 쉽게 새로운 열을 추가할 수 있습니다.

```python
# 눈동자 색을 위한 열을 추가합니다.
dataframe["Eyes"] = ["Brown", "Blue"]

# 데이터프레임을 출력합니다.
dataframe
```

	Name	Age	Driver	Eyes
0	Jacky Jackson	38	True	Brown
1	Steven Stevenson	25	False	Blue

설명 판다스에는 데이터프레임을 만들 수 있는 방법이 무한하게 느껴질 정도로 많습니다. 실전에서는 빈 데이터프레임을 만들고 내용을 채우는 방식은 거의 사용되지 않습니다. 대신 다른 소스(예를 들어 CSV 파일이나 데이터베이스)에서 적재한 실제 데이터로부터 데이터프레임을 만듭니다.

덧붙임 데이터프레임 객체를 만들 때 데이터를 전달하는 방법이 몇 가지 있습니다. 먼저 넘파이 배열을 주입하여 만들 수 있습니다. 열 이름은 columns 매개변수에 지정합니다.

```python
import numpy as np

data = [ ['Jacky Jackson', 38, True], ['Steven Stevenson', 25, False] ]

matrix = np.array(data)
pd.DataFrame(matrix, columns=['Name', 'Age', 'Driver'])
```

	Name	Age	Driver
0	Jacky Jackson	38	True
1	Steven Stevenson	25	False

원본 리스트를 전달하여 만들 수도 있습니다.

```python
pd.DataFrame(data, columns=['Name', 'Age', 'Driver'])
```

	Name	Age	Driver
0	Jacky Jackson	38	True
1	Steven Stevenson	25	False

또는 샘플마다 열과 값을 매핑한 딕셔너리를 리스트로 전달할 수 있습니다. index 매개변수에 인덱스를 따로 지정할 수도 있습니다.

```python
data = [ {'Name': 'Jacky Jackson', 'Age': 38, 'Driver': True},
         {'Name': 'Steven Stevenson', 'Age': 25, 'Driver': False} ]
pd.DataFrame(data, index=['row1', 'row2'])
```

	Age	Driver	Name
row1	38	True	Jacky Jackson
row2	25	False	Steven Stevenson

3.2 데이터에 대한 정보 확인하기

과제 데이터프레임의 특징을 확인하고 싶습니다.

해결 데이터를 적재한 후 할 수 있는 간단한 작업 중 하나는 head 메서드를 사용해 몇 개의 행을 확인하는 것입니다.

```
# 라이브러리를 임포트합니다.
import pandas as pd

# 데이터 URL
url = 'https://bit.ly/3Tb15qr'

# 데이터를 적재합니다.
dataframe = pd.read_csv(url)

# 두 개의 행을 확인합니다.
dataframe.head(2)
```

	Name	PClass	Age	Sex	Survived	SexCode
0	Allen, Miss Elisabeth Walton	1st	29.0	female	1	1
1	Allison, Miss Helen Loraine	1st	2.0	female	0	1

열과 행의 수를 확인할 수도 있습니다.

```
# 차원을 확인합니다.
dataframe.shape
```

```
(1313, 6)
```

describe 메서드를 사용하여 숫자로 된 열의 통곗값을 얻을 수 있습니다.

```
# 통곗값을 확인합니다.
dataframe.describe()
```

	Age	Survived	SexCode
count	756.000000	1313.000000	1313.000000
mean	30.397989	0.342727	0.351866
std	14.259049	0.474802	0.477734
min	0.170000	0.000000	0.000000
25%	21.000000	0.000000	0.000000
50%	28.000000	0.000000	0.000000
75%	39.000000	1.000000	1.000000
max	71.000000	1.000000	1.000000

추가적으로 info 메서드는 일부 유용한 정보를 출력합니다.

```
# 정보를 출력합니다.
dataframe.info()
```

```
<class 'pandas.core.frame.DataFrame'>
RangeIndex: 1313 entries, 0 to 1312
Data columns (total 6 columns):
 #   Column        Non-Null Count  Dtype
---  ------        --------------  -----
 0   Name          1313 non-null   object
 1   PClass        1313 non-null   object
 2   Age           756 non-null    float64
 3   Sex           1313 non-null   object
 4   Survived      1313 non-null   int64
 5   SexCode       1313 non-null   int64
dtypes: float64(1), int64(2), object(3)
memory usage: 61.7+ KB
```

설명 데이터를 적재한 후에 어떤 구조인지, 어떤 정보가 담겨 있는지 이해하는 것이 좋습니다. 전체 데이터를 직접 보는 것이 이상적입니다. 하지만 대부분 실전 데이터에는 수천, 수십만, 수백만 개의 행과 열이 있습니다. 일부 데이터를 출력해보거나 데이터에서 계산한 통곗값을 사용해야 합니다.

이 해결에서 타이타닉 호에 탑승했던 승객 정보로 구성된 토이 데이터셋을 사용합니다. head 메서드로 데이터의 처음 몇 개 행을 확인했습니다(기본값 5). tail 메서드를 사용해 마지막 몇 개의 행을 확인할 수도 있습니다. shape 메서드로 데이터프레임의 행과 열의 수를 확인했습니다. describe 메서드로는 수치형 열의 기본 통곗값을 확인했습니다. 마지막으로 info 메서드로 데이터프레임에 대한 몇 가지 유용한 정보를 출력합니다. 인덱스, 열 데이터 타입, 널[null]이 아닌 값, 메모리 사용량 등입니다.

요약 통계가 항상 데이터를 모두 설명해주지는 않습니다. 예를 들어 판다스는 0과 1로 이루어진 Survived와 SexCode를 수치형 열로 다룹니다. 그러나 이 숫잣값은 범주를 나타냅니다. 예를 들어 Survived가 1이면 이 승객이 사고에서 살아남았다는 것을 의미합니다. 이런 이유 때문에 SexCode 열(승객의 성별)의 표준편차 같은 일부 통곗값은 의미가 없습니다.

3.3 데이터프레임 슬라이싱하기

과제 데이터프레임의 개별 데이터나 일부를 선택해야 합니다.

해결 loc나 iloc 메서드를 사용해 하나 이상의 행이나 값을 선택합니다.

```python
# 라이브러리를 임포트합니다.
import pandas as pd

# 데이터 URL
url = 'https://bit.ly/3Tb15qr'

# 데이터를 적재합니다.
dataframe = pd.read_csv(url)

# 첫 번째 행을 선택합니다.
dataframe.iloc[0]
```

```
Name         Allen, Miss Elisabeth Walton
PClass                                1st
Age                                    29
Sex                                fcmale
Survived                                1
SexCode                                 1
Name: 0, dtype: object
```

콜론(:)을 사용하여 원하는 행의 슬라이스[slice]를 선택할 수 있습니다. 예를 들어 두 번째, 세 번째, 네 번째 행을 선택합니다.

```
# 세 개의 행을 선택합니다.
dataframe.iloc[1:4]
```

	Name	PClass	Age	Sex	Survived	SexCode
1	Allison, Miss Helen Loraine	1st	2.0	female	0	1
2	Allison, Mr Hudson Joshua Creighton	1st	30.0	male	0	0
3	Allison, Mrs Hudson JC (Bessie Waldo Daniels)	1st	25.0	female	0	1

한 지점까지 모든 행을 선택할 수도 있습니다. 예를 들어 네 번째 행을 포함하여 그 이전의 모든 행을 선택합니다.

```
# 네 개의 행을 선택합니다.
dataframe.iloc[:4]
```

	Name	PClass	Age	Sex	Survived	SexCode
0	Allen, Miss Elisabeth Walton	1st	29.0	female	1	1
1	Allison, Miss Helen Loraine	1st	2.0	female	0	1
2	Allison, Mr Hudson Joshua Creighton	1st	30.0	male	0	0
3	Allison, Mrs Hudson JC (Bessie Waldo Daniels)	1st	25.0	female	0	1

데이터프레임은 정수 인덱스를 가질 필요가 없습니다. 각 행이 고유해진다면 어떤 값이라도 데이터프레임의 인덱스로 설정할 수 있습니다. 예를 들어 승객 이름을 인덱스로 설정하고 이름을 사용하여 행을 선택할 수 있습니다.

```
# 인덱스를 설정합니다.
dataframe = dataframe.set_index(dataframe['Name'])

# 행을 확인합니다.
dataframe.loc['Allen, Miss Elisabeth Walton']
```

```
Name          Allen, Miss Elisabeth Walton
PClass                              1st
Age                                  29
Sex                              female
Survived                              1
SexCode                               1
Name: Allen, Miss Elisabeth Walton, dtype: object
```

설명 판다스 데이터프레임의 모든 행은 고유한 인덱스 값을 가집니다. 기본적으로 인덱스는 데이터프레임의 행 위치를 의미하는 정수이지만 필수는 아닙니다. 데이터프레임의 인덱스는 영문자와 숫자로 이루어진 고유한 문자열이거나 임의의 숫자일 수 있습니다. 개별 행이나 행의 슬라이스를 선택하기 위해서 판다스는 두 개의 메서드를 제공합니다.

- loc는 데이터 프레임의 인덱스가 레이블(예를 들어 문자열)일 때 사용합니다.
- iloc는 데이터프레임의 위치를 참조합니다. 예를 들어 iloc[0]는 정수 혹은 문자열 인덱스에 상관없이 첫 번째 행을 반환합니다.
- 데이터 정제 단계에서 자주 등장하기 때문에 loc 메서드와 iloc 메서드에 익숙해지는 것이 좋습니다.

덧붙임 loc와 iloc 메서드의 슬라이싱은 넘파이와 달리 마지막 인덱스를 포함합니다. 슬라이싱을 사용해 열을 선택할 수도 있습니다.

```
# 'Allison, Miss Helen Loraine' 이전까지 행에서 Age 열과 Sex 열만 선택합니다.
dataframe.loc[:'Allison, Miss Helen Loraine', 'Age':'Sex']
```

	Age	Sex
Name		
Allen, Miss Elisabeth Walton	29.0	female
Allison, Miss Helen Loraine	2.0	female

데이터프레임 객체에 슬라이싱을 사용하면 행을 선택합니다. 이때는 마지막 인덱스를 포함하지 않습니다. 인덱싱을 사용하면 열을 선택하며 여러 개의 열 이름을 리스트로 전달할 수도 있습니다.

```
# dataframe[:2]와 동일합니다.
dataframe[:'Allison, Miss Helen Loraine']
```

	Name	PClass	Age	Sex	Survived	SexCode
Name						
Allen, Miss Elisabeth Walton	Allen, Miss Elisabeth Walton	1st	29.0	female	1	1
Allison, Miss Helen Loraine	Allison, Miss Helen Loraine	1st	2.0	female	0	1

```
dataframe[['Age', 'Sex']].head(2)
```

	Age	Sex
Name		
Allen, Miss Elisabeth Walton	29.0	female
Allison, Miss Helen Loraine	2.0	female

3.4 조건에 따라 행 선택하기

과제 일부 조건에 따라 데이터프레임의 행을 선택하고 싶습니다.

해결 판다스에서는 간단합니다. 예를 들어 타이타닉 데이터셋에서 여성만 모두 선택하는 경우를 알아보겠습니다.

```python
# 라이브러리를 임포트합니다.
import pandas as pd

# 데이터 URL
url = 'https://bit.ly/3Tb15qr'

# 데이터를 적재합니다.
dataframe = pd.read_csv(url)

# 'sex' 열이 'female'인 행 중 처음 두 개를 출력합니다.
dataframe[dataframe['Sex'] == 'female'].head(2)
```

	Name	PClass	Age	Sex	Survived	SexCode
0	Allen, Miss Elisabeth Walton	1st	29.0	female	1	1
1	Allison, Miss Helen Loraine	1st	2.0	female	0	1

잠시 이 방식을 살펴보죠. dataframe['Sex'] == 'female'이 조건문입니다. 이를 data frame[]으로 감싸서 판다스에게 데이터프레임에서 dataframe['Sex']이 'female'인 모든 열을 선택하라고 요청합니다. 이 조건은 불리언으로 채워진 판다스 시리즈를 만듭니다.

조건을 여러 개 사용하는 것도 간단합니다. 예를 들어 다음처럼 승객이 65세 이상의 여성인 모든 행을 선택합니다.

```
# 행을 필터링합니다.
dataframe[(dataframe['Sex'] == 'female') & (dataframe['Age'] >= 65)]
```

	Name	PClass	Age	Sex	Survived	SexCode
73	Crosby, Mrs Edward Gifford (Catherine Elizabet...	1st	69.0	female	1	1

설명 조건에 따라 데이터를 선택하고 필터링하는 작업은 매우 흔한 데이터 랭글링 작업 중 하나입니다. 소스에 있는 원본 데이터를 모두 사용하는 경우는 드물고, 데이터의 일정 부분만 관심 대상일 것입니다. 예를 들어 어떤 지역의 상점이나 특정 연령대의 환자 정보만 필요한 경우입니다.

3.5 값 정렬하기

과제 열의 값을 기반으로 데이터프레임을 정렬해야 합니다.

해결 판다스의 sort_values 함수를 사용합니다.

```
# 라이브러리를 임포트합니다.
import pandas as pd

# 데이터 URL
```

```
url = 'https://bit.ly/3Tb15qr'

# 데이터를 적재합니다.
dataframe = pd.read_csv(url)

# age 열을 기준으로 데이터프레임을 정렬하고 처음 두 개의 행을 출력합니다.
dataframe.sort_values(by=["Age"]).head(2)
```

	Name	PClass	Age	Sex	Survived	SexCode
763	Dean, Miss Elizabeth Gladys (Millvena)	3rd	0.17	female	1	1
751	Danbom, Master Gilbert Sigvard Emanuel	3rd	0.33	male	0	0

설명 데이터 분석과 탐색 도중에 데이터프레임을 특정 열(들)을 기준으로 정렬하면 종종 도움이 됩니다. `sort_values` 함수는 **by** 매개변수로 데이터프레임을 정렬하기 위한 열 리스트를 받아 이 리스트에 있는 열 이름의 순서대로 정렬합니다.

기본적으로 ascending 매개변수의 기본값은 **True**이므로 가장 낮은 값에서 가장 큰 값 순서대로 정렬됩니다. 가장 어린 승객 대신 가장 나이가 많은 승객을 먼저 출력하고 싶다면 이 매개변수를 **False**로 지정하세요.

3.6 값 치환하기

과제 데이터프레임에 있는 값을 바꾸어야 합니다.

해결 판다스 `replace` 메서드로 간단하게 값을 찾고 바꿉니다. 예를 들어 Sex 열이 `female`인 모든 행을 **Woman**으로 바꿉니다.

```
# 라이브러리를 임포트합니다.
import pandas as pd

# 데이터 URL
url = 'https://bit.ly/3Tb15qr'

# 데이터를 적재합니다.
```

```
dataframe = pd.read_csv(url)

# 값을 치환하고 두 개의 행을 출력합니다.
dataframe['Sex'].replace("female", "Woman").head(2)
```

```
0    Woman
1    Woman
Name: Sex, dtype: object
```

동시에 여러 개의 값을 바꿀 수도 있습니다.

```
# female과 male을 Woman과 Man으로 치환합니다.
dataframe['Sex'].replace(["female", "male"], ["Woman", "Man"]).head(5)
```

```
0    Woman
1    Woman
2      Man
3    Woman
4      Man
Name: Sex, dtype: object
```

하나의 열이 아니라 데이터프레임의 replace 메서드를 사용하여 전체 DataFrame 객체에서 값을 찾아 바꿀 수도 있습니다.

```
# 값을 치환하고 두 개의 행을 출력합니다.
dataframe.replace(1, "One").head(2)
```

	Name	PClass	Age	Sex	Survived	SexCode
0	Allen, Miss Elisabeth Walton	1st	29	female	One	One
1	Allison, Miss Helen Loraine	1st	2	female	0	One

replace 메서드는 정규 표현식^{regular expression}도 인식합니다.

replace 메서드는 정규 표현식regular expression도 인식합니다.

```
# 값을 치환하고 두 개의 행을 출력합니다.
dataframe.replace(r"1st", "First", regex=True).head(2)
```

	Name	PClass	Age	Sex	Survived	SexCode
0	Allen, Miss Elisabeth Walton	First	29.0	female	1	1
1	Allison, Miss Helen Loraine	First	2.0	female	0	1

설명 replace는 간단하지만 정규식을 지원하는 강력한 도구로 값을 치환하는 데 사용합니다.

▶덧붙임 한번에 여러 개의 값을 동일하게 바꿀 수 있습니다.

```
# female과 male을 person으로 바꿉니다.
dataframe.replace(["female", "male"], "person").head(3)
```

	Name	PClass	Age	Sex	Survived	SexCode
0	Allen, Miss Elisabeth Walton	1st	29.0	person	1	1
1	Allison, Miss Helen Loraine	1st	2.0	person	0	1
2	Allison, Mr Hudson Joshua Creighton	1st	30.0	person	0	0

딕셔너리로 바꿀 값을 각각 매핑하여 전달할 수도 있습니다.

```
# female을 1로 바꾸고 male을 0으로 바꿉니다.
dataframe.replace({"female": 1, "male": 0}).head(3)
```

	Name	PClass	Age	Sex	Survived	SexCode
0	Allen, Miss Elisabeth Walton	1st	29.0	1	1	1
1	Allison, Miss Helen Loraine	1st	2.0	1	0	1
2	Allison, Mr Hudson Joshua Creighton	1st	30.0	0	0	0

3.7 열 이름 바꾸기

과제 판다스 데이터프레임의 열 이름을 바꾸고 싶습니다.

해결 rename 메서드를 사용하여 열 이름을 바꿉니다.

```
# 라이브러리를 임포트합니다.
import pandas as pd

# 데이터 URL
url = 'https://bit.ly/3Tb15qr'
```

```
# 데이터를 적재합니다.
dataframe = pd.read_csv(url)

# 열 이름을 바꾸고 두 개의 행을 출력합니다.
dataframe.rename(columns={'PClass': 'Passenger Class'}).head(2)
```

	Name	Passenger Class	Age	Sex	Survived	SexCode
0	Allen, Miss Elisabeth Walton	1st	29.0	female	1	1
1	Allison, Miss Helen Loraine	1st	2.0	female	0	1

rename 메서드의 딕셔너리 매개변수에 바꾸려는 열을 동시에 여러 개 지정할 수 있습니다.

```
# 열 이름을 바꾸고 두 개의 행을 출력합니다.
dataframe.rename(columns={'PClass': 'Passenger Class', 'Sex': 'Gender'}).head(2)
```

	Name	Passenger Class	Age	Gender	Survived	SexCode
0	Allen, Miss Elisabeth Walton	1st	29.0	female	1	1
1	Allison, Miss Helen Loraine	1st	2.0	female	0	1

설명 여러 개의 열 이름을 바꿀 수 있기 때문에 rename 메서드의 columns 매개변수에 딕셔너리를 전달하는 방식을 좋아합니다. 전체 열의 이름을 동시에 바꾸려면 다음 코드처럼 키는 이전 열 이름을 사용하고 값은 비어 있는 딕셔너리를 만드는 것이 편리합니다.

```
# 라이브러리를 임포트합니다.
import collections

# 딕셔너리를 만듭니다.
column_names = collections.defaultdict(str)

# 키를 만듭니다.
for name in dataframe.columns:
    column_names[name]
```

```
# 딕셔너리를 출력합니다.
column_names
```

```
defaultdict(str,
            {'Name': '',
             'PClass': '',
             'Age': '',
             'Sex': '',
             'Survived': '',
             'SexCode': ''})
```

▶ 덧붙임 index 매개변수를 사용하여 인덱스를 바꿀 수 있습니다.

```
# 인덱스 0을 -1로 바꿉니다.
dataframe.rename(index={0:-1}).head(2)
```

	Name	PClass	Age	Sex	Survived	SexCode
-1	Allen, Miss Elisabeth Walton	1st	29.0	female	1	1
1	Allison, Miss Helen Loraine	1st	2.0	female	0	1

변환 함수를 전달하고 axis 매개변수에 'columns' 또는 'index'를 지정할 수 있습니다.

```
# 열 이름을 소문자로 바꿉니다.
dataframe.rename(str.lower, axis='columns').head(2)
```

	name	pclass	age	sex	survived	sexcode
0	Allen, Miss Elisabeth Walton	1st	29.0	female	1	1
1	Allison, Miss Helen Loraine	1st	2.0	female	0	1

3.8 최솟값, 최댓값, 합, 평균 계산 및 개수 세기

과제 숫자형 열의 최솟값, 최댓값, 합, 평균을 계산하거나 개수를 세고 싶습니다.

해결 판다스는 널리 사용되는 기술 통계descriptive statistics를 위한 메서드를 제공합니다. 예를 들면 min, max, mean, sum, count 등이 있습니다.

```python
# 라이브러리를 임포트합니다.
import pandas as pd

# 데이터 URL
url = 'https://tinyurl.com/titanic-csv'

# 데이터를 적재합니다.
dataframe = pd.read_csv(url)

# 통곗값을 계산합니다.
print('최댓값:', dataframe['Age'].max())
print('최솟값:', dataframe['Age'].min())
print('평균:', dataframe['Age'].mean())
print('합:', dataframe['Age'].sum())
print('카운트:', dataframe['Age'].count())
```

```
최댓값: 71.0
최솟값: 0.17
평균: 30.397989417989418
합: 22980.88
카운트: 756
```

설명 해결에서 사용한 통곗값 이외에도 판다스는 분산(var), 표준편차(std), 첨도^{kurtosis}(kurt), 비대칭도^{skewness}(skew), 평균^{mean}의 표준오차(sem), 최빈값(mode), 중간값(median)을 포함하여 많은 메서드를 제공합니다. 또한 이런 메서드를 데이터프레임 전체에 적용할 수도 있습니다.

```python
# 카운트를 출력합니다.
dataframe.count()
```

```
Name        1313
PClass      1313
Age          756
Sex         1313
Survived    1313
SexCode     1313
dtype: int64
```

▮덧붙임 첨도는 확률분포의 뾰족한 정도를 나타냅니다. 첨도가 3에 가까우면 정규분포와 비슷하며 3보다 작을 경우에는 정규분포보다 더 납작하고 3보다 크면 더 뾰족합니다.

비대칭도는 확률분포의 비대칭성을 나타냅니다. 음수일 경우 정규분포보다 오른쪽으로 치우쳐 있고 양수일 경우 반대로 왼쪽으로 치우쳐 있습니다.

평균의 표준오차는 샘플링된 표본의 평균에 대한 표준편차입니다. 이외에도 상관계수를 계산하는 corr 메서드와 공분산을 계산하는 cov 메서드가 있습니다.

```
# 수치형 열의 공분산을 계산합니다.
dataframe.cov()
```

	Age	Survived	SexCode
Age	203.320470	-0.430491	-0.382054
Survived	-0.430491	0.225437	0.114070
SexCode	-0.382054	0.114070	0.228230

```
# 수치형 열의 상관계수를 계산합니다.
dataframe.corr()
```

	Age	Survived	SexCode
Age	1.000000	-0.061254	-0.055138
Survived	-0.061254	1.000000	0.502891
SexCode	-0.055138	0.502891	1.000000

3.9 고유한 값 찾기

과제 열에서 고유한 값을 모두 고르고 싶습니다.

해결 unique 메서드를 사용하여 열에서 고유한 값을 모두 찾습니다.

```
# 라이브러리를 임포트합니다.
import pandas as pd

# 데이터 URL
url = 'https://bit.ly/3Tb15qr'
```

```
# 데이터를 적재합니다.
dataframe = pd.read_csv(url)

# 고유한 값을 찾습니다.
dataframe['Sex'].unique()
```

```
array(['female', 'male'], dtype=object)
```

value_counts 메서드는 고유한 값과 등장 횟수를 출력합니다.

```
# 카운트를 출력합니다.
dataframe['Sex'].value_counts()
```

```
male      851
female    462
Name: Sex, dtype: int64
```

설명 unique와 value_counts는 범주형 열을 탐색하거나 조작할 때 유용합니다. 범주형 열
에는 데이터 랭글링 단계에서 처리해주어야 할 클래스가 종종 있습니다. 예를 들어 타이타닉
데이터셋의 PClass 열은 승객 티켓의 등급을 나타냅니다. 타이타닉에는 세 개의 등급이 있지
만 value_counts의 값을 확인해보면 문제가 나타납니다.

```
# 카운트를 출력합니다.
dataframe['PClass'].value_counts()
```

```
3rd    711
1st    322
2nd    279
*        1
Name: PClass, dtype: int64
```

예상대로 거의 모든 승객이 세 개의 등급 중 하나에 속해 있지만 한 명의 승객은 등급이 *입니
다. 이런 종류의 문제를 다루는 전략은 여러 가지입니다. 5장에서 이에 대해 알아보겠습니다.
지금은 범주형 데이터에 여분의 클래스가 있는 경우가 많고 이를 무시해서는 안 된다는 것만
기억해두세요.

마지막으로 고유한 값의 개수만 얻고 싶다면 nunique 메서드를 사용합니다.

```python
# 고유한 값의 개수를 출력합니다.
dataframe['PClass'].nunique()
```

```
4
```

▪️ 덧붙임 nunique 메서드는 데이터프레임 전체에 적용할 수 있습니다.

```python
dataframe.nunique()
```

```
Name        1310
PClass         4
Age           75
Sex            2
Survived       2
SexCode        2
dtype: int64
```

value_counts 메서드와 nunique 메서드에는 NaN을 카운트할지를 결정하는 dropna 매개변수가 있습니다. 기본값은 True로 NaN을 카운트하지 않습니다.

3.10 누락된 값 다루기

과제 데이터프레임에서 누락된 값을 선택하고 싶습니다.

해결 isnull과 notnull 메서드는 누락 여부를 나타내는 불리언boolean 값을 반환합니다.

```python
# 라이브러리를 임포트합니다.
import pandas as pd

# 데이터 URL
url = 'https://bit.ly/3Tb15qr'

# 데이터를 적재합니다.
dataframe = pd.read_csv(url)

## 누락된 값을 선택하고 두 개의 행을 출력합니다.
dataframe[dataframe['Age'].isnull()].head(2)
```

	Name	PClass	Age	Sex	Survived	SexCode
12	Aubert, Mrs Leontine Pauline	1st	NaN	female	1	1
13	Barkworth, Mr Algernon H	1st	NaN	male	1	0

설명 누락된 값은 데이터 랭글링에 아주 흔하게 등장하는 문제이지만 많은 사람이 누락된 값을 다루는 작업의 어려움을 과소평가합니다. 판다스는 넘파이의 NaNNot a Number을 사용하여 누락된 값을 표시합니다. 중요한 점은 판다스 자체적으로 NaN을 구현하지 않았다는 것입니다. 예를 들어 male이란 문자열을 NaN으로 바꾸려고 하면 에러가 발생합니다.

```
# NaN으로 값을 바꾸려고 합니다.
dataframe['Sex'] = dataframe['Sex'].replace('male', NaN)
```

```
-----------------------------------------------------------------------
NameError                                 Traceback (most recent call last)
<ipython-input-41-3f627d47b274> in <module>
      1 # NaN으로 값을 바꾸려고 합니다.
----> 2 dataframe['Sex'] = dataframe['Sex'].replace('male', NaN)

NameError: name 'NaN' is not defined
-----------------------------------------------------------------------
```

NaN을 사용하려면 넘파이 라이브러리를 임포트해야 합니다.

```
# 라이브러리를 임포트합니다.
import numpy as np

# NaN으로 값을 바꿉니다.
dataframe['Sex'] = dataframe['Sex'].replace('male', np.nan)
```

종종 데이터셋에 누락된 값을 표시하기 위해 특정 값을 사용하는 경우가 있습니다. 예를 들면 NONE, -999, .(마침표) 등입니다. 판다스의 read_csv 함수에는 누락 표시에 사용한 값을 지정할 수 있는 매개변수가 있습니다.

```
# 데이터를 적재하고 누락된 값을 설정합니다.
dataframe = pd.read_csv(url, na_values=[np.nan, 'NONE', -999])
```

판다스의 fillna 메서드를 사용하여 한 열의 누락된 값을 대체할 수도 있습니다. 다음 코드는 isna 메서드를 사용해 Age 열에서 누락된 행을 찾고, 승객의 평균 나이로 채웁니다.

```
# 누락된 값이 있는 행 하나를 추출합니다.
null_entry = dataframe[dataframe["Age"].isna()].head(1)

print(null_entry)
```

	Name	PClass	Age	Sex	Survived	SexCode
12	Aubert, Mrs Leontine Pauline	1st	NaN	female	1	1

```
# 승객의 평균 나이로 누락된 값을 채웁니다.
null_entry.fillna(dataframe["Age"].mean())
```

	Name	PClass	Age	Sex	Survived	SexCode
12	Aubert, Mrs Leontine Pauline	1st	30.397989	female	1	1

■ 덧붙임 판다스는 기본적으로 ' ', '#N/A', '#N/A N/A', '#NA', '-1.#IND', '-1.#QNAN', '-NaN', '-nan', '1.#IND', '1.#QNAN', 'N/A', 'NA', 'NULL', 'NaN', 'n/a', 'nan', 'null' 문자열을 NaN으로 인식합니다. keep_default_na 매개변수를 False로 지정하면 이 문자열들을 NaN으로 인식하지 않습니다. 다음 코드는 'female' 문자열만 NaN으로 인식합니다.

```
dataframe = pd.read_csv(url, na_values=['female'],
                        keep_default_na=False)
dataframe[12:14]
```

	Name	PClass	Age	Sex	Survived	SexCode
12	Aubert, Mrs Leontine Pauline	1st		NaN	1	1
13	Barkworth, Mr Algernon H	1st		male	1	0

na_filter를 False로 설정하면 NaN 변환을 하지 않습니다.

```
dataframe = pd.read_csv(url, na_filter=False)
dataframe[12:14]
```

	Name	PClass	Age	Sex	Survived	SexCode
12	Aubert, Mrs Leontine Pauline	1st		female	1	1
13	Barkworth, Mr Algernon H	1st		male	1	0

3.11 열 삭제하기

과제 데이터프레임에서 열을 삭제하고 싶습니다.

해결 열을 삭제하는 가장 좋은 방법은 drop 메서드에 axis=1(즉, 열) 매개변수를 사용하는 것입니다.

```python
# 라이브러리를 임포트합니다.
import pandas as pd

# 데이터 URL
url = 'https://bit.ly/3Tb15qr'

# 데이터를 적재합니다.
dataframe = pd.read_csv(url)

# 열을 삭제합니다.
dataframe.drop('Age', axis=1).head(2)
```

	Name	PClass	Sex	Survived	SexCode
0	Allen, Miss Elisabeth Walton	1st	female	1	1
1	Allison, Miss Helen Loraine	1st	female	0	1

첫 번째 매개변수에 열 이름의 리스트를 전달해 여러 개의 열을 한번에 삭제할 수 있습니다.

```python
# 열을 삭제합니다.
dataframe.drop(['Age', 'Sex'], axis=1).head(2)
```

	Name	PClass	Survived	SexCode
0	Allen, Miss Elisabeth Walton	1st	1	1
1	Allison, Miss Helen Loraine	1st	0	1

열 이름이 없다면(이따금 이런 경우가 있습니다) `dataframe.columns`에 열 인덱스를 지정하여 삭제할 수 있습니다.

```
# PClass 열을 삭제합니다.
dataframe.drop(dataframe.columns[1], axis=1).head(2)
```

	Name	Age	Sex	Survived	SexCode
0	Allen, Miss Elisabeth Walton	29.0	female	1	1
1	Allison, Miss Helen Loraine	2.0	female	0	1

설명 `drop`은 열을 삭제하는 대표적인 방법입니다. 다른 방법은 `del dataframe['Age']`입니다. 대부분의 경우 작동하지만 판다스 내부의 호출 방식 때문에 권장하지 않습니다(자세한 사항은 이 책의 범위를 넘어섭니다).[2]

필자가 추천하는 한 가지 방법은 판다스의 `inplace=True` 매개변수를 절대 사용하지 않는 것입니다. 많은 판다스 메서드는 `inplace` 매개변수가 있습니다. `True`로 설정하면 데이터프레임을 바로 수정합니다. 이는 데이터프레임을 수정 가능한 객체(기술적으로 보면 맞습니다)처럼 다루므로 데이터 처리 파이프라인을 더욱 복잡하게 만듭니다. 데이터프레임을 수정 가능하지 않은 객체처럼 다루는 것이 좋습니다. 예를 들면 다음과 같습니다.

```
# 새로운 데이터프레임을 만듭니다.
dataframe_name_dropped = dataframe.drop(dataframe.columns[0], axis=1)
```

이 예에서 `dataframe`을 수정하지 않고 `dataframe`의 수정된 버전으로 새로운 데이터프레임 `dataframe_name_dropped`를 만들었습니다. 데이터프레임을 수정 가능하지 않은 객체로 다루면 수많은 골칫거리들을 피할 수 있을 것입니다.

3.12 행 삭제하기

과제 데이터프레임에서 하나 이상의 행을 삭제하고 싶습니다.

---

2 옮긴이_ 파이썬의 del 키워드를 사용하면 inplace 매개변수를 사용한 것처럼 원본 데이터프레임을 바꿉니다.

해결 불리언 조건을 사용하여 삭제하고 싶은 행을 제외한 새로운 데이터프레임을 만듭니다.

```
# 라이브러리를 임포트합니다.
import pandas as pd

# 데이터 URL
url = 'https://bit.ly/3Tb15qr'

# 데이터를 적재합니다.
dataframe = pd.read_csv(url)

# 행을 삭제하고 처음 두 개의 행을 출력합니다.
dataframe[dataframe['Sex'] != 'male'].head(3)
```

	Name	PClass	Age	Sex	Survived	SexCode
0	Allen, Miss Elisabeth Walton	1st	29.0	female	1	1
1	Allison, Miss Helen Loraine	1st	2.0	female	0	1
3	Allison, Mrs Hudson JC (Bessie Waldo Daniels)	1st	25.00	female	0	1

설명 기술적으로 보면 drop 메서드를 사용할 수 있지만(예를 들어 dataframe.drop([0, 1], axis=0) 더 실용적인 방법은 dataframe[] 안에 불리언 조건을 넣는 것입니다. 조건을 사용하면 행 하나 또는 여러 개를 동시에 삭제할 수 있습니다.

불리언 조건을 사용하면 고유한 값에 해당하는 하나의 행을 간단하게 삭제할 수 있습니다.

```
# 행을 삭제하고 처음 두 개의 행을 출력합니다.
dataframe[dataframe['Name'] != 'Allison, Miss Helen Loraine'].head(2)
```

	Name	PClass	Age	Sex	Survived	SexCode
0	Allen, Miss Elisabeth Walton	1st	29.0	female	1	1
2	Allison, Mr Hudson Joshua Creighton	1st	30.0	male	0	0

행 인덱스를 사용하여 하나의 행을 삭제할 수도 있습니다.

```
# 행을 삭제하고 처음 두 개의 행을 출력합니다.
dataframe[dataframe.index != 0].head(2)
```

	Name	PClass	Age	Sex	Survived	SexCode
1	Allison, Miss Helen Loraine	1st	2.0	female	0	1
2	Allison, Mr Hudson Joshua Creighton	1st	30.0	male	0	0

3.13 중복된 행 삭제하기

과제 데이터프레임에서 중복된 행을 삭제하고 싶습니다.

해결 매개변수에 주의해서 drop_duplicates를 사용합니다.

```
# 라이브러리를 임포트합니다.
import pandas as pd

# 데이터 URL
url = 'https://bit.ly/3Tb15qr'

# 데이터를 적재합니다.
dataframe = pd.read_csv(url)

# 중복 행을 삭제하고 처음 두 개의 행을 출력합니다.
dataframe.drop_duplicates().head(2)
```

	Name	PClass	Age	Sex	Survived	SexCode
0	Allen, Miss Elisabeth Walton	1st	29.0	female	1	1
1	Allison, Miss Helen Loraine	1st	2.0	female	0	1

설명 예리한 독자는 이 해결이 실제로 어떤 행도 삭제하지 않았다는 것을 눈치챘을 것입니다.

```
# 행의 개수를 출력합니다.
print("원본 데이터프레임 행의 수:", len(dataframe))
print("중복 삭제 후 행의 수:", len(dataframe.drop_duplicates()))
```

```
원본 데이터프레임 행의 수: 1313
중복 삭제 후 행의 수: 1313
```

drop_duplicates는 기본적으로 모든 열이 완벽히 동일한 행만 삭제하기 때문입니다. 이 데이터프레임의 모든 행이 고유하므로 어떤 행도 삭제되지 않습니다. 일반적으로 일부 열만 대상으로 중복된 행을 검사합니다. 이런 경우 subset 매개변수를 사용합니다.

```
# 중복된 행을 삭제합니다.
dataframe.drop_duplicates(subset=['Sex'])
```

	Name	PClass	Age	Sex	Survived	SexCode
0	Allen, Miss Elisabeth Walton	1st	29.0	female	1	1
2	Allison, Mr Hudson Joshua Creighton	1st	30.0	male	0	0

출력된 결과를 자세히 보면 drop_duplicates가 Sex 열이 같은 모든 행을 중복이라 판단하고 삭제했습니다. 이 데이터프레임에는 남성 하나와 여성 하나인 두 개의 행만 남았습니다. 왜 drop_duplicates는 다른 행 대신 이 두 행을 남겼을까요? drop_duplicates는 기본적으로 중복된 행에서 처음 나타난 것을 유지하고 나머지를 버립니다. keep 매개변수를 사용해 이런 방식을 바꿀 수 있습니다.

```
# 중복된 행을 삭제합니다.
dataframe.drop_duplicates(subset=['Sex'], keep='last')
```

	Name	PClass	Age	Sex	Survived	SexCode
1307	Zabour, Miss Tamini	3rd	NaN	female	0	1
1312	Zimmerman, Leo	3rd	29.0	male	0	0

관련된 다른 메서드로는 duplicated가 있습니다. 이 메서드는 행이 중복되었는지를 알려주는 불리언 시리즈series를 반환합니다. 중복된 행을 단순히 삭제하는 것이 아닐 때 사용하면 좋습니다.

```
dataframe.duplicated()
```

```
0        False
1        False
2        False
3        False
4        False
         ...
1308     False
1309     False
1310     False
1311     False
1312     False
Length: 1313, dtype: bool
```

3.14 값에 따라 행을 그룹핑하기

과제 어떤 값을 기준으로 개별 행을 그룹핑grouping하고 싶습니다.

해결 판다스의 강력한 기능 중 하나인 groupby를 사용합니다.

```python
# 라이브러리를 임포트합니다.
import pandas as pd

# 데이터 URL
url = 'https://bit.ly/3Tb15qr'

# 데이터를 적재합니다.
dataframe = pd.read_csv(url)

# 'Sex' 열의 값으로 행을 그룹핑하고 평균을 계산합니다.
dataframe.groupby('Sex').mean(numeric_only=True)
```

Sex	Age	Survived	SexCode
female	29.396424	0.666667	1.0
male	31.014338	0.166863	0.0

설명 groupby에서 데이터 랭글링이 진짜 시작됩니다. 데이터프레임의 한 행이 한 사람이나

이벤트를 나타낼 때가 매우 흔합니다. 어떤 조건에 따라 이들을 그룹핑하고 통계를 계산하게 됩니다. 예를 들어 각 행이 다국적 레스토랑 체인의 개별 매출로 구성된 데이터프레임을 상상해보죠. 이 데이터프레임에서 각 레스토랑의 전체 매출을 구하고 싶습니다. 이때 레스토랑을 기준으로 행을 그룹핑하고 각 그룹의 합을 계산할 수 있습니다.

groupby를 처음 사용할 때 다음과 같이 쓰는 경우가 많습니다. 반환되는 값을 보면 당황하게 됩니다.

```
# 행을 그룹핑합니다.
dataframe.groupby('Sex')
```

```
<pandas.core.groupby.generic.DataFrameGroupBy object at 0x7f963df70518>
```

왜 더 유용한 결과를 반환하지 않을까요? groupby는 통계 계산(예를 들어 평균, 중간값, 합)과 같이 각 그룹에 적용할 연산을 함께 필요로 하기 때문입니다. 그룹핑에 대해 말할 때 간단하게 '성별로 그룹핑한다'라고 말합니다. 하지만 이렇게 표현하면 완전하지 않습니다. 그룹핑의 결과가 쓸모 있으려면 그룹핑을 한 다음 각 그룹에 어떤 계산을 적용해야 합니다.

```
# 행을 그룹핑하고 카운팅합니다.
dataframe.groupby('Survived')['Name'].count()
```

```
Survived
0    863
1    450
Name: Name, dtype: int64
```

groupby 다음에 Name이 추가된 것을 보았나요? 특정 통곗값은 어떤 종류의 데이터에만 의미가 있기 때문입니다. 예를 들어 성별 평균 나이를 계산하는 것은 이해되지만 성별 나이 합을 계산하는 것은 그렇지 않습니다. 여기에서는 생존 여부로 데이터를 그룹핑한 다음 그룹별로 이름(즉 승객)의 수를 카운트합니다.

첫 번째 열로 그룹핑한 다음 두 번째 열로 그룹을 다시 그룹핑할 수도 있습니다.

```
# 행을 그룹핑한 다음 평균을 계산합니다.
dataframe.groupby(['Sex','Survived'])['Age'].mean()
```

```
Sex     Survived
female  0            24.901408
```

```
                    1                30.867143
     male           0                32.320780
                    1                25.951875
     Name: Age, dtype: float64
```

3.15 시간에 따라 행을 그룹핑하기

과제 시간 간격에 따라 개별 행을 그룹핑해야 합니다.

해결 resample 메서드를 사용해 시간 간격에 따라 행을 그룹핑합니다.

```python
# 라이브러리를 임포트합니다.
import pandas as pd
import numpy as np

# 날짜 범위를 만듭니다.
time_index = pd.date_range('06/06/2017', periods=100000, freq='30S')

# 데이터프레임을 만듭니다.
dataframe = pd.DataFrame(index=time_index)

# 난숫값으로 열을 만듭니다.
dataframe['Sale_Amount'] = np.random.randint(1, 10, 100000)

# 주 단위로 행을 그룹핑한 다음 합을 계산합니다.
dataframe.resample('W').sum()
```

	Sale_Amount
2017-06-11	87137
2017-06-18	100358
2017-06-25	100573
2017-07-02	100749
2017-07-09	100940
2017-07-16	10270

설명 타이타닉 데이터셋은 날짜 열이 없기 때문에 이 레시피를 위해 각 행이 하나의 매출인 간단한 데이터프레임을 생성했습니다. 각 매출은 날짜와 시간, 금액을 가집니다(매출이 정확히

30초 간격으로 발생하고 금액이 정수로 떨어지기 때문에 이 데이터는 현실적이지 않지만 실제 데이터라고 가정해보죠).

원본 데이터는 다음과 같습니다.

```
# 세 개의 행을 출력합니다.
dataframe.head(3)
```

	Sale_Amount
2017-06-06 00:00:00	8
2017-06-06 00:00:30	7
2017-06-06 00:01:00	4

매출의 날짜와 시간이 이 데이터프레임의 인덱스입니다. resample 메서드가 datetime 형태의 인덱스를 사용하기 때문입니다.

resample 메서드를 사용해 시간 간격(오프셋)을 넓혀서 행을 그룹핑하고 이 그룹별로 몇 가지 통계를 계산해보겠습니다.

```
# 2주 단위로 그룹핑하고 평균을 계산합니다.
dataframe.resample('2W').mean()
```

	Sale_Amount
2017-06-11	5.042650
2017-06-25	4.983408
2017-07-09	5.002207
2017-07-23	4.937500

```
# 한 달 간격으로 그룹핑하고 행을 카운트합니다.
dataframe.resample('M').count()
```

	Sale_Amount
2017-06-30	72000
2017-07-31	28000

앞의 두 결과를 보면 알 수 있듯이 각각 주와 월 단위로 그룹핑했지만 datetime 인덱스는 날짜

입니다. 기본적으로 resample 메서드는 시간 그룹핑의 오른쪽 에지^{edge}의 레이블(마지막 레이블)을 반환하기 때문입니다. label 매개변수를 사용하여 이 기준을 바꿀 수 있습니다.

```
# 월 간격으로 그룹핑하고 행을 카운트합니다.
dataframe.resample('M', label='left').count()
```

	Sale_Amount
2017-05-31	72000
2017-06-30	28000

참고 • 판다스 날짜 오프셋 객체(*https://bit.ly/2IIzGZe*)

▌덧붙임 그룹핑된 인덱스를 월의 시작 날짜로 만들려면 'MS'를 사용합니다.

```
dataframe.resample('MS').count()
```

	Sale_Amount
2017-06-01	72000
2017-07-01	28000

3.16 연산 집계와 통계

과제 데이터프레임에 있는 각 열에 대해 (또는 일련의 열에 대해) 연산의 결과를 집계해야 합니다.

해결 판다스의 agg 메서드를 사용합니다. 다음 코드에서 각 열의 최솟값을 쉽게 구할 수 있습니다.

```
# 라이브러리를 임포트합니다.
import pandas as pd

# 데이터 URL
url = 'https://bit.ly/3Tb15qr'

# 데이터를 적재합니다.
dataframe = pd.read_csv(url)
```

```
# 각 열의 최솟값을 구합니다.
dataframe.agg("min")
```

```
Name         Abbing, Mr Anthony
PClass                        *
Age                        0.17
Sex                      female
Survived                      0
SexCode                       0
dtype: object
```

이따금 열마다 다른 함수를 적용할 필요가 있습니다.

```
# 나이 평균, SexCode의 최솟값과 최댓값
dataframe.agg({"Age":["mean"], "SexCode":["min", "max"]})
```

	Age	SexCode
mean	30.397989	NaN
min	NaN	0.0
max	NaN	1.0

집계 함수를 적용하여 더 구체적인 통곗값을 얻을 수도 있습니다.

```
# 객실 등급마다 생존한 사람과 그렇지 않은 사람의 수
dataframe.groupby(
    ["PClass","Survived"]).agg({"Survived":["count"]}
).reset_index()
```

	PClass	Survived	count
0	*	0	1
1	1st	0	129
2	1st	1	193
3	2nd	0	160
4	2nd	1	119
5	3rd	0	573
6	3rd	1	138

설명 데이터의 하위 모집단에 대한 정보와 변사 간의 관계를 찾는 탐색적 데이터 분석exploratory data analysis을 수행하는 동안 특히 집계 함수aggregate function가 유용합니다. 데이터를 그룹핑하고 집

계 함수를 적용하여 머신러닝이나 특성 공학 과정에서 유용할 수 있는 데이터의 패턴을 볼 수 있습니다. 시각적인 그래프도 유용하지만 이런 구체적이고 설명적인descriptive 통곗값이 데이터를 더 잘 이해하는 데 종종 유용합니다.

참고 • 판다스 **agg** 메서드 문서(*https://oreil.ly/5xing*)

3.17 열 원소 순회하기

과제 열의 모든 원소에 어떤 동작을 적용하고 싶습니다.

해결 판다스의 열을 파이썬의 시퀀스처럼 취급하고 파이썬의 일반적인 표현식으로 원소를 순회할 수 있습니다.

```python
# 라이브러리를 임포트합니다.
import pandas as pd

# 데이터 URL
url = 'https://bit.ly/3Tb15qr'

# 데이터를 적재합니다.
dataframe = pd.read_csv(url)

# 처음 두 이름을 대문자로 바꾸어 출력합니다.
for name in dataframe['Name'][0:2]:
    print(name.upper())
```

```
ALLEN, MISS ELISABETH WALTON
ALLISON, MISS HELEN LORAINE
```

설명 반복문(종종 for 반복문이라고 부릅니다) 외에 리스트 컴프리헨션list comprehension를 사용할 수 있습니다.

```python
# 처음 두 이름을 대문자로 바꾸어 출력합니다.
[name.upper() for name in dataframe['Name'][0:2]]
```

```
['ALLEN, MISS ELISABETH WALTON', 'ALLISON, MISS HELEN LORAINE']
```

for 반복문에 대한 유혹이 있지만 판다스의 **apply** 메서드를 사용하는 것이 좀 더 파이썬다운 방법입니다. 레시피 3.18에서 이 메서드를 설명합니다.

3.18 모든 열 원소에 함수 적용하기

과제 열에 있는 모든 원소에 어떤 함수를 적용하고 싶습니다.

해결 **apply**를 사용하여 열의 모든 원소에 내장 함수나 사용자 정의 함수를 적용합니다.

```python
# 라이브러리를 임포트합니다.
import pandas as pd

# 데이터 URL
url = 'https://bit.ly/3Tb15qr'

# 데이터를 적재합니다.
dataframe = pd.read_csv(url)

# 함수를 만듭니다.
def uppercase(x):
    return x.upper()

# 함수를 적용하고 두 개의 행을 출력합니다.
dataframe['Name'].apply(uppercase)[0:2]
```

```
0       ALLEN, MISS ELISABETH WALTON
1       ALLISON, MISS HELEN LORAINE
Name: Name, dtype: object
```

설명 **apply** 메서드는 데이터 정제와 랭글링을 하는 데 아주 유용합니다. 보통 (이름과 성을 분리하거나 문자열을 실수로 변환하는 등) 필요한 연산을 수행하기 위해 함수를 작성합니다. 그런 다음 함수를 열의 모든 원소에 적용합니다.

덧붙임 **apply** 메서드와 유사한 map 메서드도 있습니다. 이 두 함수는 거의 비슷하지만 map 메서드는 딕셔너리를 입력으로 넣을 수 있고 **apply** 메서드는 매개변수를 지정할 수 있다는 것이 큰 차이입니다.

```
# Survived 열의 1을 Live로, 0을 Dead로 바꿉니다.
dataframe['Survived'].map({1:'Live', 0:'Dead'})[:5]
```

```
0    Live
1    Dead
2    Dead
3    Dead
4    Live
Name: Survived, dtype: object
```

```
# 함수의 매개변수(age)를 apply 메서드를 호출할 때 전달할 수 있습니다.
dataframe['Age'].apply(lambda x, age: x < age, age=30)[:5]
```

```
0     True
1     True
2    False
3     True
4     True
Name: Age, dtype: bool
```

데이터프레임 전체에 적용할 수 있는 **apply** 메서드와 **applymap** 메서드가 있습니다. **apply** 메서드는 데이터프레임 열 전체에 적용되며 **applymap** 메서드는 앞서 본 **map** 메서드와 비슷하게 열의 각 원소에 적용됩니다.

```
# 각 열에서 가장 큰 값을 뽑습니다.
dataframe.apply(lambda x: max(x))
```

```
Name        del Carlo, Mrs Sebastiano (Argenia Genovese)
PClass                                               3rd
Age                                                   71
Sex                                                 male
Survived                                               1
SexCode                                                1
dtype: object
```

```
def truncate_string(x):
    if type(x) == str:
        return x[:20]
    return x
```

```
# 문자열의 길이를 최대 20자로 줄입니다.
dataframe.applymap(truncate_string)[:5]
```

	Name	PClass	Age	Sex	Survived	SexCode
0	Allen, Miss Elisabet	1st	29.00	female	1	1
1	Allison, Miss Helen	1st	2.00	female	0	1
2	Allison, Mr Hudson J	1st	30.00	male	0	0
3	Allison, Mrs Hudson	1st	25.00	female	0	1
4	Allison, Master Huds	1st	0.92	male	1	0

3.19 그룹에 함수 적용하기

과제 groupby로 행을 그룹핑하고 각 그룹에 함수를 적용하고 싶습니다.

해결 groupby와 apply 메서드를 연결하여 사용합니다.

```python
# 라이브러리를 임포트합니다.
import pandas as pd

# 데이터 URL
url = 'https://bit.ly/3Tb15qr'

# 데이터를 적재합니다.
dataframe = pd.read_csv(url)

# 행을 그룹핑한 다음 함수를 적용합니다.
dataframe.groupby('Sex').apply(lambda x: x.count())
```

Sex	Name	PClass	Age	Sex	Survived	SexCode
female	462	462	288	462	462	462
male	851	851	468	851	851	851

설명 레시피 3.18에서 apply 메서드를 소개했습니다. apply 메서드는 그룹에 함수를 적용하고자 할 때 특히 유용합니다. groupby와 apply를 연결하여 그룹별로 함수를 적용하거나 필요한 통계치를 계산할 수 있습니다.

3.20 데이터프레임 연결하기

과제 두 개의 데이터프레임을 연결하고 싶습니다.

해결 concat 함수에 axis=0 매개변수를 설정하여 행의 축을 따라 연결합니다.

```python
# 라이브러리를 임포트합니다.
import pandas as pd

# 데이터프레임을 만듭니다.
data_a = {'id': ['1', '2', '3'],
          'first': ['Alex', 'Amy', 'Allen'],
          'last': ['Anderson', 'Ackerman', 'Ali']}
dataframe_a = pd.DataFrame(data_a, columns = ['id', 'first', 'last'])

# 데이터프레임을 만듭니다.
data_b = {'id': ['4', '5', '6'],
          'first': ['Billy', 'Brian', 'Bran'],
          'last': ['Bonder', 'Black', 'Balwner']}
dataframe_b = pd.DataFrame(data_b, columns = ['id', 'first', 'last'])

# 행 방향으로 데이터프레임을 연결합니다.
pd.concat([dataframe_a, dataframe_b], axis=0)
```

	id	first	last
0	1	Alex	Anderson
1	2	Amy	Ackerman
2	3	Allen	Ali
0	4	Billy	Bonder
1	5	Brian	Black
2	6	Bran	Balwner

axis=1을 사용하면 열의 축을 따라 연결할 수 있습니다.

```python
# 열 방향으로 데이터프레임을 연결합니다.
pd.concat([dataframe_a, dataframe_b], axis=1)
```

	id	first	last	id	first	last
0	1	Alex	Anderson	4	Billy	Bonder
1	2	Amy	Ackerman	5	Brian	Black
2	3	Allen	Ali	6	Bran	Balwner

설명 배열 연결concatenating은 컴퓨터과학이나 프로그래밍 분야 밖에서는 잘 쓰이지 않는 개념입니다. 이전에 들어본 적이 없더라도 걱정하지 마세요. 연결의 일반적인 정의는 두 객체를 붙이는 것입니다. 이 해결에서 **axis** 매개변수를 사용하여 두 개의 데이터프레임을 붙였습니다. 이 매개변수가 두 데이터프레임을 위아래로 쌓을지 또는 옆으로 쌓을지 결정합니다.

3.21 데이터프레임 병합하기

과제 두 데이터프레임을 병합merge하고 싶습니다.

해결 내부 조인inner join을 하려면 **on** 매개변수에 병합 열을 지정하여 **merge** 메서드를 사용합니다.

```python
# 라이브러리를 임포트합니다.
import pandas as pd

# 데이터프레임을 만듭니다.
employee_data = {'employee_id': ['1', '2', '3', '4'],
                 'name': ['Amy Jones', 'Allen Keys', 'Alice Bees',
                 'Tim Horton']}
dataframe_employees = pd.DataFrame(employee_data, columns = ['employee_id',
                                                             'name'])

# 데이터프레임을 만듭니다.
sales_data = {'employee_id': ['3', '4', '5', '6'],
              'total_sales': [23456, 2512, 2345, 1455]}
dataframe_sales = pd.DataFrame(sales_data, columns = ['employee_id',
                                                      'total_sales'])

# 데이터프레임을 병합합니다.
pd.merge(dataframe_employees, dataframe_sales, on='employee_id')
```

	employee_id	name	total_sales
0	3	Alice Bees	23456
1	4	Tim Horton	2512

merge는 기본적으로 내부 조인을 수행합니다. 외부 조인outer join이 필요하다면 **how** 매개변수로 지정할 수 있습니다.

```
# 데이터프레임을 병합합니다.
pd.merge(dataframe_employees, dataframe_sales, on='employee_id', how='outer')
```

	employee_id	name	total_sales
0	1	Amy Jones	NaN
1	2	Allen Keys	NaN
2	3	Alice Bees	23456.0
3	4	Tim Horton	2512.0
4	5	NaN	2345.0
5	6	NaN	1455.0

같은 매개변수로 왼쪽 조인과 오른쪽 조인을 지정할 수 있습니다.

```
# 데이터프레임을 병합합니다.
pd.merge(dataframe_employees, dataframe_sales, on='employee_id', how='left')
```

	employee_id	name	total_sales
0	1	Amy Jones	NaN
1	2	Allen Keys	NaN
2	3	Alice Bees	23456.0
3	4	Tim Horton	2512.0

각 데이터프레임에서 병합하기 위한 열 이름을 지정할 수도 있습니다.

```
# 데이터프레임을 병합합니다.
pd.merge(dataframe_employees,
        dataframe_sales,
        left_on='employee_id',
        right_on='employee_id')
```

	employee_id	name	total_sales
0	3	Alice Bees	23456
1	4	Tim Horton	2512

두 열을 기준으로 병합하는 대신 각 데이터프레임의 인덱스를 기준으로 병합하려면 `left_on`
과 `right_on` 매개변수를 `right_index=True`와 `left_index=True`로 바꿉니다.

설명 복잡한 데이터를 사용해야 할 경우가 많습니다. 데이터가 언제나 한 덩어리로 제공되는 것은 아닙니다. 실제로는 여러 데이터베이스 쿼리^{query}나 파일로부터 온 다양한 데이터셋을 다루게 됩니다. 모든 데이터를 하나로 모으려면 각 데이터 쿼리나 파일을 판다스의 개별 데이터 프레임으로 만든 다음 병합하여 하나의 데이터프레임으로 합칩니다.

(**조인**^{join}이라고 부르는) 병합 연산을 제공하는 SQL 언어를 사용해본 적이 있다면 이런 과정이 익숙할 것입니다. 판다스에서 사용하는 매개변수는 다르지만 일반적인 사용 패턴은 다른 소프트웨어나 도구들과 같습니다.

merge 연산을 위해 세 가지 사항을 지정해야 합니다. 첫째, 병합할 두 개의 데이터프레임을 지정해야 합니다. 해결에서 dataframe_employees과 dataframe_sales를 사용했습니다. 둘째, 병합하기 위한 열의 이름을 지정해야 합니다. 즉 두 데이터프레임 간에 공유되는 열입니다. 예를 들어 해결에 있는 두 데이터프레임은 employee_id 열을 가지고 있습니다. 두 데이터프레임을 병합하기 위해 각 데이터프레임의 employee_id 열의 값이 서로 맞아야 합니다. 만약 두 열의 이름이 같으면 on 매개변수를 사용할 수 있습니다. 이름이 다르면 left_on과 right_on을 사용합니다.

왼쪽 데이터프레임과 오른쪽 데이터프레임이 어떤 것일까요? 답은 간단합니다. 왼쪽 데이터프레임이 merge 함수에 지정한 첫 번째 데이터프레임이고 오른쪽 데이터프레임이 두 번째에 지정한 것입니다.

일부 사람들이 이해하기 어려워하는 마지막 사항은 수행하려는 병합 연산의 종류입니다. 이는 how 매개변수로 지정합니다. merge는 네 개의 조인 타입을 지원합니다.

- **내부(inner)**
  두 데이터프레임에 모두 존재하는 행만 반환됩니다(예를 들면 dataframe_employees과 dataframe_sales 양쪽에 모두 등장하는 employee_id 값의 행이 반환됩니다).
- **외부(outer)**
  두 데이터프레임의 모든 행이 반환됩니다. 행이 한쪽 데이터프레임에만 존재한다면 누락된 값은 NaN으로 채워집니다(예를 들어 dataframe_employees과 dataframe_sales의 모든 행이 반환됩니다).
- **왼쪽(left)**
  왼쪽 데이터프레임의 모든 행이 반환됩니다. 오른쪽 데이터프레임은 왼쪽의 데이터프레임과 매칭되는 행만 반환됩니다. 누락된 값은 NaN으로 채워집니다(예를 들어 dataframe_employees의 모든 행이 반환되지만 dataframe_sales에서는 dataframe_employees에 있는 employee_id의 행만 반환됩니다).

- **오른쪽(right)**

오른쪽 데이터프레임의 모든 행이 반환됩니다. 왼쪽 데이터프레임은 오른쪽의 데이터프레임과 매칭되는 행만 반환됩니다. 누락된 값은 NaN이 채워집니다(예를 들어 dataframe_sales의 모든 행이 반환되지만 dataframe_employees에서는 dataframe_sales에 있는 employee_id의 행만 반환됩니다).

지금 당장 모두 이해되지 않는다면 how 매개변수가 merge 함수의 반환값에 어떤 영향을 미치는지 직접 코드를 작성하여 실험해보는 것이 좋습니다.

> **참고**
> - SQL 조인에 관한 비주얼 설명서(*http://bit.ly/2Fxgcpe*)
> - 판다스의 병합, 조인 문서(*https://bit.ly/2Tn7uAM*)

## CHAPTER 4

수치형 데이터 다루기

4.0 소개

정량적 데이터란 반별 학생 수나 월간 매출, 시험 점수와 같이 어떤 것을 측량한 결과를 말합니다. 이런 정량적인 값은(예를 들면 학생 29명, 매출 529,392달러와 같이) 자연스럽게 숫자로 표현됩니다. 이 장에서는 수치형 데이터를 머신러닝에 알맞은 특성으로 변환하는 다양한 전략을 소개하겠습니다.

4.1 특성 스케일 바꾸기

과제 수치형 특성이 두 값의 범위 안에 놓이도록 스케일^{scale}을 바꿔야 합니다.

해결 사이킷런의 **MinMaxScaler**를 사용해 특성 배열의 스케일을 조정합니다.

```python
# 라이브러리를 임포트합니다.
import numpy as np
from sklearn import preprocessing

# 특성을 만듭니다.
feature = np.array([[-500.5],
                    [-100.1],
                    [0],
```

```
                    [100.1],
                    [900.9]])

# 스케일러 객체를 만듭니다.¹
minmax_scale = preprocessing.MinMaxScaler(feature_range=(0, 1))

# 특성의 스케일을 변환합니다.
scaled_feature = minmax_scale.fit_transform(feature)

# 특성을 출력합니다.
scaled_feature
```

```
array([[0.        ],
       [0.28571429],
       [0.35714286],
       [0.42857143],
       [1.        ]])
```

설명 스케일 조정은 머신러닝에서 흔한 전처리 작업입니다. 이 책에서 설명하는 대부분의 알고리즘은 모든 특성이 동일한 스케일을 가지고 있다고 가정합니다. 일반적으로 0~1이나 −1~1 사이입니다. 스케일 조정 기법은 여러 가지인데, 가장 간단한 방법은 최소−최대 스케일링_{min−max scaling}입니다. 최소−최대 스케일링은 특성의 최솟값과 최댓값을 사용하여 일정 범위 안으로 값을 조정합니다. 구체적으로 최소−최대 스케일링은 다음과 같이 계산됩니다.

$$x'_i = \frac{x_i - \min(x)}{\max(x) - \min(x)}$$

x는 특성 벡터이고 x_i는 특성 x의 개별 원소입니다. x'_i는 스케일이 바뀐 원소입니다. 이 예에서는 출력 배열의 스케일이 0에서 1 사이로 성공적으로 바뀌었습니다.

```
array([[0.        ],
       [0.28571429],
       [0.35714286],
       [0.42857143],
       [1.        ]])
```

---

1 옮긴이_ MinMaxScaler의 `feature_range` 매개변수 기본값이 (0, 1)입니다.

사이킷런의 `MinMaxScaler`는 특성 스케일을 위해 두 가지 방법을 제공합니다. 첫 번째로 `fit` 메서드를 사용해 특성의 최솟값과 최댓값을 계산한 다음 `transform` 메서드로 특성의 스케일을 조정합니다. 두 번째로 `fit_transform` 메서드로 두 연산을 한번에 처리합니다. 이 둘 사이에 계산상의 차이는 없습니다. 동일한 변환을 다른 데이터셋에 적용하려면 `fit` 메서드와 `transform` 메서드를 따로 호출해야 합니다.

> **참고** • 특성 스케일링, 위키피디아(*https://bit.ly/2VKn9YB*)
> • 특성 스케일링과 정규화, 세바스찬 라시카^{Sebastian Raschka} (*http://bit.ly/2FwwRcM*)

▌**덧붙임** 훈련 세트와 테스트 세트의 스케일을 따로 조정하면 안 됩니다. 예를 들면 훈련 세트의 스케일을 조정하고자 구한 최솟값과 최댓값을 사용하여 테스트 세트를 변환해야 합니다. 간단한 예를 통해 이유를 알아보죠.

해결에 있는 샘플 중 처음 세 개를 훈련 세트, 나머지 두 개를 테스트 세트라고 가정해보겠습니다. 먼저 두 세트를 독립적으로 각각 변환합니다.

```
# 훈련 세트를 변환합니다.
preprocessing.MinMaxScaler().fit_transform(feature[:3])
```

```
array([[0. ],
       [0.8],
       [1. ]])
```

```
# 테스트 세트를 변환합니다.
preprocessing.MinMaxScaler().fit_transform(feature[3:])
```

```
array([[0.],
       [1.]])
```

훈련 세트와 테스트 세트를 각각 변환하면 서로 다른 비율로 데이터를 변환합니다. 훈련 세트에 있는 0과 테스트 세트에 있는 900.9가 모두 1로 바뀌었습니다. 데이터가 다른 스케일로 변환되면 훈련 세트에서 학습한 모델을 테스트 세트에서 사용할 수 없습니다.

이번에는 훈련 세트에서 학습한 변환기로 테스트 세트를 학습해보죠.

```
# 훈련 세트로 변환기를 학습합니다.
scaler = preprocessing.MinMaxScaler().fit(feature[:3])
scaler.transform(feature[:3])
```

```
array([[0. ],
       [0.8],
       [1. ]])
```

```
# 훈련 세트에서 학습한 변환기로 테스트 세트를 변환합니다.
scaler.transform(feature[3:])
```

```
array([[1.2],
       [2.8]])
```

훈련 세트를 학습한 변환기 객체를 사용하여 원본 데이터셋과 동일한 비율로 테스트 세트를 변환했습니다.

4.2 특성 표준화하기

과제 특성을 평균이 0이고 표준편차가 1이 되도록 변환해야 합니다.

해결 사이킷런의 StandardScaler를 사용하여 두 변환을 모두 수행할 수 있습니다.

```
# 라이브러리를 임포트합니다.
import numpy as np
from sklearn import preprocessing

# 특성을 만듭니다.
x = np.array([[-1000.1],
              [-200.2],
              [500.5],
              [600.6],
              [9000.9]])

# 변환기 객체를 만듭니다.
scaler = preprocessing.StandardScaler()

# 특성을 변환합니다.
standardized = scaler.fit_transform(x)

# 특성을 출력합니다.
standardized
```

```
array([[-0.76058269],
       [-0.54177196],
       [-0.35009716],
       [-0.32271504],
       [ 1.97516685]])
```

설명 레시피 4.1에서 설명한 최소−최대 스케일링과 함께 특성을 표준 정규분포로 근사하는 스케일링 방식이 자주 쓰입니다. 이 방식은 표준화를 사용하여 데이터의 평균 $\bar{x}$가 0이고 표준 편차 σ가 1이 되도록 변환합니다. 구체적으로 각 특성은 다음과 같이 변환됩니다.

$$x'_i = \frac{x_i - \bar{x}}{\sigma}$$

x'_i는 x_i의 표준화된 형태입니다. 변환된 특성은 원본값이 특성 평균에서 몇 표준편차만큼 떨어져 있는지로 표현합니다(통계학에서는 **z−점수**라고도 부릅니다).

표준화는 머신러닝의 일반적인 전처리 단계에서 사용할 수 있는 믿을 만한 스케일링 방법입니다. 필자의 경험으로 비추어보았을 때 최소−최대 스케일링보다 많이 쓰입니다. 하지만 학습 알고리즘에 의존적입니다. 예를 들어 주성분 분석principal component analysis은 표준화가 잘 맞지만 신경망neural network에는 최소−최대 스케일링을 종종 권장합니다(이 두 알고리즘은 나중에 이 책에서 소개하겠습니다). 일반적으로 다른 방법을 사용할 특별한 이유가 없다면 기본으로 표준화를 권장합니다.

해결의 출력 결과에서 평균과 표준편차를 구해 표준화의 효과를 확인해보겠습니다.

```
# 평균과 표준편차를 출력합니다.
print("평균:", round(standardized.mean()))
print("표준편차:", standardized.std())
```

```
평균: 0.0
표준편차: 1.0
```

데이터에 이상치가 많다면 특성의 평균과 표준편차에 영향을 미치기 때문에 표준화에 부정적인 효과를 끼칩니다. 이런 경우에는 중간값과 사분위 범위를 사용하여 특성의 스케일을 조정하는 것이 좋습니다. 사이킷런의 **RobustScaler**가 이런 방법을 제공합니다.

```
# 변환기 객체를 만듭니다.
robust_scaler = preprocessing.RobustScaler()

# 특성을 변환합니다.
robust_scaler.fit_transform(x)
```

```
array([[-1.87387612],
       [-0.875     ],
       [ 0.        ],
       [ 0.125     ],
       [10.61488511]])
```

🔖 덧붙임 데이터를 오름차순으로 나열했을 때 75%에 위치한 값(3사분위수)과 25%에 위치한 값 (1사분위수)의 차를 사분위범위interquatile range(IQR)라고 부릅니다. RobustScaler는 데이터에서 중간값을 빼고 IQR로 나눕니다.

```
interquatile_range = x[3] - x[1]
(x - np.median(x)) / interquatile_range
```

```
array([[-1.87387612],
       [-0.875     ],
       [ 0.        ],
       [ 0.125     ],
       [10.61488511]])
```

QuantileTransformer는 훈련 데이터를 1,000개의 분위로 나누어 0~1 사이에 고르게 분포시킴으로써 이상치로 인한 영향을 줄입니다. 예를 들어 해결에 나온 특성 x는 다섯 개의 샘플을 가지고 있으므로 0%, 25%, 50%, 75%, 100%의 위치에 할당합니다.

```
preprocessing.QuantileTransformer().fit_transform(x)
```

```
array([[9.99999998e-08],
       [2.50024021e-01],
       [5.00375375e-01],
       [7.49753710e-01],
       [9.99999900e-01]])
```

4.3 정규화하기

과제 샘플의 특성값을 전체 길이가 1인 단위 노름norm이 되도록 변환하고 싶습니다.

해결 norm 매개변수와 함께 Normalizer 클래스를 사용합니다.

```python
# 라이브러리를 임포트합니다.
import numpy as np
from sklearn.preprocessing import Normalizer

# 특성 행렬을 만듭니다.
features = np.array([[0.5, 0.5],
                     [1.1, 3.4],
                     [1.5, 20.2],
                     [1.63, 34.4],
                     [10.9, 3.3]])

# 변환기 객체를 만듭니다.
normalizer = Normalizer(norm="l2")

# 특성 행렬을 변환합니다.
normalizer.transform(features)
```

```
array([[0.70710678, 0.70710678],
       [0.30782029, 0.95144452],
       [0.07405353, 0.99725427],
       [0.04733062, 0.99887928],
       [0.95709822, 0.28976368]])
```

설명 많은 스케일링 방법이(예를 들면 최소-최대 스케일링과 표준화와 같이) 특성별로 적용되지만 샘플별로 스케일을 바꿀 수도 있습니다. Normalizer는 단위 노름(길이의 합이 1입니다)이 되도록 개별 샘플의 값을 변환합니다. 이런 종류의 스케일링은 (예를 들어 가 단어나 n개의 단어 그룹이 특성인 텍스트 분류와 같이) 유사한 특성이 많을 때 종종 사용합니다.

Normalizer는 세 가지 노름 옵션을 제공합니다. 그중 L2 노름이라고도 부르는 유클리드Euclidean 노름이 기본값입니다.

$$\|x\|_2 = \sqrt{x_1^2 + x_2^2 + \cdots + x_n^2}$$

x는 개별 샘플이고 x_n는 샘플의 n번째 특성값입니다.

```
# 특성 행렬을 변환합니다.
features_l2_norm = Normalizer(norm="l2").transform(features)

# 특성 행렬을 출력합니다.
features_l2_norm
```

```
array([[0.70710678, 0.70710678],
       [0.30782029, 0.95144452],
       [0.07405353, 0.99725427],
       [0.04733062, 0.99887928],
       [0.95709822, 0.28976368]])
```

맨해튼^{Manhattan} 노름(L1)을 지정할 수도 있습니다.

$$\|x\|_1 = \sum_{i=1}^{n} |x_i|$$

```
# 특성 행렬을 변환합니다.
features_l1_norm = Normalizer(norm="l1").transform(features)

# 특성 행렬을 출력합니다.
features_l1_norm
```

```
array([[0.5       , 0.5       ],
       [0.24444444, 0.75555556],
       [0.06912442, 0.93087558],
       [0.04524008, 0.95475992],
       [0.76760563, 0.23239437]])
```

직관적으로 생각했을 때 L2 노름은 뉴욕의 두 지점 사이를 잇는 직선 거리로 볼 수 있습니다. L1 노름은 사람이 도로를 따라 걷는 것과 같습니다. 즉, 북쪽으로 한 블록 걸은 다음 동쪽으로 한 블록 걷고 다시 북쪽으로 한 블록 가고 동쪽으로 한 블록 이동하는 식입니다. 그래서 '맨해튼 노름' 또는 '택시 노름'으로 부릅니다.

norm='l1'은 각 샘플 특성값의 합을 1로 만듭니다. 실제 이런 성질이 가끔 필요할 때가 있습니다.

```
# 합을 출력합니다.
print("첫 번째 샘플값의 합:",
    features_l1_norm[0, 0] + features_l1_norm[0, 1])
```

첫 번째 샘플값의 합: 1.0

■ 덧붙임 Normalizer는 행 단위로 변환되므로 fit 메서드는 아무런 작업을 수행하지 않습니다. 이런 이유로 해결의 코드처럼 바로 transform 메서드를 사용할 수 있습니다. 'l1'과 'l2' 옵션의 변환은 각 행의 L1 노름과 L2 노름을 구해 나누는 것입니다.

```
# L1 노름을 사용한 변환.
# 각 행(axis=1)을 합한 결과가 2차원 배열로 유지되도록
# keepdims를 True로 설정합니다.
features / np.sum(np.abs(features), axis=1, keepdims=True)
```

```
array([[0.5       , 0.5       ],
       [0.24444444, 0.75555556],
       [0.06912442, 0.93087558],
       [0.04524008, 0.95475992],
       [0.76760563, 0.23239437]])
```

```
# L2 노름을 사용한 변환.
features / np.sqrt(np.sum(np.square(features), axis=1, keepdims=True))
```

```
array([[0.70710678, 0.70710678],
       [0.30782029, 0.95144452],
       [0.07405353, 0.99725427],
       [0.04733062, 0.99887928],
       [0.95709822, 0.28976368]])
```

Normalizer의 norm 매개변수에 지정할 수 있는 다른 한 가지 옵션은 'max'입니다. 이 옵션은 단순히 각 행의 최댓값으로 행의 값을 나눕니다.

```
# 각 행에서 최댓값으로 나눕니다.
Normalizer(norm="max").transform(features)
```

```
array([[1.        , 1.        ],
       [0.32352941, 1.        ],
       [0.07425743, 1.        ],
       [0.04738372, 1.        ],
       [1.        , 0.30275229]])
```

4.4 다항 특성과 교차항 특성 생성하기

과제 다항polynominal 특성과 교차항interaction 특성을 만들고 싶습니다.

해결 다항 특성과 교차항 특성을 수동으로 만들기도 하지만 사이킷런에 기능이 포함되어 있습니다.

```python
# 라이브러리를 임포트합니다.
import numpy as np
from sklearn.preprocessing import PolynomialFeatures

# 특성 행렬을 만듭니다.
features = np.array([[2, 3],
                     [2, 3],
                     [2, 3]])

# PolynomialFeatures 객체를 만듭니다.
polynomial_interaction = PolynomialFeatures(degree=2, include_bias=False)

# 다항 특성을 만듭니다.
polynomial_interaction.fit_transform(features)
```

```
array([[2., 3., 4., 6., 9.],
       [2., 3., 4., 6., 9.],
       [2., 3., 4., 6., 9.]])
```

degree 매개변수가 다항식의 최대 차수를 결정합니다. 예를 들어 degree=2는 2제곱까지 새로운 특성을 만듭니다.

$$x_1, x_2, x_1^2, x_2^2$$

degree=3은 2제곱과 3제곱까지 새로운 특성을 만듭니다.

$$x_1, x_2, x_1^2, x_2^2, x_1^3, x_2^3$$

기본적으로 PolynomialFeatures는 교차항을 포함합니다.

$$x_1 x_2$$

interaction_only를 True로 지정하면 교차항 특성만 만들 수 있습니다.

```
interaction = PolynomialFeatures(degree=2,
                                 interaction_only=True, include_bias=False)
interaction.fit_transform(features)
```

```
array([[2., 3., 6.],
       [2., 3., 6.],
       [2., 3., 6.]])
```

설명 특성과 타깃 사이에 비선형 관계가 있다는 가정을 추가할 때 다항 특성을 종종 만듭니다. 예를 들면 주요 질병에 걸릴 확률에 나이가 미치는 영향은 일정한 상숫값이 아니고 나이가 증가함에 따라 같이 증가한다는 의심을 할 수 있습니다. 특성 x에 변동 효과를 주입하기 위해서 고차항 특성을 만들 수 있습니다(x^2, x^3 등).

또한 한 특성의 효과가 다른 특성에 의존하는 경우를 자주 만나게 됩니다. 간단한 예는 커피가 달콤한지 예측하는 문제입니다. 여기에는 두 개의 특성이 있습니다. 1) 커피를 저었는지와 2) 설탕을 넣었는지입니다. 각 특성은 독립적으로는 커피의 당도를 예측하지 못하지만 이 둘의 조합은 가능합니다. 즉 커피에 설탕을 넣고 저었을 때에만 커피가 달콤합니다. 타깃(달콤함)에 대한 각 특성의 영향은 서로에게 종속적입니다. 개별 특성을 곱한 교차항을 특성에 추가하여 이런 관계를 인코딩할 수 있습니다.

📌 **덧붙임** include_bias 매개변수의 기본값은 True입니다. 이 설정은 변환된 특성에 상수항 1을 추가합니다.

```
# 상수항 1을 추가합니다.
polynomial_bias = PolynomialFeatures(degree=2,
                                     include_bias=True).fit(features)
polynomial_bias.transform(features)
```

```
array([[1., 2., 3., 4., 6., 9.],
       [1., 2., 3., 4., 6., 9.],
       [1., 2., 3., 4., 6., 9.]])
```

get_feature_names 메서드는 특성 변환 식을 이름으로 반환합니다.

```
polynomial_bias.get_feature_names()
```

```
['1', 'x0', 'x1', 'x0^2', 'x0 x1', 'x1^2']
```

4.5 특성 변환하기

과제 하나 이상의 특성에 사용자 정의 변환을 적용하고 싶습니다.

해결 사이킷런의 FunctionTransformer를 사용하여 일련의 특성에 어떤 함수를 적용할 수 있습니다.

```python
# 라이브러리를 임포트합니다.
import numpy as np
from sklearn.preprocessing import FunctionTransformer

# 특성 행렬을 만듭니다.
features = np.array([[2, 3],
                     [2, 3],
                     [2, 3]])

# 간단한 함수를 정의합니다.
def add_ten(x: int) -> int:
    return x + 10

# 변환기 객체를 만듭니다.
ten_transformer = FunctionTransformer(add_ten)

# 특성 행렬을 변환합니다.
ten_transformer.transform(features)
```

```
array([[12, 13],
       [12, 13],
       [12, 13]])
```

판다스의 **apply** 메서드를 사용하여 동일한 변환을 수행할 수 있습니다.

```python
# 라이브러리를 임포트합니다.
import pandas as pd

# 데이터프레임을 만듭니다.
df = pd.DataFrame(features, columns=["feature_1", "feature_2"])

# 함수를 적용합니다.
df.apply(add_ten)
```

	feature_1	feature_2
0	12	13
1	12	13
2	12	13

설명 하나 이상의 특성에 사용자 정의 변환이 필요한 경우는 흔합니다. 예를 들면 특성값에 자연 로그를 취한 특성을 만들어야 할 수 있습니다. 함수를 하나 만들고 사이킷런이나 판다스의 **apply**를 사용하여 특성에 매핑합니다. 해결에서는 입력값에 10을 더하는 아주 간단한 **add_ten** 함수를 만들었습니다. 하지만 훨씬 더 복잡한 함수를 만들지 못할 이유가 없습니다.

🗨️ **덧붙임** FunctionTransformer의 validate 매개변수가 True이면 입력값이 2차원 배열인지 확인하고 아닐 경우 예외를 발생시킵니다. 사이킷런 0.22 버전에서 **validate**의 기본값이 True에서 False로 변경됩니다. validate가 False이면 일차원 배열에도 적용할 수 있습니다.

```
FunctionTransformer(add_ten, validate=False).transform(np.array([1, 2, 3]))
```

```
array([11, 12, 13])
```

사이킷런 0.20 버전에 추가된 **ColumnTransformer**를 사용하면 특성 배열이나 데이터프레임의 열마다 다른 변환을 적용할 수 있습니다. 예를 들어 feature_1 열은 10을 더하고 feature_2 열은 100을 더한다고 가정하면 다음과 같이 만들 수 있습니다.

```
from sklearn.compose import ColumnTransformer

# 100을 더하는 함수를 만듭니다.
def add_hundred(x):
    return x + 100

# (이름, 변환기, 열 리스트)로 구성된 튜플의 리스트를
# ColumnTransformer에 전달합니다.
ct = ColumnTransformer(
    [("add_ten", FunctionTransformer(add_ten, validate=True), ['feature_1']),
     ("add_hundred", FunctionTransformer(add_hundred, validate=True),
      ['feature_2'])])

ct.fit_transform(df)
```

```
array([[ 12, 103],
       [ 12, 103],
       [ 12, 103]])
```

4.6 이상치 감지하기

과제 아주 예외적인 샘플을 구별하고 싶습니다.

해결 안타깝지만 이상치 감지는 과학보다는 예술에 가깝습니다. 일반적인 방법은 데이터가 정규분포를 따른다고 가정하고 이런 가정을 기반으로 데이터를 둘러싼 타원을 그립니다. 이 타원 안의 샘플을 정상치(레이블 1)로 분류하고, 타원 밖의 샘플은 이상치(레이블 −1)로 분류합니다.

```python
# 라이브러리를 임포트합니다.
import numpy as np
from sklearn.covariance import EllipticEnvelope
from sklearn.datasets import make_blobs

# 모의 데이터를 만듭니다.
features, _ = make_blobs(n_samples = 10,
                         n_features = 2,
                         centers = 1,
                         random_state = 1)

# 첫 번째 샘플을 극단적인 값으로 바꿉니다.
features[0,0] = 10000
features[0,1] = 10000

# 이상치 감지 객체를 만듭니다.
outlier_detector = EllipticEnvelope(contamination=.1)

# 감지 객체를 훈련합니다.
outlier_detector.fit(features)

# 이상치를 예측합니다.
outlier_detector.predict(features)
```

```
array([-1,  1,  1,  1,  1,  1,  1,  1,  1,  1])
```

이 배열에서 −1은 이상치를 의미하고 1은 정상치를 의미합니다. 이 방식의 주요 단점은 이상치의 비율을 정하는 contamination 매개변수를 지정해야 한다는 것입니다. 실제로는 알지 못합니다. contamination는 데이터가 얼마나 깨끗한지 추측하는 것으로 볼 수 있습니다. 데이터에 이상치가 적다면 contamination를 작게 지정할 수 있습니다. 데이터에 이상치가 많다고 생각한다면 이 값을 크게 설정해야 합니다.

샘플을 전체적으로 보는 것보다 개별 특성에서 사분위범위(IQR)를 사용하여 극단적인 값을 구별할 수 있습니다.

```python
# 하나의 특성을 만듭니다.
feature = features[:,0]

# 이상치의 인덱스를 반환하는 함수를 만듭니다.
def indicies_of_outliers(x: int) -> np.array(int):
    q1, q3 = np.percentile(x, [25, 75])
    iqr = q3 - q1
    lower_bound = q1 - (iqr * 1.5)
    upper_bound = q3 + (iqr * 1.5)
    return np.where((x > upper_bound) | (x < lower_bound))

# 함수를 실행합니다.
indicies_of_outliers(feature)
```

```
(array([0]),)
```

IQR은 데이터에 있는 1사분위와 3사분위 사이의 거리입니다. IQR은 데이터의 대부분이 퍼져 있는 곳으로 생각할 수 있습니다. 이상치는 데이터가 집중되어 있는 이 지역에서 멀리 떨어진 샘플입니다. 보통 이상치는 1사분위보다 1.5 IQR 이상 작은 값이나 3사분위보다 1.5 IQR 큰 값으로 정의합니다.

설명 이상치를 감시하는 최선의 방법은 없습니다. 일련의 도구들은 저미디 장단점을 가집니다. 최선의 전략은 여러 가지 방법을 시도해보고(예를 들어 EllipticEnvelope와 IQR 기반 감지) 종합적으로 결과를 살펴보는 것입니다.

가능하다면 이상치로 감지한 샘플을 살펴보고 이해하려고 노력해야 합니다. 예를 들어 주택 데이터셋에 방의 개수를 나타내는 특성이 있을 때 100개의 방을 가진 집은 이상치일까요? 아니면 실제 호텔을 잘못 분류한 것일까요?

참고 • 이상치를 감지하는 세 가지 방법 (*http://bit.ly/2FzMC2k*)

(이 레시피에서 사용한 IQR 함수를 여기에서 가져왔습니다.)

4.7 이상치 다루기

과제 데이터에 존재하는 이상치를 감지하여 데이터 분포에 미치는 영향을 줄이고 싶습니다.

해결 일반적으로 이상치를 다루는 전략은 세 가지입니다. 첫 번째는 이상치를 삭제하는 방법입니다.

```python
# 라이브러리를 임포트합니다.
import pandas as pd

# 데이터프레임을 만듭니다.
houses = pd.DataFrame()
houses['Price'] = [534433, 392333, 293222, 4322032]
houses['Bathrooms'] = [2, 3.5, 2, 116]
houses['Square_Feet'] = [1500, 2500, 1500, 48000]

# 샘플을 필터링합니다.
houses[houses['Bathrooms'] < 20]
```

	Price	Bathrooms	Square_Feet
0	534433	2.0	1500
1	392333	3.5	2500
2	293222	2.0	1500

두 번째는 이상치로 표시하고 이를 특성의 하나로 포함시킵니다.

```python
# 라이브러리를 임포트합니다.
import numpy as np

# 불리언 조건을 기반으로 특성을 만듭니다.
houses["Outlier"] = np.where(houses["Bathrooms"] < 20, 0, 1)

# 데이터를 확인합니다.
houses
```

	Price	Bathrooms	Square_Feet	Outlier
0	534433	2.0	1500	0
1	392333	3.5	2500	0
2	293222	2.0	1500	0
3	4322032	116.0	48000	1

마지막으로 이상치의 영향이 줄어들도록 특성을 변환합니다.

```
# 로그 특성
houses["Log_Of_Square_Feet"] = [np.log(x) for x in houses["Square_Feet"]]

# 데이터를 확인합니다.
houses
```

	Price	Bathrooms	Square_Feet	Outlier	Log_Of_Square_Feet
0	534433	2.0	1500	0	7.313220
1	392333	3.5	2500	0	7.824046
2	293222	2.0	1500	0	7.313220
3	4322032	116.0	48000	1	10.778956

설명 이상치 감지와 마찬가지로, 이상치를 다룰 때 언제나 적용할 수 있는 좋은 처리 방법이란 없습니다. 대신 두 가지 측면에서 처리 방법을 고려해야 합니다. 첫째, 어떤 것을 이상치로 간주할 것인지 생각해야 합니다. 고장난 센서나 잘못 인코딩된 값 때문에 데이터에 오류가 있다고 생각되면 이 값을 신뢰할 수 없으므로 이 샘플을 삭제하거나 이상치를 NaN으로 바꿀 수 있습니다. 극단적인 값을 가진 샘플이라면(예를 들어 200개의 방을 가진 집) 이를 이상치로 표시하거나 적절한 값으로 변환합니다.

둘째, 이상치를 다루는 방법이 머신러닝의 목적에 맞아야 합니다. 예를 들어 집의 특성값을 기반으로 주택 가격을 예측한다면 100개의 방을 가진 집의 가격은 일반적인 주택과 다른 방식으로 정해진다고 가정할 수 있습니다. 또한 온라인 주택 대출 웹 애플리케이션의 일부로 머신러닝 모델을 훈련한다면 잠재 고객 중에 100개의 방을 가진 집을 구입할 만한 백만장자는 없을 것입니다.

그럼 이상치가 있을 때 어떻게 해야 할까요? 왜 그 데이터가 이상치인지 생각해보세요. 마음속에 있는 최종 목적을 생각하세요. 무엇보다도 이상치라고 결정하지 않는 것 자체가 암묵적인 결정이라는 것을 기억하세요.

한 가지 추가로 언급할 것이 있습니다. 이상치가 평균과 분산에 영향을 끼치기 때문에 이상치가 있다면 표준화가 적절하지 않습니다. RobustSclaer와 같이 이상치에 민감하지 않은 스케일링 방법을 사용하세요.

참고 • RobustScaler 문서(*http://bit.ly/2DcgyNT*)

4.8 특성 이산화하기

과제 수치 특성을 개별적인 구간으로 나누고 싶습니다.

해결 데이터는 두 가지 방법으로 나눌 수 있습니다. 첫 번째는 임곗값에 따라 특성을 둘로 나누는 방법입니다.

```python
# 라이브러리를 임포트합니다.
import numpy as np
from sklearn.preprocessing import Binarizer

# 특성을 만듭니다.
age = np.array([[6],
                [12],
                [20],
                [36],
                [65]])

# Binarizer 객체를 만듭니다.
binarizer = Binarizer(18)

# 특성을 변환합니다.
binarizer.fit_transform(age)
```

```
array([[0],
       [0],
       [1],
       [1],
       [1]])
```

두 번째는 수치 특성을 여러 임곗값에 따라 나누는 방법입니다.

```
# 특성을 나눕니다.
np.digitize(age, bins=[20,30,64])
```

```
array([[0],
       [0],
       [1],
       [2],
       [3]])
```

bins 매개변수의 입력값은 각 구간의 왼쪽 경곗값입니다. 예를 들어 20까지 구간에는 값이 20 인 원소가 포함되지 않고 20보다 작은 두 개만 포함됩니다. right 매개변수를 True로 설정하면 이 동작을 바꿀 수 있습니다.

```
# 특성을 나눕니다.
np.digitize(age, bins=[20,30,64], right=True)
```

```
array([[0],
       [0],
       [0],
       [2],
       [3]])
```

설명 이산화는 수치 특성을 범주형처럼 다루어야 할 때 유용한 전략입니다. 예를 들어 19세 와 20세의 소비 습관은 차이가 매우 작지만 20세와 21세 사이는 차이가 클 수 있습니다(미국 에서 술을 구입할 수 있는 나이입니다). 이런 경우엔 술을 마실 수 있는 사람과 그렇지 않은 사 람으로 구분하는 것이 좋습니다. 경우에 따라서는 세 개나 그 이상의 구간으로 나누는 것이 좋 을 수도 있습니다.

이번 해결에서는 두 가지 이산화 방법을 살펴보았습니다. 두 개의 구간으로 나누는 사이킷런의 Binarizer와 세 개 이상의 구간으로 나누는 넘파이의 digitize입니다. digitize에 하나의 임곗값만 지정하면 Binarizer처럼 특성을 두 개의 구간으로 나눌 수 있습니다.

```
# 특성을 나눕니다.
np.digitize(age, bins=[18])
```

```
array([[0],
       [0],
       [1],
       [1],
```

```
        [1]])
```

참고 • digitize 문서(http://bit.ly/2HSciFP)

┃덧붙임 사이킷런 0.20 버전에서는 연속적인 특성값을 여러 구간으로 나누어주는 **KBinsDis cretizer** 클래스가 추가되었습니다. 이 클래스는 나눌 구간 개수를 지정합니다.

```python
from sklearn.preprocessing import KBinsDiscretizer

# 네 개의 구간으로 나눕니다.
kb = KBinsDiscretizer(4, encode='ordinal', strategy='quantile')
kb.fit_transform(age)
```

```
array([[0.],
       [1.],
       [2.],
       [3.],
       [3.]])
```

encode 매개변수의 기본값은 **'onehot'**으로 원-핫 인코딩one-hot encoding된 희소 행렬을 반환합 니다. **'onehot-dense'**는 원-핫 인코딩된 밀집 배열을 반환합니다. 연속된 값을 이산화하여 원-핫 인코딩으로 만들면 범주형 특성으로 다루기 편리합니다.

```python
# 원-핫 인코딩을 반환합니다.
kb = KBinsDiscretizer(4, encode='onehot-dense', strategy='quantile')
kb.fit_transform(age)
```

```
array([[1., 0., 0., 0.],
       [0., 1., 0., 0.],
       [0., 0., 1., 0.],
       [0., 0., 0., 1.],
       [0., 0., 0., 1.]])
```

strategy 매개변수의 기본값은 **'quantile'**로 각 구간에 포함된 샘플 개수가 비슷하도록 만 듭니다. **'uniform'**은 구간의 폭이 동일하도록 만듭니다.

```python
# 동일한 길이의 구간을 만듭니다.
kb = KBinsDiscretizer(4, encode='onehot-dense', strategy='uniform')
kb.fit_transform(age)
```

```
array([[1., 0., 0., 0.],
       [1., 0., 0., 0.],
       [1., 0., 0., 0.],
       [0., 0., 1., 0.],
       [0., 0., 0., 1.]])
```

구간은 bin_edges_ 속성에서 확인할 수 있습니다.

```
kb.bin_edges_
```

```
array([array([ 6.  , 20.75, 35.5 , 50.25, 65.  ])], dtype=object)
```

시작과 끝 경계는 처음과 마지막 구간에 포함됩니다. 나머지 경곗값은 왼쪽 경계를 나타냅니다. 즉 첫 번째 구간은 [6.0, 20.75]이고 두 번째 구간은 [20.75, 35.5]가 되는 식입니다.

4.9 군집으로 샘플을 그룹으로 묶기

과제 비슷한 샘플을 그룹으로 모으고 싶습니다.

해결 k 개의 그룹이 있다는 것을 안다면 k-평균 군집clustering을 사용하여 비슷한 샘플을 그룹으로 모을 수 있습니다. 각 샘플의 소속 그룹이 새로운 특성이 됩니다.

```python
# 라이브러리를 임포트합니다.
import pandas as pd
from sklearn.datasets import make_blobs
from sklearn.cluster import KMeans

# 모의 특성 행렬을 만듭니다.
features, _ = make_blobs(n_samples = 50,
                         n_features = 2,
                         centers = 3,
                         random_state = 1)

# 데이터프레임을 만듭니다.
dataframe = pd.DataFrame(features, columns=["feature_1", "feature_2"])

# k-평균 군집 모델을 만듭니다.
clusterer = KMeans(3, random_state=0)
```

```
# 모델을 훈련합니다.
clusterer.fit(features)

# 그룹 소속을 예측합니다.
dataframe["group"] = clusterer.predict(features)

# 처음 몇 개의 샘플을 조회합니다.
dataframe.head(5)
```

	feature_1	feature_2	group
0	-9.877554	-3.336145	0
1	-7.287210	-8.353986	2
2	-6.943061	-7.023744	2
3	-7.440167	-8.791959	2
4	-6.641388	-8.075888	2

설명 뒤에서 군집 알고리즘에 대해 자세히 알아보겠습니다. 여기에서는 군집이 전처리 단계로 사용할 수 있다는 점이 중요합니다. 실제로 k-평균 같은 비지도 학습 알고리즘을 사용하여 샘플을 그룹으로 모을 수 있습니다. 최종 목적은 비슷한 샘플이 모인 그룹을 나타내는 범주형 특성입니다.

지금 모두 이해되지 않더라도 걱정하지 마세요. 군집을 전처리 단계에서 사용할 수 있다는 개념만 기억해두세요. 기다리기 싫다면 지금 19장으로 넘어가도 좋습니다.

4.10 누락된 값을 가진 샘플 삭제하기

과제 누락된 값이 있는 샘플을 삭제해야 합니다.

해결 넘파이에서는 한 줄로 간단하게 누락된 값이 있는 샘플을 삭제할 수 있습니다.

```
# 라이브러리를 임포트합니다.
import numpy as np

# 특성 행렬을 만듭니다.
```

```
features = np.array([[1.1, 11.1],
                     [2.2, 22.2],
                     [3.3, 33.3],
                     [4.4, 44.4],
                     [np.nan, 55]])

# (~ 연산자를 사용하여) 누락된 값이 없는 샘플만 남깁니다.
features[~np.isnan(features).any(axis=1)]
```

```
array([[ 1.1, 11.1],
       [ 2.2, 22.2],
       [ 3.3, 33.3],
       [ 4.4, 44.4]])
```

또 판다스를 사용하여 누락된 값이 있는 샘플을 삭제할 수 있습니다.

```
# 라이브러리를 임포트합니다.
import pandas as pd

# 데이터를 적재합니다.
dataframe = pd.DataFrame(features, columns=["feature_1", "feature_2"])

# 누락된 값이 있는 샘플을 제거합니다.
dataframe.dropna()
```

	feature_1	feature_2
0	1.1	11.1
1	2.2	22.2
2	3.3	33.3
3	4.4	44.4

설명 대부분의 머신러닝 알고리즘은 타깃과 특성 행렬에 있는 누락된 값을 다룰 수 없습니다. 이런 이유 때문에 데이터에 있는 누락된 값을 무시할 수 없고 전처리 과정에서 처리해주어야 합니다.

가장 간단한 해결은 하나 이상 누락된 값을 가진 샘플을 삭제하는 것입니다. 넘파이나 판다스를 사용해 빠르고 쉽게 처리할 수 있습니다.

누락된 값이 있는 샘플을 삭제할 때는 매우 조심해야 합니다. 샘플 삭제는 최후의 수단입니다. 일단 삭제하면 알고리즘은 그 샘플에 있는 다른 정보를 얻을 수 없습니다.

누락된 값의 원인에 따라 샘플 삭제는 데이터의 편향을 늘린다는 사실도 중요합니다. 누락된 데이터에는 세 가지 종류가 있습니다.

- **완전히 랜덤하게 누락(MCAR)**

  값이 누락될 확률이 모든 것에 독립적입니다. 예를 들어 설문 참여자가 질문에 대답하기 전에 주사위를 굴려 6이 나오면 그 질문을 건너뜁니다.

- **랜덤하게 누락(MAR)**

  값이 누락될 확률이 완전히 랜덤하지 않고 다른 특성에서 얻은 정보에 의존합니다. 예를 들어 결혼 여부와 자녀 유무에 관해 질문한다고 가정할 때, 미혼자는 자녀 유무 항목을 건너뛸 가능성이 높습니다. 이때 자녀 유무 항목의 응답 여부는 결혼 여부 특성에서 얻은 정보에 의존합니다.

- **랜덤하지 않게 누락(MNAR)**

  값이 누락될 확률이 랜덤하지 않고 특성에서 잡지 못한 정보에 의존합니다. 예를 들어 설문에는 결혼 여부에 관한 질문이 있고 미혼자는 자녀 유무 항목을 건너뛸 가능성이 높지만, 데이터에 결혼 여부에 관한 특성이 포함되지 않은 경우입니다.

MCAR이나 MAR이면 이따금 샘플을 삭제해도 괜찮습니다. MNAR이면 값이 누락되는 사실 자체가 정보입니다. MNAR인 샘플을 삭제하면 데이터에 편향을 추가하게 됩니다. 관측하지 못한 구조적인 영향으로 샘플을 삭제하기 때문입니다.

> **참고**
> - 누락된 데이터의 세 가지 종류(*http://bit.ly/2Fto4bx*)
> - 누락된 데이터 채우기(*http://bit.ly/2FAkKLI*)

4.11 누락된 값 채우기

과제 데이터에 누락된 값이 있을 때 일반적인 방법이나 예측을 통해 이를 대체하고 싶습니다.

해결 k-최근접 이웃$^{k-nearest\ neighbors}$(KNN)이나 사이킷런의 SimpleImputer 클래스를 사용해 누락된 값을 채울 수 있습니다. 데이터의 양이 적다면 k-최근접 이웃을 사용해 누락된 값을 예측하고 채웁니다.

```python
# 라이브러리를 임포트합니다.
import numpy as np
from sklearn.impute import KNNImputer
from sklearn.preprocessing import StandardScaler
from sklearn.datasets import make_blobs

# 모의 특성 행렬을 만듭니다.
features, _ = make_blobs(n_samples = 1000,
                         n_features = 2,
                         random_state = 1)

# 특성을 표준화합니다.
scaler = StandardScaler()
standardized_features = scaler.fit_transform(features)

# 첫 번째 샘플의 첫 번째 특성을 삭제합니다.
true_value = standardized_features[0,0]
standardized_features[0,0] = np.nan

# 특성 행렬에 있는 누락된 값을 예측합니다.
knn_imputer = KNNImputer(n_neighbors=5)
features_knn_imputed = knn_imputer.fit_transform(standardized_features)

# 실제 값과 대체된 값을 비교합니다.
print("실제 값:", true_value)
print("대체된 값:", features_knn_imputed[0,0])
```

```
실제 값: 0.8730186113995938
대체된 값: 1.0959262913919632
```

또한 사이킷런의 imputer 모듈에 있는 SimpleImputer 클래스를 사용해 특성의 평균, 중앙값, 최빈값으로 누락된 값을 채울 수 있습니다. 하지만 일반적으로 KNN의 결과보다 좋지 않습니다.

```python
# 라이브러리를 임포트합니다.
import numpy as np
from sklearn.impute import SimpleImputer
from sklearn.preprocessing import StandardScaler
from sklearn.datasets import make_blobs

# 모의 특성 행렬을 만듭니다.
features, _ = make_blobs(n_samples = 1000,
                         n_features = 2,
                         random_state = 1)
```

```
# 특성을 표준화합니다.
scaler = StandardScaler()
standardized_features = scaler.fit_transform(features)


# 첫 번째 샘플의 첫 번째 특성을 삭제합니다.
true_value = standardized_features[0,0]
standardized_features[0,0] = np.nan

# 평균 전략을 사용하는 imputer 객체를 만듭니다.
mean_imputer = SimpleImputer(strategy="mean")

# 누락된 값을 대체합니다.
features_mean_imputed = mean_imputer.fit_transform(features)

# 실제 값과 대체된 값을 비교합니다.
print("실제 값:", true_value)
print("대체된 값:", features_mean_imputed[0,0])
```

```
실제 값: 0.8730186113995938
대체된 값: -3.058372724614996
```

설명 누락된 데이터를 다른 값으로 대체하는 두 전략은 각기 장단점이 있습니다. 먼저 머신러닝을 사용하여 누락된 값을 예측할 수 있습니다. 이렇게 하려면 누락된 값이 있는 특성을 타깃으로 하고, 남은 특성으로 누락된 값을 예측합니다. 값을 대체할 때 사용할 수 있는 머신러닝 알고리즘은 많지만 KNN이 즐겨 사용됩니다. 나중에 15장에서 KNN에 대해 자세히 소개하겠지만 간단히 설명하면 (여러 거리 측정 방식을 기반으로) 가장 가까이 있는 k 개의 샘플을 사용해 누락된 값을 예측합니다. 여기에서는 다섯 개의 이웃한 샘플을 사용하여 누락된 값을 예측했습니다.

KNN의 단점은 누락된 값에 가장 가까운 샘플을 구하기 위해 누락된 값과 모든 샘플 사이의 거리를 계산해야 한다는 것입니다. 작은 데이터셋에서는 수용할 만하지만 데이터셋의 샘플이 수백만 개라면 금방 문제가 됩니다. 이런 경우 근사 최근접 이웃approximate nearest neighbors (ANN)이 현실적인 방법입니다. 레시피 15.5에서 ANN에 대해 소개하겠습니다.

KNN 대신 대용량 데이터셋에 사용할 수 있는 다른 대안으로는 누락된 값을 평균, 중앙값, 최빈값 같은 수치 데이터로 채우는 것입니다. 예를 들어 앞서 사이킷런을 사용하여 누락된 값을 특성의 평균값으로 채웠습니다. 대체된 값이 KNN을 사용할 때처럼 실제 값에 근접하지 않지만 평균 대체는 수백만 개의 샘플이 있는 데이터에 적용할 수 있습니다.

값을 대체하는 전략을 사용한다면 대체된 값을 가진 샘플인지를 나타내는 이진 특성을 만드는 것이 좋습니다.

참고 • 사이킷런 문서: 누락된 값 대체하기(*https://oreil.ly/1M4bn*)
　　　• 대체 방법으로서 k−최근접 이웃에 대한 연구(*http://bit.ly/2HS9sAT*)

## CHAPTER 5

범주형 데이터 다루기

5.0 소개

관측 대상을 양이 아니라 질로 측정하는 것이 유용할 때가 많습니다. 성별, 색깔, 자동차 브랜드와 같이 범주에 대한 질적 정보로 표현하곤 합니다. 그러나 범주형 데이터가 모두 같은 것은 아닙니다. 순서가 없는 범주를 명목형nominal 범주라고 부릅니다. 명목형 범주의 예는 다음과 같습니다.

- 파랑, 빨강, 초록
- 남자, 여자
- 바나나, 딸기, 사과

반대로 일부 범주는 자연적인 순서를 가집니다. 이를 순서형ordinal 범주라고 부릅니다. 예를 들면 다음과 같습니다.

- 낮음, 중간, 높음
- 청년, 노인
- 동의, 중립, 반대

또한 범주형 정보는 데이터에서 종종 벡터나 문자열(예를 들어 `Maine, Texas, Delaware`)의 열로 표현됩니다. 하지만 대부분의 머신러닝 알고리즘에는 수치를 입력해야 하므로 문제가 됩니다.

k-최근접 이웃은 수치 데이터가 필요한 알고리즘의 한 예입니다. 이 알고리즘의 단계 중 하나는 샘플 간의 거리를 계산하는 것입니다. 종종 유클리드 거리가 사용됩니다.

$$\sqrt{\sum_{i=1}^{n} (x_i - y_i)^2}$$

여기에서 x와 y는 두 개의 샘플이고 아래 첨자 i는 샘플의 i번째 특성값을 나타냅니다. x_i의 값이 문자열(예를 들어 Texas)이라면 확실히 거리 계산이 불가능합니다. 문자열을 어떤 수치 형태로 바꾸어 유클리드 거리 공식에 넣어야 합니다. 범주에 있는 정보가 적절히 인코딩되도록 변환하는 것이 중요합니다(순서, 범주 사이의 상대적 간격 등). 이 장에서는 이런 변환과 범주형 데이터를 다룰 때 종종 마주치는 문제를 극복할 수 있는 기법들을 다루겠습니다.

5.1 순서가 없는 범주형 특성 인코딩하기

과제 태생적으로 순서를 가지지 않는 클래스(예를 들면 사과, 배, 바나나)로 이루어진 특성을 수치로 인코딩해야 합니다.

해결 사이킷런의 LabelBinarizer를 사용하여 특성을 원-핫 인코딩합니다.

```python
# 라이브러리를 임포트합니다.
import numpy as np
from sklearn.preprocessing import LabelBinarizer, MultiLabelBinarizer

# 특성을 만듭니다.
feature = np.array([["Texas"],
                    ["California"],
                    ["Texas"],
                    ["Delaware"],
                    ["Texas"]])

# 원-핫 인코더를 만듭니다.
one_hot = LabelBinarizer()

# 특성을 원-핫 인코딩합니다.
one_hot.fit_transform(feature)
```

```
array([[0, 0, 1],
       [1, 0, 0],
       [0, 0, 1],
       [0, 1, 0],
       [0, 0, 1]])
```

classes_ 속성에서 클래스를 확인할 수 있습니다.

```
# 특성의 클래스를 확인합니다.
one_hot.classes_
```

```
array(['California', 'Delaware', 'Texas'], dtype='<U10')
```

원-핫 인코딩을 되돌리려면 inverse_transform 메서드를 사용합니다.

```
# 원-핫 인코딩을 되돌립니다.
one_hot.inverse_transform(one_hot.transform(feature))
```

```
array(['Texas', 'California', 'Texas', 'Delaware', 'Texas'], dtype='<U10')
```

판다스를 사용해서 특성을 원-핫 인코딩할 수도 있습니다.

```
# 라이브러리를 임포트합니다.
import pandas as pd
```

```
# 특성으로 더미(dummy) 변수를 만듭니다.
pd.get_dummies(feature[:,0])
```

	California	Delaware	Texas
0	0	0	1
1	1	0	0
2	0	0	1
3	0	1	0
4	0	0	1

사이킷런에 있는 한 가지 유용한 기능은 샘플이 여러 개의 클래스를 가지고 있는 경우를 다룰 수 있다는 것입니다.

```
# 다중 클래스 특성을 만듭니다.
multiclass_feature = [("Texas", "Florida"),
```

```
                  ("California", "Alabama"),
                  ("Texas", "Florida"),
                  ("Delware", "Florida"),
                  ("Texas", "Alabama")]
```

```
# 다중 클래스 원-핫 인코더를 만듭니다.
one_hot_multiclass = MultiLabelBinarizer()
```

```
# 다중 클래스 특성을 원-핫 인코딩합니다.
one_hot_multiclass.fit_transform(multiclass_feature)
```

```
array([[0, 0, 0, 1, 1],
       [1, 1, 0, 0, 0],
       [0, 0, 0, 1, 1],
       [0, 0, 1, 1, 0],
       [1, 0, 0, 0, 1]])
```

여기에서도 classes_ 속성으로 클래스를 확인할 수 있습니다.

```
# 클래스를 확인합니다.
one_hot_multiclass.classes_
```

```
array(['Alabama', 'California', 'Delware', 'Florida', 'Texas'],
      dtype=object)
```

설명 각 클래스를 하나의 수치에 할당하는 것이 적절한 방법이라고 생각할 수 있습니다(예를 들어 Texas = 1, California = 2). 하지만 클래스가 태생적으로 순서를 가지고 있지 않다면 이 수치는 존재하지 않는 순서를 잘못 만들게 됩니다(예를 들면 Texas는 California보다 작지 않습니다).

올바른 방법은 원본 특성에 있는 클래스마다 이진 특성을 하나씩 만드는 것입니다. 이를 **원-핫 인코딩** 또는 **더미 인코딩**dummy encoding이라고 부릅니다. 해결에 있는 특성은 세 개의 클래스를 가진 벡터입니다(예를 들면 Texas, California, Delaware). 원-핫 인코딩을 하면 각 클래스마다 하나의 특성이 만들어집니다. 샘플의 클래스에 해당하는 특성은 1이 되고 나머지 특성은 0이 됩니다. 이 예제의 특성은 세 개의 클래스를 가지므로 원-핫 인코딩은 (특성마다 하나씩) 세 개의 이진 특성을 반환합니다. 원-핫 인코딩을 사용하면 클래스에 순서가 없다는 개념을 그대로 유지하면서 샘플의 클래스 소속을 표현할 수 있습니다.

마지막으로 특성을 원-핫 인코딩한 후에는 선형 의존성을 피하기 위해 결과 행렬에서 원-핫 인코딩된 특성 중 하나를 삭제하는 것이 좋습니다.

참고 • 회귀 모델에서 더미 변수의 함정, Algosome(*http://bit.ly/2FvVJkC*)
• 원-핫 인코딩을 사용할 때 열 삭제, CrossValidated(*http://bit.ly/2FwrxG0*)

■ 덧붙임 LabelBinarizer는 문자열 타깃 데이터를 원-핫 인코딩으로 변환할 때 사용합니다. 비슷하게 문자열 타깃 데이터를 정수 레이블로 변환할 때는 LabelEncoder를 사용합니다. 이 두 클래스는 일차원 배열을 기대합니다.

이전에는 사이킷런의 OneHotEncoder 클래스가 정수형 특성만 원-핫 인코딩으로 변환했지만 0.20 버전부터는 문자열 데이터를 인식할 수 있습니다. 특성 배열을 원-핫 인코딩할 때는 OneHot Encoder 클래스를 사용하는 것이 좋습니다.

OneHotEncoder 클래스는 기본적으로 희소 배열을 반환합니다. sparse=False로 지정하면 밀집 배열을 얻을 수 있습니다.

```python
from sklearn.preprocessing import OneHotEncoder

# 여러 개의 열이 있는 특성 배열을 만듭니다.
feature = np.array([["Texas", 1],
                    ["California", 1],
                    ["Texas", 3],
                    ["Delaware", 1],
                    ["Texas", 1]])

one_hot_encoder = OneHotEncoder(sparse=False)
one_hot_encoder.fit_transform(feature)
```

```
array([[0., 0., 1., 1., 0.],
       [1., 0., 0., 1., 0.],
       [0., 0., 1., 0., 1.],
       [0., 1., 0., 1., 0.],
       [0., 0., 1., 1., 0.]])
```

California, Delaware, Texas가 처음 세 개의 열에 원-핫 인코딩되었고 1과 3이 나머지 두 개의 열에 원-핫 인코딩되었습니다. 이 예에서처럼 정수도 문자열처럼 취급하여 변환됩니다. categories_ 속성으로 클래스를 확인할 수 있습니다.

```
one_hot_encoder.categories_
```

```
[array(['California', 'Delaware', 'Texas'], dtype='<U10'),
 array(['1', '3'], dtype='<U10')]
```

OneHotEncoder는 입력 특성 배열을 모두 범주형으로 인식하여 변환합니다. 특정 열에만 적용하려면 이전 장에서 설명한 ColumnTransformer와 함께 사용하세요.

5.2 순서가 있는 범주형 특성 인코딩하기

과제 순서가 있는 범주형 특성(예를 들면 high, medium, low)을 수치로 변환해야 합니다.

해결 판다스 데이터프레임의 replace 메서드를 사용하여 문자열 레이블을 수치로 변환합니다.

```python
# 라이브러리를 임포트합니다.
import pandas as pd

# 특성을 만듭니다.
dataframe = pd.DataFrame({"Score": ["Low", "Low", "Medium", "Medium", "High"]})

# 매핑 딕셔너리를 만듭니다.
scale_mapper = {"Low":1,
                "Medium":2,
                "High":3}

# 특성을 정수로 변환합니다.
dataframe["Score"].replace(scale_mapper)
```

```
0    1
1    1
2    2
3    2
4    3
Name: Score, dtype: int64
```

설명 종종 특성 클래스에 태생적으로 어떤 순서가 포함된 경우가 있습니다. 대표적인 예는 리커트 척도^{Likert scale}입니다.

- 매우 그렇다
- 그렇다
- 보통이다
- 그렇지 않다
- 전혀 그렇지 않다

머신러닝에 사용할 특성을 인코딩할 때 순서가 있는 클래스는 순서 개념을 가진 수치로 변환해야 합니다. 가장 자주 사용하는 방법은 클래스 레이블 문자열을 정수로 매핑하는 딕셔너리를 만들고 이를 필요한 특성에 적용하는 것입니다.

어떤 수치를 선택하는지는 클래스에 내재된 순서 정보에 기반한다는 사실을 유념하세요. 해결에서 high는 글자 그대로 low보다 세 배 더 큽니다. 경우에 따라 이런 설정이 잘 맞을 수 있지만 클래스 사이 간격이 동일하지 않는다면 문제가 됩니다.

```python
dataframe = pd.DataFrame({"Score": ["Low",
                                    "Low",
                                    "Medium",
                                    "Medium",
                                    "High",
                                    "Barely More Than Medium"]})

scale_mapper = {"Low":1,
                "Medium":2,
                "Barely More Than Medium": 3,
                "High":4}

dataframe["Score"].replace(scale_mapper)
```

```
0    1
1    1
2    2
3    2
4    4
5    3
Name: Score, dtype: int64
```

이 예에서는 Low와 Medium 사이의 거리가 Medium과 Barely More Than Medium 사이의 거

리와 같지만 실제로는 그렇지 않습니다. 가장 좋은 방법은 클래스에 매핑하는 수치에 주의를 기울이는 것입니다.

```python
scale_mapper = {"Low":1,
                "Medium":2,
                "Barely More Than Medium": 2.1,
                "High":3}
dataframe["Score"].replace(scale_mapper)
```

```
0    1.0
1    1.0
2    2.0
3    2.0
4    3.0
5    2.1
Name: Score, dtype: float64
```

📌 **덧붙임** 사이킷런 0.20 버전에 범주형 데이터를 정수로 인코딩하는 **OrdinalEncoder**가 추가되었습니다. **OrdinalEncoder**는 클래스 범주를 순서대로 변환합니다. 정수 데이터도 범주형으로 인식하여 변환합니다. 특정 열만 범주형으로 변환하려면 **ColumnTransformer**와 함께 사용하세요.

```python
from sklearn.preprocessing import OrdinalEncoder

features = np.array([["Low", 10],
                     ["High", 50],
                     ["Medium", 3]])

ordinal_encoder = OrdinalEncoder()
ordinal_encoder.fit_transform(features)
```

```
array([[1., 0.],
       [0., 2.],
       [2., 1.]])
```

클래스는 **categories_** 속성에서 확인할 수 있습니다.

```python
ordinal_encoder.categories_
```

```
[array(['High', 'Low', 'Medium'], dtype='<U6'),
 array(['10', '3', '50'], dtype='<U6')]
```

5.3 특성 딕셔너리 인코딩하기

과제 딕셔너리를 특성 행렬로 변환하고 싶습니다.

해결 DictVectorizer를 사용하세요

```python
# 라이브러리를 임포트합니다.
from sklearn.feature_extraction import DictVectorizer

# 딕셔너리를 만듭니다.
data_dict = [{"Red": 2, "Blue": 4},
             {"Red": 4, "Blue": 3},
             {"Red": 1, "Yellow": 2},
             {"Red": 2, "Yellow": 2}]

# DictVectorizer 객체를 만듭니다.
dictvectorizer = DictVectorizer(sparse=False)

# 딕셔너리를 특성 행렬로 변환합니다.
features = dictvectorizer.fit_transform(data_dict)

# 특성 행렬을 확인합니다.
features
```

```
array([[4., 2., 0.],
       [3., 4., 0.],
       [0., 1., 2.],
       [0., 2., 2.]])
```

기본적으로 DictVectorizer는 0이 아닌 값의 원소만 저장하는 희소 행렬을 반환합니다. 이는 매우 큰 행렬을 다루어야 할 때 도움이 됩니다(자연어 처리 분야에서는 흔한 일입니다). 메모리 사용량을 최소화해야 하기 때문입니다. DictVectorizer를 sparse=False로 지정하면 밀집 벡터를 출력할 수 있습니다.

get_feature_names 메서드를 사용하여 생성된 특성의 이름을 얻을 수 있습니다.

```python
# 특성 이름을 얻습니다.
feature_names = dictvectorizer.get_feature_names()
```

```
# 특성 이름을 확인합니다.
feature_names
```

```
['Blue', 'Red', 'Yellow']
```

필수적이진 않지만 미려한 출력을 위해 판다스 데이터프레임으로 출력할 수 있습니다.

```
# 라이브러리를 임포트합니다.
import pandas as pd
```

```
# 특성으로 데이터프레임을 만듭니다.
pd.DataFrame(features, columns=feature_names)
```

	Blue	Red	Yellow
0	4.0	2.0	0.0
1	3.0	4.0	0.0
2	0.0	1.0	2.0
3	0.0	2.0	2.0

설명 딕셔너리는 많은 프로그래밍 언어에서 즐겨 사용하는 데이터 구조입니다. 하지만 머신
러닝 알고리즘은 행렬 형태의 데이터를 기대합니다. 이를 위해 사이킷런의 DictVectorizer
를 사용할 수 있습니다.

이런 작업은 자연어 처리 분야에서는 자주 발생하는 일입니다. 예를 들어 문서 데이터를 가
지고 있을 때 각 문서에 등장한 모든 단어의 횟수를 담은 딕셔너리를 만들 수 있습니다.
dictvectorizer를 사용하면 각 문서에 등장한 단어 횟수를 특성으로 하는 특성 행렬을 만들
수 있습니다.

```
# 네 개의 문서에 대한 단어 카운트 딕셔너리를 만듭니다.
doc_1_word_count = {"Red": 2, "Blue": 4}
doc_2_word_count = {"Red": 4, "Blue": 3}
doc_3_word_count = {"Red": 1, "Yellow": 2}
doc_4_word_count = {"Red": 2, "Yellow": 2}
```

```
# 리스트를 만듭니다.
doc_word_counts = [doc_1_word_count,
                   doc_2_word_count,
                   doc_3_word_count,
                   doc_4_word_count]
```

```
# 단어 카운트 딕셔너리를 특성 행렬로 변환합니다.
dictvectorizer.fit_transform(doc_word_counts)
```

```
array([[4., 2., 0.],
       [3., 4., 0.],
       [0., 1., 2.],
       [0., 2., 2.]])
```

이 예제는 고유한 단어가 세 개(Red, Yellow, Blue)뿐이므로 행렬에 세 개의 특성만 있습니다. 문서가 대학 도서관에 있는 어떤 책이라면 아주 큰 특성 행렬이 만들어집니다(sparse 매개변수를 True로 설정해야 합니다).

참고 • 파이썬에서 딕셔너리를 사용하는 방법(*http://bit.ly/2HReoWz*)
　　　• 싸이파이의 희소 행렬(*http://bit.ly/2HReBZR*)

5.4 누락된 클래스 값 대체하기

과제 범주형 특성에 있는 누락된 값을 예측된 값으로 바꾸고 싶습니다.

해결 이상적인 해결은 머신러닝 분류 알고리즘을 훈련하여 누락된 값을 예측하는 것입니다. 일반적으로 k-최근접 이웃(KNN) 분류기를 사용합니다.

```
# 라이브러리를 임포트합니다.
import numpy as np
from sklearn.neighbors import KNeighborsClassifier

# 범주형 특성을 가진 특성 행렬을 만듭니다.
X = np.array([[0, 2.10, 1.45],
              [1, 1.18, 1.33],
              [0, 1.22, 1.27],
              [1, -0.21, -1.19]])

# 범주형 특성에 누락된 값이 있는 특성 행렬을 만듭니다.
X_with_nan = np.array([[np.nan, 0.87, 1.31],
                       [np.nan, -0.67, -0.22]])
```

```
# KNN 학습기를 훈련합니다.
clf = KNeighborsClassifier(3, weights='distance')
trained_model = clf.fit(X[:,1:], X[:,0])

# 누락된 값의 클래스를 예측합니다.
imputed_values = trained_model.predict(X_with_nan[:,1:])

# 예측된 클래스와 원본 특성을 열로 합칩니다.
X_with_imputed = np.hstack((imputed_values.reshape(-1,1), X_with_nan[:,1:]))

# 두 특성 행렬을 연결합니다.
np.vstack((X_with_imputed, X))
```

```
array([[ 0.  ,  0.87,  1.31],
       [ 1.  , -0.67, -0.22],
       [ 0.  ,  2.1 ,  1.45],
       [ 1.  ,  1.18,  1.33],
       [ 0.  ,  1.22,  1.27],
       [ 1.  , -0.21, -1.19]])
```

다른 방법은 누락된 값을 특성에서 가장 자주 등장하는 값으로 채우는 것입니다.

```
from sklearn.impute import SimpleImputer

# 두 개의 특성 행렬을 합칩니다.
X_complete = np.vstack((X_with_nan, X))

imputer = SimpleImputer(strategy='most_frequent')
imputer.fit_transform(X_complete)
```

```
array([[ 0.  ,  0.87,  1.31],
       [ 0.  , -0.67, -0.22],
       [ 0.  ,  2.1 ,  1.45],
       [ 1.  ,  1.18,  1.33],
       [ 0.  ,  1.22,  1.27],
       [ 1.  , -0.21, -1.19]])
```

설명 범주형 특성에 누락된 값이 있을 때 가장 좋은 방법은 머신러닝 알고리즘으로 누락된 값을 예측하는 것입니다. 누락된 값이 있는 특성을 타깃으로 하고 다른 특성을 특성 행렬로 사용할 수 있습니다. 많이 사용하는 알고리즘은 KNN(15장에서 자세히 소개합니다)으로, k 최근접 이웃의 다수 클래스를 누락된 값에 할당합니다.

또는 특성에서 가장 자주 등장하는 클래스로 누락된 값을 채우거나 아예 누락된 값이 있는 샘플을 제외할 수 있습니다. KNN보다 덜 정교하지만 대규모 데이터에 적용하기 훨씬 쉽습니다. 어떤 경우든 대체된 값이 있는 샘플인지 나타내는 이진 특성을 추가하는 것이 좋습니다.

> **참고**
> - 사이킷런 문서: 누락된 값 대체하기(*https://oreil.ly/1M4bn*)
> - 랜덤 포레스트^{random forest} 분류기에서 누락된 값 극복하기(*http://bit.ly/2HSsNBF*)
> - 대체 방법으로서 k-최근접 이웃 연구(*http://bit.ly/2HS9sAT*)

5.5 불균형한 클래스 다루기

과제 타깃 벡터가 매우 불균형한 클래스로 이루어져 있어 이를 조정하여 균형 있게 만들려고 합니다.

해결 더 많은 데이터를 모으세요. 이것이 불가능하면 모델 평가 지표를 바꾸세요. 잘 동작하지 않으면 (가능하다면) 모델에 내장된 클래스 가중치 매개변수를 사용하거나 다운샘플링이나 업샘플링을 고려해보세요. 이후 장에서 평가 지표를 다루겠습니다. 여기에서는 클래스 가중치 매개변수, 다운샘플링, 업샘플링에 초점을 맞춥니다.

예제를 위해 클래스가 불균형한 데이터를 준비하겠습니다. 피셔의 붓꽃 데이터셋은 붓꽃의 품종을 나타내는 세 개 클래스(Iris setosa, Iris virginica, Iris versicolor)의 샘플을 50개씩 고르게 가지고 있습니다. 이때 불균형한 데이터셋을 만들기 위해서 Iris setosa 샘플 50개 중 40개를 삭제하겠습니다. 그다음 Iris virginica와 Iris versicolor 클래스를 합치겠습니다. 결과적으로 Iris setosa 샘플인지 아닌지를 가리키는 이진 타깃 벡터를 얻습니다. 여기에는 Iris setosa 샘플(클래스 0) 10개와 Iris setosa가 아닌 샘플(클래스 1) 90개가 있습니다.

```python
# 라이브러리를 임포트합니다.
import numpy as np
from sklearn.ensemble import RandomForestClassifier
from sklearn.datasets import load_iris

# 붓꽃 데이터를 적재합니다.
iris = load_iris()
```

```python
# 특성 행렬을 만듭니다.
features = iris.data

# 타깃 벡터를 만듭니다.
target = iris.target

# 처음 40개 샘플을 삭제합니다.
features = features[40:,:]
target = target[40:]

# 클래스 0을 음성 클래스로 하는 이진 타깃 벡터를 만듭니다.
target = np.where((target == 0), 0, 1)

# 불균형한 타깃 벡터를 확인합니다.
target
```

```
array([0, 0, 0, 0, 0, 0, 0, 0, 0, 0, 1, 1, 1, 1, 1, 1, 1, 1, 1, 1, 1, 1,
       1, 1, 1, 1, 1, 1, 1, 1, 1, 1, 1, 1, 1, 1, 1, 1, 1, 1, 1, 1, 1, 1,
       1, 1, 1, 1, 1, 1, 1, 1, 1, 1, 1, 1, 1, 1, 1, 1, 1, 1, 1, 1, 1, 1,
       1, 1, 1, 1, 1, 1, 1, 1, 1, 1, 1, 1, 1, 1, 1, 1, 1, 1, 1, 1, 1, 1,
       1, 1, 1, 1, 1, 1, 1, 1, 1, 1, 1, 1, 1, 1, 1, 1, 1, 1, 1, 1, 1, 1])
```

사이킷런에 있는 많은 알고리즘은 훈련할 때 불균형한 영향을 줄일 수 있도록 클래스에 가중치를 부여할 수 있는 매개변수를 제공합니다. 아직 소개하기 전이지만 RandomForest Classifier는 class_weight 매개변수를 가진 인기 높은 분류 알고리즘입니다. 레시피 14.4에서 RandomForestClassifier에 대해 자세히 배우겠습니다. 이 분류기의 매개변숫값에 원하는 클래스 가중치를 직접 지정할 수 있습니다.

```python
# 가중치를 만듭니다.
weights = {0: .9, 1: 0.1}

# 가중치를 부여한 랜덤 포레스트 분류기를 만듭니다.
RandomForestClassifier(class_weight=weights)
```

```
RandomForestClassifier(class_weight={0: 0.9, 1: 0.1})
```

또는 balanced로 지정하여 클래스 빈도에 반비례하게 자동으로 가중치를 만들 수 있습니다.

```python
# 균형잡힌 클래스 가중치로 랜덤 포레스트 모델을 훈련합니다.
RandomForestClassifier(class_weight="balanced")
```

```
RandomForestClassifier(class_weight='balanced')
```

다수 클래스의 샘플을 줄이거나(다운샘플링) 소수 클래스의 샘플을 늘릴 수도 있습니다(업샘플링). **다운샘플링**에서는 다수 클래스(즉, 더 많은 샘플을 가진 클래스)에서 중복을 허용하지 않고 랜덤하게 샘플을 선택하여 소수 클래스와 같은 크기의 샘플 부분집합을 만듭니다. 예를 들면, 소수 클래스에 10개의 샘플이 있다면 다수 클래스에서 10개의 샘플을 랜덤하게 선택하여 총 20개의 샘플을 데이터로 사용합니다. 불균형하게 만든 붓꽃 데이터에 적용해보겠습니다.

```python
# 각 클래스의 샘플 인덱스를 추출합니다.
i_class0 = np.where(target == 0)[0]
i_class1 = np.where(target == 1)[0]

# 각 클래스의 샘플 개수
n_class0 = len(i_class0)
n_class1 = len(i_class1)

# 클래스 0의 샘플만큼 클래스 1에서 중복을 허용하지 않고 랜덤하게 샘플을 뽑습니다.
i_class1_downsampled = np.random.choice(i_class1, size=n_class0,
                                        replace=False)

# 클래스 0의 타깃 벡터와 다운샘플링된 클래스 1의 타깃 벡터를 합칩니다.
np.hstack((target[i_class0], target[i_class1_downsampled]))
```

```
array([0, 0, 0, 0, 0, 0, 0, 0, 0, 0, 1, 1, 1, 1, 1, 1, 1, 1, 1, 1])
```

```python
# 클래스 0의 특성 행렬과 다운샘플링된 클래스 1의 특성 행렬을 합칩니다.
np.vstack((features[i_class0,:], features[i_class1_downsampled,:]))[0:5]
```

```
array([[5. , 3.5, 1.3, 0.3],
       [4.5, 2.3, 1.3, 0.3],
       [4.4, 3.2, 1.3, 0.2],
       [5. , 3.5, 1.6, 0.6],
       [5.1, 3.8, 1.9, 0.4]])
```

또 다른 방법은 소수 클래스를 업샘플링하는 것입니다. **업샘플링**에서는 다수 클래스의 샘플만큼 소수 클래스에서 중복을 허용하여 랜덤하게 샘플을 선택합니다. 결과적으로 다수 클래스와 소수 클래스의 샘플 수가 같아집니다. 업샘플링은 다운샘플링과 반대 방식으로 매우 비슷하게 구현됩니다.

```python
# 클래스 1의 샘플 개수만큼 클래스 0에서 중복을 허용하여 랜덤하게 샘플을 선택합니다.
i_class0_upsampled = np.random.choice(i_class0, size=n_class1, replace=True)
```

```
# 클래스 0의 업샘플링된 타깃 벡터와 클래스 1의 타깃 벡터를 합칩니다.
np.concatenate((target[i_class0_upsampled], target[i_class1]))
```

```
array([0, 0, 0, 0, 0, 0, 0, 0, 0, 0, 0, 0, 0, 0, 0, 0, 0, 0, 0, 0, 0, 0,
       0, 0, 0, 0, 0, 0, 0, 0, 0, 0, 0, 0, 0, 0, 0, 0, 0, 0, 0, 0, 0, 0,
       0, 0, 0, 0, 0, 0, 0, 0, 0, 0, 0, 0, 0, 0, 0, 0, 0, 0, 0, 0, 0, 0,
       0, 0, 0, 0, 0, 0, 0, 0, 0, 0, 0, 0, 0, 0, 0, 0, 0, 0, 0, 0, 0, 0,
       0, 0, 0, 0, 0, 0, 0, 0, 0, 0, 0, 0, 1, 1, 1, 1, 1, 1, 1, 1, 1, 1,
       1, 1, 1, 1, 1, 1, 1, 1, 1, 1, 1, 1, 1, 1, 1, 1, 1, 1, 1, 1, 1, 1,
       1, 1, 1, 1, 1, 1, 1, 1, 1, 1, 1, 1, 1, 1, 1, 1, 1, 1, 1, 1, 1, 1,
       1, 1, 1, 1, 1, 1, 1, 1, 1, 1, 1, 1, 1, 1, 1, 1, 1, 1, 1, 1, 1, 1,
       1, 1, 1, 1, 1, 1, 1, 1, 1, 1, 1, 1, 1, 1, 1, 1, 1, 1, 1, 1, 1, 1,
       1, 1])
```

```
# 클래스 0의 업샘플링된 특성 행렬과 클래스 1의 특성 행렬을 합칩니다.
np.vstack((features[i_class0_upsampled,:], features[i_class1,:]))[0:5]
```

```
array([[5. , 3.5, 1.6, 0.6],
       [4.8, 3. , 1.4, 0.3],
       [5. , 3.5, 1.3, 0.3],
       [5. , 3.3, 1.4, 0.2],
       [5. , 3.5, 1.6, 0.6]])
```

설명 실전에는 불균형한 클래스가 아주 많습니다. 대부분의 웹사이트 방문자는 구매 버튼을 클릭하지 않으며, 중대 질병인 암의 경우 종류가 다양하지만 다행히도 상당수가 매우 희귀합니다. 이런 이유 때문에 불균형한 클래스를 다루는 일은 머신러닝에서 자주 발생합니다.

가장 좋은 방법은 소수 클래스의 샘플을 더 많이 모으는 것입니다. 하지만 이것이 불가능한 경우가 많기 때문에 다른 선택 사항을 고려해야 합니다.

두 번째 전략은 불균형한 클래스에 잘 맞는 모델 평가 지표를 사용하는 것입니다. 정확도는 모델 성능을 평가하는 데 자주 사용되는 지표입니다. 하지만 클래스가 불균형할 때 정확도는 잘 맞지 않습니다. 예를 들어 희귀한 암을 가진 샘플이 0.5%라면 아무도 암에 걸리지 않았다고 예측하는 단순한 모델도 99.5%의 정확도를 얻을 것입니다. 확실히 이는 원하는 바가 아닙니다. 이후 장에서 소개할 더 나은 지표로는 오차 행렬, 정밀도, 재현율, F_1 점수, ROC 곡선이 있습니다.

세 번째 전략은 일부 모델에서 제공하는 클래스 가중치 매개변수를 사용하는 것입니다. 이를 통해 알고리즘이 불균형한 클래스를 조정할 수 있습니다. 다행히 사이킷런에 있는 많은 분류기들은 이에 적합한 class_weight 매개변수를 가지고 있습니다.

네 번째와 다섯 번째 전략인 다운샘플링과 업샘플링은 서로 관련되어 있습니다. 다운샘플링에서 소수 클래스 크기와 동일하게 다수 클래스의 랜덤한 부분집합을 만듭니다. 업샘플링에서는 다수 클래스 크기와 동일하게 소수 클래스로부터 중복을 허용하여 반복적으로 샘플을 뽑습니다. 다운샘플링과 업샘플링 중 어떤 것을 사용할지는 문제에 따라 다릅니다. 일반적으로 두 전략을 모두 시도해보고 더 나은 결과를 내는 것을 선택합니다.

## CHAPTER 6

텍스트 다루기

6.0 소개

책의 본문이나 트윗 같은 비정형^{unstructured} 텍스트 데이터는 가장 흥미로우면서도 가장 다루기 까다로운 특성입니다. 이 장에서는 텍스트를 풍부한 정보를 가진 특성으로 변환하는 전략을 다룹니다. 그리고 자연어 처리 관련 작업에서 점점 보편화되는 기본 특성(**임베딩**^{embedding})을 사용해 보겠습니다.

여기에서 다루는 레시피가 전부는 아닙니다. 텍스트와 같은 구조적이지 않은 데이터를 다루는 것에만 집중하는 학술 분야가 있습니다. 이 장에서는 널리 사용되는 기법을 다루겠습니다. 이들을 알아두면 전처리 단계에 유용한 도구로 활용할 수 있을 것입니다. 일반적인 텍스트 처리 방법 이외에도 풍부한 텍스트 특성을 생성할 수 있는 사전 훈련된 머신러닝 모델을 임포트하고 활용하는 방법을 소개하겠습니다.

6.1 텍스트 정제하기

과제 비정형 텍스트 데이터에 기본적인 정제 작업을 수행하고 싶습니다.

해결 다음 예에서 세 개의 문자열을 살펴 봅니다. 가장 기본적인 정제 방법은 `strip`, `replace`, `split`와 같은 파이썬의 기본 문자열 메서드를 사용하여 텍스트를 바꾸는 것입니다.

```
# 텍스트를 만듭니다.
text_data = ["   Interrobang. By Aishwarya Henriette     ",
             "Parking And Going. By Karl Gautier",
             "    Today Is The night. By Jarek Prakash   "]

# 공백 문자를 제거합니다.
strip_whitespace = [string.strip() for string in text_data]

# 텍스트를 확인합니다.
strip_whitespace
```

```
['Interrobang. By Aishwarya Henriette',
 'Parking And Going. By Karl Gautier',
 'Today Is The night. By Jarek Prakash']
```

```
# 마침표를 제거합니다.
remove_periods = [string.replace(".", "") for string in strip_whitespace]

# 텍스트를 확인합니다.
remove_periods
```

```
['Interrobang By Aishwarya Henriette',
 'Parking And Going By Karl Gautier',
 'Today Is The night By Jarek Prakash']
```

사용자 정의 변환 함수를 정의하고 적용할 수도 있습니다.[1]

```
# 함수를 만듭니다.
def capitalizer(string: str) -> str:
    return string.upper()

# 함수를 적용합니다.
[capitalizer(string) for string in remove_periods]
```

```
['INTERROBANG BY AISHWARYA HENRIETTE',
 'PARKING AND GOING BY KARL GAUTIER',
 'TODAY IS THE NIGHT BY JAREK PRAKASH']
```

마지막으로 정규 표현식을 사용하여 강력한 문자열 치환을 수행할 수 있습니다.

---

1 옮긴이_ 파이썬 3에서는 함수의 매개변수와 반환값에 타입 힌트(hint)를 지정할 수 있습니다. 다른 타입의 데이터를 넣거나 반환해도 예외
가 발생하지는 않습니다.

```
# 라이브러리를 임포트합니다.
import re

# 함수를 만듭니다.
def replace_letters_with_X(string: str) -> str:
    return re.sub(r"[a-zA-Z]", "X", string)

# 함수를 적용합니다.
[replace_letters_with_X(string) for string in remove_periods]
```

```
['XXXXXXXXXX XX XXXXXXXX XXXXXXXXX',
 'XXXXXXX XXX XXXXX XX XXXX XXXXXXX',
 'XXXXX XX XXX XXXXX XX XXXXX XXXXXXX']
```

설명 일부 텍스트 데이터는 특성으로 만들기 전에 정제되거나 알고리즘에 주입되기 전에 어떤 방식으로 전처리되어야 합니다. 파이썬의 문자열 연산을 사용하는 것이 가장 기본적인 텍스트 정제 방법입니다. 실전에서는 대부분 사용자 정의 함수(예를 들면 **capitalizer**)를 정의하여 다른 정제 작업과 연결하고 이를 텍스트 데이터에 적용합니다. 문자열을 정제하면 일부 정보를 잃을 수 있지만 데이터를 다루기 쉽게 만들어 줍니다. 문자열은 정제와 전처리를 위한 메서드가 많이 가지고 있습니다. 일부 예시가 다음에 나와 있습니다.

```
# 문자열을 정의합니다.
s = "machine learning in python cookbook"

# 문자 "n"의 첫 번째 인덱스를 찾습니다.
find_n = s.find("n")

# "m"으로 시작하는 문자열인지 확인합니다.
starts_with_m = s.startswith("m")

# "python"으로 끝나는 문자열인지 확인합니다.
ends_with_python = s.endswith("python")

# 문자열이 알파벳과 숫자로 이루어져 있는지 확인합니다.
is_alnum = s.isalnum()

# (공백을 제외한) 알파벳으로만 이루어졌는지 확인합니다.
is_alpha = s.isalpha()

# utf-8로 인코딩합니다.
encode_as_utf8 = s.encode("utf-8")
```

```
# utf-8로 디코딩합니다.
decode = encode_as_utf8.decode("utf-8")

print(
    find_n,
    starts_with_m,
    ends_with_python,
    is_alnum,
    is_alpha,
    encode_as_utf8,
    decode,
    sep = "|"
)
```

```
5|True|False|False|False|b'machine learning in python cookbook'|machine
learning in python cookbook
```

참고 • 파이썬 정규 표현식 튜토리얼(*http://bit.ly/2HTGZuu*)

6.2 HTML 파싱과 정제하기

과제 텍스트 데이터에서 HTML 요소를 추출하고 싶습니다.

해결 뷰티풀 수프beautiful soup의 다양한 기능을 사용하여 HTML을 파싱할 수 있습니다.[2]

```
# 라이브러리를 임포트합니다.
from bs4 import BeautifulSoup

# 예제 HTML 코드를 만듭니다.
html = "<div class='full_name'>"\
       "<span style='font-weight:bold'>Masego"\
       "</span> Azra</div>"

# html을 파싱합니다.
soup = BeautifulSoup(html, "lxml")
```

----

2 옮긴이_ 이 절의 코드를 실행하려면 뷰티풀 수프와 lxml 패키지를 설치해야 합니다. conda install beautifulsoup4 lxml 또는 pip
  install beautifulsoup4 lxml로 설치할 수 있습니다.

```
# "full_name" 이름의 클래스를 가진 div를 찾아 텍스트를 출력합니다.
soup.find("div", { "class" : "full_name" }).text
```

```
'Masego Azra'
```

설명 이름이 이상하지만 뷰티풀 수프는 HTML 스크래핑을 위한 강력한 파이썬 라이브러리입
니다. 일반적으로 뷰티풀 수프는 웹사이트를 스크래핑하는 동안 HTML을 처리하기 위해 사용
합니다. 하지만 정적 HTML에 들어 있는 텍스트 데이터를 추출하는 데 사용할 수도 있습니다.
뷰티풀 수프의 전체 기능은 이 책의 범위를 넘어섭니다. 이 해결에서 소개하는 메서드만으로도
HTML을 파싱하고 find()로 특정 태그의 정보를 얼마나 쉽게 추출할 수 있는지 보여줍니다.

참고 • 뷰티풀 수프(*http://bit.ly/2pwZcYs*)

6.3 구두점 삭제하기

과제 텍스트 데이터에서 **구두점을 삭제하고 싶습니다.**

해결 구두점 글자의 딕셔너리를 만들어 **translate** 메서드에 적용합니다.

```
# 라이브러리를 임포트합니다.
import unicodedata
import sys

# 텍스트를 만듭니다.
text_data = ['Hi!!!! I. Love. This. Song....',
             '10000% Agree!!!! #LoveIT',
             'Right?!?!']

# 구두점 문자로 이루어진 딕셔너리를 만듭니다.
punctuation = dict.fromkeys(
  (i for i in range(sys.maxunicode)
  if unicodedata.category(chr(i)).startswith('P')
  ),
  None
)
```

```
# 문자열의 구두점을 삭제합니다.
[string.translate(punctuation) for string in text_data]
```

```
['Hi I Love This Song', '10000 Agree LoveIT', 'Right']
```

설명 translate는 속도가 빨라 인기 있는 파이썬 함수입니다. 이 해결은 모든 유니코드 구두점[3]을 키로 하고 값은 None인 punctuation 딕셔너리를 만들었습니다. 그다음 문자열에서 punctuation에 있는 모든 문자를 None으로 바꾸어 구두점을 삭제하는 효과를 냅니다. 조금 더 읽기 좋은 코드를 사용하는 방법도 있지만 이 방식이 다른 것보다 훨씬 더 빠르다는 장점이 있습니다.

구두점도 정보가 있다는 사실을 유념하세요(예를 들어 "맞아?"와 "맞아!"). 구두점을 삭제하는 것은 수동으로 특성을 만들 때 필요악일 수 있습니다. 하지만 구두점이 중요한 역할을 한다면 이를 고려해야만 합니다. 달성해야 할 후속 작업에 따라 구두점에 중요한 정보가 담겨 있을 수 있습니다(예를 들어, '?'를 사용해 텍스트에 질문이 포함되어 있는지 구분합니다).

6.4 텍스트 토큰화하기

과제 텍스트를 개별 단어로 나누고 싶습니다.

해결 파이썬의 자연어 처리 툴킷인 NLTK natural language toolkit는 단어 토큰화를 비롯해 강력한 텍스트 처리 기능을 가지고 있습니다.[4]

```
# 구두점 데이터를 다운로드합니다.
import nltk
nltk.download('punkt')

# 라이브러리를 임포트합니다.
from nltk.tokenize import word_tokenize
```

---

3 옮긴이_ 유니코드에서 P로 시작하는 카테고리는 구두점을 의미합니다. 유니코드 카테고리에 대한 자세한 내용은 위키피디아 문서를 참고하세요(https://bit.ly/2vNA2of). 아스키 코드의 구두점은 import string; string.punctuation로 얻을 수 있습니다.

4 옮긴이_ 이 절의 코드를 실행하려면 NLTK를 설치해야 합니다. conda install nltk 또는 pip install nltk로 설치할 수 있습니다.

```
# 텍스트를 만듭니다.
string = "The science of today is the technology of tomorrow"

# 단어를 토큰으로 나눕니다.
word_tokenize(string)
```

```
['The', 'science', 'of', 'today', 'is', 'the', 'technology', 'of', 'tomorrow']
```

문장으로 나눌 수도 있습니다.

```
# 라이브러리를 임포트합니다.
from nltk.tokenize import sent_tokenize

# 텍스트를 만듭니다.
string = "The science of today is the technology of tomorrow.
         Tomorrow is today."

# 문장으로 나눕니다.
sent_tokenize(string)
```

```
['The science of today is the technology of tomorrow.', 'Tomorrow is today.']
```

설명 **토큰화**tokenization, 특히 단어 토큰화는 텍스트 데이터를 정제한 후 빈번하게 수행하는 작업입니다. 이는 유용한 특성을 만들기 위해 텍스트를 데이터로 변환하는 첫 번째 과정입니다. (구글의 BERT 같은) 일부 사전 훈련된 NLP 모델은 모델 전용 토큰화 기법을 사용합니다. 하지만 개별 단어에서 특성을 얻기 전에 단어 수준 토큰화가 여전히 널리 사용되는 토큰화 기법입니다.

6.5 불용어 삭제하기

과제 토큰화된 텍스트 데이터에서 유용한 정보가 거의 없는 매우 흔한 단어(예를 들어 a, is, of , on)를 삭제하고 싶습니다.

해결 NLTK의 stopwords를 사용합니다.

```python
# 불용어 데이터를 다운로드합니다.
import nltk
nltk.download('stopwords')

# 라이브러리를 임포트합니다.
from nltk.corpus import stopwords

# 단어 토큰을 만듭니다.
tokenized_words = ['i',
                   'am',
                   'going',
                   'to',
                   'go',
                   'to',
                   'the',
                   'store',
                   'and',
                   'park']

# 불용어를 적재합니다.
stop_words = stopwords.words('english')

# 불용어를 삭제합니다.
[word for word in tokenized_words if word not in stop_words]
```

```
['going', 'go', 'store', 'park']
```

설명 불용어stop word는 작업 전에 삭제해야 하는 일련의 단어를 의미하기도 하지만 종종 유용한 정보가 거의 없는 매우 자주 등장하는 단어를 의미합니다. 불용어 삭제 여부는 개별 사용 사례에 따라 다릅니다. NLTK는 불용어 리스트를 사용하여 토큰화된 단어에서 불용어를 찾고 삭제할 수 있습니다.

```python
# 불용어를 확인합니다.
stop_words[:5]
```

```
['i', 'me', 'my', 'myself', 'we']
```

NLTK의 **stopwords**는 토큰화된 단어가 소문자라고 가정합니다.

▮ **덧붙임** 사이킷런도 영어 불용어 리스트를 제공합니다. NLTK의 영어 불용어는 179개이고 사이킷런이 제공하는 영어 불용어는 318개입니다.

```
from sklearn.feature_extraction.text import ENGLISH_STOP_WORDS

len(ENGLISH_STOP_WORDS), len(stop_words)
```

```
(318, 179)
```

사이킷런의 불용어는 frozenset 객체이기 때문에 인덱스를 사용할 수 없습니다. 리스트로 바꾸어 처음 몇 개의 불용어를 확인해보겠습니다.

```
list(ENGLISH_STOP_WORDS)[:5]
```

```
['she', 'was', 'but', 'then', 'again']
```

NLTK에서 제공하는 전체 불용어는 다음 주소에서 다운로드할 수 있습니다(*https://bit.ly/2v0g4Lu*). 안타깝지만 한글 불용어는 제공하지 않습니다. 다음 주소에서 한글 불용어를 참고하세요(*https://bit.ly/2Vs05lN*, *https://bit.ly/2VKOUnF*, *https://bit.ly/2J912sv*).

6.6 어간 추출하기

과제 토큰으로 나눈 단어를 어간stem으로 바꾸고 싶습니다.

해결 NLTK의 PorterStemmer를 사용합니다.

```
# 라이브러리를 임포트합니다.
from nltk.stem.porter import PorterStemmer

# 단어 토큰을 만듭니다.
tokenized_words = ['i', 'am', 'humbled', 'by', 'this', 'traditional', 'meeting']

# 어간 추출기를 만듭니다.
porter = PorterStemmer()

# 어간 추출기를 적용합니다.
[porter.stem(word) for word in tokenized_words]
```

```
['i', 'am', 'humbl', 'by', 'thi', 'tradit', 'meet']
```

설명 **어간 추출**^{stemming}은 단어의 어간을 구분하여 기본 의미를 유지하면서 어미를 제거합니다 (예를 들어 ~ing). 예를 들어 tradition과 traditional은 어간 tradit을 가집니다. 두 단어는 다르지만 동일한 일반적인 개념을 표현합니다. 텍스트 데이터에서 어간을 추출하면 읽기는 힘들어지지만 기본 의미에 가까워지고 샘플 간에 비교하기에 더 좋습니다. 널리 사용되는 포터 어간 추출 알고리즘을 구현한 NLTK의 **PorterStemmer**는 단어의 어미를 제거하여 어간으로 바꿀 수 있습니다.

참고 • 포터 어간 추출 알고리즘(*http://bit.ly/2FB5ZZb*)

6.7 품사 태깅하기

과제 텍스트 데이터에서 단어나 문자의 품사를 태깅하고 싶습니다.

해결 사전 훈련된 NLTK의 품사 태깅을 사용합니다.

```
# 태거를 다운로드합니다.
import nltk
nltk.download('averaged_perceptron_tagger')

# 라이브러리를 임포트합니다.
from nltk import pos_tag
from nltk import word_tokenize

# 텍스트를 만듭니다.
text_data = "Chris loved outdoor running"

# 사전 훈련된 품사 태깅을 사용합니다.
text_tagged = pos_tag(word_tokenize(text_data))

# 품사를 확인합니다.
text_tagged
```

```
[('Chris', 'NNP'), ('loved', 'VBD'), ('outdoor', 'RP'), ('running', 'VBG')]
```

출력은 단어와 품사 태그로 이루어진 튜플의 리스트입니다. NLTK는 품사 태그를 위해 구문 주석 말뭉치^{corpus}인 펜 트리뱅크^{Penn Treebank}를 사용합니다. 펜 트리뱅크의 태그 예는 다음과 같습니다.

태그	품사
NNP	고유 명사, 단수
NN	명사, 단수 또는 불가산 명사
RB	부사
VBD	동사, 과거형
VBG	동사, 동명사 또는 현재 분사
JJ	형용사
PRP	인칭 대명사

텍스트가 태깅되면 태그를 사용해 특정 품사를 찾을 수 있습니다. 예를 들어 다음과 같이 모든 명사를 찾을 수 있습니다.

```
# 단어를 필터링합니다.
[word for word, tag in text_tagged if tag in ['NN','NNS','NNP','NNPS'] ]
```

```
['Chris']
```

조금 더 실전 같은 상황은 샘플의 트윗 문장을 각 품사에 따라 특성으로 변환할 때입니다(예를 들어 명사가 있을 경우 1, 그렇지 않으면 0).

```
from sklearn.preprocessing import MultiLabelBinarizer

# 텍스트를 만듭니다.
tweets = ["I am eating a burrito for breakfast",
          "Political science is an amazing field",
          "San Francisco is an awesome city"]

# 빈 리스트를 만듭니다.
tagged_tweets = []

# 각 단어와 트윗을 태깅합니다.
for tweet in tweets:
    tweet_tag = nltk.pos_tag(word_tokenize(tweet))
    tagged_tweets.append([tag for word, tag in tweet_tag])

# 원-핫 인코딩을 사용하여 태그를 특성으로 변환합니다.
one_hot_multi = MultiLabelBinarizer()
one_hot_multi.fit_transform(tagged_tweets)
```

```
array([[1, 1, 0, 1, 0, 1, 1, 1, 0],
       [1, 0, 1, 1, 0, 0, 0, 0, 1],
       [1, 0, 1, 1, 1, 0, 0, 0, 1]])
```

classes_를 사용하면 각 특성이 어떤 품사를 나타내는지 알 수 있습니다.

```
# 특성 이름을 확인합니다.
one_hot_multi.classes_
```

```
array(['DT', 'IN', 'JJ', 'NN', 'NNP', 'PRP', 'VBG', 'VBP', 'VBZ'],
      dtype=object)
```

설명 특별한 주제(예를 들면 의료)에 대한 영어 텍스트가 아니라면 가장 간단한 해결은 사전 훈련된 NLTK의 품사 태깅을 사용하는 것입니다. **pos_tag**의 정확도가 매우 낮다면 NLTK를 사용하여 자신만의 태그 모델을 훈련시킬 수 있습니다. 태그 모델을 훈련하는 데 가장 큰 어려운 점은 각 단어를 태깅한 많은 양의 텍스트 문서가 필요하다는 것입니다. 태깅된 대용량 문서를 만드는 것은 매우 노동 집약적이므로 마지막 수단으로 사용할 수 있습니다.

참고 • 펜 트리뱅크 품사 태그 목록(*http://bit.ly/2HROPo5*)

▶ **덧붙임** 한글 품사 태깅을 위한 대표적인 도구는 KoNLPy(*https://konlpy-ko.readthedocs. io*)입니다. KoNLPy는 pip 명령으로 설치할 수 있습니다.

```
pip install konlpy
```

KoNLPy는 기존 태거^{tagger}들을 손쉽게 사용하도록 도와줍니다. 제공하는 태거로는 Hannanum, Kkma, Komoran, Mecab, Okt가 있습니다. Okt(Open Korean Text, *https://bit. ly/2HbbL25*)를 사용하여 샘플 문장의 품사를 태깅해보겠습니다.

KoNLPy의 태거는 품사 태깅을 위한 **pos** 메서드를 제공합니다.

```
from konlpy.tag import Okt
okt = Okt()

text = '태양계는 지금으로부터 약 46억 년 전, 거대한 분자 구름의 일부분이 중력
붕괴를 일으키면서 형성되었다'

okt.pos(text)
```

```
[('태양계', 'Noun'),
 ('는', 'Josa'),
 ('지금', 'Noun'),
 ('으로부터', 'Josa'),
 ('약', 'Noun'),
 ('46억', 'Number'),
 ('년', 'Noun'),
 ('전', 'Noun'),
 (',', 'Punctuation'),
 ('거대한', 'Adjective'),
 ('분자', 'Noun'),
 ('구름', 'Noun'),
 ('의', 'Josa'),
 ('일부분', 'Noun'),
 ('이', 'Josa'),
 ('중력', 'Noun'),
 ('붕괴', 'Noun'),
 ('를', 'Josa'),
 ('일으키면서', 'Verb'),
 ('형성', 'Noun'),
 ('되었다', 'Verb')]
```

형태소를 추출하는 morphs 메서드와 명사만을 추출하는 nouns 메서드도 제공합니다.

```
okt.morphs(text)
```

```
['태양계',
 '는',
 '지금',
 '으로부터',
 '약',
 '46억',
 '년',
 '전',
 ',',
 '거대한',
 '분자',
 '구름',
 '의',
 '일부분',
 '이',
 '중력',
 '붕괴',
```

```
 '를',
 '일으키면서',
 '형성',
 '되었다']
```

okt.nouns(text)

```
['태양계', '지금', '약', '년', '전', '분자', '구름', '일부분', '중력',
 '붕괴', '형성']
```

6.8 개체명 인식 수행하기

과제 자유 형식의 텍스트에서 ("Person", "State" 같은) 개체명 인식named entity recognition을 수행하고
싶습니다.

해결 spaCy의 기본 개체명 인식 파이프라인과 모델을 사용해 텍스트에서 개체명을 추출합니다.

```python
# 라이브러리를 임포트합니다.
import spacy

# spaCy 패키지를 로드하고 텍스트를 파싱합니다.
# 그전에 "python -m spacy download en"을 실행해야 합니다.
nlp = spacy.load("en_core_web_sm")
doc = nlp("Elon Musk offered to buy Twitter using $21B of his own money.")

# 개체명을 출력합니다.
print(doc.ents)

# 각 개체명의 텍스트와 레이블을 출력합니다.
for entity in doc.ents:
    print(entity.text, entity.label_, sep=",")
```

```
(Elon Musk, Twitter, 21B)
Elon Musk, PERSON
Twitter, ORG
21B, MONEY
```

설명 개체명 인식은 텍스트에서 특정 개체를 인식하는 작업입니다. spaCy 같은 도구는 사

전 구성된 파이프라인을 갖추고 있으며, 개체를 쉽게 인식할 수 있는 사전 훈련된 또는 미세 튜닝된 머신러닝 모델도 제공합니다. 이 예에서 spaCy를 사용해 원본 텍스트에서 사람("Elon Musk"), 조직("Twitter"), 돈("21B")을 식별했습니다. 이런 정보를 사용해 구조적이지 않은 텍스트 데이터에서 구조적인 정보를 추출할 수 있습니다. 이어지는 머신러닝 모델이나 분석에서 이런 정보를 사용할 수 있습니다.

독자적인 개체명 인식 모델을 훈련하는 것은 이 책의 범위를 벗어나지만 딥러닝과 다른 NLP 기술을 사용하여 수행되는 경우가 많습니다.

> **참고** • spaCy 개체명 인식 문서(*https://oreil.ly/cN8KM*)
> • 위키피디아: 개체명 인식(*https://bit.ly/42U7UAa*)

6.9 텍스트를 BoW로 인코딩하기

과제 텍스트 데이터에서 특정 단어의 등장 횟수를 나타내는 특성을 만들고 싶습니다.

해결 사이킷런의 CountVectorizer를 사용합니다.

```python
# 라이브러리를 임포트합니다.
import numpy as np
from sklearn.feature_extraction.text import CountVectorizer

# 텍스트를 만듭니다.
text_data = np.array(['I love Brazil. Brazil!',
                      'Sweden is best',
                      'Germany beats both'])

# BoW 특성 행렬을 만듭니다.
count = CountVectorizer()
bag_of_words = count.fit transform(text data)

# 특성 행렬을 확인합니다.
bag_of_words
```

```
<3x8 sparse matrix of type '<class 'numpy.int64'>'
  with 8 stored elements in Compressed Sparse Row format>
```

대량의 텍스트 데이터라면 희소 배열로 출력되는 것이 필수적입니다. 이 예는 간단하기 때문에 `toarray` 메서드를 사용하여 샘플의 단어 카운트 행렬을 확인해볼 수 있습니다.

```
bag_of_words.toarray()
```

```
array([[0, 0, 0, 2, 0, 0, 1, 0],
       [0, 1, 0, 0, 0, 1, 0, 1],
       [1, 0, 1, 0, 1, 0, 0, 0]], dtype=int64)
```

`get_feature_names_out` 메서드를 사용해 각 특성에 연결된 단어를 확인할 수 있습니다.

```
# 특성 이름을 확인합니다.
count.get_feature_names_out()
```

```
array(['beats', 'best', 'both', 'brazil', 'germany', 'is', 'love',
       'sweden'], dtype=object)
```

`'I love Brazil'`에서 `'I'`가 토큰으로 추출되지 않은 이유는 기본 `token_pattern`이 두 개 이상의 영숫자만 고려하기 때문입니다.[5]

조금 혼동될 수 있으므로 명확하게 특성 행렬의 열 이름으로 단어를 표시해보겠습니다(각 행은 하나의 샘플입니다).

beats	best	both	brazil	germany	is	love	sweden
0	0	0	2	0	0	1	0
0	1	0	0	0	1	0	1
1	0	1	0	1	0	0	0

설명 텍스트를 특성으로 변환하는 방법 중 가장 널리 사용하는 하나는 BoW[bag of word] 모델입니다. BoW 모델은 텍스트 데이터에 있는 고유한 단어마다 하나의 특성을 만듭니다. 이 특성은 각 단어가 샘플에 등장한 횟수를 담고 있습니다. 예를 들면 이 해결에 나온 `'I love Brazil. Brazil!'` 문장에서 brazil 단어가 두 번 등장하기 때문에 **brazil** 특성의 값은 2입니다.

여기에서는 예시를 위해 작은 텍스트 데이터를 사용했습니다. 실전에서는 텍스트 데이터의 샘

---

5 옮긴이_ token_pattern은 CountVectorizer 클래스의 매개변수입니다.

플 하나가 책 한 권 분량일 수 있습니다. BoW 모델이 데이터에 있는 고유한 단어마다 특성 하나를 만들기 때문에 수천 개의 특성을 가진 행렬을 만들 수 있습니다. 이는 이따금 이 행렬이 메모리를 매우 많이 차지할 수 있다는 것을 의미합니다. 다행히 일반적인 BoW 특성 행렬의 특징을 사용하면 데이터 저장 공간을 줄일 수 있습니다.

대부분의 단어는 다수의 샘플에 나타나지 않습니다. 따라서 BoW 특성 행렬의 값은 대부분 0입니다. 이런 종류의 행렬을 **희소 행렬**이라고 부릅니다. 행렬의 모든 원소를 저장하는 대신 0이 아닌 값만 저장하고 나머지 원소는 모두 0이라고 가정할 수 있습니다. 매우 큰 특성 행렬을 다룰 때 메모리를 절약할 수 있습니다. CountVectorizer의 장점 중 하나는 기본적으로 희소 행렬을 출력한다는 것입니다.

CountVectorizer는 BoW 특성 행렬을 쉽게 만들 수 있는 편리한 매개변수를 많이 제공합니다. 첫째, 기본적으로 모든 특성은 단어 하나입니다. 이것이 맞지 않을 때가 있습니다. 대신 각 특성을 단어 두 개(2-그램)나 단어 세 개(3-그램)로 만들 수 있습니다. ngram_range 매개변수로 n-그램의 최소와 최대 크기를 지정할 수 있습니다. 예를 들어 (2, 3)은 2-그램과 3-그램을 모두 만듭니다. 둘째, stop_words 매개변수를 사용해 내장된 리스트나 사용자가 지정한 리스트에 포함된 유용하지 않은 단어들을 제거할 수 있습니다. 마지막으로 vocabulary 매개변수를 사용해 대상 단어나 구를 제한할 수 있습니다. 예를 들면 국가 이름만 담은 BoW 특성 행렬을 만들 수 있습니다.

```python
# 옵션을 지정하여 특성 행렬을 만듭니다.
count_2gram = CountVectorizer(ngram_range=(1,2),
                              stop_words="english",
                              vocabulary=['brazil'])
bag = count_2gram.fit_transform(text_data)

# 특성 행렬을 확인합니다.
bag.toarray()
```

```
array([[2],
       [0],
       [0]])
```

```python
# 1-그램과 2-그램을 확인합니다.
count_2gram.vocabulary_
```

```
{'brazil': 0}
```

참고 • n-그램(*https://en.wikipedia.org/wiki/N-gram*)

• Bag of Words Meets Bags of Popcorn(*http://bit.ly/2HRba5v*)

▮ 덧붙임 텍스트에서 고유한 단어를 추출하여 순서대로 번호를 매긴 것을 어휘 사전이라고 부릅니다. 어휘 사전은 CountVectorizer의 vocabulary_ 속성에 딕셔너리로 저장됩니다.

CountVectorizer의 max_df 매개변수는 단어가 등장할 문서의 최대 개수를 지정합니다. 이 매개변수는 너무 자주 등장하는 단어를 제외할 때 사용합니다. 비슷하게 min_df 매개변수는 단어가 등장하는 문서의 최소 개수를 지정합니다. 이 매개변수는 드물게 등장하는 단어를 제외할 때 사용합니다. max_df와 min_df에 0~1 사이의 실숫값을 지정하면 전체 문서 개수에 대한 비율이 됩니다.

CountVectorizer가 만드는 어휘 사전 크기를 제한하려면 max_features 매개변수를 지정합니다. 전체 문서에서 빈도순으로 최상위 max_features개의 단어가 추출됩니다.

6.10 단어 중요도에 가중치 부여하기

과제 샘플에서 단어의 중요도에 따라 가중치가 부여된 BoW 모델이 필요합니다.

해결 tf-idf(단어 빈도-역문서 빈도)를 사용해 트윗, 영화 리뷰, 연설문 등 하나의 문서에 등장하는 단어의 빈도와 다른 모든 문서에 등장하는 빈도를 비교합니다. 사이킷런의 TfidVectorizer를 사용하면 간단합니다.

```
# 라이브러리를 임포트합니다.
import numpy as np
from sklearn.feature_extraction.text import TfidfVectorizer

# 텍스트를 만듭니다.
text_data = np.array(['I love Brazil. Brazil!',
                      'Sweden is best',
                      'Germany beats both'])

# tf-idf 특성 행렬을 만듭니다.
tfidf = TfidfVectorizer()
feature_matrix = tfidf.fit_transform(text_data)
```

```
# tf-idf 특성 행렬을 확인합니다.
feature_matrix
```

```
<3x8 sparse matrix of type '<class 'numpy.float64'>'
with 8 stored elements in Compressed Sparse Row format>
```

레시피 6.9처럼 이 출력은 희소 행렬입니다. 밀집 배열로 출력하려면 toarray 메서드를 사용합니다.

```
# tf-idf 특성 행렬을 밀집 배열로 확인합니다.
feature_matrix.toarray()
```

```
array([[0.        , 0.        , 0.        , 0.89442719, 0.        ,
        0.        , 0.4472136 , 0.        ],
       [0.        , 0.57735027, 0.        , 0.        , 0.        ,
        0.57735027, 0.        , 0.57735027],
       [0.57735027, 0.        , 0.57735027, 0.        , 0.57735027,
        0.        , 0.        , 0.        ]])
```

vocabulary_는 각 특성에 해당하는 단어를 보여줍니다.

```
# 특성 이름을 확인합니다.
tfidf.vocabulary_
```

```
{'love': 6,
 'brazil': 3,
 'sweden': 7,
 'is': 5,
 'best': 1,
 'germany': 4,
 'beats': 0,
 'both': 2}
```

설명 한 문서에 어떤 단어가 많이 등장할수록 그 문서에 더 중요한 단어일 것입니다. 예를 들어 economy 단어가 자주 나타난다면 경제에 관한 문서라는 증거가 됩니다. 이를 tf(**단어 빈도**) term frequence라고 부릅니다.

반대로 한 단어가 많은 문서에 나타난다면 이는 어떤 특정 문서에 중요하지 않은 단어라는 뜻입니다. 예를 들어 텍스트 데이터의 모든 문서에 after 단어가 포함되어 있다면 이 단어는 중요하지 않을 것입니다. 이를 df(**문서 빈도**) document frequency라고 합니다.

이 두 통계치를 연결하여 각 문서가 문서에 얼마나 중요한 단어인지를 점수로 할당할 수 있습니다. 구체적으로 tf를 idf(역문서 빈도)에 곱합니다.

$$tf\text{-}idf(t,d) = tf(t,d) \times idf(t)$$

여기에서 t는 단어이고 d는 문서입니다. tf와 idf를 계산하는 방법은 여러 가지가 있습니다. 사이킷런에서 tf는 단순히 문서에 나타나는 단어의 등장 횟수입니다. idf는 다음과 같이 계산합니다.

$$idf(t) = log\frac{1+n_d}{1+df(d,t)} + 1$$

여기에서 n_d는 문서의 개수이고 $df(d,t)$는 단어 t의 문서 빈도(즉 단어가 등장하는 문서 개수)입니다.

기본적으로 사이킷런은 유클리드 노름(L2 노름)으로 tf-idf 벡터를 정규화합니다. 결괏값이 높을수록 그 문서에서 더 중요한 단어입니다.

참고 • 사이킷런 문서: tf-idf 단어 가중치(*https://bit.ly/2GHe6lf*)

📖 **덧붙임** TfidfVectorizer의 smooth_idf 매개변수가 기본값(True)일 때 앞서 제시한 공식이 사용됩니다. 로그 안의 분모와 분자에 1을 더하면 모든 단어가 포함된 가상의 문서가 있는 것 같은 효과를 내고 분모가 0이 되는 것을 막아줍니다. 또 모든 문서에 포함된 단어가 있으면 로그 값이 0이 되므로, 전체 tf-idf 값이 0이 되는 것을 막기 위해 idf 공식 마지막에 1을 더합니다.

smooth_idf=False로 지정하면 분모와 분자에 1을 더하지 않는 공식을 사용합니다.

$$idf(t) = log\frac{n_d}{df(d,t)} + 1$$

TfidfVectorizer도 ngram_range, max_df, min_df, max_features 등의 매개변수를 지원합니다.

6.11 텍스트 벡터를 사용해 검색 쿼리 텍스트의 유사도 계산하기

과제 tf-idf 벡터를 사용해 파이썬에서 텍스트 검색 기능을 구현해야 합니다.

해결 사이킷런을 사용해 tf-idf 벡터 사이의 코사인 유사도^{cosine similarity}를 계산합니다.

```python
# 라이브러리를 임포트합니다.
import numpy as np
from sklearn.feature_extraction.text import TfidfVectorizer
from sklearn.metrics.pairwise import linear_kernel

# 검색할 텍스트 데이터를 만듭니다.
text_data = np.array(['I love Brazil. Brazil!',
                      'Sweden is best',
                      'Germany beats both'])

# tf-idf 특성 행렬을 만듭니다.
tfidf = TfidfVectorizer()
feature_matrix = tfidf.fit_transform(text_data)

# 검색 쿼리를 만들고 이를 tf-idf 벡터로 변환합니다.
text = "Brazil is the best"
vector = tfidf.transform([text])

# 입력 벡터와 다른 모든 벡터 사이의 코사인 유사도를 계산합니다.
cosine_similarities = linear_kernel(vector, feature_matrix).flatten()

# 가장 관련 있는 항목의 인덱스를 순서대로 정렬합니다.
related_doc_indicies = cosine_similarities.argsort()[:-10:-1]

# 코사인 유사도에 따라 입력 쿼리와 가장 비슷한 텍스트를 출력합니다.
print([(text_data[i], cosine_similarities[i]) for i in related_doc_indicies])
```

```
[
(
'Sweden is best', 0.6666666666666666),
('I love Brazil. Brazil!', 0.5163977794943222),
('Germany beats both', 0.0
)
]
```

설명 텍스트 벡터는 검색 엔진과 같은 NLP 작업에서 매우 유용합니다. 일련의 문장이나 문서의 *tf-idf* 벡터를 계산하고 난 후 동일한 `tfidf` 객체를 사용해 비교할 텍스트를 벡터화할 수 있습니다. 그다음 입력 벡터와 다른 모든 벡터 사이의 코사인 유사도를 계산하고 가장 관련있는 문서 순으로 정렬합니다.

코사인 유사도는 [0, 1.0] 범위를 출력합니다. 0은 가장 비슷하지 않은 것이고 1은 가장 비슷한 것을 의미합니다. *tf-idf* 벡터를 사용해 코사인 유사도를 계산하기 때문에 단어의 등장 빈도도 고려됩니다. 하지만 작은 말뭉치(적은 수의 문서)에서는 빈도 높은 단어도 자주 등장하지 않을 수 있습니다. 이 예제에서 검색 쿼리 'Brazil is the best'와 가장 관련이 높은 텍스트는 'Sweden is best'입니다. 검색 쿼리에 Brizil이 언급되고 있기 때문에 'I love Brazil. Brazil!'이 가장 관련이 있는 텍스트라고 기대했을지 모릅니다. 하지만 단어 'is'와 'best' 때문에 'Sweden is best'가 가장 유사합니다. 말뭉치에 들어가는 문서의 개수가 증가할수록 중요성이 떨어지는 단어는 가중치가 줄어들고 코사인 유사도 계산에 영향을 덜 미치게 될 것입니다.

참고
- Geeks for Geeks의 코사인 유사도(*https://oreil.ly/-50dv*)
- 엔비디아에서 받은 15,000달러짜리 데이터 과학 워크스테이션으로 한 일(*https://oreil.ly/pAxbR*)

6.12 감성 분석 분류기 사용하기

과제 텍스트의 감성을 분류하고 특성이나 이어지는 데이터 분석에 사용하고 싶습니다.

해결 `transformers` 라이브러리의 감성 분석 파이프라인을 사용합니다.

```python
# 라이브러리를 임포트합니다.
from transformers import pipeline

# 감성 분석을 위한 NLP 파이프라인을 만듭니다.
classifier = pipeline("sentiment-analysis")

# 텍스트를 분류합니다.
# (처음 실행하면 필요한 데이터와 모델을 다운로드합니다)
sentiment_1 = classifier("I hate machine learning! It's the absolute worst.")
```

```python
sentiment_2 = classifier(
    "Machine learning is the absolute"
    "bees knees I love it so much!"
)

# 감성 분석 결과를 출력합니다.
print(sentiment_1, sentiment_2)
```

```
[
  {
    'label': 'NEGATIVE',
    'score': 0.9998020529747009
  }

]
[
  {
    'label': 'POSITIVE',
    'score': 0.9990628957748413
  }
]
```

설명 transformers는 NLP 작업에서 매우 인기가 높은 라이브러리입니다.[6] 모델을 훈련하거나 사전 훈련된 모델을 사용하기 위한 간편한 API를 제공합니다. 22장에서 NLP와 이 라이브러리를 자세히 알아보겠지만 이 예제는 머신러닝 파이프라인에 사전 훈련된 모델을 사용하여 특성을 생성하고, 텍스트를 분류하고, 구조적이지 않은 데이터를 분석하는 방법을 고수준에서 소개합니다.

참고 • 허깅페이스HuggingFace 트랜스포머스 소개 문서(*https://oreil.ly/7hT6W*)

---

6 옮긴이_ transformers 라이브러리에 대한 자세한 내용은 〈트랜스포머를 활용한 자연어 처리〉(한빛미디어, 2022)를 참고하세요.

## CHAPTER 7

날짜와 시간 다루기

7.0 소개

특정 매출의 시간이거나 공중 보건 통곗값의 날짜처럼 날짜와 시간^{datetime}은 머신러닝 전처리 과정에서 자주 등장합니다. **종단적 데이터**^{longitudinal data}(또는 **시계열 데이터**^{time series data})는 동일한 변수에 대해 일정 간격을 두고 반복적으로 수집되는 데이터입니다. 이 장에서는 시계열 데이터를 다루는 전략 도구들을 구축하겠습니다. 시간대를 다루거나 이전 시간의 특성을 만드는 것도 포함됩니다. 특히 datetime과 같이 다른 많은 라이브러리의 기능을 집대성한 판다스 라이브러리의 시계열 도구에 초점을 맞추겠습니다.

7.1 문자열을 날짜로 변환하기

과제 날짜와 시간을 나타내는 문자열 벡터를 시계열 데이터로 변환하고 싶습니다.

해결 판다스의 to_datetime 함수를 사용하고 format 매개변수에서 날짜와 시간 포맷을 지정합니다.

```python
# 라이브러리를 임포트합니다.
import numpy as np
import pandas as pd
```

```
# 문자열을 만듭니다.
date_strings = np.array(['03-04-2005 11:35 PM',
                         '23-05-2010 12:01 AM',
                         '04-09-2009 09:09 PM'])

# Timestamp 객체로 바꿉니다.
[pd.to_datetime(date, format='%d-%m-%Y %I:%M %p') for date in date_strings]
```

```
[Timestamp('2005-04-03 23:35:00'),
 Timestamp('2010-05-23 00:01:00'),
 Timestamp('2009-09-04 21:09:00')]
```

오류 처리를 위해 errors 매개변수를 추가할 수도 있습니다.

```
# datetime으로 바꿉니다.
[pd.to_datetime(date, format="%d-%m-%Y %I:%M %p", errors="coerce")
for date in date_strings]
```

```
[Timestamp('2005-04-03 23:35:00'),
 Timestamp('2010-05-23 00:01:00'),
 Timestamp('2009-09-04 21:09:00')]
```

errors="coerce"는 문제가 발생해도 에러를 일으키지 않지만 대신 에러가 난 값을 NaT(즉 누락된 값)으로 설정합니다. 이렇게 하면 개별 레코드의 문제점을 처리하는 대신 이상치를 누락된 값으로 채울 수 있습니다.

설명 날짜와 시간이 문자열일 때 이를 파이썬이 인식할 수 있는 데이터 타입으로 바꾸어야 합니다. 문자열을 datetime으로 바꿀 수 있는 파이썬 도구가 많이 있지만 다른 레시피에서 판다스를 사용하는 것에 맞추어 to_datetime으로 변환을 수행했습니다. 날짜와 시간 문자열을 다룰 때 어려운 점은 문자열의 포맷이 데이터 소스마다 크게 다르다는 것입니다. 예를 들어 어떤 날짜 벡터는 'March 23rd, 2015'를 '03-23-15'로 나타낼 수 있고 다른 경우는 '3|23|2015'일 수 있습니다. format 매개변수를 사용하여 적합한 문자열의 포맷을 지정해야 합니다. 다음은 많이 사용하는 날짜와 시간 포맷 코드입니다.

코드	설명	예
%Y	전체 연도	2001
%m	0으로 시작하는 월	04
%d	0으로 시작하는 일	09

코드	설명	예
%I	0으로 시작하는 시간 (12시간제)	02
%p	AM 또는 PM	AM
%M	0으로 시작하는 분	05
%S	0으로 시작하는 초	09

참고 • 파이썬 strftime 치트시트(파이썬 문자열 타임 코드 전체 목록)(*http://strftime.org/*)

덧붙임 NaT(Not a Time)는 판다스의 **datetime** 데이터 타입에서 누락된 값을 의미합니다. **to_datetime** 함수의 **errors** 매개변수의 기본값은 **'raise'**로 날짜 포맷에 문제가 있을 때 예외를 발생시킵니다. 또 다른 옵션으로 **'ignore'**는 예외를 발생시키거나 NaT를 반환하는 대신 원본 문자열을 그대로 반환합니다.

해결에서처럼 리스트 컴프리헨션을 사용하지 않고 **to_datetime** 함수에 **date_strings** 리스트를 그대로 전달할 수 있습니다. 또한 **format** 매개변수를 지정하지 않아도 가능한 날짜 포맷을 추측하여 변환해 줍니다.

```
pd.to_datetime(date_strings)
```

```
DatetimeIndex(['2005-03-04 23:35:00', '2010-05-23 00:01:00',
               '2009-04-09 21:09:00'],
              dtype='datetime64[ns]', freq=None)
```

7.2 시간대 다루기

과제 시계열 데이터에서 시간대time zone 정보를 추가하거나 바꾸고 싶습니다.

해결 특별히 지정하지 않으면 판다스 객체에는 시간대가 없습니다. 객체를 만들 때 **tz** 매개변수를 사용하여 시간대를 추가할 수 있습니다.

```
# 라이브러리를 임포트합니다.
import pandas as pd

# datetime을 만듭니다.
```

```
pd.Timestamp('2017-05-01 06:00:00', tz='Europe/London')
```

```
Timestamp('2017-05-01 06:00:00+0100', tz='Europe/London')
```

tz_localize 메서드를 사용해 이전에 만든 datetime에 시간대를 추가할 수 있습니다.

```
# datetime을 만듭니다.
date = pd.Timestamp('2017-05-01 06:00:00')

# 시간대를 지정합니다.
date_in_london = date.tz_localize('Europe/London')

# datetime을 확인합니다.
date_in_london
```

```
Timestamp('2017-05-01 06:00:00+0100', tz='Europe/London')
```

다른 시간대로 변환할 수도 있습니다.

```
# 시간대를 바꿉니다.
date_in_london.tz_convert('Africa/Abidjan')
```

```
Timestamp('2017-05-01 05:00:00+0000', tz='Africa/Abidjan')
```

마지막으로 판다스의 Series 객체는 모든 원소에 tz_localize와 tz_convert를 적용합니다.

```
# 세 개의 날짜를 만듭니다.
dates = pd.Series(pd.date_range('2/2/2002', periods=3, freq='M'))

# 시간대를 지정합니다.
dates.dt.tz_localize('Africa/Abidjan')
```

```
0    2002-02-28 00:00:00+00:00
1    2002-03-31 00:00:00+00:00
2    2002-04-30 00:00:00+00:00
dtype: datetime64[ns, Africa/Abidjan]
```

설명 판다스는 두 종류의 시간대 문자열을 지원합니다. 하지만 pytz 라이브러리의 문자열을 사용하는 것이 좋습니다. all_timezones을 임포트하여 전체 시간대 문자열을 확인할 수 있습니다.

```
# 라이브러리를 임포트합니다.
```

```
from pytz import all_timezones

# 두 개의 시간대를 확인합니다.
all_timezones[0:2]
```

```
['Africa/Abidjan', 'Africa/Accra']
```

덧붙임 'dateutil/'로 시작하여 dateutil 문자열을 사용할 수 있습니다.

```
dates.dt.tz_localize('dateutil/Aisa/Seoul')
```

```
0   2002-02-28
1   2002-03-31
2   2002-04-30
dtype: datetime64[ns]
```

pytz의 객체를 직접 전달할 수도 있습니다.

```
import pytz

tz = pytz.timezone('Asia/Seoul')
dates.dt.tz_localize(tz)
```

```
0   2002-02-28 00:00:00+09:00
1   2002-03-31 00:00:00+09:00
2   2002-04-30 00:00:00+09:00
dtype: datetime64[ns, Asia/Seoul]
```

7.3 날짜와 시간 선택하기

과제 날짜 벡터에서 하나 이상의 원소를 선택하고 싶습니다.

해결 시작과 마지막 날짜를 사용해 불리언 조건을 만듭니다.

```
# 라이브러리를 임포트합니다.
import pandas as pd

# 데이터프레임을 만듭니다.
dataframe = pd.DataFrame()
```

```
# datetime을 만듭니다.
dataframe['date'] = pd.date_range('1/1/2001', periods=100000, freq='H')

# 두 datetime 사이의 샘플을 선택합니다.
dataframe[(dataframe['date'] > '2002-1-1 01:00:00') &
         (dataframe['date'] <= '2002-1-1 04:00:00')]
```

	date
8762	2002-01-01 02:00:00
8763	2002-01-01 03:00:00
8764	2002-01-01 04:00:00

또는 날짜 열을 데이터프레임의 인덱스로 지정하고 loc를 사용해 슬라이싱할 수 있습니다.

```
# 인덱스를 설정합니다.
dataframe = dataframe.set_index(dataframe['date'])

# 두 datetime 사이 샘플을 선택합니다.
dataframe.loc['2002-1-1 01:00:00':'2002-1-1 04:00:00']
```

date	date
2002-01-01 01:00:00	2002-01-01 01:00:00
2002-01-01 02:00:00	2002-01-01 02:00:00
2002-01-01 03:00:00	2002-01-01 03:00:00
2002-01-01 04:00:00	2002-01-01 04:00:00

설명 불리언 조건을 사용할지 인덱스 슬라이싱을 사용할지는 상황에 따라 다릅니다. 복잡한 시계열 데이터를 다루어야 한다면 날짜 열을 데이터프레임의 인덱스로 지정할만합니다. 간단한 데이터 랭글링이라면 불리언 조건이 더 쉽습니다.

7.4 날짜 데이터를 여러 특성으로 나누기

과제 날짜와 시간의 열을 가지고 년, 월, 일, 시, 분에 해당하는 특성을 만들고 싶습니다.

해결 Series.dt의 시간 속성을 사용합니다.

```python
# 라이브러리를 임포트합니다.
import pandas as pd

# 데이터프레임을 만듭니다.
dataframe = pd.DataFrame()

# 150개의 날짜를 만듭니다.
dataframe['date'] = pd.date_range('1/1/2001', periods=150, freq='W')

# 년, 월, 일, 시, 분에 대한 특성을 만듭니다.
dataframe['year'] = dataframe['date'].dt.year
dataframe['month'] = dataframe['date'].dt.month
dataframe['day'] = dataframe['date'].dt.day
dataframe['hour'] = dataframe['date'].dt.hour
dataframe['minute'] = dataframe['date'].dt.minute

# 세 개의 행을 확인합니다.
dataframe.head(3)
```

	date	year	month	day	hour	minute
0	2001-01-07	2001	1	7	0	0
1	2001-01-14	2001	1	14	0	0
2	2001-01-21	2001	1	21	0	0

설명 이따금 날짜 열을 개별 항목으로 나누는 것이 유용합니다. 예를 들어, 샘플의 연도만 가지는 특성이 필요하거나 연도와 상관없이 샘플의 월만 비교해야 할 수 있습니다.

7.5 날짜 간의 차이 계산하기

과제 샘플에 두 개의 datetime 특성이 있을 때 이 특성 사이의 시간을 계산하고 싶습니다.

해결 판다스를 사용하여 두 날짜 특성을 뺍니다.

```python
# 라이브러리를 임포트합니다.
import pandas as pd
```

```
# 데이터프레임을 만듭니다.
dataframe = pd.DataFrame()

# 두 datetime 특성을 만듭니다.
dataframe['Arrived'] = [pd.Timestamp('01-01-2017'), pd.Time-
stamp('01-04-2017')]
dataframe['Left'] = [pd.Timestamp('01-01-2017'), pd.Timestamp('01-06-2017')]

# 특성 사이의 차이를 계산합니다.
dataframe['Left'] - dataframe['Arrived']
```

```
0    0 days
1    2 days
dtype: timedelta64[ns]
```

days 출력을 삭제하고 수치만 남기고 싶을 때가 종종 있습니다.

```
# 특성 간의 기간을 계산합니다.
pd.Series(delta.days for delta in (dataframe['Left'] - dataframe['Arrived']))
```

```
0    0
1    2
dtype: int64
```

설명 두 지점 사이의 시간 변화를 기록한 특성이 필요할 때가 있습니다. 예를 들어 호텔의 체
크인 시간과 체크아웃 시간을 알고 있을 때 고객이 머문 시간이 특성으로 필요할 수 있습니다.
판다스의 **TimeDelta** 데이터 타입을 사용하면 이런 계산을 손쉽게 처리할 수 있습니다.

참고 • 판다스 문서: Time Deltas (*https://bit.ly/2W04StT*)

7.6 요일 인코딩하기

과제 날짜 벡터에서 각 날짜의 요일을 알고 싶습니다.

해결 판다스 **Series.dt**의 day_name 메서드를 사용합니다.

```
# 라이브러리를 임포트합니다.
import pandas as pd
```

```
# 시리즈 객체를 만듭니다.
dates = pd.Series(pd.date_range("2/2/2002", periods=3, freq="M"))

# 요일을 확인합니다.
dates.dt.day_name()
```

```
0    Thursday
1      Sunday
2     Tuesday
dtype: object
```

머신러닝의 특성으로 사용하기 좋도록 수치형 값을 출력하고 싶다면 weekday를 사용하여 요일을 정수로 나타낼 수 있습니다(월요일이 0입니다).

```
# 요일을 확인합니다.
dates.dt.weekday
```

```
0    3
1    6
2    1
dtype: int64
```

설명 요일을 알면 유용할 때가 있습니다. 예를 들어 지난 3년간 일요일에 일어난 전체 판매량을 비교할 수 있습니다. 판다스는 요일 정보를 가진 특성 벡터를 쉽게 만들어줍니다.

참고 • 판다스 Series의 datetimelike 속성(*https://bit.ly/2VTONWX*)

7.7 시차 특성 만들기

과제 *n* 기간 만큼 차이가 나는 시차 특성lagged feature을 만들고 싶습니다.

해결 판다스의 shift 메서드를 사용합니다.

```
# 라이브러리를 임포트합니다.
import pandas as pd

# 데이터프레임을 만듭니다.
```

```
dataframe = pd.DataFrame()

# 날짜를 만듭니다.
dataframe["dates"] = pd.date_range("1/1/2001", periods=5, freq="D")
dataframe["stock_price"] = [1.1,2.2,3.3,4.4,5.5]

# 한 행 뒤의 값을 가져옵니다.
dataframe["previous_days_stock_price"] = dataframe["stock_price"].shift(1)

# 데이터프레임을 확인합니다.
dataframe
```

	dates	stock_price	previous_days_stock_price
0	2001-01-01	1.1	NaN
1	2001-01-02	2.2	1.1
2	2001-01-03	3.3	2.2
3	2001-01-04	4.4	3.3
4	2001-01-05	5.5	4.4

설명 데이터가 일정한 시간 간격으로 생성된 경우가 아주 많습니다(예를 들어 일마다, 한 시간마다, 세 시간마다). 이런 데이터셋에서 과거의 값을 사용하여 예측을 만들어야 합니다(이를 시차 특성을 사용한다고 말합니다). 예를 들면 하루 전 주식 가격을 사용해 오늘 가격을 예측하는 경우입니다. 판다스의 shift 메서드를 사용하여 한 행 뒤의 값을 담은 새로운 특성을 만들 수 있습니다.

이 해결에서 previous_days_stock_price의 첫 번째 행의 값은 이전 stock_price 값이 없기 때문에 누락되어 있습니다.

7.8 이동 시간 윈도 사용하기

과제 시계열 데이터에서 일정 시간 간격으로 통계를 계산하고 싶습니다.

해결 판다스 데이터프레임의 rolling 메서드를 사용합니다.

```python
# 라이브러리를 임포트합니다.
import pandas as pd

# datetime을 만듭니다.
time_index = pd.date_range("01/01/2010", periods=5, freq="M")

# 데이터프레임을 만들고 인덱스를 설정합니다.
dataframe = pd.DataFrame(index=time_index)

# 특성을 만듭니다.
dataframe["Stock_Price"] = [1,2,3,4,5]

# 이동 평균을 계산합니다.
dataframe.rolling(window=2).mean()
```

	Stock_Price
2010-01-31	NaN
2010-02-28	1.5
2010-03-31	2.5
2010-04-30	3.5
2010-05-31	4.5

설명 **이동 시간 윈도**rolling time window 또는 moving time window는 간단한 개념이지만 처음에는 이해하기 어려울 수 있습니다. 월간 주식 가격 데이터가 있다고 가정해보죠. 몇 달을 하나의 시간 윈도로 설정하고 윈도를 이동하면서 윈도 안의 모든 샘플의 통계를 계산할 필요가 있습니다.

예를 들어 세 달을 시간 윈도로 정하면 다음과 같이 이동 평균을 계산합니다.

- mean(January, February, March)
- mean(February, March, April)
- mean(March, April, May)

다른 식으로 말하면 세 달 크기의 시간 윈도가 각 단계마다 윈도의 평균을 계산하면서 샘플 위를 이동합니다.

판다스의 rolling 메서드는 window 매개변수에서 윈도 크기를 지정할 수 있습니다. 최댓값 (max()), 평균(mean()), 샘플 개수(count()), 상관관계(corr())와 같은 통계를 간편하게 계산할 수 있습니다.

시간 윈도의 평균은 단기간의 급한 변화를 완화시키기 때문에 시계열 데이터를 부드럽게 만들기 위해 이동 평균이 종종 사용됩니다.

> **참고** • 판다스 문서: 이동 윈도(*https://bit.ly/2Ji4X6n*)
> • What are Moving Average or Smoothing Techniques?(*http://bit.ly/2HRRHBn*)

☞ 덧붙임 최근 항목에 높은 가중치를 두지만 전체 기간에 대한 통계를 계산하는 지수 이동 윈도 exponential moving window도 많이 사용하는 방법입니다. 판다스에서는 **ewm** 메서드를 사용하여 계산할 수 있습니다.

```
dataframe.ewm(alpha=0.5).mean()
```

	Stock_Price
2010-01-31	1.000000
2010-02-28	1.666667
2010-03-31	2.428571
2010-04-30	3.266667
2010-05-31	4.161290

ewm 메서드에 대한 자세한 내용은 판다스 문서(*https://bit.ly/2F4Ikhh, https://bit.ly/2HkguA8*)를 참고하세요.

7.9 시계열 데이터에서 누락된 값 다루기

> **과제** 시계열 데이터에 누락된 값이 있습니다.

> **해결** 이전에 누락된 값을 다루는 전략 외에 시계열 데이터에서는 보간interpolation 방법을 사용하여 누락된 값으로 생긴 간격을 채울 수 있습니다.

```
# 라이브러리를 임포트합니다.
import pandas as pd
import numpy as np
```

```python
# 날짜를 만듭니다.
time_index = pd.date_range("01/01/2010", periods=5, freq="M")

# 데이터프레임을 만들고 인덱스를 지정합니다.
dataframe = pd.DataFrame(index=time_index)

# 누락된 값이 있는 특성을 만듭니다.
dataframe["Sales"] = [1.0,2.0,np.nan,np.nan,5.0]

# 누락된 값을 보간합니다.
dataframe.interpolate()
```

	Sales
2010-01-31	1.0
2010-02-28	2.0
2010-03-31	3.0
2010-04-30	4.0
2010-05-31	5.0

또는 누락된 값을 이전에 등장한 마지막 값으로 대체할 수 있습니다(즉, 앞쪽의 빈 값을 채웁니다).

```python
# 앞쪽으로 채우기(Forward-fill)
dataframe.ffill()
```

	Sales
2010-01-31	1.0
2010-02-28	2.0
2010-03-31	2.0
2010-04-30	2.0
2010-05-31	5.0

누락된 값을 그 이후에 등장한 최초의 값으로 대체할 수도 있습니다(즉, 뒤쪽의 빈 값을 채웁니다).

```python
# 뒤쪽으로 채우기(Back-fill)
dataframe.bfill()
```

	Sales
2010-01-31	1.0
2010-02-28	2.0
2010-03-31	5.0
2010-04-30	5.0
2010-05-31	5.0

설명 보간interpolation은 누락된 값의 양쪽 경계를 잇는 직선이나 곡선을 사용하여 적절한 값을 예측함으로써 비어 있는 간극을 채우는 기법입니다. 특히 시간 간격이 일정하고, 데이터가 노이즈로 인한 변동이 심하지 않고 누락된 값으로 인한 빈 간극이 작을 때 보간 방식이 유용합니다. 예를 들어 해결에서 두 개의 누락된 값이 만든 간격의 경계값은 2.0과 5.0입니다. 2.0에서 5.0까지 직선을 그으면 중간에 누락된 두 개의 값을 3.0과 4.0으로 추측할 수 있습니다.

두 포인트 사이의 직선이 비선형이라고 가정하면 interpolate의 method 매개변수를 사용해 다른 보간 방법을 지정할 수 있습니다.

```
# 누락된 값을 보간하기
dataframe.interpolate(method="quadratic")
```

	Sales
2010-01-31	1.000000
2010-02-28	2.000000
2010-03-31	3.059808
2010-04-30	4.038069
2010-05-31	5.000000

마지막으로 누락된 값의 간격이 커서 전체를 간격을 보간하는 것이 좋지 않을 때가 있습니다. 이런 경우에 limit 매개변수를 사용하여 보간된 값의 개수를 제한하고 limit_direction 매개변수에서 마지막 데이터로 앞쪽 방향으로 보간할지 그 반대로 할지 지정할 수 있습니다.

```
# 누락된 값을 보간하기
dataframe.interpolate(limit=1, limit_direction="forward")
```

	Sales
2010-01-31	1.0
2010-02-28	2.0
2010-03-31	3.0
2010-04-30	NaN
2010-05-31	5.0

뒤쪽으로 채우기와 앞쪽으로 채우기는 단순한 보간의 한 형태로 생각할 수 있습니다. 알고 있는 값에서 수평한 직선을 긋고 이를 사용해 누락된 값을 채우는 방식입니다. 보간에 비해 뒤쪽으로 채우기와 앞쪽으로 채우기의 (작은) 장점은 누락된 값의 앞뒤 값을 모두 알 필요가 없다는 점입니다.

## CHAPTER 8

이미지 다루기

8.0 소개

이미지 분류는 머신러닝에서 매우 흥미로운 분야 중 하나입니다. 이미지에서 패턴이나 물체를 인식하는 컴퓨터의 능력은 아주 강력한 도구입니다. 다만 머신러닝을 이미지에 적용하기 전에 먼저 원본 이미지를 학습 알고리즘이 사용할 수 있는 특성으로 변환해야 합니다. 텍스트 데이터와 마찬가지로 이미지를 위해 사전 훈련된 모델이 많습니다. 이를 사용해 특성을 생성하거나 다른 모델의 입력으로 사용할 관심 객체를 추출할 수 있습니다.

이미지를 다루기 위해 오픈 소스 컴퓨터 비전 라이브러리open source computer vision library (OpenCV)를 사용하겠습니다. 좋은 라이브러리가 많이 있지만 이미지를 다루는 데는 OpenCV가 가장 인기가 많고 문서화가 잘 되어 있습니다. 이따금 설치가 어려울 수 있지만 문제가 생기면 온라인에 참고할 수 있는 가이드가 많이 있습니다. 이 책은 opencv-python-headless==4.7.0.68을 사용했습니다. 또한 이 장의 모든 코드가 정상적으로 실행되는 것을 보장하려면 깃허브에서 제공하는 도커 파일을 사용하세요(*https://oreil.ly/MLwPython*).

이 장에서 사용하는 이미지 샘플은 번역서 깃허브(*https://github.com/rickiepark/ml-with-python-cookbook-2nd*)에 포함되어 있습니다.

8.1 이미지 로드하기

전처리를 위해 이미지를 로드하고 싶습니다.

해결 OpenCV의 **imread**를 사용합니다.

```python
# 라이브러리를 임포트합니다.
import cv2
import numpy as np
from matplotlib import pyplot as plt

# 흑백 이미지로 로드합니다.
image = cv2.imread("images/plane.jpg", cv2.IMREAD_GRAYSCALE)
```

파이썬의 그래프 라이브러리인 맷플롯립^{Matplotlib}을 사용하여 이미지를 출력합니다.

```python
# 이미지를 출력합니다.
plt.imshow(image, cmap="gray"), plt.axis("off")
plt.show()
```

설명 근본적으로 이미지는 하나의 데이터입니다. **imread**를 사용하면 이 데이터를 친숙한 데이터 타입인 넘파이 배열로 변환합니다.

```python
# 데이터 타입을 확인합니다.
type(image)
```

```
numpy.ndarray
```

이미지를 행렬로 변환했습니다. 여기에서 행렬의 각 원소는 개별 픽셀에 해당합니다. 이 행렬의 실제 값을 확인해볼 수도 있습니다.

```
# 이미지 데이터를 확인합니다.
image
```

```
array([[140, 136, 146, ..., 132, 139, 134],
       [144, 136, 149, ..., 142, 124, 126],
       [152, 139, 144, ..., 121, 127, 134],
       ...,
       [156, 146, 144, ..., 157, 154, 151],
       [146, 150, 147, ..., 156, 158, 157],
       [143, 138, 147, ..., 156, 157, 157]], dtype=uint8)
```

이 이미지의 해상도는 3600×2270이고 행렬의 차원과 같습니다.

```
# 차원을 확인합니다.
image.shape
```

```
(2270, 3600)
```

행렬의 각 원소가 의미하는 것은 무엇일까요? 흑백 이미지에서는 개별 원소의 값이 픽셀 강도입니다. 강도는 검정색(0)에서 흰색(255)까지의 범위를 가집니다. 예를 들어 이 이미지에서 가장 우측 상단의 픽셀의 강도는 140입니다.

```
# 첫 번째 픽셀을 확인합니다.
image[0,0]
```

```
140
```

컬러 이미지를 나타내는 행렬에서 각 원소는 파랑, 초록, 빨강(BGR)에 해당하는 세 개의 값을 가집니다.

```
# 컬러로 이미지를 로드합니다.
image_bgr = cv2.imread("images/plane.jpg", cv2.IMREAD_COLOR)

# 픽셀을 확인합니다.
image_bgr[0,0]
```

```
array([195, 144, 111], dtype=uint8)
```

한 가지 주의할 점은 기본적으로 OpenCV는 BGR을 사용한다는 것입니다. 하지만 맷플롯립 라이브러리를 비롯하여 대부분의 이미지 애플리케이션은 빨강, 초록, 파랑(RGB)을 사용합니다. 즉 빨강과 파랑이 바뀌어 있습니다. 맷플롯립에서 OpenCV 컬러 이미지를 올바르게 출력하려면 먼저 컬러를 RGB로 바꾸어야 합니다.

```
# RGB로 변환합니다.
image_rgb = cv2.cvtColor(image_bgr, cv2.COLOR_BGR2RGB)

# 이미지를 출력합니다.
plt.imshow(image_rgb), plt.axis("off")
plt.show()
```

참고 • RGB과 BGR의 차이(*http://bit.ly/2Fws76E*)
• 위키피디아: RGB 색 모형(*https://bit.ly/3V3Iazv*)

8.2 이미지 저장하기

과제 전처리를 위해 이미지를 저장하고 싶습니다.

해결 OpenCV의 `imwrite`를 사용합니다.

```
# 라이브러리를 임포트합니다.
import cv2
```

```
import numpy as np
from matplotlib import pyplot as plt

# 흑백 이미지로 로드합니다.
image = cv2.imread("images/plane.jpg", cv2.IMREAD_GRAYSCALE)

# 이미지를 저장합니다.
cv2.imwrite("images/plane_new.jpg", image)
```

```
True
```

설명 OpenCV의 **imwrite**는 지정한 파일 경로에 이미지를 저장합니다. 이미지 포맷은 파일 확장자에 의해서 정의됩니다(.jpg, .png 등). 주의해야 할 점은 **imwrite**가 에러나 확인 메시지 없이 기존의 파일을 덮어쓴다는 것입니다.

8.3 이미지 크기 변경하기

과제 전처리에 알맞도록 이미지 크기를 변경하고 싶습니다.

해결 resize를 사용하여 이미지 크기를 바꿉니다.

```
# 라이브러리를 임포트합니다.
import cv2
import numpy as np
from matplotlib import pyplot as plt

# 흑백 이미지로 로드합니다.
image = cv2.imread("images/plane_256x256.jpg", cv2.IMREAD_GRAYSCALE)

# 이미지 크기를 50x50 픽셀로 바꿉니다.
image_50x50 = cv2.resize(image, (50, 50))

# 이미지를 출력합니다.
plt.imshow(image_50x50, cmap="gray"), plt.axis("off")
plt.show()
```

설명 이미지 크기 변경은 두 가지 이유로 이미지 전처리에서 흔한 작업입니다. 첫째, 이미지들은 제각기 다양한 크기를 가집니다. 특성으로 사용하려면 동일한 차원으로 만들어야 합니다. 비행기 사진에서 볼 수 있듯이 이미지 크기를 표준화(크기 변경)하면 큰 이미지에 나타나 있는 일부 정보를 잃게 되는 대가가 따릅니다. 이미지는 행렬에 정보를 담고 있기 때문에 이미지 크기를 줄이면 행렬 크기와 거기에 담긴 정보도 줄어듭니다. 둘째, 머신러닝은 수천 또는 수십만 개의 이미지가 필요할 수 있습니다. 이미지가 클수록 메모리를 많이 차지하게 됩니다. 이때 이미지 크기를 줄여서 메모리 사용량을 크게 줄일 수 있습니다. 머신러닝에서 많이 사용하는 이미지 크기는 32×32, 64×64, 96×96, 256×256입니다. 기본적으로 이미지 크기를 변경하기 위해 선택하는 방법에는 모델의 통계적 성능과 훈련에 들어가는 계산 비용 사이의 절충점이 있습니다. Pillow 라이브러리는 이런 이유로 이미지 크기 변경을 위한 다양한 옵션을 제공합니다(*https://oreil.ly/NiJn_*).

8.4 이미지 자르기

과제 이미지 주변을 제거하여 차원을 줄이고 싶습니다.

해결 이미지는 2차원 넘파이 배열로 저장됩니다. 배열 슬라이싱을 사용해 간단하게 이미지를 자를 수 있습니다.

```python
# 라이브러리를 임포트합니다.
import cv2
import numpy as np
from matplotlib import pyplot as plt

# 흑백 이미지로 로드합니다.
image = cv2.imread("images/plane_256x256.jpg", cv2.IMREAD_GRAYSCALE)

# 열의 처음 절반과 모든 행을 선택합니다.
image_cropped = image[:,:128]

# 이미지를 출력합니다.
plt.imshow(image_cropped, cmap="gray"), plt.axis("off")
plt.show()
```

설명 OpenCV는 이미지를 행렬로 표현하기 때문에 남기고 싶은 행과 열을 선택하여 간단하게 이미지를 자를 수 있습니다. 이미지에서 특정 부분을 남기고 싶다면 특히 이런 자르기 기능이 유용합니다. 예를 들어 고정된 감시 카메라에서 얻은 이미지라면 특정 관심 영역만 남기고 이미지를 자를 수 있습니다.

참고 • 넘파이 배열의 슬라이싱 (*http://bit.ly/2FrVNBV*)

8.5 이미지 흐리게 하기

이미지를 부드럽게 흐리고 싶습니다.

해결 이미지를 흐리게 하려면 각 픽셀을 주변 픽셀의 평균값으로 변환하면 됩니다. 주변 픽셀에 수행되는 연산을 수학적으로 커널kernel이라 표현합니다(커널이 무엇인지 몰라도 걱정하지 마세요). 커널의 크기는 흐림의 정도를 결정합니다. 커널이 클수록 이미지가 더 부드러워집니다. 다음 예에서 각 픽셀 주변의 5 × 5 커널 평균값으로 이미지를 흐리게 합니다.

```python
# 라이브러리를 임포트합니다.
import cv2
import numpy as np
from matplotlib import pyplot as plt

# 흑백 이미지로 로드합니다.
image = cv2.imread("images/plane_256x256.jpg", cv2.IMREAD_GRAYSCALE)

# 이미지를 흐리게 합니다.
image_blurry = cv2.blur(image, (5,5))

# 이미지를 출력합니다.
plt.imshow(image_blurry, cmap="gray"), plt.axis("off")
plt.show()
```

커널 크기의 영향을 강조하기 위해 100×100 커널로 같은 이미지를 흐리게 만들어보겠습니다.

```
# 이미지를 흐리게 합니다.
image_very_blurry = cv2.blur(image, (100,100))

# 이미지를 출력합니다.
plt.imshow(image_very_blurry, cmap="gray"), plt.xticks([]), plt.yticks([])
plt.show()
```

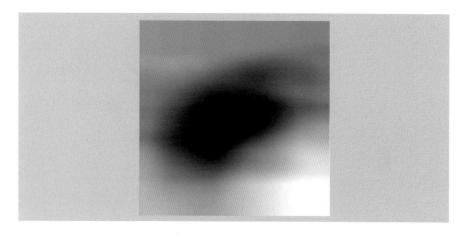

설명 커널은 이미지를 선명하게 만드는 것부터 윤곽선 감지^{edge detection}까지 이미지 처리 작업을 하는 데 널리 사용됩니다. 이 장에서 계속 만나게 될 것입니다. 흐림 처리에 사용한 커널은 다음과 같습니다.

```
# 커널을 만듭니다.
kernel = np.ones((5,5)) / 25.0

# 커널을 확인합니다.
kernel
```

```
array([[0.04, 0.04, 0.04, 0.04, 0.04],
       [0.04, 0.04, 0.04, 0.04, 0.04],
       [0.04, 0.04, 0.04, 0.04, 0.04],
       [0.04, 0.04, 0.04, 0.04, 0.04],
       [0.04, 0.04, 0.04, 0.04, 0.04]])
```

커널의 중앙 원소가 변환되는 픽셀이고 나머지 원소는 그 픽셀의 이웃입니다. 모든 원소가 동일한 값을 가졌기 때문에(모두 더하면 1이 되도록 정규화되었습니다) 관심 대상 픽셀의 결괏값에 미치는 영향을 동일합니다. **filter2D** 함수로 커널을 이미지에 직접 적용하여 비슷한 흐림 효과를 만들 수 있습니다.

```
# 커널을 적용합니다.
image_kernel = cv2.filter2D(image, -1, kernel)

# 이미지를 출력합니다.
plt.imshow(image_kernel, cmap="gray"), plt.xticks([]), plt.yticks([])
plt.show()
```

참고 • 이미지 커널 소개(*http://setosa.io/ev/image-kernels/*)
　　• 위키피디아: 커널(이미지 처리)(*http://bit.ly/2FxZCFD*)

▶덧붙임 머신러닝에서 커널은 여러 가지 의미로 사용됩니다. 9장과 17장에서는 커널 PCA와
서포트 벡터 머신이 사용하는 비선형 함수를 커널이라 부릅니다. 19장의 Meanshift 알고리
즘에서는 샘플의 영향 범위를 커널이라 부릅니다. 신경망에서는 종종 가중치를 커널이라 부릅
니다.

커널 크기는 (너비, 높이)로 지정합니다. blur 함수는 각 픽셀에 커널 개수의 역수를 곱하여
모두 더합니다. 이 값이 중앙 픽셀의 값이 됩니다. 자주 사용하는 다른 함수는 가우스Gaussian 분
포를 사용하는 가우스 블러입니다.

```
# 가우스 블러를 적용합니다.
image_very_blurry = cv2.GaussianBlur(image, (5,5), 0)

# 이미지를 출력합니다.
plt.imshow(image_very_blurry, cmap="gray"), plt.xticks([]), plt.yticks([])
plt.show()
```

GaussianBlur 함수의 세 번째 매개변수는 X축(너비) 방향의 표준편차입니다. 0으로 지정하면 ((너비-1)*0.5-1)*0.3+0.8와 같이 계산합니다. Y축 방향의 표준편차는 기본값이 0입니다.

가우스 블러에 사용한 커널은 각 축 방향으로 가우스 분포를 따르는 1차원 배열을 만든 다음 외적하여 생성합니다. getGaussianKernel 함수를 사용하여 이런 1차원 배열을 만들고 넘파이 outer 함수로 외적을 계산할 수 있습니다.

```
gaus_vector = cv2.getGaussianKernel(5, 0)
gaus_vector
```

```
array([[0.0625],
       [0.25  ],
       [0.375 ],
       [0.25  ],
       [0.0625]])
```

```
# 벡터를 외적하여 커널을 만듭니다.
gaus_kernel = np.outer(gaus_vector, gaus_vector)
gaus_kernel
```

```
array([[0.00390625, 0.015625  , 0.0234375 , 0.015625  , 0.00390625],
       [0.015625  , 0.0625    , 0.09375   , 0.0625    , 0.015625  ],
       [0.0234375 , 0.09375   , 0.140625  , 0.09375   , 0.0234375 ],
       [0.015625  , 0.0625    , 0.09375   , 0.0625    , 0.015625  ],
       [0.00390625, 0.015625  , 0.0234375 , 0.015625  , 0.00390625]])
```

해결에서와 같이 직접 만든 커널을 filter2D 함수에 적용할 수 있습니다.

```
# 커널을 적용합니다.
image_kernel = cv2.filter2D(image, -1, gaus_kernel)

# 이미지를 출력합니다.
plt.imshow(image_kernel, cmap="gray"), plt.xticks([]), plt.yticks([])
plt.show()
```

filter2D 함수의 두 번째 매개변수는 픽셀값의 범위를 지정하는 것으로 -1이면 입력과 동일한 범위를 유지합니다.

8.6 이미지 선명하게 하기

과제 이미지를 선명하게 만들고 싶습니다.

해결 대상 픽셀을 강조하는 커널을 만들고 filter2D를 사용하여 이미지에 커널을 적용합니다.

```
# 라이브러리를 임포트합니다.
import cv2
import numpy as np
from matplotlib import pyplot as plt

# 흑백 이미지로 로드합니다.
image = cv2.imread("images/plane_256x256.jpg", cv2.IMREAD_GRAYSCALE)
```

```
# 커널을 만듭니다.
kernel = np.array([[0, -1, 0],
                   [-1, 5,-1],
                   [0, -1, 0]])

# 이미지를 선명하게 만듭니다.
image_sharp = cv2.filter2D(image, -1, kernel)

# 이미지를 출력합니다.
plt.imshow(image_sharp, cmap="gray"), plt.axis("off")
plt.show()
```

설명 선명하게 하는 것은 흐리게 하는 것과 비슷합니다. 주변 픽셀값의 평균을 계산하는 커널을 사용하는 대신 중앙 픽셀을 부각하는 커널을 만듭니다. 이로 인한 효과로 이미지의 윤곽선에서 대비가 더욱 두드러집니다.

8.7 대비 높이기

과제 이미지 픽셀 사이의 대비를 증가시키고 싶습니다.

해결 **히스토그램 평활화**histogram equalization는 객체의 형태가 두드러지도록 만들어주는 이미지 처리 도구입니다. 흑백 이미지에는 OpenCV의 equalizeHist 함수를 바로 적용할 수 있습니다.

```python
# 라이브러리를 임포트합니다.
import cv2
import numpy as np
from matplotlib import pyplot as plt

# 흑백 이미지로 로드합니다.
image = cv2.imread("images/plane_256x256.jpg", cv2.IMREAD_GRAYSCALE)

# 이미지 대비를 향상시킵니다.
image_enhanced = cv2.equalizeHist(image)

# 이미지를 출력합니다.
plt.imshow(image_enhanced, cmap="gray"), plt.axis("off")
plt.show()
```

컬러 이미지는 먼저 YUV 컬러 포맷으로 변환해야 합니다. Y는 루마luma 또는 밝기이고 U와 V 는 컬러를 나타냅니다. 변환한 뒤에 equalizeHist를 적용할 수 있습니다. 그다음 다시 BGR 이나 RGB로 바꿉니다.

```python
# 이미지를 로드합니다.
image_bgr = cv2.imread("images/plane.jpg")

# YUV로 바꿉니다.
image_yuv = cv2.cvtColor(image_bgr, cv2.COLOR_BGR2YUV)

# 히스토그램 평활화를 적용합니다.
image_yuv[:, :, 0] = cv2.equalizeHist(image_yuv[:, :, 0])
```

```
# RGB로 바꿉니다.
image_rgb = cv2.cvtColor(image_yuv, cv2.COLOR_YUV2RGB)

# 이미지를 출력합니다.
plt.imshow(image_rgb), plt.axis("off")
plt.show()
```

설명 히스토그램 평활화가 어떻게 작동하는지 자세히 설명하는 것은 이 책의 범위를 벗어나므로, 간단히 설명하자면 픽셀값의 범위가 커지도록 이미지를 변환합니다.

결과 이미지가 종종 현실 이미지처럼 보이지 않지만 이미지는 단지 데이터의 시각적 표현일 뿐이라는 것을 기억하세요. 히스토그램 평활화는 관심 대상을 다른 객체나 배경과 잘 구분되도록 만들어줍니다(항상 그런 것은 아닙니다). 이런 기능은 이미지 전처리 파이프라인에 도움이 될 수 있습니다.

8.8 색깔 구분하기

과제 이미지에서 한 색깔을 구분하고 싶습니다.

해결 색 범위를 정의하고 이미지에 마스크mask를 적용합니다.

```
# 라이브러리를 임포트합니다.
import cv2
import numpy as np
```

```python
from matplotlib import pyplot as plt

# 이미지를 로드합니다.
image_bgr = cv2.imread('images/plane_256x256.jpg')

# BGR에서 HSV로 변환합니다.
image_hsv = cv2.cvtColor(image_bgr, cv2.COLOR_BGR2HSV)

# HSV에서 파랑 값의 범위를 정의합니다.
lower_blue = np.array([50,100,50])
upper_blue = np.array([130,255,255])

# 마스크를 만듭니다.
mask = cv2.inRange(image_hsv, lower_blue, upper_blue)

# 이미지에 마스크를 적용합니다.
image_bgr_masked = cv2.bitwise_and(image_bgr, image_bgr, mask=mask)

# BGR에서 RGB로 변환합니다.
image_rgb = cv2.cvtColor(image_bgr_masked, cv2.COLOR_BGR2RGB)

# 이미지를 출력합니다.
plt.imshow(image_rgb), plt.axis("off")
plt.show()
```

설명 OpenCV에서 색깔 구분은 직관적입니다. 첫째, 이미지를 HSV(색상, 채도, 명도)로 변환합니다. 둘째, 격리시킬 값의 범위를 정의합니다. 아마 가장 어렵고 시간이 많이 드는 작업입니다. 셋째, 이미지에 적용할 마스크를 만듭니다. 이미지 마스킹image maksing은 관심 영역을 추출하기 위한 일반적인 기법입니다. 이 경우 마스크가 흰색 영역만 보존했습니다.

```
# 마스크를 출력합니다.
plt.imshow(mask, cmap='gray'), plt.axis("off")
plt.show()
```

마지막으로 bitwise_and 함수를 사용하여 이미지에 마스크를 적용하고 원하는 포맷으로 변환합니다.

8.9 이미지 이진화하기

과제 주어진 이미지를 단순한 버전으로 출력하고 싶습니다.

해결 이미지 **이진화(임계처리)**thresholding는 어떤 값보다 큰 값을 가진 픽셀을 흰색으로 만들고 작은 값을 가진 픽셀은 검은색으로 만드는 과정입니다. 더 고급 기술은 **적응적 이진화(임계처리)** adaptive thresholding로, 픽셀의 임곗값이 주변 픽셀의 강도에 의해 결정됩니다. 이미지 안의 영역마다 빛 조건이 달라질 때 도움이 됩니다.

```
# 라이브러리를 임포트합니다.
import cv2
import numpy as np
from matplotlib import pyplot as plt

# 흑백 이미지로 로드합니다.
image_grey = cv2.imread("images/plane_256x256.jpg", cv2.IMREAD_GRAYSCALE)
```

```
# 적응적 이진화를 적용합니다.
max_output_value = 255
neighborhood_size = 99
subtract_from_mean = 10
image_binarized = cv2.adaptiveThreshold(image_grey,
                                        max_output_value,
                                        cv2.ADAPTIVE_THRESH_GAUSSIAN_C,
                                        cv2.THRESH_BINARY,
                                        neighborhood_size,
                                        subtract_from_mean)

# 이미지를 출력합니다.
plt.imshow(image_binarized, cmap="gray"), plt.axis("off")
plt.show()
```

설명 이미지 이진화 과정은 회색조 이미지를 흑과 백으로 변환하는 것입니다. 해결의 **adaptive Threshold** 함수에는 네 개의 중요한 매개변수가 있습니다. `max_output_value`는 출력 픽셀 강도의 최대값을 결정합니다. `cv2.ADAPTIVE_THRESH_GAUSSIAN_C`는 픽셀의 임곗값을 주변 픽셀 강도의 가중치 합으로 설정합니다. 가중치는 가우스 윈도Gaussian window에 의해 결정됩니다. 또는 `cv2.ADAPTIVE_THRESH_MEAN_C`로 주변 픽셀의 평균을 임곗값으로 설정할 수 있습니다.

```
# cv2.ADAPTIVE_THRESH_MEAN_C를 적용합니다.
image_mean_threshold = cv2.adaptiveThreshold(image_grey,
                                             max_output_value,
                                             cv2.ADAPTIVE_THRESH_MEAN_C,
                                             cv2.THRESH_BINARY,
                                             neighborhood_size,
                                             subtract_from_mean)
```

```
# 이미지를 출력합니다.
plt.imshow(image_mean_threshold, cmap="gray"), plt.axis("off")
plt.show()
```

마지막 두 개의 매개변수는 블록 크기(픽셀의 임곗값 결정에 사용하는 주변 영역 크기)와 계산된 임곗값에서 뺄 상수(임곗값을 수동으로 미세 조정하는 데 사용하는 값)입니다.

이미지 이진화의 주요 장점은 대부분 중요한 요소를 유지하면서 이미지의 노이즈를 제거하는 것입니다. 예를 들어 이미지 이진화는 인쇄물을 찍은 사진에서 글자를 분리해내기 위해 자주 사용됩니다.

8.10 배경 제거하기

과제 이미지의 전경만 분리해내고 싶습니다.

해결 원하는 전경 주위에 사각형 박스를 그리고 그랩컷grabCut 알고리즘을 실행합니다.

```
# 라이브러리를 임포드합니다.
import cv2
import numpy as np
from matplotlib import pyplot as plt

# 이미지를 로드하고 RGB로 변환합니다.
image_bgr = cv2.imread('images/plane_256x256.jpg')
```

```python
image_rgb = cv2.cvtColor(image_bgr, cv2.COLOR_BGR2RGB)

# 사각형 좌표: 시작점의 x, 시작점의 y, 너비, 높이
rectangle = (0, 56, 256, 150)

# 초기 마스크를 만듭니다.
mask = np.zeros(image_rgb.shape[:2], np.uint8)

# grabCut에 사용할 임시 배열을 만듭니다.
bgdModel = np.zeros((1, 65), np.float64)
fgdModel = np.zeros((1, 65), np.float64)

# grabCut을 실행합니다.
cv2.grabCut(image_rgb, # 원본 이미지
        mask, # 마스크
        rectangle, # 사각형
        bgdModel, # 배경을 위한 임시 배열
        fgdModel, # 전경을 위한 임시 배열
        5, # 반복 횟수
        cv2.GC_INIT_WITH_RECT) # 사각형을 사용한 초기화

# 배경인 곳은 0, 그외에는 1로 설정한 마스크를 만듭니다.
mask_2 = np.where((mask==2) | (mask==0), 0, 1).astype('uint8')

# 이미지에 새로운 마스크를 곱해 배경을 제외합니다.
image_rgb_nobg = image_rgb * mask_2[:, :, np.newaxis]

# 이미지를 출력합니다.
plt.imshow(image_rgb_nobg), plt.axis("off")
plt.show()
```

설명 여기에서 첫 번째로 언급할 것은 그랩컷이 잘 작동하더라도 여전히 이미지에 남은 배경이 있다는 점입니다. 이때 다시 처음으로 돌아가서 직접 이 영역을 배경으로 지정할 수 있습니다. 하지만 실전에서 수천 장의 이미지를 각각 수동으로 고치는 것은 불가능합니다. 이미지에 일부 배경이 남아 있는 것을 수용하는 편이 좋습니다.

해결에서 먼저 전경이 들어 있는 영역 주위를 사각형으로 표시했습니다. 그랩컷은 이 사각형 밖에 있는 모든 것이 배경이라고 가정하고 이 정보를 사용하여 사각형 안에 있는 배경을 찾습니다(알고리즘의 작동 방식에 대해 궁금하다면 Itay Blumenthal의 설명(*https://oreil.ly/DTGwb*)을 참고하세요). 그다음 배경과 전경 영역을 구분할 수 있는 마스크를 만듭니다.

```python
# 마스크를 출력합니다.
plt.imshow(mask, cmap='gray'), plt.axis("off")
plt.show()
```

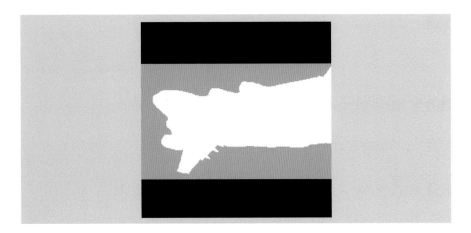

검은 영역은 배경이라고 확실하게 가정한 사각형의 바깥쪽 영역입니다. 회색 영역은 그랩컷이 배경이라고 생각하는 영역이고 흰색 영역은 전경입니다.

이 마스크를 사용하여 검은색과 회색 영역을 합친 두 번째 마스크를 만듭니다.

```python
# 마스크를 출력합니다.
plt.imshow(mask_2, cmap='gray'), plt.axis("off")
plt.show()
```

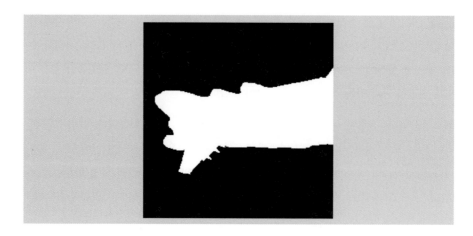

두 번째 마스크를 이미지에 적용하여 전경만 남깁니다.

참고 • 그랩컷 알고리즘(*http://bit.ly/2wgbPIS*)

8.11 윤곽선 감지하기

과제 이미지에 있는 윤곽선edge을 찾고 싶습니다.

해결 캐니Canny 윤곽선 감지기와 같은 윤곽선 감지 기술을 사용합니다.

```python
# 라이브러리를 임포트합니다.
import cv2
import numpy as np
from matplotlib import pyplot as plt

# 흑백 이미지로 로드합니다.
image_gray = cv2.imread("images/plane_256x256.jpg", cv2.IMREAD_GRAYSCALE)

# 픽셀 강도의 중간값을 계산합니다.
median_intensity = np.median(image_gray)

# 중간 픽셀 강도에서 위아래 1 표준편차 떨어진 값을 임곗값으로 지정합니다.
lower_threshold = int(max(0, (1.0 - 0.33) * median_intensity))
upper_threshold = int(min(255, (1.0 + 0.33) * median_intensity))
```

```
# 캐니 윤곽선 감지기를 적용합니다.
image_canny = cv2.Canny(image_gray, lower_threshold, upper_threshold)

# 이미지를 출력합니다.
plt.imshow(image_canny, cmap="gray"), plt.axis("off")
plt.show()
```

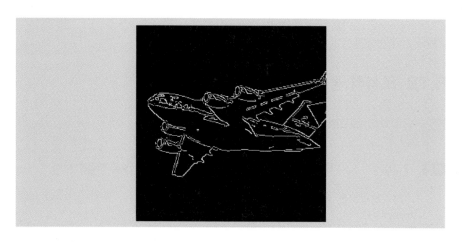

설명 윤곽선 감지는 컴퓨터 비전의 주요 관심 대상입니다. 윤곽선은 많은 정보가 담긴 영역이기 때문에 중요합니다. 예를 들어 이 이미지에서 하늘 영역의 일부는 다른 하늘 지역과 매우 비슷하기 때문에 특별하거나 흥미있는 정보를 가지고 있지 않습니다. 그러나 하늘 배경이 비행기와 만나는 영역은 많은 정보를 가지고 있습니다(예를 들면 물체의 형태). 윤곽선 감지를 사용하여 정보가 적은 영역을 제거하고 대부분의 정보가 담긴 이미지 영역을 구분할 수 있습니다.

윤곽선을 감지할 수 있는 기법은 많습니다(소벨^{Sobel} 필터, 라플라시안^{Laplacian} 윤곽선 감지기 등). 해결에서는 널리 사용되는 캐니 윤곽선 감지기를 사용합니다. 캐니 윤곽선 감지기의 작동 방식을 설명하는 것은 이 책의 범위를 넘어섭니다. 한 가지 언급할 점은 캐니 감지기는 그레이디언트^{gradient1} 임곗값의 저점과 고점을 나타내는 두 매개변수가 필요하다는 것입니다. 낮은 임곗값과 높은 임곗값 사이의 가능성 있는 윤곽선 픽셀은 약한 윤곽선 픽셀로 간주됩니다. 높은 임곗값보다 큰 픽셀은 강한 윤곽선 픽셀로 산수됩니다. OpenCV의 **Canny** 함수는 낮은 임곗값과 높은 임곗값이 필수 매개변수입니다. 해결에서 낮은 임곗값과 높은 임곗값을 이미지 중간 픽셀 강도의 1 표준편차 아래 값과 위 값으로 설정했습니다. 일반적으로 **Canny**를 전체 이미지

---

1 옮긴이_ 이 책은 올바른 음차 표기법을 따라 gradient를 '그레이디언트'라고 씁니다. 검색 엔진에서 gradient에 관한 정보를 찾으려면 '그래디언트'를 사용하는 것이 낫습니다.

모음에 적용하기 전에 몇 개의 이미지를 테스트하여 낮은 임곗값과 높은 임곗값의 적절한 쌍을 찾는 것이 좋은 결과를 만듭니다.

> **참고**
> - 위키피디아: 캐니 윤곽선 검출(*https://bit.ly/3uHFwoh*)
> - 캐니 윤곽선 감지의 자동 임곗값(*http://bit.ly/2nmQERq*)

8.12 모서리 감지하기

> **과제** 이미지에서 모서리를 감지하고 싶습니다.

> **해결** 해리스^{Harris} 모서리 감지의 OpenCV 구현인 **cornerHarris**를 사용합니다.

```python
# 라이브러리를 임포트합니다.
import cv2
import numpy as np
from matplotlib import pyplot as plt

# 흑백 이미지로 로드합니다.
image_bgr = cv2.imread("images/plane_256x256.jpg")
image_gray = cv2.cvtColor(image_bgr, cv2.COLOR_BGR2GRAY)
image_gray = np.float32(image_gray)

# 모서리 감지 매개변수를 설정합니다.
block_size = 2
aperture = 29
free_parameter = 0.04

# 모서리를 감지합니다.
detector_responses = cv2.cornerHarris(image_gray,
                                       block_size,
                                       aperture,
                                       free_parameter)

# 모서리 표시를 부각시킵니다.
detector_responses = cv2.dilate(detector_responses, None)

# 임곗값보다 큰 감지 결과만 남기고 흰색으로 표시합니다.
threshold = 0.02
```

```
image_bgr[detector_responses >
        threshold *
        detector_responses.max()] = [255,255,255]

# 흑백으로 변환합니다.
image_gray = cv2.cvtColor(image_bgr, cv2.COLOR_BGR2GRAY)

# 이미지를 출력합니다.
plt.imshow(image_gray, cmap="gray"), plt.axis("off")
plt.show()
```

설명 **해리스 모서리 감지기**는 두 개의 윤곽선이 교차하는 지점을 감지하는 방법으로 널리 사용됩니다. 모서리를 감지하려는 이유는 윤곽선을 감지하는 것과 같습니다. 모서리는 정보가 많은 포인트입니다. 해리스 모서리 감지기에 대한 자세한 설명은 이 레시피 끝에 제공되는 참고 자료를 참고하세요. 간단하게 설명하면 이 감지기는 윈도(또는 이웃이나 패치patch라고도 부릅니다) 안의 픽셀이 작은 움직임에도(윈도를 흔든다고 상상하세요) 크게 변하는 윈도를 찾습니다. cornerHarris는 모서리 감지에 사용하는 중요한 매개변수 세 개를 가집니다. 첫째, block_size는 각 픽셀에서 모서리 감지에 사용되는 이웃 픽셀 크기입니다. 둘째, aperture는 사용하는 소벨 커널(이게 무엇인지 몰라도 괜찮습니다) 크기입니다. 마지막으로 값이 클수록 부드러운 모서리를 구별하는 매개변수가 있습니다.

만들어진 결과는 가능성 있는 모서리를 나타내는 흑백 이미지입니다.

```
# 가능성이 높은 모서리를 출력합니다.
plt.imshow(detector_responses, cmap='gray'), plt.axis("off")
plt.show()
```

그다음 임곗값을 적용하여 가장 가능성이 높은 모서리만 남깁니다. 또는 해리스 감지기와 유사한 방식으로 작동하는 Shi-Tomasi 모서리 감지기(goodFeaturesToTrack)를 사용하여 뚜렷하게 나타난 모서리를 지정된 개수만큼 찾아낼 수 있습니다. goodFeaturesToTrack은 세 개의 주요 매개변수가 있습니다. 감지할 모서리 개수, 모서리가 될 최소 품질(0에서 1 사이), 모서리 사이의 최소 유클리드 거리입니다.

```python
# 이미지를 로드합니다.
image_bgr = cv2.imread('images/plane_256x256.jpg')
image_gray = cv2.cvtColor(image_bgr, cv2.COLOR_BGR2GRAY)

# 감지할 모서리 개수
corners_to_detect = 10
minimum_quality_score = 0.05
minimum_distance = 25

# 모서리를 감지합니다.
corners = cv2.goodFeaturesToTrack(image_gray,
                                  corners_to_detect,
                                  minimum_quality_score,
                                  minimum_distance)
corners = np.int16(corners)

# 모서리마다 흰 원을 그립니다.
for corner in corners:
    x, y = corner[0]
    cv2.circle(image_bgr, (x,y), 10, (255,255,255), -1)
```

```python
# 흑백 이미지로 변환합니다.
image_rgb = cv2.cvtColor(image_bgr, cv2.COLOR_BGR2GRAY)

# 이미지를 출력합니다.
plt.imshow(image_rgb, cmap='gray'), plt.axis("off")
plt.show()
```

참고 • OpenCV의 cornerHarris(*http://bit.ly/2MewisG*)

• OpenCV의 goodFeaturesToTrack(*http://bit.ly/2X1Gm92*)

8.13 머신러닝 특성 만들기

과제 이미지를 머신러닝에 필요한 샘플로 변환하고 싶습니다.

해결 넘파이의 flatten 메서드를 사용하여 이미지 데이터가 담긴 다차원 배열을 샘플값이 담긴 벡터로 변환할 수 있습니다.

```python
# 이미지를 로드합니다.
import cv2
import numpy as np
from matplotlib import pyplot as plt

# 흑백 이미지로 로드합니다.
image = cv2.imread("images/plane_256x256.jpg", cv2.IMREAD_GRAYSCALE)
```

```
# 이미지를 10x10 픽셀 크기로 변환합니다.
image_10x10 = cv2.resize(image, (10, 10))

# 이미지 데이터를 1차원 벡터로 변환합니다.
image_10x10.flatten()
```

```
array([133, 130, 130, 129, 130, 129, 129, 128, 128, 127, 135, 131, 131,
       131, 130, 130, 129, 128, 128, 128, 134, 132, 131, 131, 130, 129,
       129, 128, 130, 133, 132, 158, 130, 133, 130,  46,  97,  26, 132,
       143, 141,  36,  54,  91,   9,   9,  49, 144, 179,  41, 142,  95,
        32,  36,  29,  43, 113, 141, 179, 187, 141, 124,  26,  25, 132,
       135, 151, 175, 174, 184, 143, 151,  38, 133, 134, 139, 174, 177,
       169, 174, 155, 141, 135, 137, 137, 152, 169, 168, 168, 179, 152,
       139, 136, 135, 137, 143, 159, 166, 171, 175], dtype=uint8)
```

설명 이미지는 픽셀 격자로 표현됩니다. 이미지가 흑백일 때 각 픽셀은 하나의 값으로 표현됩니다(즉, 픽셀 강도가 흰색이면 1, 검정이면 0입니다). 예를 들어 10×10 픽셀 이미지는 다음과 같습니다.

```
plt.imshow(image_10x10, cmap="gray"), plt.axis("off")
plt.show()
```

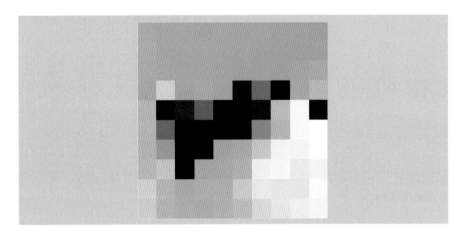

이 경우 이미지 데이터의 차원은 10×10입니다.

```
image_10x10.shape
```

```
(10, 10)
```

이 배열을 일렬로 펼치면(10 곱하기 10은 100이므로) 길이가 100인 벡터가 됩니다.

```
image_10x10.flatten().shape
```

```
(100,)
```

여기에서 만든 특성 데이터는 다른 이미지에서 얻은 벡터와 연결하여 머신러닝 알고리즘에 주입할 데이터를 만듭니다.

컬러 이미지라면 각 픽셀이 하나의 값이 아니라 여러 개의 값으로(보통 세 개) 표현됩니다. 채널(빨강, 초록, 파랑 등)을 나타내는 각 값이 합쳐져서 픽셀의 최종 색을 만듭니다. 예를 들어 10×10 크기 컬러 이미지라면 샘플마다 300개의 특성값이 만들어집니다.

```
# 컬러 이미지로 로드합니다.
image_color = cv2.imread("images/plane_256x256.jpg", cv2.IMREAD_COLOR)

# 이미지를 10×10 픽셀 크기로 변환합니다.
image_color_10x10 = cv2.resize(image_color, (10, 10))

# 이미지 데이터를 1차원 벡터로 변환하고 차원을 출력합니다.
image_color_10x10.flatten().shape
```

```
(300,)
```

이미지 처리와 컴퓨터 비전 분야의 대표적인 어려움 중 하나는 이미지의 모든 픽셀이 특성이 되기 때문에 이미지가 커질수록 특성의 개수도 크게 늘어난다는 것입니다.

```
# 흑백 이미지로 로드합니다.
image_256x256_gray = cv2.imread("images/plane_256x256.jpg",
                                cv2.IMREAD_GRAYSCALE)

# 이미지 데이터를 1차원 벡터로 변환하고 차원을 출력합니다.
image_256x256_gray.flatten().shape
```

```
(65536,)
```

이미지가 컬러라면 특성의 개수는 더 늘어납니다.

```
# 컬러 이미지로 로드합니다.
image_256x256_color = cv2.imread("images/plane_256x256.jpg", cv2.IMREAD_COLOR)
```

```
# 이미지 데이터를 1차원 벡터로 변환하고 차원을 출력합니다.
image_256x256_color.flatten().shape
```

```
(196608,)
```

결과에서 볼 수 있듯이 작은 컬러 이미지라도 거의 200,000개의 특성을 가집니다. 특성의 개수가 샘플의 개수보다 더 많다면 모델을 훈련할 때 문제가 발생할 수 있습니다.

이 문제는 차원에 관한 전략의 모티브가 됩니다. 차원에 관한 전략이란, 데이터에 있는 정보량의 손실을 최소화하면서 특성의 개수를 줄이는 것입니다. 이에 대해서는 이후의 장에서 논의하겠습니다.

8.14 컬러 히스토그램을 특성으로 인코딩하기

과제 이미지에 나타난 컬러를 표현하는 일련의 특성을 만들고 싶습니다.

해결 각 컬러 채널에 대해 히스토그램을 계산합니다.

```
# 라이브러리를 임포트합니다.
import cv2
import numpy as np
from matplotlib import pyplot as plt

np.random.seed(0)

# 이미지를 로드합니다.
image_bgr = cv2.imread("images/plane_256x256.jpg", cv2.IMREAD_COLOR)

# RGB로 변환합니다.
image_rgb = cv2.cvtColor(image_bgr, cv2.COLOR_BGR2RGB)

# 특성값을 담을 리스트를 만듭니다.
features = []

# 각 컬러 채널에 대해 히스토그램을 계산합니다.
colors = ("r","g","b")
```

```python
# 각 채널을 반복하면서 히스토그램을 계산하고 리스트에 추가합니다.
for i, channel in enumerate(colors):
    histogram = cv2.calcHist([image_rgb], # 이미지
                            [i], # 채널 인덱스
                            None, # 마스크 없음
                            [256], # 히스토그램 크기
                            [0,256]) # 범위
    features.extend(histogram)

# 샘플의 특성값으로 벡터를 만듭니다.
observation = np.array(features).flatten()

# 처음 다섯 개의 특성을 출력합니다.
observation[0:5]
```

```
array([1008.,  217.,  184.,  165.,  116.], dtype=float32)
```

설명 RGB 컬러 구조에서 각 컬러는 세 개의 컬러 채널(즉, 빨강, 초록, 파랑)의 조합입니다.
결국 각 채널은 256개의 값 중에 하나를 가집니다(0~255 사이의 정수). 예를 들어 예제 이미
지에서 가장 왼쪽 위의 픽셀은 다음과 같은 채널값을 가집니다.

```python
# RGB 채널값을 확인합니다.
image_rgb[0,0]
```

```
array([107, 163, 212], dtype=uint8)
```

히스토그램은 데이터에서 값의 분포를 나타냅니다. 다음은 간단한 예입니다.

```python
# 판다스를 임포트합니다.
import pandas as pd

# 예시 데이터를 만듭니다.
data = pd.Series([1, 1, 2, 2, 3, 3, 3, 4, 5])

# 히스토그램을 출력합니다.
data.hist(grid=False)
plt.show()
```

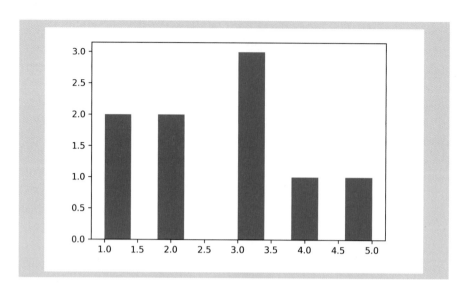

이 예제의 데이터는 1이 두 개, 2가 두 개, 3이 세 개, 4가 한 개, 5가 한 개 있습니다. 히스토그램의 막대는 데이터에 등장한 각 값(1, 2 등)의 개수를 나타냅니다.

동일한 기법을 각 컬러 채널에도 적용할 수 있습니다. 다섯 개가 아니라 256개의 값으로 표현됩니다(채널에 가능한 값의 범위). x축은 가능한 256개의 채널값을 나타내고, y축은 이미지의 모든 픽셀에서 나타난 특정 채널값의 횟수입니다.

```python
# 각 컬러 채널에 대한 히스토그램을 계산합니다.
colors = ("r","g","b")

# 컬러 채널을 반복하면서 히스토그램을 계산하고 그래프를 그립니다.
for i, channel in enumerate(colors):
    histogram = cv2.calcHist([image_rgb], # 이미지
                    [i], # 채널 인덱스
                    None, # 마스크 없음
                    [256], # 히스토그램 크기
                    [0,256]) # 범위
    plt.plot(histogram, color = channel)
    plt.xlim([0,256])

# 그래프를 출력합니다.
plt.show()
```

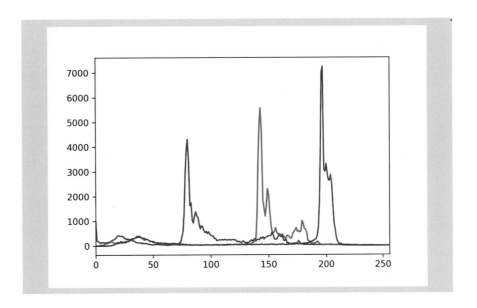

히스토그램에서 볼 수 있듯이 모든 픽셀은 거의 0~180 사이의 파랑 채널값을 가지고 있지 않습니다. 반면 많은 픽셀들은 190~210 사이의 파랑 채널값을 가집니다. 이 채널값의 분포는 세 개의 채널을 모두 보여줍니다. 히스토그램은 시각화가 전부가 아닙니다. 컬러 채널마다 256개의 특성이 있기 때문에 하나의 이미지에서 컬러 분포를 표현하는 768개의 특성을 만들 수 있습니다.

참고
- 위키피디아: 히스토그램(*https://bit.ly/3SYI3SZ*)
- 판다스의 히스토그램 문서(*http://bit.ly/2WfC3t0*)
- OpenCV의 히스토그램 튜토리얼(*http://bit.ly/2HSyoYH*)

8.15 사전 훈련된 임베딩을 특성으로 사용하기

과제 파이토치^{PyTorch}에서 기존 모델로부터 사전 훈련된 임베딩을 로드하여 다른 모델의 입력으로 사용하고 싶습니다.

해결 `torchvision.models`를 사용해 모델을 선택하고 주어진 이미지에 대한 임베딩을 추출합니다.

```python
# 라이브러리를 임포트합니다.
import cv2
import numpy as np
import torch
from torchvision import transforms
import torchvision.models as models

# 이미지를 로드합니다.
image_bgr = cv2.imread("images/plane.jpg", cv2.IMREAD_COLOR)

# 파이토치 데이터 타입으로 변환합니다.
convert_tensor = transforms.ToTensor()
pytorch_image = convert_tensor(np.array(image_rgb))

# 사전 훈련된 모델을 로드합니다.
model = models.resnet18(pretrained=True)

# 출력에 사용할 모델의 층을 선택합니다.
layer = model._modules.get('avgpool')

# 모델을 평가 모드로 설정합니다.
model.eval()

# no_grad 옵션으로 임베딩을 추출합니다.
with torch.no_grad():
    embedding = model(pytorch_image.unsqueeze(0))

print(embedding.shape)
```

```
torch.Size([1, 1000])
```

설명 머신러닝 분야에서 **전이 학습**transfer learning은 한 작업에서 학습된 정보를 다른 작업에 입력으로 사용하는 것을 말합니다. 처음부터 시작하는 대신 (ResNet과 같은) 사전 훈련된 대규모 이미지 모델에서 학습된 표현을 사용해 자신의 머신러닝 모델을 시작할 수 있습니다. 조금 더 직관적으로 고양이를 인식하기 위해 훈련된 모델의 가중치를 사용해 개를 인식하는 모델의 출발점으로 삼을 수 있습니다. 모델 사이의 정보를 공유함으로써 밑바닥부터 모델을 훈련하지 않고 다른 데이터셋과 모델 구조에서 학습된 정보를 활용할 수 있습니다.

컴퓨터 비전에서 전이 학습의 전체 애플리케이션은 이 책의 범위를 벗어납니다. 하지만 파이토치 이외에도 이미지 표현 기반의 임베딩을 추출하는 방법이 많습니다. 딥러닝에 널리 사용되는 또 다른 라이브러리인 텐서플로^{TensorFlow}에서는 **tensorflow_hub**를 사용할 수 있습니다.

```python
# 라이브러리를 임포트합니다.
import cv2
import tensorflow as tf
import tensorflow_hub as hub

# 이미지를 로드합니다.
image_bgr = cv2.imread("images/plane.jpg", cv2.IMREAD_COLOR)
image_rgb = cv2.cvtColor(image_bgr, cv2.COLOR_BGR2RGB)

# 텐서플로 데이터 타입으로 변환합니다.
tf_image = tf.image.convert_image_dtype([image_rgb], tf.float32)

# 인셉션 V1 모델을 사용해 임베딩을 계산합니다.
embedding_model = hub.KerasLayer(
    "https://tfhub.dev/google/imagenet/inception_v1/feature_vector/5"
)
embeddings = embedding_model(tf_image)

# 임베딩의 크기를 출력합니다.
print(embeddings.shape)
```

```
(1, 1024)
```

참고 • 파이토치 튜토리얼: 컴퓨터 비전의 전이 학습(*https://oreil.ly/R8RTk*)

• 텐서플로 허브(*https://oreil.ly/iwHI6*)

8.16 OpenCV로 객체 탐지하기

과제 OpenCV의 사전 훈련된 캐스케이드 분류기^{cascade classifier}로 이미지에 있는 객체를 탐지하고 싶습니다.

해결 OpenCV의 Haar 캐스케이드 분류기(*https://oreil.ly/XlXbm*) 중 하나를 다운로드하고 실행합니다. 여기에서는 사전 훈련된 얼굴 탐지 모델을 사용해 이미지 안에 있는 얼굴을 감지하고 얼굴 주위에 사각형을 그립니다.

```python
# 라이브러리를 임포트합니다.
import cv2
from matplotlib import pyplot as plt

# 코랩의 경우 먼저 다음 명령의 주석을 제거하고 실행하세요.
# mkdir models
# wget https://tinyurl.com/mrc6jwhp -O "models/haarcascade_frontalface_default.xml"
# wget https://bit.ly/49CoQ0v -O "images/kyle_pic.jpg"

face_cascade = cv2.CascadeClassifier()
face_cascade.load(
    cv2.samples.findFile(
        "models/haarcascade_frontalface_default.xml"
    )
)

# 이미지를 로드합니다.
image_bgr = cv2.imread("images/kyle_pic.jpg", cv2.IMREAD_COLOR)
image_rgb = cv2.cvtColor(image_bgr, cv2.COLOR_BGR2RGB)

# 얼굴을 감지하고 사각형을 그립니다.
faces = face_cascade.detectMultiScale(image_rgb)
for (x,y,w,h) in faces:
    cv2.rectangle(image_rgb, (x, y),
                  (x + h, y + w),
                  (0, 255, 0), 5)

# 이미지를 출력합니다.
plt.subplot(1, 1, 1)
plt.imshow(image_rgb)
plt.show()
```

설명 **Haar 캐스케이드 분류기**는 객체 탐지 object detection에 사용할 수 있는 이미지 특성(특히 Haar 특성)을 학습하기 위한 머신러닝 모델입니다. 이 특성은 사각 영역 사이의 합 차이를 계산하여 결정되는 간단한 사각형 특성입니다. 그다음 그레이디언트 부스팅 gradient boosting 알고리즘을 적용하여 가장 중요한 특성을 학습하고 마지막으로 캐스케이드 분류기를 사용하여 비교적 강력한 모델을 만듭니다.

자세한 과정은 이 책의 범위를 벗어나지만 직접 모델을 훈련하지 않고 OpenCV 깃허브 (*https://oreil.ly/273DA*) 같은 곳에서 사전 훈련된 모델을 XML 파일로 간단히 다운로드하여 이미지에 적용할 수 있다는 점이 중요합니다. `contains_face` (또는 다른 객체 존재 여부) 같은 간단한 이진 이미지 특성을 데이터에 추가하고 싶을 때 유용합니다.

참고 • OpenCV 튜토리얼: 캐스케이드 분류기(*https://oreil.ly/dFhu6*)

8.17 파이토치로 이미지 분류하기

과제 파이토치에서 사전 훈련된 딥러닝을 사용하여 이미지를 분류하고 싶습니다.

해결 `torchvision.models`를 사용해 사전 훈련된 이미지 분류 모델을 선택하고 이미지를 전달합니다.

```python
# 라이브러리를 임포트합니다.
import cv2
import json
import numpy as np
import torch
from torchvision import transforms
from torchvision.models import resnet18
import urllib.request

# 이미지넷 클래스를 다운로드합니다.
with urllib.request.urlopen("https://bit.ly/48z7z79") as url:
    imagenet_class_index = json.load(url)

# 사전 훈련된 모델을 준비합니다.
model = resnet18(pretrained=True)
```

```python
# 이미지를 로드합니다.
image_bgr = cv2.imread("images/plane.jpg", cv2.IMREAD_COLOR)
image_rgb = cv2.cvtColor(image_bgr, cv2.COLOR_BGR2RGB)

# 파이토치 데이터 타입으로 변환합니다.
convert_tensor = transforms.ToTensor()
pytorch_image = convert_tensor(np.array(image_rgb))

# 모델을 평가 모드로 설정합니다.
model.eval()

# 예측을 만듭니다.
prediction = model(pytorch_image.unsqueeze(0))

# 가장 높은 확률의 인덱스를 추출합니다.
_, index = torch.max(prediction, 1)

# 퍼센트로 변환합니다.
percentage = torch.nn.functional.softmax(prediction, dim=1)[0] * 100

# 인덱스에 해당하는 아이템 이름과 퍼센트를 출력합니다.
print(imagenet_class_index[str(index.tolist()[0])][1],
    percentage[index.tolist()[0]].item())
```

```
airship 6.0569939613342285
```

설명 파이토치와 텐서플로에는 이미지 분류를 위한 사전 훈련된 딥러닝 모델이 많이 있습니다. 이 예제에서는 이미지넷 데이터셋ImageNet dataset에서 훈련된 18개 층을 가진 심층 신경망 구조인 ResNet18을 사용했습니다. ResNet101이나 ResNet152 같은 깊은 ResNet 모델도 파이토치에 있습니다. 이외에도 선택할 수 있는 다른 모델이 많이 있습니다. 이미지넷 데이터셋에서 훈련된 모델은 이전 코드에서 깃허브에서 다운로드한 `imagenet_class_index` 변수에 정의된 모든 클래스에 대한 예측 확률을 출력합니다.

OpenCV를 사용한 얼굴 감지 예제(레시피 8.16)와 같이 예측된 이미지 클래스를 후속 머신러닝 모델의 특성이나 이미지에 정보를 추가하는 메타데이터 태그metadata tag로 사용할 수 있습니다.

참고 • 파이토치 문서: 모델과 사전 훈련된 가중치(*https://oreil.ly/MhlxR*)

## CHAPTER 9

특성 추출을 사용한 차원 축소

9.0 소개

수천에서 수십만 개의 특성이 있는 경우는 흔합니다. 예를 들어 8장에서 256×256 픽셀의 컬러 이미지를 196,608개의 특성으로 변환했습니다. 또한 각 픽셀이 가질 수 있는 값은 256개이기 때문에 샘플을 구성할 수 있는 조합은 256^{196608}개가 됩니다. 많은 머신러닝 알고리즘은 이런 데이터에서 학습하는 데 어려움이 있습니다. 올바르게 작동하기 위해 알고리즘에 필요한 충분한 데이터를 모으는 것이 불가능하기 때문입니다. 표 형식 데이터^{tabular data}에서도 특성 공학 과정을 거친 다음에도 수 천개의 특성을 가진 구조적인 데이터셋이 만들어지는 경우가 많습니다.[1]

다행히 모든 특성이 동일하지는 않습니다. 차원 축소를 위한 **특성 추출**의 목적은 특성에 내재된 정보는 많이 유지하면서 특성 집합 $p_{original}$을 새로운 집합 p_{new}으로 변환하는 것입니다. 이때 $p_{original} > p_{new}$입니다. 다르게 말하면 고품질 예측을 만들기 위한 데이터의 능력을 조금만 희생하고 특성의 수를 줄입니다. 이 장에서는 이런 작업을 위한 여러 가지 특성 추출 기법을 다루겠습니다.

특성 추출 기법의 한 가지 단점은 만들어진 새로운 특성을 사람이 이해하지 못한다는 것입니다. 모델을 훈련하기 위해 필요한 특성을 담고 있지만 사람의 눈에는 무작위한 숫자의 모음으로 보일 것입니다. 해석 가능한 모델을 유지하고 싶다면 (10장에서 소개할) **특성 선택**^{feature selectio}을 통한 차원 축소가 더 나은 방법입니다. 특성 선택에서는 중요하지 않다고 생각되는 특

---

1 옮긴이_ 이런 현상을 차원의 저주(curse of dimensionality, *http://bit.ly/2QkIDd5*)라고 부릅니다.

성은 삭제하고 다른 특성을 그대로 둡니다. 이렇게 하면 특성 추출처럼 모든 특성의 정보가 유지되지 않지만 삭제하지 않은 특성은 유지됩니다. 따라서 분석 과정에서 사람이 충분히 해석할 수 있습니다.

9.1 주성분을 사용해 특성 줄이기

과제 일련의 특성이 주어졌을 때 데이터의 분산을 유지하면서 특성의 수를 줄이고 싶습니다.

해결 사이킷런의 PCA를 사용해 주성분 분석을 수행합니다.

```python
# 라이브러리를 임포트합니다.
from sklearn.preprocessing import StandardScaler
from sklearn.decomposition import PCA
from sklearn import datasets

# 데이터를 로드합니다.
digits = datasets.load_digits()

# 특성 행렬을 표준화 처리합니다.
features = StandardScaler().fit_transform(digits.data)

# 99%의 분산을 유지하도록 PCA 클래스 객체를 만듭니다.
pca = PCA(n_components=0.99, whiten=True)

# PCA를 수행합니다.
features_pca = pca.fit_transform(features)

# 결과를 확인합니다.
print("원본 특성 개수:", features.shape[1])
print("줄어든 특성 개수:", features_pca.shape[1])
```

```
원본 특성 개수: 64
줄어든 특성 개수: 54
```

설명 **주성분 분석**principal component analysis(PCA)은 인기가 많은 선형 차원 축소 기법입니다. PCA는 데이터에서 대부분의 **분산**variance을 유지하는 특성 행렬의 (아마도 특성보다 더 적은 수의) 주성분에 샘플을 투영합니다. 이는 실제로 정보를 유지한다는 의미입니다. PCA는 비지도 학습 기법입니다. 즉 타깃 벡터의 정보를 사용하지 않고 특성 행렬만 이용합니다.

PCA의 작동 방식에 대한 수학적 이론은 이 레시피 끝에 제시한 자료를 참고하세요. 하지만 간단한 예를 통해 PCA 이면에 있는 원리를 이해할 수 있습니다. 다음 그림에서 데이터는 두 개의 특성 x_1와 x_2를 가집니다. 그래프를 보면 샘플들이 길이가 길고 높이는 낮은 타원 모양으로 퍼져 있음을 알 수 있습니다. 조금 더 구체적으로는 '길이' 방향의 분산이 '높이' 방향보다 훨씬 크다고 말할 수 있습니다. 길이와 높이 대신 가장 분산이 많은 방향을 첫 번째 주성분으로 부르고 두 번째로 가장 많은 방향을 두 번째 주성분이라고 부릅니다.

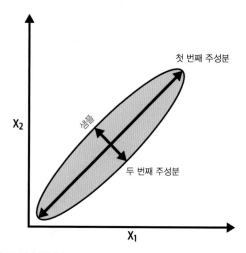

그림 9-1 PCA의 첫 번째와 두 번째 주성분

특성을 줄이는 한 가지 방법은 이 2D 공간의 모든 샘플을 1차원 주성분에 투영하는 것입니다. 두 번째 주성분에 있는 정보는 잃겠지만 때로는 받아들일 만한 상황일 수 있습니다. 이것이 PCA입니다.

사이킷런은 PCA 클래스를 사용해 PCA를 구현했습니다. n_components의 입력 매개변수에 따라 두 가지 동작을 수행합니다. 만약 매개변숫값이 1보다 크면 pca는 n_components 개수만큼의 특성이 반환됩니다. 이때 최적의 특성 개수를 어떻게 선택할지 의문이 들 수 있죠. 다행히 n_components를 0과 1 사이로 지정하면 pca는 해당 비율의 분산을 유지할 수 있는 최소한의 특성 개수를 반환합니다. 0.95와 0.99가 자주 사용됩니다. 원본 특성의 95%와 99%의 분산을 유지한다는 의미입니다. whiten=True로 지정하면 각 주성분의 값을 평균이 0이고 분산이 1이 되도록 변환합니다. solver="randomized"는 아주 짧은 시간 안에 첫 번째 주성분을 찾아주는 확률적 알고리즘을 사용합니다.

해결의 출력은 PCA가 10개의 차원을 감소하면서 특성 행렬의 정보(분산)를 99% 유지했다는 것을 보여줍니다.

참고 • 사이킷런의 PCA 문서(*http://bit.ly/2FrSvyx*)
  • 제프 하우레기Jeff Jauregui의 선형대수를 사용한 주성분 분석(*http://bit.ly/2FuzdIW*)

▌덧붙임 화이트닝whitening은 주성분에 투영된 특성의 스케일을 맞추는 역할을 합니다. PCA는 평균을 0으로 맞추기 때문에 화이트닝 옵션 대신 나중에 투영된 특성을 표준화해도 됩니다.

해결에서 사용한 load_digit 함수는 8×8 크기의 손글씨 숫자 데이터(*http://bit.ly/2W4r9YI*)를 로드합니다. 주성분에 투영된 처음 두 개의 특성을 사용해 산점도를 그려보겠습니다.

```python
import matplotlib.pyplot as plt

plt.scatter(features_pca[:, 0], features_pca[:, 1])
plt.show()
```

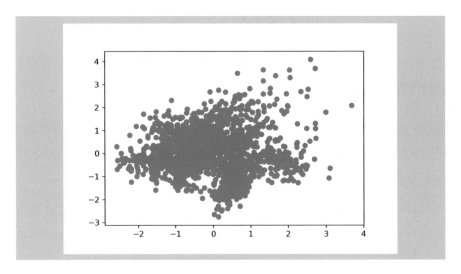

화이트닝되었기 때문에 두 특성의 스케일이 비슷합니다. PCA 클래스의 whiten 매개변수의 기본값은 False입니다. 화이트닝을 적용하지 않으면 평균은 0이지만 스케일은 맞춰지지 않습니다.

```
pca_nowhiten = PCA(n_components=0.99)
features_nowhiten = pca_nowhiten.fit_transform(features)
plt.scatter(features_nowhiten[:, 0], features_nowhiten[:, 1])
plt.show()
```

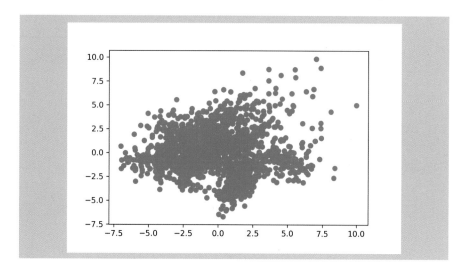

PCA로 찾은 주성분은 components_ 속성에 저장되어 있습니다. 해결에서 찾은 주성분은 행을 따라 54개가 놓여 있습니다. 각 주성분은 원본 특성 공간에서 어떤 방향을 나타내므로 이 벡터 크기는 64입니다.

```
pca_nowhiten.components_.shape
```

```
(54, 64)
```

특성 행렬을 주성분에 투영하려면 components_ 배열을 전치하여 점곱하면 됩니다. 넘파이 allclose 함수를 사용하여 앞서 구한 features_nowhiten 배열과 동일한지 확인해보죠.

```
import numpy as np

np.allclose(features_nowhiten, np.dot(features, pca_nowhiten.components_.T))
```

```
True
```

적절한 분산 비율을 선택하기 위해 전체 주성분의 설명된 분산explained variance에서 유지되는 분산의 양이 크게 늘어나지 않는 지점을 찾을 수 있습니다. n_components 매개변수를 지정하지 않으면 특성 개수만큼 주성분이 만들어집니다. 주성분에 의해 설명된 분산은 explained_variance_ratio_ 속성에 저장되어 있습니다.

```
pca = PCA(whiten=True).fit(features)
plt.plot(np.cumsum(pca.explained_variance_ratio_))
plt.show()
```

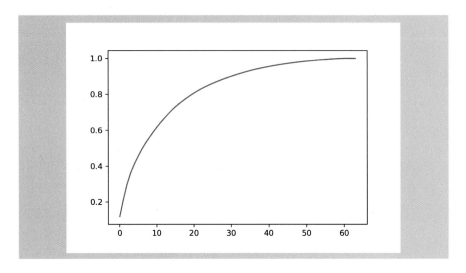

넘파이 cumsum 함수를 사용하여 분산을 누적하여 그래프를 그렸습니다. 여기에서는 대략 30개의 주성분으로도 80% 이상의 분산을 유지하고 있습니다. 그 이후부터 증가 추세가 꺾이고 있음을 알 수 있습니다.

사이킷런 0.19 버전에서 샘플의 자유도$^{degree\ of\ freedom}$를 계산할 때 샘플 개수에서 1을 빼지 않는 버그가 수정되었습니다. 따라서 해결에서처럼 사전에 (전체 샘플 개수를 자유도로 사용하는) 표준화 전처리를 하면 다른 결과가 만들어집니다. 올바르게 분산으로 계산하기 위해서 원본 데이터를 그대로 PCA로 주입하는 것이 좋습니다.

```
# 표준화하지 않은 원본 데이터를 사용합니다.
pca.fit(digits.data)
plt.plot(np.cumsum(pca.explained_variance_ratio_))
plt.show()
```

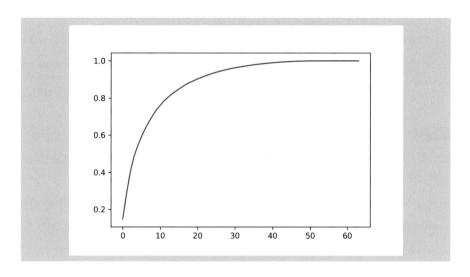

주성분 분석에 관한 자세한 이론은 『핸즈온 머신러닝』(한빛미디어, 2018)의 8장을 참고하기
바랍니다.

9.2 선형적으로 구분되지 않은 데이터의 차원 축소하기

과제 선형적으로 구분되지 않은 데이터에서 차원을 축소하고 싶습니다.

해결 커널 트릭kernel trick을 사용하는 주성분 분석의 확장을 사용하여 비선형 차원 축소를 수행
합니다.

```python
# 라이브러리를 임포트합니다.
from sklearn.decomposition import KernelPCA
from sklearn.datasets import make_circles

# 선형적으로 구분되지 않는 데이터를 만듭니다.
features, _ = make_circles(n_samples=1000, random_state=1, noise=0.1, fac-
tor=0.1)

# 방사 기저 함수(radius basis function, RBF)를 사용하여 커널 PCA를 적용합니다.
kpca = KernelPCA(kernel="rbf", gamma=15, n_components=1)
features_kpca = kpca.fit_transform(features)
```

```
print("원본 특성 개수:", features.shape[1])
print("줄어든 특성 개수:", features_kpca.shape[1])
```

```
원본 특성 개수: 2
줄어든 특성 개수: 1
```

설명 PCA는 특성 행렬의 차원을 축소할 수 있습니다(예를 들어 특성의 개수). 표준 PCA는 샘플을 선형적으로 투영하여 특성을 축소합니다. 데이터가 선형적으로 구분되면 (즉, 다른 클래스 사이에 직선이나 초평면hyperplane을 그릴 수 있다면) PCA가 잘 동작합니다. 그러나 데이터가 선형적으로 구분되지 않으면 (즉, 구부러진 결정 경계를 사용해서만 클래스를 나눌 수 있다면) 선형 변환이 잘 맞지 않습니다. 해결에서 사이킷런의 make_circles 함수를 사용해 두 개의 클래스를 가진 타깃 벡터와 두 개의 특성을 가진 모의 데이터셋을 만들었습니다. make_circles는 선형적으로 구분되지 않는 데이터를 만듭니다. 구체적으로 [그림 9-2]처럼 하나의 클래스가 다른 클래스 안에 둘러싸여 있습니다.

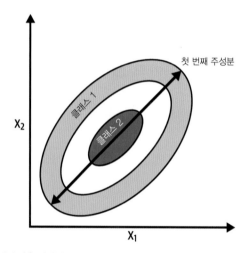

그림 9-2 선형적으로 구분되지 않은 데이터에 투영된 첫 번째 주성분

선형 PCA를 사용하여 데이터의 차원을 축소시킨다면 [그림 9-3]처럼 두 클래스가 첫 번째 주성분에 선형적으로 투영되기 때문에 서로 섞일 것입니다.

그림 9-3 선형 구분 불가능한 데이터에서 커널 PCA를 사용하지 않았을 때 첫 번째 주성분

이상적으로는 차원을 축소하면서 두 클래스가 선형적으로도 구분되는 변환을 원합니다. [그림 9-4]처럼 커널 PCA가 이 두 가지를 수행할 수 있습니다.

그림 9-4 선형 구분 불가능한 데이터에서 커널 PCA를 사용했을 때 첫 번째 주성분

커널 함수는 선형적으로 구분되지 않는 데이터를 선형적으로 구분되는 고차원으로 투영시켜 줍니다. 이를 커널 트릭이라 부릅니다. 커널 트릭의 상세한 내용을 이해하지 못해도 걱정하지 마세요. 그냥 커널을 데이터를 투영하는 다른 방법이라고 생각하면 됩니다. 사이킷런의 KernelPCA에 사용할 수 있는 커널이 여러 개가 있습니다. 이 커널 함수는 kernel 매개변수를 사용하여 지정합니다. 널리 사용되는 커널은 가우스 방사 기저 함수 커널인 rbf입니다. 다른 함수로는 다항식 커널(poly), 시그모이드 커널(sigmoid)이 있습니다. 선형 투영(linear)으로 지정하면 표준 PCA와 동일한 결과를 만들 수도 있습니다.

커널 PCA의 단점은 설정할 매개변수가 많다는 것입니다. 예를 들어 레시피 9.1에서 n_components를 0.99로 설정하여 PCA가 분산의 99%를 유지하는 주성분의 개수를 선택했습니다. 커널 PCA에서는 이 옵션을 사용할 수 없습니다. 대신 주성분의 개수를 지정해야 합니다 (예를 들면 n_components=1). 또한 커널 자체적으로 설정해야 할 하이퍼파라미터를 동반합니다. 예를 들어 방사 기저 함수는 gamma 값을 설정해야 합니다.

어떤 값을 설정해야 할까요? 시행착오를 거칠 수밖에 없습니다. 구체적으로 여러 가지 커널과 매개변수 조합으로 머신러닝 모델을 여러 번 훈련시킬 수 있습니다. 가장 높은 예측 성능을 만드는 값의 조합을 찾습니다. 이것이 일반적인 머신러닝을 수행하는 과정입니다. 이런 방법에 대해서는 12장에서 자세히 배우겠습니다.

> **참고** • 사이킷런의 KernelPCA 문서(*http://bit.ly/2HRkxC3*)

- 세바스찬 라시카의 블로그: RBF 커널 PCA를 사용한 커널 트릭과 비선형 차원 축소 (*http://bit.ly/2HRePƷf*)

🔖 **덧붙임** 커널 트릭은 실제 고차원으로 데이터를 변환하지 않으면서 고차원 데이터를 다루는 듯한 효과를 냅니다. 커널 PCA는 고차원 공간에서 주성분으로 투영된 결과를 반환합니다. 실제 고차원 공간으로 변환하는 것은 아니기 때문에 PCA처럼 주성분을 얻을 수는 없습니다. 즉, components_ 속성이 정의되지 않습니다.

```
kpca.components_
```

```
--------------------------------------------------------------------------
AttributeError                              Traceback (most recent call last)
<ipython-input-10-c4ec15340a6e> in <module>
----> 1 kpca.components_

AttributeError: 'KernelPCA' object has no attribute 'components_'
```

kernel 매개변수의 기본값은 linear입니다. gamma 매개변수는 rbf, poly, sigmoid 커널에서 사용하는 계수이고 기본값은 특성 개수의 역수입니다. degree 매개변수는 poly 커널에 사용하는 거듭제곱 수이고 기본값은 3입니다. coef0 매개변수는 poly와 sigmoid 커널에 사용되는 상수항으로 기본값은 1입니다. 이외에 cosine 커널이 있습니다. 각 커널의 수학 공식은 사이킷런 문서(*http://bit.ly/2K16zkD*)를 참고하세요.

『핸즈온 머신러닝』(한빛미디어, 2018)의 8장에서 커널 PCA를 직관적으로 설명합니다. 참고에서 소개된 세바스찬 라시카의 블로그 내용은 그의 책을 번역한 『머신러닝 교과서 with 파이썬, 사이킷런, 텐서플로』(길벗, 2019)의 5장에 담겨 있습니다.

9.3 클래스 분리를 최대화하여 특성 줄이기

과제 클래스 사이를 최대로 분리함으로써 분류 모델에 사용될 특성의 개수를 줄이고 싶습니다.

해결 **선형 판별 분석**linear discriminant analysis(LDA)을 사용하여 클래스를 최대한 분리하는 성분 축으로 특성을 투영합니다.

```python
# 라이브러리를 임포트합니다.
from sklearn import datasets
from sklearn.discriminant_analysis import LinearDiscriminantAnalysis

# 붓꽃 데이터셋을 로드합니다.
iris = datasets.load_iris()
features = iris.data
target = iris.target

# LDA 객체를 만들고 실행하여 특성을 변환합니다.
lda = LinearDiscriminantAnalysis(n_components=1)
features_lda = lda.fit(features, target).transform(features)

# 특성 개수를 출력합니다.
print("원본 특성 개수:", features.shape[1])
print("줄어든 특성 개수:", features_lda.shape[1])
```

```
원본 특성 개수: 4
줄어든 특성 개수: 1
```

explained_variance_ratio_를 사용하여 각 성분이 설명하는 분산의 양을 확인할 수 있습니다. 해결에서는 하나의 성분이 분산의 99%를 설명합니다.

```
lda.explained_variance_ratio_
```

```
array([0.9912126])
```

설명 LDA는 분류 알고리즘이지만 차원 축소에도 자주 사용되는 기법입니다. LDA는 특성 공간을 저차원 공간으로 투영한다는 점에서 주성분 분석(PCA)와 비슷합니다. PCA가 데이터에서 분산이 최대인 성분 축에만 관심이 있는 반면 LDA는 클래스 간의 차이를 최대화하는 추가적인 목적을 가집니다. [그림 9-5]의 데이터는 두 개의 타깃 클래스와 두 개의 특성으로 구성되어 있습니다. 이 데이터를 y축에 투영하면 두 클래스는 쉽게 구분되지 않습니다(즉, 클래스가 겹칩니다). 데이터를 x축에 투영하면 클래스를 잘 구분하는 하나의 특성 벡터를 만들 수 있습니다(즉 1차원으로 축소됩니다). 물론 실전에서는 클래스 간의 관계가 더 복잡하고 고차원이지만 기본적인 개념은 동일합니다.

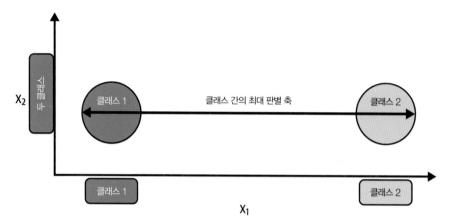

그림 9-5 LDA는 클래스 간의 차이를 최대화합니다.

사이킷런에서 LDA는 LinearDiscriminantAnalysis 클래스에 구현되어 있습니다. n_components 매개변수에 원하는 특성의 개수를 지정합니다. 필요한 n_components의 값을 알기 위해서는 (예를 들어 몇 개의 축을 남길지) 만들어진 각 특성이 설명하는 분산을 크기순으로 정렬한 explained_variance_ratio_를 참고할 수 있습니다. 예를 들면 다음과 같습니다.

```
lda.explained_variance_ratio_
```

```
array([ 0.99147248])
```

특히 n_components를 None으로 지정하여 LinearDiscriminantAnalysis를 실행할 수 있습니다. 모든 성분 특성에 의해 설명된 분산의 비율을 반환합니다. 그다음 설명된 분산의 임곗값을 넘기 위해 필요한 성분 개수를 계산합니다(주로 0.95나 0.99).

```python
# LDA를 만들고 실행합니다.
lda = LinearDiscriminantAnalysis(n_components=None)
features_lda = lda.fit(features, target)

# 설명된 분산의 비율이 담긴 배열을 저장합니다.
lda_var_ratios = lda.explained_variance_ratio_

# 함수를 만듭니다.
def select_n_components(var_ratio, goal_var: float) -> int:
    # 설명된 분산의 초깃값을 지정합니다.
    total_variance = 0.0
```

```
# 특성 개수의 초깃값을 지정합니다.
n_components = 0

# 각 특성의 설명된 분산을 순회합니다.
for explained_variance in var_ratio:

    # 설명된 분산값을 누적합니다.
    total_variance += explained_variance

    # 성분 개수를 카운트합니다.
    n_components += 1

    # 설명된 분산이 목표치에 도달하면
    if total_variance >= goal_var:
        # 반복을 종료합니다.
        break

# 성분 개수를 반환합니다.
return n_components

# 함수를 실행합니다.
select_n_components(lda_var_ratios, 0.95)
```

1

참고 • 붓꽃 데이터셋을 사용한 LDA와 PCA의 2D 투영 비교(*http://bit.ly/2Fs4cWe*)
• 세바스찬 라시카의 블로그: 선형 판별 분석(*http://bit.ly/2FtiKEL*)

🔖덧붙임 LDA는 PCA와 달리 타깃 벡터를 사용합니다. 참고에서 소개된 세바스찬 라시카의 블로그에서는 선형 판별 분석의 이론을 살펴보고 파이썬으로 직접 구현해봅니다. 이 내용은 그의 책을 번역한 『머신러닝 교과서 with 파이썬, 사이킷런, 텐서플로』(길벗, 2019)의 5장에 담겨 있습니다.

9.4 행렬 분해를 사용하여 특성 줄이기

과제 음수가 아닌 특성 행렬이 있을 때 차원을 축소하고 싶습니다.

해결 **비음수 행렬 분해**non-negative matrix factorization(NMF)를 사용하여 특성 행렬의 차원을 축소합니다.

```python
# 라이브러리를 임포트합니다.
from sklearn.decomposition import NMF
from sklearn import datasets

# 데이터를 로드합니다.
digits = datasets.load_digits()

# 특성 행렬을 로드합니다.
features = digits.data

# NMF를 만들고 학습하고 적용합니다.
nmf = NMF(n_components=10, random_state=1)
features_nmf = nmf.fit_transform(features)

# 결과를 출력합니다.
print("원본 특성 개수:", features.shape[1])
print("줄어든 특성 개수:", features_nmf.shape[1])
```

```
원본 특성 개수: 64
줄어든 특성 개수: 10
```

설명 NMF 선형 차원 축소를 위한 비지도 학습 기법입니다. 샘플과 특성 사이에 잠재되어 있는 관계를 표현하는 행렬로 특성 행렬을 분해합니다(즉, 곱해서 거의 원본 행렬이 되는 여러 개의 행렬로 나눕니다). 직관적으로 생각해서 행렬 곱셈에서 곱하는 행렬은 결과 행렬보다 훨씬 적은 차원을 가지기 때문에 NMF가 차원을 축소할 수 있습니다. 이론적으로 원하는 특성 개수 r이 주어지면 NMF는 다음과 같이 특성 행렬을 분해합니다.

$$\mathbf{V} \approx \mathbf{WH}$$

여기에서 $\mathbf{V}$는 $n \times d$ 크기의 특성 행렬입니다(즉, n개의 샘플, d개의 특성). $\mathbf{W}$는 $n \times r$ 크기이고 $\mathbf{H}$는 $r \times d$ 크기 행렬입니다. r 값을 조절하여 필요한 차원 축소의 양을 정할 수 있습니다.

NMF의 중요한 필수 조건 하나는 이름이 의미하듯이 특성 행렬이 음수를 포함할 수 없다는 것입니다. 또한 PCA나 다른 기법과 달리 만들어진 특성의 설명된 분산을 제공하지 않습니다. 그러므로 n_components의 최적값을 찾는 가장 좋은 방법은 최종 모델에서 가장 좋은 결과를 내는 것을 찾아 여러 값을 시도해보는 것입니다(12장 참조).

참고 ・비음수 행렬 분해(*http://bit.ly/2W0nxXl*)

덧붙임 **H** 행렬은 components_ 속성에 저장되어 있고 **W** 행렬이 변환된 데이터 features_
nmf입니다.

```
nmf.components_.shape
```

```
(10, 64)
```

설명에서 언급한 것처럼 성분의 값은 모두 양수입니다.

```
np.all(nmf.components_ >= 0)
```

```
True
```

원본 데이터를 복원하려면 변환된 행렬 **W**와 성분 행렬 **H**을 점곱합니다. 완벽하게 복원되지
못하지만 두 행렬의 차이가 크지 않음을 알 수 있습니다.

```
np.mean(features - np.dot(features_nmf, nmf.components_))
```

```
-0.20062043744127928
```

NMF 클래스의 solver 매개변수의 기본값은 cd로 좌표 하강법을 사용합니다. 사이킷런 0.19
버전에서 곱셈 업데이트 알고리즘인 mu 옵션이 추가되었습니다.

```
nmf_mu = NMF(n_components=10, solver='mu', random_state=1)
features_nmf_mu = nmf_mu.fit_transform(features)

np.mean(features - np.dot(features_nmf_mu, nmf_mu.components_))
```

```
-0.12629945585681077
```

NMF에 대한 좀 더 자세한 설명과 다양한 예는 『파이썬 라이브러리를 활용한 머신러닝(개정
판)』(한빛미디어, 2019)의 3장을 참고하세요.

9.5 희소한 데이터의 특성 줄이기

과제 희소 특성 행렬의 차원을 축소하고 싶습니다.

해결 **TSVD** truncated singular value decomposition를 사용합니다.

```python
# 라이브러리를 임포트합니다.
from sklearn.preprocessing import StandardScaler
from sklearn.decomposition import TruncatedSVD
from scipy.sparse import csr_matrix
from sklearn import datasets
import numpy as np

# 데이터를 로드합니다.
digits = datasets.load_digits()

# 특성 행렬을 표준화 처리합니다.
features = StandardScaler().fit_transform(digits.data)

# 희소 행렬을 만듭니다.
features_sparse = csr_matrix(features)

# TSVD 객체를 만듭니다.
tsvd = TruncatedSVD(n_components=10)

# 희소 행렬에 TSVD를 적용합니다.
features_sparse_tsvd = tsvd.fit(features_sparse).transform(features_sparse)

# 결과를 출력합니다.
print("원본 특성 개수:", features_sparse.shape[1])
print("줄어든 특성 개수:", features_sparse_tsvd.shape[1])
```

```
원본 특성 개수: 64
줄어든 특성 개수: 10
```

설명 TSVD는 PCA와 비슷합니다. 사실 PCA의 단계 중 하나에서 종종 기본 SVD 방식을 사용합니다. 기본 SVD에서 d개의 특성이 주어지면 SVD는 $d \times d$ 크기의 분해 행렬을 만듭니다. 반면 TSVD는 $n \times n$ 크기의 행렬을 만듭니다. n은 사전에 매개변수에서 지정한 값입니다. TSVD의 이점은 PCA와 달리 희소 특성 행렬에 사용할 수 있다는 것입니다.

TSVD의 이슈 하나는 난수 생성기를 사용하기 때문에 출력 부호가 훈련하는 사이에 뒤집힐 수 있다는 것입니다. 간단한 해결 방법은 전처리 파이프라인마다 한 번만 **fit** 메서드를 호출하는 것입니다. 그다음 여러 번 **transform** 메서드를 사용합니다.

선형 판별 분석처럼 **n_components** 매개변수를 사용하여 필요한 특성(성분)의 개수를 지정해야 합니다. 자연스럽게 최적의 성분 개수에 대한 질문이 발생합니다. 한 가지 전략은 **n_components**를 하이퍼파라미터로 모델 선택 과정에서 최적화하는 것입니다(즉 가장 좋은 훈련 모델을 만드는 **n_components**를 선택합니다). 또는 TSVD가 성분마다 원본 특성 행렬의 설명된 분산 비율을 제공하기 때문에 필요한 분산의 양을 설명할 수 있는 성분 개수를 선택할 수 있습니다(보통 95%나 99%). 예를 들어 해결에서 처음 세 개의 성분은 대략 원본 데이터의 30% 분산을 설명합니다.

```
# 처음 세 개의 성분이 설명하는 분산의 비율 합
tsvd.explained_variance_ratio_[0:3].sum()
```

```
0.3003938538254975
```

원본 특성 개수보다 하나 작게 **n_components**를 지정하고 TSVD를 실행하여 원하는 원본 데이터의 분산에서 설명된 양에 맞는 성분 개수를 계산하는 함수를 만들어 이 과정을 자동화할 수 있습니다.

```
# 특성 개수보다 하나 작은 TSVD를 만들고 실행합니다.
tsvd = TruncatedSVD(n_components=features_sparse.shape[1]-1)
features_tsvd = tsvd.fit(features)

# 설명된 분산을 리스트에 저장합니다.
tsvd_var_ratios = tsvd.explained_variance_ratio_

# 함수를 만듭니다.
def select_n_components(var_ratio, goal_var):
    # 설명된 분산을 초기화합니다.
    total_variance = 0.0

    # 특성 개수를 초기화합니다.
    n_components = 0

    # 특성의 설명된 분산을 순환합니다.
    for explained_variance in var_ratio:

        # 설명된 분산을 누적합니다.
        total_variance += explained_variance
```

```
        # 성분 개수를 카운트합니다.
        n_components += 1

        # 설명된 분산의 목표에 도달하면
        if total_variance >= goal_var:
            # 반복을 마칩니다.
            break

    # 성분 개수를 반환합니다.
    return n_components

# 함수를 실행합니다.
select_n_components(tsvd_var_ratios, 0.95)
```

```
40
```

참고 • 사이킷런 문서: TruncatedSVD(*http://bit.ly/2GTfxvh*)

📌 **덧붙임** 자연어 처리에서는 TSVD를 잠재 의미 분석[latent semantic analysis](LSA)이라고도 부릅니다.

PCA는 최대 분산의 방향을 찾기 위해 원점에 맞춘 특성 행렬의 공분산 행렬에서 고유 벡터를 찾습니다. 이는 특성 행렬을 특잇값 분해(SVD)하여 얻은 특이 벡터와 같습니다. 따라서 특성 행렬을 원점에 맞추고 TSVD를 적용하면 PCA와 거의 같은 결과가 만들어집니다.

```
features = digits.data - np.mean(digits.data, axis=0)

pca = PCA(n_components=40, random_state=1)
features_pca = pca.fit_transform(features)

tsvd = TruncatedSVD(n_components=40, random_state=1)
features_tsvd = tsvd.fit_transform(features)

np.max(np.abs(features_pca - features_tsvd))
```

```
0.0020109620812311935
```

두 방식으로 변환된 행렬이 차이가 나지만 크지 않음을 알 수 있습니다. PCA 클래스의 svd_solver 매개변수가 기본값 auto이면 샘플의 개수가 500개 이하일 때 SVD 분해를 사용하는 full이 됩니다. 500개보다 크면 랜덤 SVD[randomized SVD]를 사용하는 randomized가 됩니다. TruncatedSVD의 algorithm 매개변수의 기본값은 랜덤 SVD를 의미하는 randomized입니다. 위 코드에서 랜덤한 알고리즘의 결과를 일정하게 만들기 위해 random_state를 지정했습니다.

## CHAPTER 10

특성 선택을 사용한 차원 축소

10.0 소개

9장에서 새로운 특성을 만드는 식으로 특성 행렬의 차원을 축소하는 방법을 설명했습니다. 이런 특성은 (이상적으로) 훨씬 적은 차원으로 좋은 품질의 모델을 동일하게 훈련할 수 있습니다. 이를 **특성 추출**feature extraction이라고 부릅니다. 이 장에서 또 다른 접근 방법으로 고품질의 정보가 많은 특성은 선택하고 덜 유용한 특성은 버리는 방식을 다루겠습니다. 이를 **특성 선택**feature selectio이라고 부릅니다.

특성 선택 방식에는 필터filter, 래퍼wrapper, 임베디드embedded 세 가지가 있습니다. **필터 방식**은 통계적인 속성을 조사하여 가장 뛰어난 특성을 선택합니다. 통곗값에 대한 임곗값을 명시적으로 지정하거나 유지할 특성 개수를 수동으로 선택하는 방법이 필터 방식의 한 예입니다. **래퍼 방식**은 시행착오를 통해 가장 높은 품질의 예측을 만드는 특성의 부분 조합을 찾습니다. 단순한 가정이 아니라 실제 실험을 통해 최상의 결과를 찾기 때문에 래퍼 방식이 가장 효과적인 경우가 많습니다. 마지막으로 **임베디드 방식**은 학습 알고리즘의 훈련 단계를 확장하거나 일부로 구성하여 가장 좋은 특성의 부분 조합을 선택합니다.

이 장에서 이 세 가지 방식을 모두 소개하는 것이 이상적입니다. 그러나 임베디드 방식은 특정 학습 알고리즘에 밀접하게 연관되어 있기 때문에 알고리즘 자체를 자세히 이해하기 전에 설명하기 어렵습니다. 이 장에서는 필터와 래퍼 방식의 특성 선택을 다룹니다. 학습 알고리즘을 자세히 논의하는 장에서 특정 임베디드 방식을 설명하겠습니다.

10.1 분산을 기준으로 수치 특성 선택하기

과제 수치형 특성 중에서 분산이 낮은 특성(즉 정보가 거의 없는 특성)을 제외하고 싶습니다.

해결 주어진 기준값보다 높은 분산을 가진 특성을 선택합니다.

```python
# 라이브러리를 임포트합니다.
from sklearn import datasets
from sklearn.feature_selection import VarianceThreshold

# 예제 데이터를 로드합니다.
iris = datasets.load_iris()

# 특성과 타깃을 만듭니다.
features = iris.data
target = iris.target

# 기준값을 만듭니다.
thresholder = VarianceThreshold(threshold=.5)

# 기준값보다 높은 특성을 선택합니다.
features_high_variance = thresholder.fit_transform(features)

# 선택한 특성을 확인합니다.
features_high_variance[0:3]
```

```
array([[5.1, 1.4, 0.2],
       [4.9, 1.4, 0.2],
       [4.7, 1.3, 0.2]])
```

설명 **분산 기준 설정**variance thresholding(VT)은 필터 방식의 특성 선택의 예이며, 기본적인 특성 선택 방법 중 하나입니다. 이 방식은 분산이 높은 특성보다 분산이 낮은 특성이 효과적이거나 유용하지 않다는 아이디어에 기반합니다. VT는 먼저 각 특성의 분산을 계산합니다.

$$Var\left(x\right) = \frac{1}{n}\sum_{i=1}^{n}\left(x_i - \mu\right)^2$$

여기에서 x는 특성 벡터이고 x_i는 개별 특성값입니다. μ는 특성의 평균값입니다. 그다음 분산이 기준값에 미치지 못하는 모든 특성을 삭제합니다.

VT를 사용할 때 두 가지를 기억해야 합니다. 첫째, 분산은 원점에 맞춰진 값이 아닙니다. 즉 특성의 제곱 단위입니다. 따라서 특성의 단위가 서로 다르면 VT가 작동하지 않습니다(예를 들어 한 특성은 연 단위이고 다른 특성은 원 단위인 경우). 둘째, 분산의 기준값을 수동으로 선택하기 때문에 어떤 값이 좋은지 판단할 수 있어야 합니다(또는 12장에서 소개하는 모델 선택 기법을 사용합니다). variances_ 속성에서 각 특성의 분산을 확인할 수 있습니다.

```
# 분산을 확인합니다.
thresholder.variances_
```

```
array([0.68112222, 0.18871289, 3.09550267, 0.57713289])
```

마지막으로 특성이 (평균이 0이고 단위 분산으로) 표준화되어 있으면 당연하지만 분산 기준 선택 방식은 올바르게 작동하지 않습니다.

```
# 라이브러리를 임포트합니다.
from sklearn.preprocessing import StandardScaler

# 특성 행렬을 표준화합니다.
scaler = StandardScaler()
features_std = scaler.fit_transform(features)

# 각 특성의 분산을 계산합니다.
selector = VarianceThreshold()
selector.fit(features_std).variances_
```

```
array([1., 1., 1., 1.])
```

10.2 분산을 기준으로 이진 특성 선택하기

과제 이진 범주형 특성binary categorical feature에서 분산이 낮은 특성(즉 적은 정보를 가진 특성)을 삭제하고 싶습니다.

해결 베르누이 확률 변수Bernoulli random variable의 분산이 기준값 이상인 특성을 선택합니다.

```
# 라이브러리를 임포트합니다.
from sklearn.feature_selection import VarianceThreshold
```

```
# 예제 특성 행렬을 만듭니다.
# 특성 0: 80%가 클래스 0
# 특성 1: 80%가 클래스 1
# 특성 2: 60%가 클래스 0, 40%는 클래스 1
features = [[0, 1, 0],
            [0, 1, 1],
            [0, 1, 0],
            [0, 1, 1],
            [1, 0, 0]]

# 분산을 기준으로 선택합니다.
thresholder = VarianceThreshold(threshold=(.75 * (1 - .75)))
thresholder.fit_transform(features)
```

```
array([[0],
       [1],
       [0],
       [1],
       [0]])
```

설명 수치형 특성과 마찬가지로 정보가 많은 범주형 특성을 선택하고 정보가 부족한 특성을 제외하는 한 가지 전략은 분산을 조사하는 것입니다. 이진 특성(즉 베르누이 확률 변수)의 분산은 다음과 같이 계산합니다.

$$Var(x) = p(1-p)$$

여기에서 p는 클래스 1의 샘플 비율입니다. 따라서 p 값을 설정하여 샘플의 대다수가 한 개의 클래스에 속한 특성을 삭제할 수 있습니다.

▼ 덧붙임 이진 특성의 경우에도 **variances_** 속성에서 분산을 확인할 수 있습니다.

```
thresholder.variances_
```

```
array([0.16, 0.16, 0.24])
```

VarainceThreshold 클래스는 수치 특성, 이진 특성에 상관없이 넘파이 **var** 함수를 사용하여 분산을 계산합니다. 다음 코드는 넘파이 **var** 함수를 사용하여 앞서 구한 분산을 동일하게 계산합니다.

```
import numpy as np
np.var(features, axis=0)
```

```
array([0.16, 0.16, 0.24])
```

이진 특성에 var 함수를 사용하는 것은 이진 특성일 때 베르누이 확률 변수의 분산과 같기 때문입니다. 분산 공식을 사용해 간단히 유도해볼 수 있습니다. 먼저 분산 공식을 다음과 같이 풀어 쓸 수 있습니다.

$$Var(x) = \frac{1}{n}\sum_{i=1}^{n}(x_i - \mu)^2 = \frac{1}{n}\left(\sum_{i=1}^{n}x_i^2 - 2\mu\sum_{i=1}^{n}x_i + n\mu^2\right)$$

0, 1로 이루어진 이진 특성일 경우 x_i^2은 x_i와 같으므로 $\frac{1}{n}$을 곱하면 첫 번째 항은 평균과 같아집니다. 두 번째 항도 마찬가지로 $\frac{1}{n}$을 곱하면 평균의 제곱으로 표현할 수 있습니다. 결국 다음과 같이 정리됩니다.

$$= \frac{1}{n}\sum_{i=1}^{n}x_i - 2\mu\frac{1}{n}\sum_{i=1}^{n}x_i + \mu^2 = \mu - 2\mu^2 + \mu^2 = \mu - \mu^2 = \mu(1-\mu)$$

이진 특성의 평균 μ는 클래스 1의 샘플 비율과 같습니다. 따라서 var 함수로 이진 특성의 분산을 계산하면 베르누이 확률 변수의 분산 $p(1-p)$와 같습니다.

threshold 매개변수의 기본값은 0으로 모든 특성을 선택합니다.

10.3 상관관계가 큰 특성 다루기

과제 특성 행렬에서 일부 특성의 상관관계가 크다고 의심됩니다.

해결 상관관계 행렬correlation matrix을 사용하여 상관관계가 큰 특성을 확인하고 이들 중 하나를 삭제합니다.

```
# 라이브러리를 임포트합니다.
import pandas as pd
```

```python
import numpy as np

# 상관관계가 큰 두 개의 특성을 가진 특성 행렬을 만듭니다.
features = np.array([[1, 1, 1],
                     [2, 2, 0],
                     [3, 3, 1],
                     [4, 4, 0],
                     [5, 5, 1],
                     [6, 6, 0],
                     [7, 7, 1],
                     [8, 7, 0],
                     [9, 7, 1]])

# 특성 행렬을 데이터프레임으로 변환합니다.
dataframe = pd.DataFrame(features)

# 상관관계 행렬을 만듭니다.
corr_matrix = dataframe.corr().abs()

# 상관관계 행렬의 상삼각(upper triangle) 행렬을 선택합니다.
upper = corr_matrix.where(np.triu(np.ones(corr_matrix.shape),
                          k=1).astype(bool))

# 상관 계수가 0.95보다 큰 특성 열의 인덱스를 찾습니다.
to_drop = [column for column in upper.columns if any(upper[column] > 0.95)]

# 특성을 삭제합니다.
dataframe.drop(dataframe.columns[to_drop], axis=1).head(3)
```

	0	2
0	1	1
1	2	0
2	3	1

설명 머신러닝에서 흔히 부딪히는 한 가지 문제는 상관관계가 큰 특성입니다. 두 가지 특성의 상관관계가 크다면, 담고 있는 정보가 매우 비슷하므로 중복된 특성을 포함하는 것과 같습니다. 선형 회귀와 같이 단순한 방법에서는 이런 특성을 제외하지 못하면 선형 회귀의 가정을 위반하게 되고, 인공적으로 부풀려진 R^2 값을 만듭니다. 이런 특성을 다루는 해결은 간단합니다. 특성 중 하나를 특성 행렬에서 삭제하면 됩니다. 상관관계 임곗값을 지정하여 상관관계가 큰 특성을 제외하는 것은 필터 방식의 또 다른 예입니다.

해결에서 첫째, 모든 특성에 대한 상관관계 행렬을 만들었습니다.

```
# 상관관계 행렬
dataframe.corr()
```

	0	1	2
0	1.000000	0.976103	0.000000
1	0.976103	1.000000	-0.034503
2	0.000000	-0.034503	1.000000

둘째, 상관관계 행렬의 상삼각 행렬upper triangle matrix을 살펴서 크게 상관된 특성의 쌍을 확인합니다.

```
# 상관관계 행렬의 상삼각 행렬
upper
```

	0	1	2
0	NaN	0.976103	0.000000
1	NaN	NaN	0.034503
2	NaN	NaN	NaN

셋째, 이런 특성 중 하나를 삭제합니다.

💬 **덧붙임** 상관관계 행렬은 넘파이 corrcoef 함수로 구할 수도 있습니다. 이 함수는 특성이 행에 놓여 있을 것으로 기대합니다. 특성이 열에 놓여 있다고 알려주려면 rowvar 매개변수를 False로 지정합니다.

```
np.corrcoef(features, rowvar=False)
```

```
array([[ 1.        ,  0.97610336,  0.        ],
       [ 0.97610336,  1.        , -0.03450328],
       [ 0.        , -0.03450328,  1.        ]])
```

해결에 나온 np.triu 함수는 주어진 배열에서 상삼각 행렬을 추출하여 반환합니다. 매개변수 k가 기본값 0이면 반환되는 행렬에 대각원소가 포함됩니다. k 값이 커질수록 대각원소에서 k만큼 떨어진 삼각행렬을 반환합니다. 예를 들어 k=2일 경우 주대각선에서 2만큼 떨어진 원소부터 포함됩니다.

```
np.triu(np.ones((4, 4)), k=2)
```

```
array([[0., 0., 1., 1.],
       [0., 0., 0., 1.],
       [0., 0., 0., 0.],
       [0., 0., 0., 0.]])
```

이와 비슷하게 하삼각 행렬을 구하는 np.tril 함수도 있습니다. 사용법은 triu()와 동일합니다.

```
np.tril(np.ones((4, 4)), k=0)
```

```
array([[1., 0., 0., 0.],
       [1., 1., 0., 0.],
       [1., 1., 1., 0.],
       [1., 1., 1., 1.]])
```

10.4 분류 작업에 관련 없는 특성 삭제하기

과제 범주형 타깃 벡터에서 관련 없는 특성을 삭제하고 싶습니다.

해결 범주형 특성이라면 각 특성과 타깃 벡터 사이의 카이제곱$^{chi-square}$(χ^2) 통계를 계산합니다.

```python
# 라이브러리를 임포트합니다.
from sklearn.datasets import load_iris
from sklearn.feature_selection import SelectKBest
from sklearn.feature_selection import chi2, f_classif

# 데이터를 로드합니다.
iris = load_iris()
features = iris.data
target = iris.target

# 범주형 데이터를 정수형으로 변환합니다.
features = features.astype(int)

# 카이제곱 통곗값이 가장 큰 특성 두 개를 선택합니다.
chi2_selector = SelectKBest(chi2, k=2)
features_kbest = chi2_selector.fit_transform(features, target)
```

```
# 결과를 확인합니다.
print("원본 특성 개수:", features.shape[1])
print("줄어든 특성 개수:", features_kbest.shape[1])
```

```
원본 특성 개수: 4
줄어든 특성 개수: 2
```

특성이 수치형quantitative[1]이면 각 특성과 타깃 벡터 사이에서 분산 분석(ANOVA)의 F-값을 계산합니다.

```
# F-값이 가장 높은 특성 두 개를 선택합니다.
fvalue_selector = SelectKBest(f_classif, k=2)
features_kbest = fvalue_selector.fit_transform(features, target)
```

```
# 결과를 확인합니다.
print("원본 특성 개수:", features.shape[1])
print("줄어든 특성 개수:", features_kbest.shape[1])
```

```
원본 특성 개수: 4
줄어든 특성 개수: 2
```

특정 특성 개수를 선택하는 대신 SelectPercentile를 사용하여 특성의 상위 n 퍼센트를 선택할 수 있습니다.

```
# 라이브러리를 임포트합니다.
from sklearn.feature_selection import SelectPercentile
```

```
# 가장 큰 F-값의 상위 75% 특성을 선택합니다.
fvalue_selector = SelectPercentile(f_classif, percentile=75)
features_kbest = fvalue_selector.fit_transform(features, target)
```

```
# 결과를 선택합니다.
print("원본 특성 개수:", features.shape[1])
print("줄어든 특성 개수:", features_kbest.shape[1])
```

```
원본 특성 개수: 4
줄어든 특성 개수: 3
```

----

1 옮긴이_ 원서는 수치형 특성과 정량형(quantitative) 특성을 혼용하여 사용하고 있습니다. 번역서에서는 보통 널리 사용되고 있고 이해하기 쉬운 용어인 수치형 특성으로 통일하여 사용했습니다.

설명 카이제곱 통계는 두 범주형 벡터의 독립성을 평가합니다. 즉, 이 통계는 범주형 특성의 각 클래스별 샘플 빈도와 이 특성이 타깃 벡터와 독립적이라면 (즉 관계가 없다면) 기대할 수 있는 값 사이의 차이입니다.

$$\chi^2 = \sum_{i=1}^{n} \frac{(O_i - E_i)^2}{E_i}$$

여기에서 O_i는 관측된 클래스 i의 샘플 빈도입니다. E_i는 특성과 타깃 벡터 사이에 관계가 없을 때 기대할 수 있는 클래스 i의 샘플 빈도입니다.

카이제곱 특성은 관찰 빈도[2]와 전혀 관계가 없다고 기대하는 빈도 사이에 얼마나 큰 차이가 있는지 알려주는 하나의 숫자입니다. 특성과 타깃 벡터 사이의 카이제곱 통계를 계산하면 둘 사이의 독립성을 측정할 수 있습니다. 특성 변수가 타깃에 독립적이면 분류 문제에 사용할 정보가 없기 때문에 목적에 맞지 않습니다. 다른 한편으로 두 변수가 크게 의존적이면 모델 훈련에 필요한 정보가 많을 것입니다.

특성 선택에서 카이제곱을 사용하려면 각 특성과 타깃 벡터 사이의 카이제곱 통계를 계산하고 카이제곱 통계가 가장 좋은 특성을 선택해야 합니다. 사이킷런에서는 SelectKBest를 사용하여 선택할 수 있습니다. 매개변수 k는 정보가 부족한 특성을 제외하고 선택할 특성의 개수를 결정합니다.

카이제곱 통계는 두 범주형 벡터 사이에서만 계산할 수 있다는 점을 유념하세요. 이런 이유 때문에 특성 선택으로 카이제곱을 사용하려면 타깃 벡터와 특성이 범주형이어야 합니다. 수치형 특성이 있다면 수치형을 범주형 특성으로 변환하여 카이제곱 특성을 사용할 수 있습니다. 마지막으로 카이제곱 방식을 사용하려면 모든 값이 음수가 아니어야 합니다.

또는 수치형 특성이라면 f_classif 사용하여 각 특성과 타깃 벡터 사이에 분산 분석(ANOVA)의 F-값 통계를 계산할 수 있습니다. F-값 점수는 타깃 벡터로 수치형 특성을 그룹핑하여 각 그룹의 평균이 크게 차이나는지 평가합니다. 예를 들어 이진 타깃 벡터인 성별과 수치형 특성인 시험 점수가 있다면, F-값 점수는 남성의 평균 테스트 점수가 여성의 평균 테스트 점수보다 다른지를 설명합니다. 그렇지 않다면 시험 점수는 성별을 예측하는 데 도움이 되지 않기 때문

2　옮긴이_ 카이제곱 통계에서 O_i를 관찰 빈도, E_i를 기대 빈도라고 부릅니다.

에 이 특성은 관련성이 없습니다.

■ 덧붙임 load_iris 함수에서 제공하는 붓꽃 데이터셋은 수치형 특성입니다. 해결에서는 카이
제곱의 예를 위해 강제로 정수 타입으로 바꾸어 범주형처럼 다루었습니다. 이 데이터를 사용하
여 카이제곱 통계를 직접 계산해보죠.

붓꽃 데이터셋은 순서대로 세 개의 꽃 종류(클래스)가 50개씩 150개의 샘플로 이루어져 있습
니다. 타깃 데이터를 출력해보면 세 클래스가 순서대로 50개씩 놓인 것을 확인할 수 있습니다.

```
target
```

```
array([0, 0, 0, 0, 0, 0, 0, 0, 0, 0, 0, 0, 0, 0, 0, 0, 0, 0, 0, 0, 0,
       0, 0, 0, 0, 0, 0, 0, 0, 0, 0, 0, 0, 0, 0, 0, 0, 0, 0, 0, 0, 0,
       0, 0, 0, 0, 0, 0, 1, 1, 1, 1, 1, 1, 1, 1, 1, 1, 1, 1, 1, 1, 1,
       1, 1, 1, 1, 1, 1, 1, 1, 1, 1, 1, 1, 1, 1, 1, 1, 1, 1, 1, 1, 1,
       1, 1, 1, 1, 1, 1, 1, 1, 1, 1, 1, 1, 2, 2, 2, 2, 2, 2, 2, 2, 2,
       2, 2, 2, 2, 2, 2, 2, 2, 2, 2, 2, 2, 2, 2, 2, 2, 2, 2, 2, 2, 2,
       2, 2, 2, 2, 2, 2, 2, 2, 2, 2, 2, 2, 2, 2, 2, 2, 2, 2])
```

관찰 빈도를 구하려면 클래스별로 특성값을 더해야 합니다. 데이터가 클래스 순서대로 50개씩
나열되어 있으므로 특성 행렬의 차원을 (150, 4)에서 (3, 50, 4)로 바꾸어 클래스별 합을 간
단히 구할 수 있습니다.

```
observed = np.sum(features.reshape(3, 50, 4), axis=1)
observed
```

```
array([[230, 152,  50,   0],
       [274, 116, 191,  50],
       [304, 129, 255,  79]])
```

특성이 타깃과 전혀 관계없다면 기대 빈도는 전체 합을 클래스 개수 3으로 나눈 값이 됩니다.

```
expected = features.sum(axis=0) / 3
expected
```

```
array([269.33333333, 132.33333333, 165.33333333,  43.        ])
```

이제 카이제곱 공식에 위에서 구한 observed와 expected를 대입합니다.

```
np.sum((observed - expected)**2 / expected, axis=0)
```

```
array([ 10.28712871,    5.02267003, 133.06854839,   74.27906977])
```

카이제곱 값이 큰 세 번째, 네 번째 특성이 선택됩니다. 이 카이제곱 점수는 chi2_selector 객체의 scores_ 속성에 저장되어 있습니다.

```
chi2_selector.scores_
```

```
array([ 10.28712871,    5.02267003, 133.06854839,   74.27906977])
```

F-값의 공식은 다음과 같습니다.

$$F = \frac{SS_{between} / (k-1)}{(SS_{tot} - SS_{between}) / (n-k)}$$

여기에서 k는 클래스 개수이고 n은 샘플 개수입니다. $SS_{between}$과 SS_{tot}는 각각 다음과 같습니다.

$$SS_{between} = \sum_{j=1}^{k} n_j (\bar{x}_j - \bar{x})^2, \quad SS_{tot} = \sum_{i=1}^{n} (x_i - \bar{x})^2$$

$\bar{x}$는 전체 평균이고 $\bar{x}_j$는 클래스별 평균을 나타냅니다. 먼저 넘파이 mean 함수를 사용해 전체 평균과 클래스 평균을 계산해보죠.

```
total_mean = np.mean(features, axis=0)
total_mean
```

```
array([5.38666667, 2.64666667, 3.30666667, 0.86      ])
```

```
class_mean = np.mean(features.reshape(3, 50, 4), axis=1)
class_mean
```

```
array([[4.6 , 3.04, 1.  , 0.  ],
       [5.48, 2.32, 3.82, 1.  ],
       [6.08, 2.58, 5.1 , 1.58]])
```

클래스 평균은 앞에서와 마찬가지로 특성 행렬을 (3, 50, 4) 크기로 바꾸어 계산했습니다. 전체 평균과 클래스별 평균을 구하고 나면 나머지는 간단합니다. ss_total 값부터 계산해보죠.

```
ss_between = np.sum(50 * (class_mean - total_mean)**2, axis=0)
ss_between
```

```
array([ 55.41333333,  13.29333333, 440.01333333,  63.88      ])
```

붓꽃 데이터셋은 클래스별로 50개의 샘플이 있다는 것을 알고 있으므로 따로 개수를 세지 않았습니다. 다음은 ss_total을 계산합니다.

```
ss_total = np.sum((features - total_mean)**2, axis=0)
ss_total
```

```
array([105.57333333,  42.27333333, 467.89333333,  76.06      ])
```

계산된 ss_between과 ss_total을 F-값 공식에 대입합니다.

```
f = (ss_between/(3-1)) / ((ss_total-ss_between)/(150-3))
f
```

```
array([  81.19776715,    33.71497585, 1160.00645624,  385.48275862])
```

F-값도 scores_ 속성에서 확인할 수 있습니다.

```
fvalue_selector.scores_
```

```
array([  81.19776715,    33.71497585, 1160.00645624,  385.48275862])
```

ANOVA는 각 특성이 독립적으로 평가되기 때문에 일변량 분석이라고도 부릅니다. 회귀일 때는 f_classif 대신 f_regression 함수를 사용합니다.

10.5 재귀적 특성 제거하기

과제 사동으로 최선의 특성을 선택하고 싶습니다.

해결 사이킷런의 RFECV를 사용하여 재귀적 특성 제거recursive feature elimination(RFE)를 교차검증cross-validation(CV)으로 수행할 수 있습니다. 즉, 래퍼 방식의 특성 선택 방법을 사용하여 모델 성능(예를 들면 정확도)이 나빠질 때까지 특성을 제거하면서 반복적으로 모델을 훈련합니다. 결국 최선의 특성이 남습니다.

```python
# 라이브러리를 임포트합니다.
from sklearn.datasets import make_regression
from sklearn.feature_selection import RFECV
from sklearn import datasets, linear_model

# 특성 행렬과 타깃 벡터를 생성합니다.
features, target = make_regression(n_samples = 10000,
                                   n_features = 100,
                                   n_informative = 2,
                                   random_state = 1)

# 선형 회귀 모델을 만듭니다.
ols = linear_model.LinearRegression()

# 재귀적으로 특성을 제거합니다.
rfecv = RFECV(estimator=ols, step=1, scoring="neg_mean_squared_error")
rfecv.fit(features, target)
rfecv.transform(features)
```

```
array([[ 0.00850799,  0.7031277 ],
       [-1.07500204,  2.56148527],
       [ 1.37940721, -1.77039484],
       ...,
       [-0.80331656, -1.60648007],
       [ 0.39508844, -1.34564911],
       [-0.55383035,  0.82880112]])
```

RFE를 수행하고 난 후 남은 특성 개수를 확인합니다.

```python
# 최선의 특성 개수
rfecv.n_features_
```

```
2
```

어떤 특성이 남았는지 확인합니다.

```python
# 선택된 특성이 표시된 불리언 마스크
rfecv.support_
```

```
array([False, False, False, False, False,  True, False, False, False,
       False, False, False, False, False, False, False, False, False,
```

```
        False, False, False, False, False, False, False, False, False,
        False, False, False, False, False, False, False, False, False,
        False, False, False,  True, False, False, False, False, False,
        False, False, False, False, False, False, False, False, False,
        False, False, False, False, False, False, False, False, False,
        False, False, False, False, False, False, False, False, False,
        False, False, False, False, False, False, False, False, False,
        False, False, False, False, False, False, False, False, False,
        False, False, False, False, False, False, False, False, False,
        False])
```

특성의 순위를 확인할 수도 있습니다.

```
# 특성의 순위: 최고(1)에서 최악(96)까지
rfecv.ranking_
```

```
array([60, 88, 75, 13, 58,  1, 30, 59, 56, 46, 87, 15, 65,  5,  7, 38, 70,
       36, 41, 11,  6, 77, 14, 97, 73,  4, 19, 39, 16, 31, 82, 43, 80, 28,
       47, 62, 33, 10, 92,  1,  3, 50, 52, 57,  8,  2, 23, 83, 17, 99, 81,
       12, 45, 84, 68, 26, 24, 21, 86, 55, 91, 51, 76, 78, 74, 89, 90, 72,
       69, 49, 94,  9, 48, 32, 85, 35, 18, 20, 34, 93, 42, 67, 98, 79, 29,
       66, 44, 40, 54, 37, 27, 25, 61, 63, 95, 71, 22, 64, 53, 96])
```

설명 이 레시피는 지금까지 이 책에서 나온 것 중 가장 고급 기술입니다. 아직까지 자세히 다루지 않은 여러 주제가 포함되어 있습니다. 그러나 이후 장까지 미루지 않아도 여기서 직관으로 충분히 이해할 수 있습니다. RFE 이면의 아이디어는 모델을 반복적으로 훈련하여 모델의 **가중치**weight 또는 **계수**coefficient[3]를 업데이트하는 것입니다. 맨 처음 모델을 훈련할 때 모든 특성이 포함됩니다. 그다음 가장 작은 파라미터를 가진 특성을 찾습니다(특성의 스케일이 조정되거나 표준화 되었다고 가정합니다). 이런 특성은 덜 중요하다는 것을 의미하므로 사용했던 특성 중에서 제거합니다.

자연스럽게 얼마나 많은 특성을 남겨야 하는지가 궁금해집니다. (어떤 가설을 세운 다음) 하나의 특성이 남을 때까지 이 과정을 반복할 수 있습니다. 더 좋은 방법은 **교차검증**cross-validation이라는 새로운 개념을 적용하는 것입니다. 다음 장에서 교차검증에 관해 자세히 설명하겠습니다. 여기에서는 일반적인 아이디어를 소개합니다.

----

3 옮긴이_ 모델 파라미터(가중치, 계수)는 데이터로부터 학습되는 값입니다. 번역서는 혼돈을 피하기 위해 클래스나 함수의 파라미터는 매개변수라고 옮겼습니다.

1) 예측하려는 타깃과 2) 특성 행렬을 담은 데이터가 주어지면 첫째, 데이터를 훈련 세트와 테스트 세트로 두 개의 그룹으로 나눕니다. 둘째, 훈련 세트를 사용해 모델을 훈련합니다. 셋째, 테스트 세트의 타깃을 모르는 척하면서 테스트 세트의 특성을 모델에 적용하여 테스트 세트의 타깃값을 예측합니다. 마지막으로, 예측한 타깃값과 진짜 타깃값을 비교하여 모델을 평가합니다.

CV를 사용하여 RFE 과정에서 남길 특성의 최적 개수를 찾을 수 있습니다. 구체적으로 매 반복 후에 CV를 사용한 RFE에서는 교차검증을 사용하여 모델을 평가합니다. 특성을 제거한 후에 모델의 CV 결과가 향상되었다면 다음 반복으로 계속 진행합니다. 그러나 어떤 특성을 제거한 후에 모델의 CV 결과가 더 나빠지면 삭제한 특성을 다시 복원하고 이 특성 조합을 최선으로 선택합니다.

사이킷런에서 CV를 사용한 RFE는 RFECV에 구현되어 있습니다. 여기에는 여러 가지 중요한 매개변수가 있습니다. estimator 매개변수에는 훈련할 모델의 객체를 전달합니다(예를 들면 선형 회귀). step 매개변수는 매 반복에서 삭제할 특성의 개수나 비율을 정합니다. scoring 매개변수에는 교차검증 동안 사용할 모델의 평가 지표를 설정합니다.

참고 • 사이킷런 문서: 교차검증을 사용한 재귀적 특성 제거(*http://bit.ly/2Ftuffz*)

▼덧붙임 step 매개변수의 기본값은 1입니다. scoring 매개변수를 지정하지 않으면 estimator 에 지정된 모델의 score 메서드를 사용합니다. 기본적으로 회귀일 때는 R^2 점수, 분류일 때는 정확도입니다. 해결에서 사용한 neg_mean_squared_error에 대한 자세한 내용은 레시피 11.8을 참고하세요.

n_jobs 매개변수에서 교차검증을 위해 사용할 CPU 코어 수를 지정할 수 있습니다. n_jobs 매개변수의 기본값은 1입니다. cv 매개변수는 k-폴드k-fold 교차검증의 k 값을 결정합니다. 기본값은 3이고 사이킷런 0.22 버전부터 5로 바뀔 예정입니다. n_jobs와 cv 매개변수에 대한 자세한 내용은 레시피 11.1을 참고하세요.

사이킷런은 교차검증을 사용하지 않는 재귀적 특성 제거 방법인 RFE 클래스도 제공합니다. RFECV 클래스와 마찬가지로 남길 최소 특성의 개수를 n_features_to_select 매개변수에서 지정할 수 있지만 RFECV와 달리 입력 특성의 절반이 기본값입니다. 해결에서와 동일하게 3개의 특성이 남도록 RFE 객체를 훈련시켜보겠습니다.

```
from sklearn.feature_selection import RFE

rfe = RFE(estimator=ols, n_features_to_select=3)
rfe.fit(features, target)
rfe.transform(features)
```

```
array([[ 0.00850799,  0.0992611 ,  0.7031277 ],
       [-1.07500204,  0.92859616,  2.56148527],
       [ 1.37940721,  1.83471056, -1.77039484],
       ...,
       [-0.80331656, -0.40335314, -1.60648007],
       [ 0.39508844, -0.98395086, -1.34564911],
       [-0.55383035,  0.05065251,  0.82880112]])
```

rfe 객체가 선택한 특성이 rfecv 객체가 선택한 특성과 동일한지 확인하기 위해 불리언 마스크를 비교해봅니다. 넘파이 all 함수는 모든 원소가 True인지를 검사합니다.

```
np.all(rfe.support_ == rfecv.support_)
```

```
True
```

## CHAPTER 11

모델 평가

11.0 소개

이 장에서 학습 알고리즘으로 만든 모델의 성능을 평가하기 위한 전략을 살펴보겠습니다. 모델을 만드는 방법을 설명하기 전에 평가에 대해 소개하는 것이 이상하게 보일 수 있지만 여기에는 이유가 있습니다. 모델은 예측 성능이 높아야 유용하므로, 우리의 근본적인 목적은 그냥 모델을 만드는 것(쉬운 작업)이 아니라 고품질의 모델을 만드는 것(어려운 작업)입니다. 따라서 다양한 학습 알고리즘을 탐험하기 전에 먼저 알고리즘이 만들 모델의 평가 방법에 대해 알아야 합니다.

11.1 교차검증 모델 만들기

과제 본 적 없는 데이터에서 분류 모델이 얼마나 잘 일반화되는지 평가하고 싶습니다.

해결 데이터 전처리 파이프라인을 만들고 모델을 훈련한 다음 교차검증으로 평가합니다.

```python
# 라이브러리를 임포트합니다.
from sklearn import datasets
from sklearn import metrics
from sklearn.model_selection import KFold, cross_val_score
from sklearn.pipeline import make_pipeline
```

```python
from sklearn.linear_model import LogisticRegression
from sklearn.preprocessing import StandardScaler

# 숫자 데이터셋을 로드합니다.
digits = datasets.load_digits()

# 특성 행렬을 만듭니다.
features = digits.data

# 타깃 벡터를 만듭니다.
target = digits.target

# 표준화 객체를 만듭니다.
standardizer = StandardScaler()

# 로지스틱 회귀 객체를 만듭니다.
logit = LogisticRegression()

# 표준화한 다음 로지스틱 회귀를 실행하는 파이프라인을 만듭니다.
pipeline = make_pipeline(standardizer, logit)

# k-폴드 교차검증을 만듭니다.
kf = KFold(n_splits=5, shuffle=True, random_state=0)

# k-폴드 교차검증을 수행합니다.
cv_results = cross_val_score(pipeline, # 파이프라인
                            features, # 특성 행렬
                            target, # 타깃 벡터
                            cv=kf, # 교차검증 기법
                            scoring="accuracy", # 평가 지표
                            n_jobs=-1) # 모든 CPU 코어 사용

# 평균을 계산합니다.
cv_results.mean()
```

```
0.969958217270195
```

설명 처음에는 지도 학습 모델을 평가하는 것이 간단해 보입니다. 모델을 훈련하고 어떤 성능 지표(정확도, 제곱 오차 등)를 사용하여 얼마나 잘 동작하는지 계산합니다. 그러나 이런 방식은 근본적으로 문제가 있습니다. 모델을 훈련한 데이터로 모델이 얼마나 잘 수행되는지 평가한다면 원하는 목표를 달성하지 못합니다. 우리의 목표는 훈련 데이터에서 잘 동작하는 모델이

아니라 이전에 본 적 없는 데이터(예를 들어, 새로운 고객, 새로운 범죄, 새로운 이미지)에서 잘 동작하는 모델입니다. 이런 이유로 평가 방법은 이전에 본 적 없는 데이터에서 모델이 얼마나 좋은 예측을 만드는지 알 수 있어야 합니다.

한 가지 방법은 데이터의 일부를 테스트용으로 떼어놓는 것입니다. 이를 **검증**^{validation}(또는 **홀드 아웃**^{hold-out})이라고 부릅니다. 검증에서 샘플(특성과 타깃)은 두 개의 세트로 나뉩니다. 전통적으로 이를 **훈련 세트**^{training set}와 **테스트 세트**^{test set}라고 부릅니다. 테스트 세트를 따로 떼어놓고 마치 이전에 본 적 없는 데이터처럼 취급합니다. 그다음 훈련 세트의 특성과 타깃 벡터를 사용해 최선의 예측을 만드는 방법을 모델 훈련을 통해 가르칩니다. 마지막으로 훈련 세트에서 훈련한 모델을 이전에 본 적 없는 외부 데이터처럼 가장한 테스트 세트에서 얼마나 잘 동작하는지 평가합니다. 그러나 이 검증 방법은 두 가지 약점이 있습니다. 첫째, 모델 성능은 테스트 세트로 나뉜 일부 샘플에 의해 결정됩니다. 둘째, 전체 가용 데이터를 사용하여 모델을 훈련하고 테스트하지 못합니다.

k-폴드 교차검증^{k-fold cross-validation}(KFCV)은 이런 단점을 극복할 수 있는 좋은 방법입니다. KFCV에서는 데이터를 **폴드**^{fold}라고 부르는 k개의 부분으로 나눕니다. $k-1$개 폴드를 하나의 훈련 세트로 합쳐 모델을 훈련하고 남은 폴드를 테스트 세트처럼 사용합니다. 이를 k번 반복합니다. 반복마다 다른 폴드를 테스트 세트로 사용합니다. k번 반복에서 얻은 모델 성능을 평균하여 최종 성능을 산출합니다.

해결에서 5개의 폴드를 사용하여 k-폴드 교차검증을 수행했습니다. 평가 정수는 cv_results에 저장되어 있습니다.

```
# 5개 폴드의 점수를 모두 확인하기
cv_results
```

```
array([0.96111111, 0.96388889, 0.98050139, 0.97214485, 0.97214485])
```

KFCV를 사용할 때 고려해야 할 중요한 점이 세 가지 있습니다. 첫째, KFCV는 각 샘플이 다른 샘플과 독립적으로 생성되었다고 가정합니다(즉 데이터는 독립 동일 분포^{independent identically distributed}(IID입니다). 데이터가 IID라면 폴드를 나누기 전에 샘플을 섞는 것이 좋은 생각입니다. 사이킷런에서는 shuffle=True로 지정하여 섞을 수 있습니다.

둘째, KFCV를 사용하여 분류기^{classifier}를 평가할 때, 각 타깃 클래스의 샘플이 거의 같은 비율로 폴드에 담기는 것이 좋습니다(**계층별 k-폴드**stratified k-fold라고 부릅니다). 예를 들어 성별 타 깃 벡터 중에서 80% 샘플이 남성이라면 각 폴드도 80% 남성과 20% 여성 샘플로 이루어져야 합니다. 사이킷런에서는 **KFold** 클래스를 **StratifiedKFold**로 바꾸어 계층별 k-폴드 교차검 증을 수행할 수 있습니다.

마지막으로 검증 세트나 교차검증을 사용할 때 훈련 세트에서 데이터를 전처리하고 이 변 환을 훈련 세트와 테스트 세트에 모두 적용하는 것이 중요합니다. 예를 들면 표준화 객체 **standardizer**의 **fit** 메서드를 호출하여 훈련 세트의 평균과 분산을 계산합니다. 그다음 이 변환을 (**transform** 메서드를 사용해) 훈련 세트와 테스트 세트에 모두 적용합니다.

```python
# 라이브러리를 임포트합니다.
from sklearn.model_selection import train_test_split

# 훈련 세트와 테스트 세트를 만듭니다.
features_train, features_test, target_train, target_test = train_test_split(
    features, target, test_size=0.1, random_state=1)

# 훈련 세트로 standardizer의 fit 메서드를 호출합니다.
standardizer.fit(features_train)

# 훈련 세트와 테스트 세트에 모두 적용합니다.
features_train_std = standardizer.transform(features_train)
features_test_std = standardizer.transform(features_test)
```

이렇게 하는 이유는 테스트 세트를 모르는 척하기 위해서입니다. 이 전처리 객체를 훈련 세트 와 테스트 세트에 있는 모든 샘플로 훈련한다면 테스트 세트의 정보가 훈련 세트로 유출된 것 입니다. 이 규칙은 특성 선택 같은 모든 전처리 단계에 적용됩니다.

사이킷런의 pipeline 패키지는 교차검증 기법을 사용할 때 이 규칙을 손쉽게 구현할 수 있도 록 도와줍니다. 먼저 데이터를 전처리(예를 들면 **standardizer**)하고 모델(로지스틱 회귀인 **logit**)을 훈련하는 파이프라인을 만듭니다.

```python
# 파이프라인을 만듭니다.
pipeline = make_pipeline(standardizer, logit)
```

그다음 이 파이프라인으로 KFCV를 실행하면 사이킷런이 모든 작업을 알아서 처리합니다.

```python
# k-폴드 교차검증 수행
cv_results = cross_val_score(pipeline, # 파이프라인
                             features, # 특성 행렬
```

```
target, # 타깃 벡터
cv=kf, # 교차검증
scoring="accuracy", # 평가 지표
n_jobs=-1) # 모든 CPU 코어 사용
```

cross_val_score에는 아직 이야기하지 않은 중요한 세 개의 매개변수가 있습니다.

- cv: 교차검증 기법을 결정하는 매개변수입니다. k-폴드를 가장 많이 사용하지만 다른 방식도 있습니다. LOOCV$^{leave-one-out-cross-validation}$는 폴드의 수 k가 샘플의 개수와 같습니다.
- scoring: 이 장의 다른 여러 레시피에서 설명할 모델 성공의 측정 방법을 결정하는 매개변수입니다.
- n_jobs=-1: 사이킷런에 가용한 모든 코어를 사용하도록 지시합니다. 예를 들어 사용하는 컴퓨터에 (요즘 노트북의 기본 사양인) 네 개의 코어가 있다면 사이킷런은 네 개의 코어를 모두 동시에 사용해 작업의 속도를 높입니다.

이 예제를 실행할 때 'ConvergenceWarning: lbfgs failed to converge' 경고를 볼 수 있습니다. 이런 경고가 나오지 않도록 예제를 구성했지만 그래도 나타난다면 지금은 무시해도 됩니다. 나중에 책에서 이런 모델에 대해 자세히 배울 때 이런 문제를 해결하는 방법을 알아보겠습니다.

참고
- 모든 통계학자가 교차검증을 알아야만 하는 이유(*http://bit.ly/2Fzhz6X*)
- 잘못된 교차검증(*http://bit.ly/2FzfIiw*)

📌 **덧붙임** LOOCV는 LeaveOneOut 클래스에 구현되어 있습니다. LeaveOneOut 클래스는 KFold(n_splits=n)과 동일합니다(n은 샘플 개수).

KFold와 StratifiedKFold의 n_splits 매개변수 기본값은 5입니다.

ShuffleSplit는 반복 횟수에 상관없이 훈련 폴드와 테스트 폴드 크기를 임의로 지정할 수 있습니다. train_size, test_size 매개변수에는 사용할 샘플 개수 또는 비율을 입력합니다. 반복마다 랜덤하게 분할하기 때문에 하나의 샘플이 여러 번 테스트 폴드에 포함될 수 있습니다. 계층별 교차검증을 위한 StratifiedShuffleSplit도 있습니다. 다음 코드는 훈련 폴드로 50%, 테스트 폴드로 20%를 사용하여 10번 반복하는 예입니다.

```
from sklearn.model_selection import ShuffleSplit
```

```
# ShuffleSplit 분할기를 만듭니다.
ss = ShuffleSplit(n_splits=10, train_size=0.5, test_size=0.2, random_state=42)

# 교차검증을 수행합니다.
cv_results = cross_val_score(pipeline, # 파이프라인
                             features, # 특성 행렬
                             target, # 타깃 벡터
                             cv=ss, # 교차검증 기법
                             scoring="accuracy", # 평가 지표
                             n_jobs=-1) # 모든 CPU 코어 사용

# 평균을 계산합니다.
cv_results.mean()
```

```
0.9630555555555554
```

사이킷런 0.19 버전에서는 교차검증을 반복하여 실행할 수 있는 RepeatedKFold와 Strati fiedRepeatedKFold가 추가되었습니다. 다음 코드는 10-폴드 교차검증을 5번 반복하는 RepeatedKFold의 예입니다.

```
from sklearn.model_selection import RepeatedKFold

# RepeatedKFold 분할기를 만듭니다.
rfk = RepeatedKFold(n_splits=10, n_repeats=5, random_state=42)

# 교차검증을 수행합니다.
cv_results = cross_val_score(pipeline, # 파이프라인
                             features, # 특성 행렬
                             target, # 타깃 벡터
                             cv=rfk, # 교차검증 기법
                             scoring="accuracy", # 평가 지표
                             n_jobs=-1) # 모든 CPU 코어 사용

# 검증 점수 개수를 확인합니다.
len(cv_results)
```

```
50
```

총 50개의 교차검증 점수가 생성되었습니다. n_splits 매개변수 기본값은 5이고 n_repeats 매개변수 기본값은 10입니다.

11.2 기본 회귀 모델 만들기

과제 훈련된 다른 모델과 비교하기 위해 간단한 기본 회귀 모델을 만들고 싶습니다.

해결 사이킷런의 DummyRegressor를 사용하여 기본 모델로 사용할 간단한 더미^{dummy} 모델을
만듭니다.

```
# 라이브러리를 임포트합니다.
from sklearn.datasets import load_wine
from sklearn.dummy import DummyRegressor
from sklearn.model_selection import train_test_split

# 데이터를 로드합니다.
wine = load_wine()

# 특성을 만듭니다.
features, target = wine.data, wine.target

# 훈련 세트와 테스트 세트를 나눕니다.
features_train, features_test, target_train, target_test = train_test_split(
    features, target, random_state=0)

# 더미 회귀 모델을 만듭니다.
dummy = DummyRegressor(strategy='mean')

# 더미 회귀 모델을 훈련합니다.
dummy.fit(features_train, target_train)

# R^2 점수를 계산합니다.
dummy.score(features_test, target_test)
```

```
-0.0480213580840978
```

다른 모델을 훈련하고 평가하여 성능 점수를 비교합니다.

```
# 라이브러리를 임포트합니다.
from sklearn.linear_model import LinearRegression

# 간단한 선형 회귀 모델을 훈련합니다.
ols = LinearRegression()
ols.fit(features_train, target_train)
```

```
# R^2 점수를 계산합니다.
ols.score(features_test, target_test)
```

```
0.804353263176954
```

설명 DummyRegressor 클래스는 다른 훈련된 모델과 비교하기 위해 사용할 수 있는 매우 간단한 모델을 만듭니다. 기존 제품이나 시스템의 단순한 예측 방식을 흉내 내는 데 종종 사용합니다. 예를 들면 모든 새로운 사용자는 특성에 상관없이 첫 달에 100달러를 사용할 것이라고 가정하도록 애초부터 시스템에 하드코딩되어 있을지 모릅니다. 이런 가정을 기본 모델로 삼으면 더미 모델의 점수와 훈련된 모델의 점수를 비교하여 머신러닝 방식을 사용했을 때 장점을 명확히 확인할 수 있습니다.

DummyRegressor 클래스는 strategy 매개변수를 사용하여 예측 방법을 지정합니다. 훈련 세트의 평균 또는 중간값을 사용할 수 있습니다. 또한 strategy를 constant로 지정하고 constant 매개변수를 사용하면 모든 샘플에 대해 일정한 값으로 예측하는 더미 회귀 모델을 만들 수 있습니다.

```
# 모든 샘플에 대해 1로 예측하는 더미 회귀 모델을 만듭니다.
clf = DummyRegressor(strategy='constant', constant=1)
clf.fit(features_train, target_train)

# 점수를 계산합니다.
clf.score(features_test, target_test)
```

```
-0.06299212598425186
```

score 메서드에 대해 언급할 것이 하나 있습니다. 기본적으로 score 메서드는 결정계수 coefficient of determination (R^2) 값을 반환합니다.

$$R^2 = 1 - \frac{\sum_i (y_i - \hat{y}_i)^2}{\sum_i (y_i - \overline{y})^2}$$

여기에서 y_i는 샘플의 정답 타깃값입니다. $\hat{y}_i$은 예측한 값이고 $\overline{y}$은 타깃 벡터의 평균값입니다. R^2이 1에 가까울수록 특성이 타깃 벡터의 분산을 잘 설명합니다.

▶**덧붙임** strategy가 mean일 때 평균값으로 예측하고 median일 때 중간값으로 예측합니다. strategy='quantile'로 지정하면 quantile 매개변수에 지정한 분윗값을 예측으로 사용합니다. quantile 매개변수에는 0과 1 사이의 실숫값을 지정하며 0.5일 때 중간값과 같고 0이면 최솟값, 1이면 최댓값입니다. 다음 코드는 훈련 세트의 타깃값의 최댓값으로 예측을 만드는 DummyRegressor의 예입니다.

```python
clf = DummyRegressor(strategy='quantile', quantile=1.0)
clf.fit(features_train, target_train)

# 훈련 세트 타깃의 최댓값으로 예측합니다.
clf.predict(features_test)
```

```
array([2., 2., 2., 2., 2., 2., 2., 2., 2., 2., 2., 2., 2., 2., 2., 2.,
       2., 2., 2., 2., 2., 2., 2., 2., 2., 2., 2., 2., 2., 2., 2., 2.,
       2., 2., 2., 2., 2., 2., 2., 2., 2., 2.])
```

```python
import numpy as np
# 훈련 세트의 타깃에서 최댓값을 확인합니다.
np.max(target_train)
```

```
50.0
```

11.3 기본 분류 모델 만들기

과제 다른 모델과 비교하기 위해 간단한 기본 회귀 모델을 만들고 싶습니다.

해결 사이킷런의 DummyClassifier를 사용합니다.

```python
# 라이브러리를 임포트합니다.
from sklearn.datasets import load_iris
from sklearn.dummy import DummyClassifier
from sklearn.model_selection import train_test_split

# 데이터를 로드합니다.
iris = load_iris()

# 타깃 벡터와 특성 행렬을 만듭니다.
features, target = iris.data, iris.target
```

```
# 훈련 세트와 테스트 세트로 나눕니다.
features_train, features_test, target_train, target_test = train_test_split(
features, target, random_state=0)

# 더미 분류 모델을 만듭니다.
dummy = DummyClassifier(strategy='uniform', random_state=1)

# 모델을 훈련합니다.
dummy.fit(features_train, target_train)

# 정확도 점수를 계산합니다.
dummy.score(features_test, target_test)
```

```
0.42105263157894735
```

훈련된 다른 모델과 기본 모델을 비교하여 더 나은지 확인할 수 있습니다.

```
# 라이브러리를 임포트합니다.
from sklearn.ensemble import RandomForestClassifier

# 분류 모델을 만듭니다.
classifier = RandomForestClassifier()

# 모델을 훈련합니다.
classifier.fit(features_train, target_train)

# 정확도 점수를 계산합니다.
classifier.score(features_test, target_test)
```

```
0.9736842105263158
```

설명 분류 모델의 성능을 측정하는 일반적인 방법은 랜덤한 추측보다 얼마나 더 나은지 비교하는 것입니다. 사이킷런의 DummyClassifier를 사용하면 이런 비교를 쉽게할 수 있습니다. strategy 매개변수는 예측값을 생성하는 여러 가지 옵션을 제공합니다. 전형적으로 많이 사용하는 두 가지 전략이 있습니다. 첫 번째, stratified 옵션은 훈련 세트에 있는 타깃 벡터의 클래스 비율에 비례하는 예측을 만듭니다(즉 훈련 세트에서 샘플의 20%가 여성이라면 DummyClassifier는 20%를 여성으로 예측합니다). 두 번째, uniform 옵션은 클래스 비중이 균등하도록 랜덤하게 예측합니다. 예를 들어 샘플의 20%가 여성이고 80%가 남성일 때 uniform 옵션은 50%는 여성, 50%는 남성으로 예측합니다.

참고 • 사이킷런 문서: DummyClassifier(*http://bit.ly/2Fr178G*)

덧붙임 strategy에 자주 사용하는 또 다른 옵션은 most_frequent입니다. 이 옵션은 무조건 훈련 세트에서 가장 많은 타깃 레이블로 예측을 만듭니다. 다음 코드는 most_frequent 옵션을 사용하는 예입니다.

```
dummy = DummyClassifier(strategy='most_frequent')
dummy.fit(features_train, target_train)

# 훈련 세트 타깃에서 가장 많은 값으로 예측합니다.
dummy.predict(features_test)
```

```
array([2, 2, 2, 2, 2, 2, 2, 2, 2, 2, 2, 2, 2, 2, 2, 2, 2, 2, 2, 2, 2,
       2, 2, 2, 2, 2, 2, 2, 2, 2, 2, 2, 2, 2, 2, 2, 2])
```

훈련 세트에 있는 타깃값을 확인해보면 클래스 레이블 2가 가장 많습니다.

```
# 훈련 세트의 타깃 개수를 확인합니다.
np.bincount(target_train)
```

```
array([37, 34, 41])
```

11.4 이진 분류기의 예측 평가하기

과제 훈련된 분류 모델의 품질을 평가하고 싶습니다.

해결 사이킷런의 cross_val_score 함수를 사용하여 교차검증을 수행할 때 scoring 매개변수에 성능 지표 중 하나를 선택할 수 있습니다. 예를 들어 정확도, 정밀도, 재현율, F_1이 있습니다. **정확도**accuracy는 널리 사용되는 성능 지표입니다. 단순히 올바르게 예측된 샘플의 비율입니다.

$$정확도 = \frac{TP + TN}{TP + TN + FP + FN}$$

구체적으로 살펴보겠습니다.

- *TP*는 진짜 양성 개수입니다. 양성 클래스(질병에 걸리거나, 상품을 구매하는 경우 등) 중에 서 올바르게 예측한 샘플 개수입니다.

- *TN*은 진짜 음성 개수입니다. 음성 클래스(질병에 걸리지 않거나 물건을 구입하지 않는 경우 등) 중에서 올바르게 예측한 샘플 개수입니다.

- *FP*는 거짓 양성 개수입니다. 타입 I 에러[type I error]라고도 부릅니다. 양성 클래스로 예측한 것 중에서 실제 음성 클래스인 샘플 개수입니다.

- *FN*은 거짓 음성 개수입니다. 타입 II 에러[type II error]라고도 부릅니다. 음성 클래스로 예측한 것 중에서 실제 양성 클래스인 샘플 개수입니다.

scoring="accuracy"로 지정하여 (기본값인) 3-폴드 교차검증의 정확도를 측정할 수 있습니다.

```python
# 라이브러리를 임포트합니다.
from sklearn.model_selection import cross_val_score
from sklearn.linear_model import LogisticRegression
from sklearn.datasets import make_classification

# 특성 행렬과 타깃 벡터를 만듭니다.
X, y = make_classification(n_samples = 10000,
                           n_features = 3,
                           n_informative = 3,
                           n_redundant = 0,
                           n_classes = 2,
                           random_state = 1)

# 로지스틱 회귀 모델을 만듭니다.
logit = LogisticRegression()

# 정확도를 사용하여 교차검증을 수행합니다.
cross_val_score(logit, X, y, scoring="accuracy")
```

```
array([0.9555, 0.95  , 0.9585, 0.9555, 0.956 ])
```

정확도는 직관적이고 쉽게 설명할 수 있다는 것이 장점입니다. 정확도는 단순히 정확히 예측한 샘플의 비율입니다. 그러나 실전에서는 클래스 비율이 불균형한 데이터가 많습니다(예를 들면 샘플의 99.9%는 클래스 1이고 0.1%만이 클래스 2인 경우). 클래스가 불균형하면 모델의 정확도는 높지만 예측 성능이 나쁜 역설적인 상황이 발생합니다. 예를 들어 전체 인구의 0.1%에서 발생하는 매우 희귀한 암의 발병을 예측한다고 가정해보죠. 어떤 모델을 훈련한 후 95%의 정확도를 얻었습니다. 하지만 99.9%의 사람들이 암에 걸리지 않으므로 단순히 아무도 암에 걸리지 않았다고 예측하는 모델을 만들면 4.9%만큼 더 정확한 모델을 만들 수 있습니다. 사실 이 모델은 어떤 것도 예측하지 않습니다. 이런 이유 때문에 정밀도, 재현율, F_1 점수 같은 다른 지표를 사용하게 됩니다.

정밀도precision는 양성으로 예측한 샘플 중에서 진짜 양성 클래스의 비율입니다. 이를 예측에 포함된 잡음이라고 생각할 수 있습니다. 즉 어떤 것을 양성 클래스로 예측했을 때 얼마나 올바른지를 나타냅니다. 높은 정밀도의 모델은 양성 클래스라고 확신이 높을 때만 양성 샘플로 예측합니다. 정밀도 공식은 다음과 같습니다.

$$정밀도 = \frac{TP}{TP + FP}$$

```
# 정밀도를 사용한 교차검증
cross_val_score(logit, X, y, scoring="precision")
```

```
array([0.95963673, 0.94820717, 0.9635996 , 0.96149949, 0.96060606])
```

재현율recall은 진짜 양성 샘플 중에서 양성으로 예측한 비율입니다. 재현율은 모델이 양성 클래스 샘플을 구분하는 능력을 측정합니다. 높은 재현율의 모델은 샘플을 양성 클래스로 예측하기 위해서 낮은 기준을 가집니다.

$$재현율 = \frac{TP}{TP + FN}$$

```
# 재현율을 사용한 교차검증
cross_val_score(logit, X, y, scoring="recall")
```

```
array([0.951, 0.952, 0.953, 0.949, 0.951])
```

정밀도와 재현율을 처음 본다면 완전히 이해하기 위해 조금 시간이 걸립니다. 이것이 정확도와 비교했을 때 단점 중 하나입니다. 즉, 정밀도와 재현율은 덜 직관적입니다. 거의 항상 정밀도와 재현율 간의 균형을 맞추어야 합니다. 이를 위해 F_1 점수가 만들어졌습니다. F_1은 정밀도와 재현율의 **조화 평균**harmonic mean입니다(비율에 대한 평균의 한 종류).

$$F_1 = 2 \times \frac{정밀도 \times 재현율}{정밀도 + 재현율}$$

이 점수는 진짜 양성 레이블을 가진 샘플을 양성으로 성공적으로 예측한 정도를 측정합니다.

```python
# f1 점수를 사용한 교차검증
cross_val_score(logit, X, y, scoring="f1")
```

```
array([0.95529884, 0.9500998 , 0.95827049, 0.95520886, 0.95577889])
```

설명 평가 지표로서 정확도는 유용한 성질을 가지고 있습니다. 특히 이해하기 쉽습니다. 하지만 종종 정밀도와 재현율의 균형을 맞추는 것이 더 좋은 지표가 됩니다. 즉 비관적인 모델과 긍정적인 모델 사이의 트레이드오프입니다. F_1은 정밀도와 재현율을 비교적 동등하게 취급하여 이 둘 사이의 균형을 표현합니다.

`cross_val_score`를 사용하는 대신 진짜 y 값과 예측한 y 값이 있으면 직접 정확도와 재현율을 계산할 수 있습니다.

```python
# 라이브러리를 임포트합니다.
from sklearn.model_selection import train_test_split
from sklearn.metrics import accuracy_score

# 훈련 세트와 테스트 세트로 나눕니다.
X_train, X_test, y_train, y_test = train_test_split(X,
                                                    y,
                                                    test_size=0.1,
                                                    random_state=1)

# 테스트 세트의 예측을 만듭니다.
y_hat = logit.fit(X_train, y_train).predict(X_test)

# 정확도를 계산합니다.
accuracy_score(y_test, y_hat)
```

```
0.947
```

참고 • 위키피디아: 정확도의 역설(*http://bit.ly/2FxTpK0*)

▶덧붙임 cross_val_score 함수의 cv 매개변수를 지정하지 않으면 회귀일 때는 KFold, 분류일 때는 StratifiedKFold 분할기가 사용됩니다. cv 매개변수에 정수를 입력하여 기본 분할기의 폴드 수를 지정할 수도 있습니다.

사이킷런 0.19 버전에서 cross_validate 함수가 추가되었습니다. 이 함수는 cross_val_score와 사용법이 매우 비슷하지만 scoring 매개변수에 여러 개의 평가 지표를 추가할 수 있습니다.

```python
from sklearn.model_selection import cross_validate

# 정확도와 정밀도를 사용한 교차검증
cross_validate(logit, X, y, scoring=["accuracy", "precision"])
```

```
{'fit_time': array([0.03530073, 0.03303576, 0.03239584, 0.05299425, 0.0450387 ]),
 'score_time': array([0.00994253, 0.0098238 , 0.00451088, 0.00443506, 0.00665402]),
 'test_accuracy': array([0.9555, 0.95  , 0.9585, 0.9555, 0.956 ]),
 'test_precision': array([0.95963673, 0.94820717, 0.9635996 , 0.96149949, 0.96060606])}
```

accuracy와 precision 두 개의 평가 지표에 대해 각각 세 개의 교차검증 점수가 반환되었습니다.

11.5 이진 분류기 임곗값 평가하기

과제 이진 분류기를 여러 가지 확률 임곗값으로 평가하고 싶습니다.

해결 ROC ^receiving operating characteristic^ 곡선을 사용하여 이진 분류기의 품질을 평가합니다. 사이킷런에서는 roc_curve 함수를 사용하여 임곗값마다 진짜 양성과 거짓 양성을 계산하여 그래프를 그릴 수 있습니다.

```python
# 라이브러리를 임포트합니다.
import matplotlib.pyplot as plt
from sklearn.datasets import make_classification
from sklearn.linear_model import LogisticRegression
from sklearn.metrics import roc_curve, roc_auc_score
from sklearn.model_selection import train_test_split
```

```python
# 특성 행렬과 타깃 벡터를 만듭니다.
features, target = make_classification(n_samples=10000,
                                       n_features=10,
                                       n_classes=2,
                                       n_informative=3,
                                       random_state=3)

# 훈련 세트와 테스트 세트로 나눕니다.
features_train, features_test, target_train, target_test = train_test_split(
    features, target, test_size=0.1, random_state=1)

# 분류기를 만듭니다.
logit = LogisticRegression()

# 모델을 훈련합니다.
logit.fit(features_train, target_train)

# 예측 확률을 계산합니다.
target_probabilities = logit.predict_proba(features_test)[:,1]

# 진짜 양성 비율과 거짓 양성 비율을 계산합니다.
false_positive_rate, true_positive_rate, threshold = roc_curve(
  target_test,
  target_probabilities
)

# ROC 곡선을 그립니다.
plt.title("Receiver Operating Characteristic")
plt.plot(false_positive_rate, true_positive_rate)
plt.plot([0, 1], ls="--")
plt.plot([0, 0], [1, 0] , c=".7"), plt.plot([1, 1] , c=".7")
plt.ylabel("True Positive Rate")
plt.xlabel("False Positive Rate")
plt.show()
```

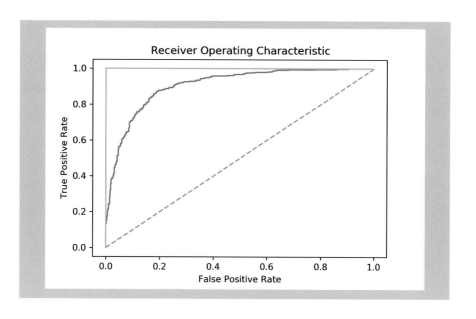

설명 ROC 곡선은 이진 분류기의 품질을 평가하는 데 널리 사용하는 방법입니다. ROC는 확률 임곗값(즉 어떤 샘플을 한 클래스로 예측할 확률)마다 진짜 양성과 거짓 양성 개수를 비교합니다. ROC 곡선을 그리면 모델의 성능을 확인할 수 있습니다. 모든 샘플을 올바르게 예측하는 분류기는 이전 그림의 ROC 그래프에 있는 밝은 회색 실선처럼 바로 수직으로 꼭대기까지 올라갑니다. 랜덤하게 예측하는 분류기는 대각선으로 나타납니다. 좋은 모델일수록 실선에 가깝습니다.

지금까지는 예측값을 기반으로 모델을 평가했습니다. 하지만 많은 머신러닝 알고리즘은 확률을 기반으로 예측값을 만듭니다. 즉, 모든 샘플은 각 클래스에 속할 명시적인 확률이 주어집니다. `predict_proba` 메서드를 사용하여 해결에 있는 첫 번째 샘플에 대한 예측 확률을 확인할 수 있습니다.

```
# 예측 확률을 계산합니다.
logit.predict_proba(features_test)[0:1]
```

```
array([[0.86891533, 0.13108467]])
```

`classes_`를 사용하여 클래스를 확인할 수 있습니다.

```
logit.classes_
```

```
array([0, 1])
```

이 예에서 첫 번째 샘플은 음성 클래스(0)가 될 가능성이 87% 정도이고 양성 클래스(1)가 될 가능성은 13%입니다. 기본적으로 사이킷런은 확률이 0.5(**임곗값**)보다 크면 양성 클래스로 예측합니다. 종종 실제 필요에 의해 중간값보다 다른 임곗값을 사용해 모델을 편향되게 만들어야 할 때가 있습니다. 예를 들면 거짓 양성이 회사에 매우 큰 비용을 치르게 한다면 확률 임곗값이 높은 모델을 선호합니다. 일부 양성 샘플을 예측하지 못할 수 있지만 양성으로 예측된 샘플은 이 예측이 맞을 것이라고 강하게 확신할 수 있습니다. 이는 **진짜 양성 비율**(TPR)과 **거짓 양성 비율**(FPR) 사이의 트레이드오프^{trade-off}입니다. 진짜 양성 비율은 올바르게 예측된 양성 샘플 개수를 전체 진짜 양성 샘플의 수로 나눈 것입니다.

$$TPR = \frac{TP}{TP+FN}$$

FPR은 잘못 예측된 양성 클래스 개수를 모든 진짜 음성 클래스 샘플수로 나눈 것입니다.

$$FPR= \frac{FP}{FP+TN}$$

ROC 곡선은 확률 임곗값마다 TPR과 FPR을 나타냅니다. 예를 들어 해결에서 임곗값이 0.5일 때 TPR은 0.83이고 FPR은 0.16입니다.

```
print("임곗값:", threshold[124])
print("진짜 양성 비율:", true_positive_rate[124])
print("거짓 양성 비율:", false_positive_rate[124])
```

```
임곗값: 0.5008252732632008
진짜 양성 비율: 0.8346938775510204
거짓 양성 비율: 0.1607843137254902
```

임곗값을 80%로 증가시키면(즉, 샘플을 양성으로 예측하기 위해 모델이 확신하는 정도를 증가시키면) TPR과 FPR이 크게 감소합니다.

```
print("임곗값:", threshold[49])
print("진짜 양성 비율:", true_positive_rate[49])
print("거짓 양성 비율:", false_positive_rate[49])
```

```
임곗값: 0.8058575028551827
진짜 양성 비율: 0.5653061224489796
```

```
거짓 양성 비율: 0.052941176470588235
```

양성 클래스로 예측하기 위한 기준을 높였기 때문에 모델이 많은 양성 샘플을 구분하지 못했습니다(낮은 TPR). 또한 양성 클래스로 예측되는 음성 샘플의 수를 감소시킵니다(FPR을 낮춥니다).

TPR과 FPR 간의 트레이드오프를 시각화하는 것 외에 ROC 곡선은 일반적인 모델 지표로 사용할 수도 있습니다. 좋은 모델일수록 곡선이 위로 올라가므로 곡선 아래 면적이 커집니다. 이런 이유로 ROC 곡선 아래 면적(AUCROC)을 계산하여 모든 가능한 임곗값에서 모델의 전반적인 품질을 평가합니다. AUCROC가 1에 가까울수록 더 좋은 모델입니다. 사이킷런에서는 **roc_auc_score** 함수를 사용하여 AUCROC를 계산할 수 있습니다.

```
# ROC 곡선 아래 면적을 계산합니다.
roc_auc_score(target_test, target_probabilities)
```

```
0.9073389355742297
```

참고 • 파이썬과 R에서 ROC 곡선(*http://bit.ly/2FuqoyV*)
  • ROC 곡선 아래 면적(*http://bit.ly/2FxTrl6*)

🔖덧붙임 TPR은 재현율의 다른 이름입니다. ROC 곡선 외에 정밀도와 재현율을 사용한 정밀도–재현율 곡선을 그려 모델을 평가할 수도 있습니다. precision_recall_curve 함수를 사용해 임계점마다 정밀도와 재현율을 계산하여 정밀도–재현율 곡선을 그립니다.

```
from sklearn.metrics import precision_recall_curve

# 진짜 양성 비율과 거짓 양성 비율을 계산합니다.
precision, recall, threshold = precision_recall_curve(
    target_test, target_probabilities)

# ROC 곡선을 그립니다.
plt.title("Precision-Recall Curve")
plt.plot(precision, recall)
plt.plot([0, 1], ls="--")
plt.plot([1, 1], c=".7"), plt.plot([1, 1], [1, 0] , c=".7")
plt.ylabel("Precision")
plt.xlabel("Recall")
plt.show()
```

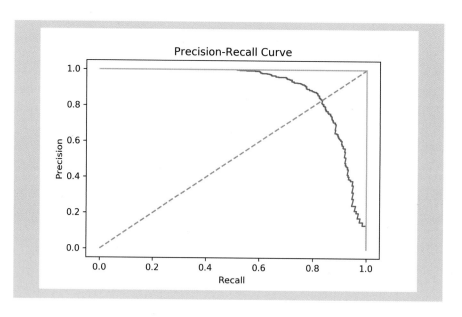

정밀도–재현율 곡선에서는 오른쪽 맨 위에 가까울수록 좋은 모델입니다. 이 곡선의 아래 면적을 평균 정밀도라고 부르며 average_precision_score 함수를 사용해 계산할 수 있습니다.

```python
from sklearn.metrics import average_precision_score

# 평균 정밀도를 계산합니다.
average_precision_score(target_test, target_probabilities)
```

```
0.8984128719848978
```

다음처럼 교차검증 함수의 scoring 매개변수에 ROCAUC와 평균 정밀도를 평가 지표로 지정할 수도 있습니다.

```python
cross_validate(logit, features, target, scoring=["roc_auc", "average_preci-
sion"])
```

```
{'fit_time': array([0.01754737, 0.01397657, 0.0137701 , 0.01482177, 0.01529646]),
 'score_time': array([0.00490785, 0.00494099, 0.00501704, 0.00497484, 0.00476074]),
 'test_roc_auc': array([0.9007689, 0.918251 , 0.90882  , 0.915359 , 0.90261  ]),
 'test_average_precision': array([0.90028629, 0.90967443, 0.90296471, 0.91135611,
0.88797021])}
```

11.6 다중클래스 분류기 예측 평가하기

과제 세 개 이상의 클래스를 예측하는 모델의 성능을 평가하고 싶습니다.

해결 두 개 이상의 클래스를 다룰 수 있는 평가 지표로 교차검증을 수행합니다.

```python
# 라이브러리를 임포트합니다.
from sklearn.model_selection import cross_val_score
from sklearn.linear_model import LogisticRegression
from sklearn.datasets import make_classification

# 특성 행렬과 타깃 벡터를 만듭니다.
features, target = make_classification(n_samples = 10000,
                                       n_features = 3,
                                       n_informative = 3,
                                       n_redundant = 0,
                                       n_classes = 3,
                                       random_state = 1)

# 로지스틱 회귀 모델을 만듭니다.
logit = LogisticRegression()

# 정확도를 사용하여 교차검증을 수행합니다.
cross_val_score(logit, features, target, scoring='accuracy')
```

```
array([0.841 , 0.829 , 0.8265, 0.8155, 0.82  ])
```

설명 클래스가 균형 잡혀 있을 때 (예를 들어 타깃 벡터의 클래스에 속한 샘플 개수가 거의 동일할 때) 이진 클래스의 경우와 같이 정확도는 간단하고 해석이 용이한 평가 지표입니다. 정확도는 올바르게 예측한 수를 전체 샘플 수로 나눈 것이고 이진 분류에서처럼 다중 클래스에서도 잘 맞습니다. 그러나 (흔한 경우인) 불균형한 클래스에서는 다른 평가 지표를 사용하는 것이 낫습니다.

사이킷런에 포함된 지표 중 다수는 이진 분류기를 평가하는 용도입니다. 하지만 이런 지표를 클래스가 두 개 이상일 때로 확장할 수 있습니다. 정밀도, 재현율, F_1 점수는 이전 레시피에서 자세히 다루었습니다. 이들은 원래 이진 분류기를 위해 고안되었지만 훈련 데이터를 이진 클래스처럼 취급하는 방식으로 다중 클래스 환경에도 적용할 수 있습니다. 데이터에 하나의 클래스만 있는 것처럼 각 클래스에서 측정한 값을 수집하여 평균함으로써 전체 클래스에 대한 평가 점수를 얻을 수 있습니다.

```
# 마크로 평균 F1 점수를 사용하여 교차검증을 수행합니다.
cross_val_score(logit, features, target, scoring='f1_macro')
```

```
array([0.84061272, 0.82895312, 0.82625661, 0.81515121, 0.81992692])
```

이 코드에서 macro는 클래스별 평가 점수를 평균하는 방법을 나타냅니다. 가능한 옵션은 macro, weighted, micro가 있습니다.

- macro

  각 클래스를 동등한 가중치로 클래스별 측정 점수를 평균합니다.

- weighted

  샘플 개수에 비례하여 각 클래스별 측정 점수를 평균합니다.

- micro

  클래스별로 TP, TN, FP, FN을 모두 더하여 계산합니다.

11.7 분류기 성능 시각화하기

과제 테스트 데이터의 예측 클래스와 진짜 클래스를 바탕으로 모델의 품질을 시각적으로 비교하고 싶습니다.

해결 **오차 행렬**confusion matrix을 사용해 예측 클래스와 진짜 클래스를 비교합니다.

```
# 라이브러리를 임포트합니다.
import matplotlib.pyplot as plt
import seaborn as sns
from sklearn import datasets
from sklearn.linear_model import LogisticRegression
from sklearn.model_selection import train_test_split
from sklearn.metrics import confusion_matrix
import pandas as pd

# 데이터를 로드합니다.
iris = datasets.load_iris()

# 특성 행렬을 만듭니다.
features = iris.data
```

```
# 타깃 벡터를 만듭니다.
target = iris.target

# 클래스 이름의 리스트를 만듭니다.
class_names = iris.target_names

# 훈련 세트와 테스트 세트를 만듭니다.
features_train, features_test, target_train, target_test = train_test_split(
    features, target, random_state=2)

# 로지스틱 회귀 모델을 만듭니다.
classifier = LogisticRegression()

# 모델을 훈련하고 예측 결과를 계산합니다.
target_predicted = classifier.fit(features_train,
    target_train).predict(features_test)

# 오차 행렬을 만듭니다.
matrix = confusion_matrix(target_test, target_predicted)

# 판다스 데이터프레임을 만듭니다.
dataframe = pd.DataFrame(matrix, index=class_names, columns=class_names)

# 히트맵을 만듭니다.
sns.heatmap(dataframe, annot=True, cbar=None, cmap="Blues")
plt.title("Confusion Matrix"), plt.tight_layout()
plt.ylabel("True Class"), plt.xlabel("Predicted Class")
plt.show()
```

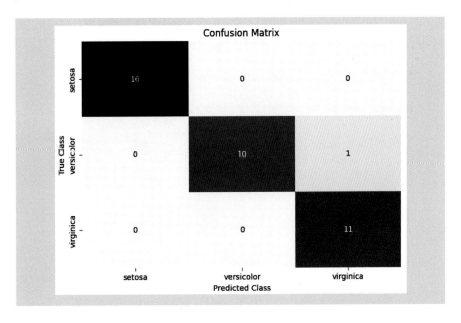

설명 오차 행렬은 분류기의 성능을 쉽고 효과적으로 보여주는 도구입니다. 오차 행렬의 핵심 장점 중 하나는 해석이 용이하다는 것입니다. 이 행렬의 열은 예측 클래스를 나타내고 행은 진짜 클래스를 나타냅니다(종종 히트맵으로 표현됩니다). 각 셀은 예측과 진짜의 가능한 조합 중 하나가 됩니다. 예를 들어 설명하면 이해하기 쉽습니다. 해결에서 왼쪽 맨 위의 셀은 Iris setosa(열)로 예측한 것 중에서 실제로 Iris setosa(행)인 샘플 개수입니다. 여기서는 모델이 모든 Iris setosa 꽃을 올바르게 예측했습니다. 그러나 이 모델은 Iris virginica를 잘 예측하지 못했습니다. 오른쪽 아래 셀은 9개의 샘플을 Iris virginica로 성공적으로 예측했지만 (한 셀 위를 보면) 실제는 Iris versicolor인 꽃 6개를 viriginica로 예측했습니다.

오차 행렬에 대해 세 가지 언급할 것이 있습니다. 첫째, 완벽한 모델은 대각선에만 값이 있고 나머지는 모두 0입니다. 나쁜 모델은 모든 셀에 고르게 샘플들이 퍼져 있을 것입니다. 둘째, 오차 행렬은 모델이 나쁘다는 것뿐만 아니라 어떻게 나쁜지도 알려줍니다. 즉 잘못 분류된 패턴을 확인할 수 있습니다. 예를 들어, 이 모델은 Iris virginica와 Iris setosa를 쉽게 구분하지만 Iris virginica와 Iris versicolor를 구분하는 데는 어려움을 겪고 있습니다. 마지막으로 오차 행렬은 다중 클래스 환경에도 잘 동작합니다(타깃 벡터에 백만 개의 클래스가 있다면 오차 행렬을 그래프로 나타내기는 어렵습니다).

참고 • 위키피디아: 오차 행렬(*http://bit.ly/2FuGKaP*)
 • 사이킷런 문서: 오차 행렬(*http://bit.ly/2DmnICk*)

덧붙임 사이킷런의 `confusion_matrix` 함수를 사용하여 오차 행렬을 계산할 수도 있습니다. 이 행렬의 행과 열은 해결에 나온 오차 행렬 그래프의 행과 열과 같습니다.

```
from sklearn.metrics import confusion_matrix

confusion_matrix(target_test, target_predicted)
```

```
array([[16,  0,  0],
       [ 0, 10,  1],
       [ 0,  0, 11]])
```

11.8 회귀 모델 평가하기

과제 회귀 모델의 성능을 평가하고 싶습니다.

해결 **평균 제곱 오차**^{mean squared error}(MSE)를 사용합니다.

```python
# 라이브러리를 임포트합니다.
from sklearn.datasets import make_regression
from sklearn.model_selection import cross_val_score
from sklearn.linear_model import LinearRegression

# 특성 행렬과 타깃 벡터를 만듭니다.
features, target = make_regression(n_samples = 100,
                                   n_features = 3,
                                   n_informative = 3,
                                   n_targets = 1,
                                   noise = 50,
                                   coef = False,
                                   random_state = 1)

# 선형 회귀 모델을 만듭니다.
ols = LinearRegression()

# 음의 MSE를 사용한 교차검증을 수행합니다.
cross_val_score(ols, features, target, scoring='neg_mean_squared_error')
```

```
array([-1974.65337976, -2004.54137625, -3935.19355723, -1060.04361386,
       -1598.74104702])
```

자주 사용하는 또 다른 회귀 지표는 결정계수 R^2입니다.

```python
# R^2를 사용한 교차검증을 수행합니다.
cross_val_score(ols, features, target, scoring='r2')
```

```
array([0.8622399 , 0.85838075, 0.74723548, 0.91354743, 0.84469331])
```

설명 MSE는 가장 널리 사용하는 회귀 모델 평가 지표입니다. MSE를 공식으로 나타내면 다음과 같습니다.

$$\text{MSE} = \frac{1}{n}\sum_{i=1}^{n}\left(\hat{y}_i - y_i\right)^2$$

여기에서 n은 샘플 개수이고 y_i는 예측하려는 샘플 i의 진짜 타깃값입니다. $\hat{y}_i$는 y_i에 대한 모델의 예측값입니다. MSE는 예측값과 진짜 값 사이의 모든 거리를 제곱하여 더한 값입니다. MSE의 값이 클수록 전체 제곱 오차가 더 커지므로 더 나쁜 모델입니다. 오차 항을 제곱하면 여러 가지 수학적 장점이 있습니다. 예를 들어 모든 오차를 양수로 만듭니다. 하지만 전체 오차의 절댓값이 같을 때도 작은 오차보다 큰 오차를 나쁘다고 여깁니다. 예를 들면 A, B 두 모델과 샘플 두 개를 다음과 같이 가정해보죠.

- 모델 A의 오차는 0과 10입니다. 그러므로 MSE는 $0^2 + 10^2 = 100$입니다.
- 모델 B의 오차는 모두 5입니다. 그러므로 MSE는 $5^2 + 5^2 = 50$입니다.

두 모델은 전체 오차가 동일하지만 MSE는 모델 A(MSE=100)가 모델 B(MSE=50)보다 더 나쁘다고 판단합니다. 실제 이런 영향이 문제가 되는 경우는 드뭅니다(사실 이론적으로 유익할 수도 있습니다). MSE는 평가 지표로 완벽하게 잘 작동합니다.

한 가지 중요한 점은 기본적으로 사이킷런의 **scoring** 매개변숫값은 높은 값이 낮은 값보다 좋은 것이어야 합니다. MSE는 반대로 높은 값이 더 나쁜 모델을 의미합니다. 이런 이유 때문에 사이킷런은 neg_mean_squared_error를 사용하여 음의 MSE를 전달해야 합니다.

널리 사용하는 다른 회귀 평가 지표는 레시피 11.2에서 사용한 기본 평가 지표인 R^2입니다. 이 지표는 모델이 설명하는 타깃 벡터의 분산을 측정합니다.

$$R^2 = 1 - \frac{\sum_{i=1}^{n}\left(y_i - \hat{y}_i\right)^2}{\sum_{i=1}^{n}\left(y_i - \bar{y}\right)^2}$$

여기에서 y_i는 i 번째 샘플의 진짜 타깃값이고 $\hat{y}_i$는 i 번째 샘플의 예측값입니다. $\bar{y}$는 타깃 벡터의 평균값입니다. 이 값이 1.0에 가까울수록 더 좋은 모델입니다.

참고
- 위키피디아: 평균 제곱 오차(*http://bit.ly/2HgALnc*)
- 위키피디아: 결정계수(*https://bit.ly/3IjiKWO*)

11.9 군집 모델 평가하기

과제 데이터를 클러스터^{cluster}로 모으기 위해 비지도 학습 알고리즘을 사용했습니다. 이 모델이 얼마나 잘 동작했는지 알고 싶습니다.

해결 간단히 대답하면 아마도 알 수 없습니다. 적어도 원하는 방식은 아닐 것입니다.

실루엣 계수^{silhouette coefficients}를 사용해 클러스터의 품질을 측정합니다(예측 성능을 측정하는 것이 아닙니다).

```python
import numpy as np
from sklearn.metrics import silhouette_score
from sklearn import datasets
from sklearn.cluster import KMeans
from sklearn.datasets import make_blobs

# 특성 행렬을 생성합니다.
features, _ = make_blobs(n_samples = 1000,
                         n_features = 10,
                         centers = 2,
                         cluster_std = 0.5,
                         shuffle = True,
                         random_state = 1)

# k-평균을 사용하여 데이터를 클러스터링하고 클래스를 예측합니다.
model = KMeans(n_clusters=2, random_state=1).fit(features)

# 예측된 클래스
target_predicted = model.labels_

# 모델을 평가합니다.
silhouette_score(features, target_predicted)
```

```
0.8916265564072141
```

설명 지도 학습^{supervised learning} 모델 평가는 타깃 벡터의 정답값과 예측값(예를 들면, 클래스나 실숫값)을 비교합니다. 군집 방법을 사용하는 대부분의 이유는 타깃 벡터가 없기 때문입니다. 하지만 여러 가지 군집 평가 지표는 타깃 벡터를 필요로 합니다. 타깃 벡터를 가지고 있을 때 군집 같은 비지도 학습 방법을 사용하면 불필요하게 스스로를 제약하는 셈입니다.

타깃 벡터가 없기 때문에 예측과 정답을 평가할 수 없지만 군집 자체의 특성을 평가할 수 있습니다. 클러스터 내의 샘플 간의 거리는 가깝고(즉, 조밀한 클러스터) 클러스터 간 거리는 먼 것(즉, 잘 구분된 클러스터)이 좋은 클러스터라고 직관적으로 생각할 수 있습니다. 실루엣 계수는 이 두 특성을 측정한 하나의 수치를 제공합니다. i 번째 샘플의 실루엣 계수를 구하는 공식은 다음과 같습니다.

$$s_i = \frac{b_i - a_i}{\max\left(a_i, b_i\right)}$$

여기에서 s_i는 샘플 i의 실루엣 계수입니다. a_i는 샘플 i와 같은 클래스 안에 있는 모든 다른 샘플 사이의 평균 거리입니다. b_i는 샘플 i와 가장 가까운 다른 클러스터 안에 있는 샘플 사이의 평균 거리입니다. silhouette_score 함수의 반환값은 모든 샘플의 실루엣 계수를 평균한 값입니다. 실루엣 계수의 범위는 −1과 1 사이입니다. 1은 조밀하고 잘 구분되는 클러스터를 의미합니다.

참고 • 사이킷런 문서: silhouette_score(*http://bit.ly/2BEVQV5*)

11.10 사용자 정의 평가 지표 만들기

과제 자신만의 지표를 사용하여 모델을 평가하고 싶습니다.

해결 평가 방법을 함수로 만들고 사이킷런의 make_scorer 함수를 사용하여 스코어 함수scorer function로 변환합니다.

```python
# 라이브러리를 임포트합니다.
from sklearn.metrics import make_scorer, r2_score
from sklearn.model_selection import train_test_split
from sklearn.linear_model import Ridge
from sklearn.datasets import make_regression

# 특성 행렬과 타깃 벡터를 만듭니다.
features, target = make_regression(n_samples = 100,
                                   n_features = 3,
                                   random_state = 1)
```

```python
# 훈련 세트와 테스트 세트를 만듭니다.
features_train, features_test, target_train, target_test = train_test_split(
    features, target, test_size=0.10, random_state=1)

# 사용자 정의 지표를 만듭니다.
def custom_metric(target_test, target_predicted):
    # R^2 점수를 계산합니다.
    r2 = r2_score(target_test, target_predicted)
    # R^2 점수를 반환합니다.
    return r2

# 높은 점수가 좋은 것을 나타내는 스코어 함수를 만듭니다.
score = make_scorer(custom_metric, greater_is_better=True)

# 리지(ridge) 회귀 모델을 만듭니다.
classifier = Ridge()

# 리지 회귀 모델을 훈련합니다.
model = classifier.fit(features_train, target_train)

# 사용자 정의 스코어 함수를 적용합니다.
score(model, features_test, target_test)
```

```
0.9997906102882058
```

설명 사이킷런이 모델 성능을 평가하는 함수를 많이 제공하지만 종종 자신만의 측정 지표를 정의해야 할 경우가 있습니다. 사이킷런의 make_scorer 함수를 사용하면 간단합니다. 먼저 두 개의 매개변수를 가진 함수를 정의합니다. 이 함수는 정답 타깃 벡터와 예측값을 받고 어떤 점수를 출력합니다. 그다음 make_scorer 함수를 사용해 스코어 객체를 만듭니다. 높은 점수와 낮은 점수 중에 (greater_is_better 매개변수를 사용해) 바람직한 것을 지정합니다.

해결에 있는 사용자 정의 지표(custom_metric)는 간단한 예입니다. 단순히 R^2 점수를 계산하는 내장 함수를 감쌌습니다. 실전 상황에서는 custom_metric 함수 대신 원하는 어떤 측정 함수로 바꾸게 됩니다. 이 경우에는 R^2를 계산하는 사용자 정의 함수가 제대로 작동하는지 사이킷런의 r2_score 내장 함수의 결과를 비교해볼 수 있습니다.

```python
# 예측
target_predicted = model.predict(features_test)

# R^2 점수를 계산합니다.
r2_score(target_test, target_predicted)
```

```
0.9997906102882058
```

참고 • 사이킷런 문서: make_scorer (*http://bit.ly/2FwMm4m*)

11.11 훈련 세트 크기에 따른 영향 시각화하기

과제 어떤 측정 지표(정확도, F_1 등)로 훈련 세트에 있는 샘플 개수에 따른 영향을 평가하고 싶습니다.

해결 훈련 세트 크기에 대한 정확도의 그래프를 그립니다.

```python
# 라이브러리를 임포트합니다.
import numpy as np
import matplotlib.pyplot as plt
from sklearn.ensemble import RandomForestClassifier
from sklearn.datasets import load_digits
from sklearn.model_selection import learning_curve

# 데이터를 로드합니다.
digits = load_digits()

# 특성 행렬과 타깃 벡터를 만듭니다.
features, target = digits.data, digits.target

# 다양한 훈련 세트 크기에서 교차검증 훈련 점수와 테스트 점수를 계산합니다.
train_sizes, train_scores, test_scores = learning_curve
                        (# 분류기
                        RandomForestClassifier(),
                        # 특성 행렬
                        features,
                        # 타깃 벡터
                        target,
                        # 폴드 수
                        cv=10,
                        # 성능 지표
                        scoring='accuracy',
                        # 모든 코어 사용
                        n_jobs=-1,
                        # 50개의 훈련 세트 크기
                        train_sizes=np.linspace(
                        0.01,
```

```
                                        1.0,
                                        50))
```

```python
# 훈련 세트 점수의 평균과 표준편차를 계산합니다.
train_mean = np.mean(train_scores, axis=1)
train_std = np.std(train_scores, axis=1)

# 테스트 세트 점수의 평균과 표준편차를 계산합니다.
test_mean = np.mean(test_scores, axis=1)
test_std = np.std(test_scores, axis=1)

# 그래프를 그립니다.
plt.plot(train_sizes, train_mean, '--', color="#111111",
         label="Training score")
plt.plot(train_sizes, test_mean, color="#111111",
         label="Cross-validation score")

# 표준편차 영역을 그립니다.
plt.fill_between(train_sizes, train_mean - train_std,
                 train_mean + train_std, color="#DDDDDD")
plt.fill_between(train_sizes, test_mean - test_std,
                 test_mean + test_std, color="#DDDDDD")

# 그래프를 출력합니다.
plt.title("Learning Curve")
plt.xlabel("Training Set Size"), plt.ylabel("Accuracy Score"),
plt.legend(loc="best")
plt.tight_layout()
plt.show()
```

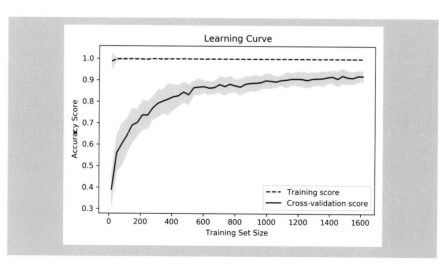

설명 **학습 곡선**learning curve은 훈련 세트의 샘플 수가 증가함에 따라 훈련 세트와 교차검증의 성능(예를 들면, 정확도나 재현율)을 시각화합니다. 더 많은 훈련 데이터를 모아서 학습 알고리즘에 도움될지 결정하는 데 널리 사용됩니다.

해결에서 훈련 세트 샘플의 1%에서 100%까지 50개 크기에서 랜덤 포레스트random forest 분류기의 정확도를 그래프로 그렸습니다. 모델의 교차검증 정확도가 증가하면 추가적인 샘플이 도움이 된다는 것을 의미합니다(실전에서는 샘플을 더 모으는 것이 불가능할 수 있습니다).

참고 • 사이킷런 문서: Learning Curve (*http://bit.ly/2FwjBVe*)

11.12 평가 지표 리포트 만들기

과제 분류기 성능을 간단하게 요약하고 싶습니다.

해결 사이킷런의 `classification_report`를 사용합니다.

```python
# 라이브러리를 임포트합니다.
from sklearn import datasets
from sklearn.linear_model import LogisticRegression
from sklearn.model_selection import train_test_split
from sklearn.metrics import classification_report

# 데이터를 로드합니다.
iris = datasets.load_iris()

# 특성 행렬을 만듭니다.
features = iris.data

# 타깃 벡터를 만듭니다.
target = iris.target

# 타깃 클래스 이름의 리스트를 만듭니다.
class_names = iris.target_names

# 훈련 세트와 테스트 세트를 만듭니다.
features_train, features_test, target_train, target_test = train_test_split(
    features, target, random_state=2)
```

```
# 로지스틱 회귀 모델을 만듭니다.
classifier = LogisticRegression()

# 모델을 훈련하고 예측을 만듭니다.
model = classifier.fit(features_train, target_train)
target_predicted = model.predict(features_test)

# 분류 리포트를 만듭니다.
print(classification_report(target_test,
                            target_predicted,
                            target_names=class_names))
```

	precision	recall	f1-score	support
setosa	1.00	1.00	1.00	16
versicolor	1.00	0.91	0.95	11
virginica	0.92	1.00	0.96	11
accuracy			0.97	38
macro avg	0.97	0.97	0.97	38
weighted avg	0.98	0.97	0.97	38

설명 classification_report는 (레시피 11.4에서 설명한) 정밀도, 재현율, F_1 점수와 같이 자주 사용하는 평가 지표를 요약하여 보여줍니다. support는 각 클래스에 속한 샘플의 개수를 의미합니다.

참고 • 위키피디아: 정밀도와 재현율($http://bit.ly/315ydTx$)

▮덧붙임 classification_report는 첫 번째 블럭에서 각 클래스를 양성 클래스로 가정했을 때 점수를 보여줍니다. 두 번째 블럭은 micro, macro, weighted 평균값을 출력합니다. labels 매개변수를 지정하지 않거나 labels 매개변수로 전달된 클래스 레이블이 타깃값에 모두 포함되어 있다면 micro 평균과 같은 의미인 정확도를 출력합니다.

labels에 존재하지 않는 네 번째 레이블을 추가하여 분류 리포트를 다시 실행해보겠습니다. 네 번째 레이블에 예측 샘플이 없어 경고가 발생하지만 micro avg 통계를 볼 수 있습니다.

```
# 분류 리포트를 만듭니다.
print(classification_report(target_test,
                            target_predicted,
                            labels=[0,1,2,3]))
```

	precision	recall	f1-score	support
0	1.00	1.00	1.00	16
1	1.00	0.91	0.95	11
2	0.92	1.00	0.96	11
3	0.00	0.00	0.00	0
micro avg	0.97	0.97	0.97	38
macro avg	0.73	0.73	0.73	38
weighted avg	0.98	0.97	0.97	38

11.13 하이퍼파라미터 값의 영향 시각화하기

과제 일부 하이퍼파라미터 값을 변경할 때 모델의 성능 변화를 알고 싶습니다.

해결 모델의 정확도에 대한 하이퍼파라미터 그래프(검증 곡선^{validation curve})을 그립니다.

```python
# 라이브러리를 임포트합니다.
import matplotlib.pyplot as plt
import numpy as np
from sklearn.datasets import load_digits
from sklearn.ensemble import RandomForestClassifier
from sklearn.model_selection import validation_curve

# 데이터를 로드합니다.
digits = load_digits()

# 특성 행렬과 타깃 벡터를 만듭니다.
features, target = digits.data, digits.target

# 파라미터 값의 범위를 만듭니다.
param_range = np.arange(1, 250, 2)

# 파라미터 값의 범위를 사용하여 훈련 세트와 테스트 세트의 정확도를 계산합니다.
train_scores, test_scores = validation_curve(
    # 분류기
    RandomForestClassifier(),
    # 특성 행렬
    features,
    # 타깃 벡터
    target,
    # 조사할 하이퍼파라미터
```

```python
        param_name="n_estimators",
        # 하이퍼파라미터 값의 범위
        param_range=param_range,
        # 폴드 수
        cv=3,
        # 성능 지표
        scoring="accuracy",
        # 모든 코어 사용
        n_jobs=-1)

# 훈련 세트 점수의 평균과 표준편차를 계산합니다.
train_mean = np.mean(train_scores, axis=1)
train_std = np.std(train_scores, axis=1)

# 테스트 세트 점수의 평균과 표준편차를 계산합니다.
test_mean = np.mean(test_scores, axis=1)
test_std = np.std(test_scores, axis=1)

# 훈련 세트와 테스트 세트의 평균 정확도 점수를 그래프로 그립니다.
plt.plot(param_range, train_mean, label="Training score", color="black")
plt.plot(param_range, test_mean, label="Cross-validation score",
        color="dimgrey")

# 훈련 세트와 테스트 세트의 정확도에 대한 표준편차를 그래프로 그립니다.
plt.fill_between(param_range, train_mean - train_std,
                train_mean + train_std, color="gray")
plt.fill_between(param_range, test_mean - test_std,
                test_mean + test_std, color="gainsboro")

# 그래프를 출력합니다.
plt.title("Validation Curve With Random Forest")
plt.xlabel("Number Of Trees")
plt.ylabel("Accuracy Score")
plt.tight_layout()
plt.legend(loc="best")
plt.show()
```

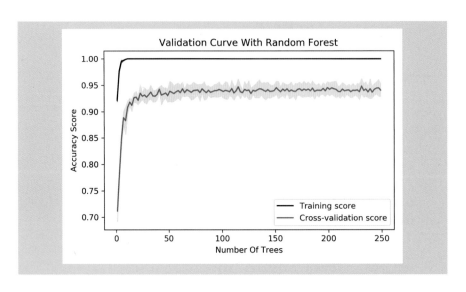

설명 (이 책에서 다루는 여러 알고리즘을 포함하여) 대부분의 훈련 알고리즘에는 훈련 과정을 시작하기 전에 선택해야만 하는 하이퍼파라미터가 있습니다. 예를 들어 **랜덤 포레스트 분류기**는 결정 트리decision tree의 앙상블ensemble을 만듭니다. 트리마다 샘플의 클래스를 예측합니다. 랜덤 포레스트 분류기의 하이퍼파라미터는 앙상블을 할 트리의 개수입니다. 많은 경우 하이퍼파라미터 값은 모델 선택(12장) 과정을 통해 선택합니다. 하지만 때로는 하이퍼파라미터 값의 변화에 따라 모델 성능의 변화를 시각화하는 것이 도움이 됩니다. 해결에서 트리 개수가 증가할 때 랜덤 포레스트 분류기의 훈련 세트 정확도와 교차검증 정확도의 변화를 그래프로 나타냈습니다. 트리 개수가 적을 때는 훈련 세트의 점수와 교차검증 점수가 모두 낮아 모델이 과소적합underfit되었습니다. 트리 개수를 250개까지 증가하면 두 정확도 모두 변화가 없이 평탄해집니다. 이 문제를 위해 대규모 랜덤 포레스트 모델을 훈련할 가치가 없다는 것을 의미합니다.

사이킷런에서 `validation_curve` 함수로 검증 곡선을 계산할 수 있습니다. 이 함수는 세 개의 중요한 파라미터가 있습니다.

- `param_name`은 바꿀 하이퍼파라미터의 이름입니다.
- `param_range`은 사용할 하이퍼파라미터 범위입니다.
- `scoring`은 모델을 평가하는 데 사용할 지표입니다.

참고 • 사이킷런 문서: 검증 곡선(*http://bit.ly/2FuwYFG*)

CHAPTER **12**

모델 선택

12.0 소개

머신러닝에서는 알고리즘을 훈련하여 손실 함수를 최소화시킴으로써 모델의 파라미터를 학습합니다. 그러나 많은 학습 알고리즘(예를 들면, 서포트 벡터 머신$^{\text{support vector machine}}$과 랜덤 포레스트)은 모델의 파라미터를 학습하는 데 영향을 미치며 사용자가 지정해야 하는 추가적인 **하이퍼파라미터**^{hyperparameter}를 가지고 있습니다. 앞서 책에서 언급했듯이 (이따금 모델 가중치라고 부르는) **파라미터**^{parameter}는 훈련 과정에서 모델이 학습하는 대상입니다. 반면에 하이퍼파라미터는 사용자에 의해 수동으로 결정됩니다.

예를 들어 랜덤 포레스트는 결정 트리의 앙상블입니다(그래서 포레스트입니다). 랜덤 포레스트의 결정 트리 개수는 알고리즘에 의해 학습되지 않고 학습하기 전에 지정되어야 합니다. 이를 종종 **하이퍼파라미터 튜닝**$^{\text{hyperparameter tuning}}$, **하이퍼파라미터 최적화**$^{\text{hyperparameter optimization}}$ 또는 **모델 선택**$^{\text{model selection}}$이라고 부릅니다. 또한 여러 학습 알고리즘을 시도해보는 경우가 많습니다 (예를 들면, 서포트 벡터 머신과 랜덤 포레스트를 테스트해서 어떤 알고리즘이 더 좋은 모델을 만드는지 확인합니다).

이 분야는 다양한 변종 용어가 폭넓게 유통되지만 이 책에서는 최선의 학습 알고리즘을 선택하는 것과 최선의 하이퍼파라미터를 선택하는 것을 모델 선택이라고 부르겠습니다. 이유는 간단합니다. 주어진 데이터에서 10개의 하이퍼파라미터 후보로 서포트 벡터 머신 분류기와 랜덤 포레스트 분류기를 훈련하고 싶다고 가정해보죠. 결국 20개의 후보 모델 중에서 최선의 모델을 선택하게 됩니다. 이 장에서는 후보 중에서 효율적으로 최선의 모델을 선택하는 기법을 다루겠습니다.

이 장 전반에 걸쳐 C(규제^{regularization} 강도의 역수)와 같은 특정 하이퍼파라미터를 언급할 것입니다. 이 하이퍼파라미터가 무엇인지 몰라도 걱정하지 마세요. 이후 다른 장에서 다룰 것입니다. 하이퍼파라미터를 그냥 훈련하기 전에 선택해야만 하는 학습 알고리즘을 위한 셋팅으로 생각해주세요. 일반적으로 최상의 성능을 내는 모델과 하이퍼파라미터를 찾으려면 실험이 필요합니다. 즉, 여러 가지를 시도해 보고 어떤 것이 가장 좋은 결과를 내는지 확인해야 합니다.

12.1 완전 탐색을 사용해 최선의 모델 선택하기

과제 하이퍼파라미터 범위를 검사하여 최선의 모델을 선택하고 싶습니다.

해결 사이킷런의 GridSearchCV를 사용합니다.

```python
# 라이브러리를 임포트합니다.
import numpy as np
from sklearn import linear_model, datasets
from sklearn.model_selection import GridSearchCV

# 데이터를 로드합니다.
iris = datasets.load_iris()
features = iris.data
target = iris.target

# 로지스틱 회귀 모델을 만듭니다.
logistic = linear_model.LogisticRegression(max_iter=500, solver='liblinear')

# 페널티(penalty) 하이퍼파라미터 값의 후보를 만듭니다.
penalty = ['l1', 'l2']

# 규제 하이퍼파라미터 값의 후보 범위를 만듭니다.
C = np.logspace(0, 4, 10)

# 하이퍼파라미터 후보 딕셔너리를 만듭니다.
hyperparameters = dict(C=C, penalty=penalty)

# 그리드 서치 객체를 만듭니다.
gridsearch = GridSearchCV(logistic, hyperparameters, cv=5, verbose=0)
```

```
# 그리드 서치를 수행합니다.
best_model = gridsearch.fit(features, target)

# 최상의 모델을 확인합니다.
print(best_model.best_estimator_)
```

```
LogisticRegression(C=7.742636826811269, max_iter=500, penalty='l1',
                   solver='liblinear')
```

설명 GridSearchCV는 교차검증을 사용하여 모델을 선택하는 브루트포스*brute-force*한 방법입니다. 구체적으로 설명하면 사용자는 하나 이상의 하이퍼파라미터에 대해 가능성 있는 값을 정의합니다. 그다음 GridSearchCV는 모든 값의 조합에 대해 모델을 훈련합니다. 최고 성능 점수를 내는 모델이 최선의 모델로 선택됩니다.

예를 들어 해결에서 학습 알고리즘으로 로지스틱 회귀를 사용하고 두 개의 하이퍼파라미터를 튜닝했습니다. C와 규제 페널티*penalty*입니다. 또한 두 개의 다른 하이퍼파라미터 solver와 max_iter 매개변수를 지정했습니다. 이런 값이 의미하는 것을 몰라도 괜찮습니다. 다음 몇 개의 장에서 이를 다루겠습니다. 그냥 C와 규제 페널티에는 받을 수 있는 값의 범위가 있다고 이해해주세요. 이 값들은 훈련하기 전에 지정해야 합니다. C에 대해서는 10개의 가능한 값을 정의했습니다.

```
np.logspace(0, 4, 10)
```

```
array([1.00000000e+00, 2.78255940e+00, 7.74263683e+00, 2.15443469e+01,
       5.99484250e+01, 1.66810054e+02, 4.64158883e+02, 1.29154967e+03,
       3.59381366e+03, 1.00000000e+04])
```

비슷하게 규제 페널티를 위해 가능한 두 개의 값 ['l1', 'l2']을 정의합니다. C와 규제 페널티 값의 각 조합에 대해 모델을 훈련하고 k-폴드 교차검증으로 평가합니다. 해결에서는 C의 값이 10개이고 규제 페널티는 두 개, 폴드 수는 5입니다. 총 $10 \times 2 \times 5 = 100$개의 모델 후보 중에서 가장 좋은 것을 선택합니다.

GridSearchCV가 완료되면 최선의 모델을 만드는 하이퍼파라미터를 확인할 수 있습니다.

```
# 최선의 하이퍼파라미터를 확인합니다.
print('가장 좋은 페널티:', best_model.best_estimator_.get_params()['penalty'])
print('가장 좋은 C 값:', best_model.best_estimator_.get_params()['C'])
```

```
가장 좋은 페널티: l1
가장 좋은 C 값: 7.742636826811269
```

기본적으로 GridSearchCV는 최선의 하이퍼파라미터를 확인한 후에 (교차검증에서 폴드 하나를 빼는 대신) 전체 데이터셋에서 최선의 하이퍼파라미터를 사용하여 모델을 다시 훈련합니다.

```
# 타깃 벡터를 예측합니다.
best_model.predict(features)
```

```
array([0, 0, 0, 0, 0, 0, 0, 0, 0, 0, 0, 0, 0, 0, 0, 0, 0, 0, 0, 0, 0, 0,
       0, 0, 0, 0, 0, 0, 0, 0, 0, 0, 0, 0, 0, 0, 0, 0, 0, 0, 0, 0, 0, 0,
       0, 0, 0, 0, 0, 0, 1, 1, 1, 1, 1, 1, 1, 1, 1, 1, 1, 1, 1, 1, 1, 1,
       1, 1, 1, 1, 2, 1, 1, 1, 1, 1, 1, 1, 1, 1, 1, 1, 1, 1, 2, 1, 1, 1, 1,
       1, 1, 1, 1, 1, 1, 1, 1, 1, 1, 1, 2, 2, 2, 2, 2, 2, 2, 2, 2,
       2, 2, 2, 2, 2, 2, 2, 2, 2, 2, 2, 2, 2, 2, 2, 2, 2, 2, 2, 2,
       2, 1, 2, 2, 2, 2, 2, 2, 2, 2, 2, 2, 2, 2, 2, 2, 2, 2])
```

GridSearchCV의 verbose 매개변수는 별도로 언급할 만합니다. 대부분의 경우 불필요하지만 탐색 시간이 긴 경우에는 잘 진행되는지 확인할 수 있는 옵션입니다. verbose 매개변수는 탐색 과정에서 출력되는 메시지의 양을 결정합니다. 0은 아무것도 출력하지 않고 1에서 3까지는 추가적인 메시지를 출력합니다.

> 참고 • 사이킷런 문서: GridSearchCV (*http://bit.ly/2Fuctc4*)

12.2 랜덤 탐색을 사용해 최선의 모델 선택하기

> 과제 완전 탐색exhaustive search보다 최선의 모델을 선택하는 데 계산 비용이 적게 드는 방법을 원합니다.

> 해결 사이킷런의 RandomizedSearchCV를 사용합니다.

```
# 라이브러리를 임포트합니다.
from scipy.stats import uniform
from sklearn import linear_model, datasets
from sklearn.model_selection import RandomizedSearchCV

# 데이터를 로드합니다.
iris = datasets.load_iris()
```

```
features = iris.data
target = iris.target

# 로지스틱 회귀 모델을 만듭니다.
logistic = linear_model.LogisticRegression(max_iter=500, solver='liblinear')

# 페널티 하이퍼파라미터 후보를 만듭니다. penalty hyperparameter values
penalty = ['l1', 'l2']

# 규제 하이퍼파라미터 값의 후보를 위한 분포를 만듭니다.
C = uniform(loc=0, scale=4)

# 하이퍼파라미터 옵션을 만듭니다.
hyperparameters = dict(C=C, penalty=penalty)

# 랜덤 탐색 객체를 만듭니다.
randomizedsearch = RandomizedSearchCV(
    logistic, hyperparameters, random_state=1, n_iter=100, cv=5, verbose=0,
    n_jobs=-1)

# 랜덤 탐색을 수행합니다.
best_model = randomizedsearch.fit(features, target)

# 최상의 모델을 확인합니다.
print(best_model.best_estimator_)
```

```
LogisticRegression(C=1.668088018810296, max_iter=500, penalty='l1',
                   solver='liblinear')
```

설명 레시피 12.1은 사용자가 정의한 일련의 하이퍼파라미터 값에서 GridSearchCV를 사용해 스코어 함수에 기반하여 최선의 모델을 찾았습니다. GridSearchCV의 브루트포스 탐색보다 더 효율적인 방법은 사용자가 제공한 분포(예를 들어, 정규분포나 균등 분포)에서 랜덤한 하이퍼파라미터 조합을 지정된 횟수만큼 추출하여 조사하는 것입니다. 사이킷런은 RandomizedSearchCV 클래스에 랜덤 탐색randomized search 기법을 구현했습니다.

RandomizedSearchCV에 분포를 지정하면 이 분포에서 중복을 허용하지 않도록 하이퍼파라미터 값을 랜덤하게 샘플링합니다. 일반적인 개념을 설명하기 위해 여기에서는 0~4 사이의 균등 분포에서 랜덤하게 10개의 값을 샘플링합니다.

```
# 0~4 사이의 균등 분포를 정의하고 10개의 값을 샘플링합니다.
uniform(loc=0, scale=4).rvs(10)
```

```
array([3.95211699, 0.30693116, 2.88237794, 3.00392864, 0.43964702,
       1.46670526, 0.27841863, 2.56541664, 2.66475584, 0.79611958])
```

또 규제 페널티 값 ['l1', 'l2']처럼 리스트로 지정하면 RandomizedSearchCV는 리스트에서 중복을 허용하여 랜덤하게 샘플링합니다.

GridSearchCV와 마찬가지로 최선의 모델의 하이퍼파라미터 값을 확인할 수 있습니다.

```
# 최선의 하이퍼파라미터를 확인합니다.
print('가장 좋은 페널티:', best_model.best_estimator_.get_params()['penalty'])
print('가장 좋은 C 값:', best_model.best_estimator_.get_params()['C'])
```

```
가장 좋은 페널티: l1
가장 좋은 C 값: 1.668088018810296
```

GridSearchCV와 마찬가지로 탐색이 완료된 후에 RandomizedSearchCV는 전체 데이터셋에서 최선의 하이퍼파라미터를 사용해 새로운 모델을 훈련합니다. 이 모델을 사이킷런의 여느 모델처럼 사용할 수 있습니다. 예를 들어 다음과 같이 예측을 만듭니다.

```
# 타깃 벡터를 예측합니다.
best_model.predict(features)
```

```
array([0, 0, 0, 0, 0, 0, 0, 0, 0, 0, 0, 0, 0, 0, 0, 0, 0, 0, 0, 0, 0,
       0, 0, 0, 0, 0, 0, 0, 0, 0, 0, 0, 0, 0, 0, 0, 0, 0, 0, 0, 0, 0,
       0, 0, 0, 0, 0, 0, 1, 1, 1, 1, 1, 1, 1, 1, 1, 1, 1, 1, 1, 1, 1,
       1, 1, 1, 1, 1, 2, 1, 1, 1, 1, 1, 1, 1, 1, 1, 1, 1, 1, 2, 2, 1, 1, 1,
       1, 1, 1, 1, 1, 1, 1, 1, 1, 1, 1, 1, 2, 2, 2, 2, 2, 2, 2, 2, 2,
       2, 2, 2, 2, 2, 2, 2, 2, 2, 2, 2, 2, 2, 2, 2, 2, 2, 2, 1, 2, 2,
       2, 1, 2, 2, 2, 2, 2, 2, 2, 2, 2, 2, 2, 2, 2, 2, 2, 2, 2])
```

샘플링할 하이퍼파라미터 조합의 횟수(즉 훈련할 후보 모델의 개수)는 n_iter(반복 횟수) 매개변수로 지정합니다. RandomizedSearchCV가 GridSearchCV보다 빠른 것은 아니지만 더 적은 조합을 시도하기 때문에 짧은 시간 안에 GridSearchCV와 비슷한 성능에 도달할 수 있습니다.

참고 • 사이킷런 문서: RandomizedSearchCV (*http://bit.ly/2B7p1zT*)
      • 하이퍼파라미터 최적화를 위한 랜덤 탐색 (*http://bit.ly/2FrUinf*)

12.3 여러 학습 알고리즘에서 최선의 모델 선택하기

과제 다양한 학습 알고리즘과 각각의 하이퍼파라미터를 탐색하여 최선의 모델을 선택하고 싶습니다.

해결 GridSearchCV의 탐색 공간으로 사용할 후보 학습 알고리즘과 이에 해당하는 하이퍼파라미터의 딕셔너리를 만듭니다.

```python
# 라이브러리를 임포트합니다.
import numpy as np
from sklearn import datasets
from sklearn.linear_model import LogisticRegression
from sklearn.ensemble import RandomForestClassifier
from sklearn.model_selection import GridSearchCV
from sklearn.pipeline import Pipeline

# 랜덤 시드를 설정합니다.
np.random.seed(0)

# 데이터를 로드합니다.
iris = datasets.load_iris()
features = iris.data
target = iris.target

# 파이프라인을 만듭니다.
pipe = Pipeline([("classifier", RandomForestClassifier())])

# 후보 학습 알고리즘과 하이퍼파라미터로 딕셔너리를 만듭니다.
search_space = [{"classifier": [LogisticRegression(max_iter=500,
                                                    solver='liblinear')],
                 "classifier__penalty": ['l1', 'l2'],
                 "classifier__C": np.logspace(0, 4, 10)},
                {"classifier": [RandomForestClassifier()],
                 "classifier__n_estimators": [10, 100, 1000],
                 "classifier__max_features": [1, 2, 3]}]

# 그리드 서치 객체를 만듭니다.
gridsearch = GridSearchCV(pipe, search_space, cv=5, verbose=0)

# 그리드 서치를 수행합니다.
best_model = gridsearch.fit(features, target)

# 최상의 모델을 확인합니다.
print(best_model.best_estimator_)
```

```
Pipeline(steps=[('classifier',
                 LogisticRegression(C=7.742636826811269, max_iter=500,
                                    penalty='l1', solver='liblinear'))])
```

설명 이전 두 개의 레시피에서 학습 알고리즘 하나의 하이퍼파라미터를 탐색하여 최선의 모델을 찾았습니다. 하지만 어떤 학습 알고리즘을 사용할지 결정할 수 있을까요? 사이킷런은 탐색 대상의 일부로 학습 알고리즘을 포함할 수 있습니다. 해결에서 로지스틱 회귀와 랜덤 포레스트 분류기 두 개의 학습 알고리즘을 탐색 공간에 포함시켰습니다. 각 학습 알고리즘은 자신만의 하이퍼파라미터가 있습니다. 이런 후보값들을 classifier__[hyperparameter name] 형식으로 정의합니다. 예를 들어 로지스틱 회귀에서 규제 하이퍼파라미터 C의 가능한 값과 규제 페널티 penalty의 종류를 정의하는 딕셔너리를 만들었습니다.

```
{'classifier': [LogisticRegression(max_iter=500, solver='liblinear')],
 'classifier__penalty': ['l1', 'l2'],
 'classifier__C': np.logspace(0, 4, 10)}
```

랜덤 포레스트 하이퍼파라미터를 위해서도 비슷한 딕셔너리를 만들 수 있습니다.

```
{'classifier': [RandomForestClassifier()],
 'classifier__n_estimators': [10, 100, 1000],
 'classifier__max_features': [1, 2, 3]}
```

탐색이 완료되면 best_estimator_를 사용해 최선의 학습 모델과 하이퍼파라미터를 확인할 수 있습니다.

```
# 최선의 모델을 확인합니다.
best_model.best_estimator_.get_params()["classifier"]
```

```
LogisticRegression(C=7.742636826811269, max_iter=500, penalty='l1',
                   solver='liblinear')
```

이전의 두 레시피와 마찬가지로 모델 선택 탐색이 완료되면 사이킷런의 다른 모델처럼 best_model 객체를 사용할 수 있습니다.

```
# 타깃 벡터를 예측합니다.
best_model.predict(features)
```

```
array([0, 0, 0, 0, 0, 0, 0, 0, 0, 0, 0, 0, 0, 0, 0, 0, 0, 0, 0, 0, 0, 0,
       0, 0, 0, 0, 0, 0, 0, 0, 0, 0, 0, 0, 0, 0, 0, 0, 0, 0, 0, 0, 0, 0,
```

```
       0, 0, 0, 0, 0, 0, 1, 1, 1, 1, 1, 1, 1, 1, 1, 1, 1, 1, 1, 1, 1, 1,
       1, 1, 1, 1, 2, 1, 1, 1, 1, 1, 1, 1, 1, 1, 1, 1, 1, 1, 2, 1, 1, 1, 1,
       1, 1, 1, 1, 1, 1, 1, 1, 1, 1, 1, 1, 1, 2, 2, 2, 2, 2, 2, 2, 2, 2, 2,
       2, 2, 2, 2, 2, 2, 2, 2, 2, 2, 2, 2, 2, 2, 2, 2, 2, 2, 2, 2, 2, 2, 2,
       2, 1, 2, 2, 2, 2, 2, 2, 2, 2, 2, 2, 2, 2, 2, 2, 2, 2])
```

12.4 전처리와 함께 최선의 모델 선택하기

과제 모델 선택 과정에 전처리 단계를 포함하고 싶습니다.

해결 전처리 단계와 필요한 매개변수를 포함한 파이프라인을 만듭니다.

```python
# 라이브러리를 임포트합니다.
import numpy as np
from sklearn import datasets
from sklearn.linear_model import LogisticRegression
from sklearn.model_selection import GridSearchCV
from sklearn.pipeline import Pipeline, FeatureUnion
from sklearn.decomposition import PCA
from sklearn.preprocessing import StandardScaler

# 랜덤 시드를 설정합니다.
np.random.seed(0)

# 데이터를 로드합니다.
iris = datasets.load_iris()
features = iris.data
target = iris.target

# StandardScaler와 PCA를 포함한 전처리 객체를 만듭니다.
preprocess = FeatureUnion([("std", StandardScaler()), ("pca", PCA())])

# 파이프라인을 만듭니다.
pipe = Pipeline([("preprocess", preprocess),
                 ("classifier", LogisticRegression(max_iter=1000,
                                                    solver='liblinear'))])

# 후보값을 정의합니다.
search_space = [{"preprocess__pca__n_components": [1, 2, 3],
```

```
                          "classifier__penalty": ["l1", "l2"],
                          "classifier__C": np.logspace(0, 4, 10)}]

    # 그리드 서치 객체를 만듭니다.
    clf = GridSearchCV(pipe, search_space, cv=5, verbose=0, n_jobs=-1)

    # 그리드 서치를 수행합니다.
    best_model = clf.fit(features, target)

    # 최상의 모델을 확인합니다.
    print(best_model.best_estimator_)
```

```
Pipeline(steps=[('preprocess',
                 FeatureUnion(transformer_list=[('std', StandardScaler()),
                                                ('pca', PCA(n_components=1))])),
                ('classifier',
                 LogisticRegression(C=7.742636826811269, max_iter=1000,
                                    penalty='l1', solver='liblinear'))])
```

설명 모델을 훈련하기 전에 데이터를 전처리해야 할 경우가 아주 많습니다. 모델 선택을 수행할 때 전처리 단계를 적절히 다루도록 주의해야 합니다. 첫째, GridSearchCV는 교차검증을 사용하여 가장 높은 성능을 내는 모델을 고릅니다. 교차검증에서 제외된 폴드는 본 적 없는 테스트 세트와 같은 역할을 하므로 어떤 전처리 단계(예를 들면 스케일링이나 표준화)에도 포함되어서는 안됩니다. 이 때문에 먼저 데이터를 전처리하고 GridSearchCV를 실행할 수 없습니다. 대신 전처리 단계를 GridSearchCV가 수행하는 일련의 작업 중 하나로 포함시켜야 합니다.

왠지 복잡해 보이지만 사이킷런에서는 실제로 간단합니다. FeatureUnion을 사용하면 여러 전처리 단계를 적절하게 연결할 수 있습니다. 해결에서 FeatureUnion을 사용하여 특성값 표준화^StandardScaler와 주성분 분석(PCA) 두 전처리 단계를 연결했습니다. 이 객체가 preprocess이고 두 전처리 단계를 포함하고 있습니다. 그다음 학습 알고리즘과 함께 preprocess를 파이프라인에 포함시켰습니다. 이렇게 하면 여러 하이퍼파라미터 조합에서 모델의 올바른 (그리고 복잡한) 변환과 훈련을 사이킷런에 위임할 수 있습니다.

둘째, 일부 전처리 방법은 종종 사용자가 지정해야 하는 자신만의 매개변수가 있습니다. 예를 들어 PCA를 사용한 차원 축소^dimensionality reduction에서는 사용자가 변환된 특성을 만들기 위해 사용할 주성분 개수를 정의해야 합니다. 이상적으로는 테스트 세트 평가에서 가장 높은 성능을 내는 모델을 만드는 주성분 개수를 선택하고 싶습니다. 다행히 사이킷런에서는 간단합니다. 탐색 대상에 후보 성분 개수를 포함하면 다른 하이퍼파라미터처럼 탐색 대상으로 다룰 수 있습니다. 해결에서 search_space 딕셔너리에 'features__pca__n_components': [1, 2, 3]를 정의하여 최선의 모델을 만드는 주성분이 하나인지 두 개, 세 개인지를 탐색하도록 지시합니다.

모델 선택이 완료되면 최선의 모델을 만든 전처리 매개변숫값을 확인할 수 있습니다. 예를 들어 최선의 주성분 개수는 다음과 같습니다.

```
# 최선의 주성분 개수를 확인합니다.
best_model.best_estimator_.get_params()['preprocess__pca__n_components']
```

```
1
```

▶ 덧붙임 GridSearchCV가 수행한 교차검증에서 최상의 점수는 best_score_ 속성에 저장되어 있습니다.

```
clf.best_score_
```

```
0.9666666666666667
```

FeatureUnion 클래스는 전처리 단계를 병렬로 연결합니다. 해결에서 StandardScaler와 PCA를 연결했습니다. PCA에서 찾은 최선의 주성분 개수는 1개이므로 preprocess 단계에서 만든 특성은 표준화 처리된 원본 특성 4개와 1개의 주성분을 합쳐 모두 5개입니다. 그리드 서치의 best_estimator_는 Pipeline 클래스의 객체이므로 named_steps 속성을 사용하면 파이프라인의 각 단계에 손쉽게 접근할 수 있습니다. preprocess 단계에서 어떻게 특성을 변환하는지 확인해보겠습니다.

```
clf.best_estimator_.named_steps["preprocess"].transform(features[0:1])
```

```
array([[-0.90068117,  1.01900435, -1.34022653, -1.3154443 , -2.68412563]])
```

일반적으로 주성분은 원본 특성의 차원을 줄이는 역할로 많이 사용합니다. Pipeline 클래스는 여러 특성을 연달아 변환할 수 있습니다. 또한 memory 매개변수에 전처리 데이터를 임시 저장할 디렉터리 이름을 전달하면 하이퍼파라미터 탐색 과정에서 중복으로 전처리 과정을 수행하지 않습니다.

```
pipe = Pipeline([("std", StandardScaler()),
                 ("pca", PCA()),
                 ("classifier", LogisticRegression(max_iter=1000,
                                                   solver='liblinear'))],
                 memory='cache')
```

훈련할 때는 StandardScaler와 PCA 클래스의 `fit` 메서드와 `transform` 메서드가 호출되고 (또는 `fit_transform` 메서드) LogisticRegression 클래스의 `fit` 메서드가 호출됩니다. 예측을 만들 때는 StandardScaler와 PCA 클래스의 `transform` 메서드만 호출되고 LogisticRegression 클래스의 `predict` 메서드가 호출됩니다.

FeatureUnion을 사용하지 않았으므로 search_space에서 preprocess__ 접두사를 제거하고 훈련합니다.

```
# 후보값을 정의합니다.
search_space = [{"pca__n_components": [1, 2, 3],
                "classifier__penalty": ["l1", "l2"],
                "classifier__C": np.logspace(0, 4, 10)}]

# 그리드 서치 객체를 만듭니다.
clf = GridSearchCV(pipe, search_space, cv=5, verbose=0, n_jobs=-1)

# 그리드 서치를 수행합니다.
best_model = clf.fit(features, target)
```

최상의 교차검증 점수와 주성분의 개수를 확인해보죠.

```
clf.best_score_
```

```
0.9666666666666667
```

```
# 최선의 주성분 개수를 확인합니다.
clf.best_estimator_.get_params()['pca__n_components']
```

```
3
```

해결에서와 달리 세 개의 주성분이 유지되었습니다. 여기에서도 named_steps 속성으로 PCA 단계에서 어떻게 데이터가 변환되는지 확인할 수 있습니다.

```
clf.best_estimator_.named_steps["pca"].transform(features[0:1])
```

```
array([[ 2.64026976,  5.2040413 , -2.48862071]])
```

12.5 병렬화로 모델 선택 속도 높이기

과제 모델 선택의 처리 속도를 높여야 합니다.

해결 n_jobs=-1로 지정하여 모델을 병렬로 훈련할 수 있도록 컴퓨터에 있는 모든 코어를 사용합니다.

```python
# 라이브러리를 임포트합니다.
import numpy as np
from sklearn import linear_model, datasets
from sklearn.model_selection import GridSearchCV

# 데이터를 로드합니다.
iris = datasets.load_iris()
features = iris.data
target = iris.target

# 로지스틱 회귀 모델을 만듭니다.
logistic = linear_model.LogisticRegression(max_iter=500, solver='liblinear')

# 규제 페널티의 후보를 만듭니다.
penalty = ["l1", "l2"]

# C 값의 후보 범위를 만듭니다.
C = np.logspace(0, 4, 1000)

# 하이퍼파라미터 옵션을 만듭니다.
hyperparameters = dict(C=C, penalty=penalty)

# 그리드 서치 객체를 만듭니다.
gridsearch = GridSearchCV(logistic, hyperparameters, cv=5, n_jobs=-1,
                          verbose=1)

# 그리드 서치를 수행합니다.
best_model = gridsearch.fit(features, target)

# 최상의 모델을 확인합니다.
print(best_model.best_estimator_)
```

```
Fitting 5 folds for each of 2000 candidates, totalling 10000 fits
LogisticRegression(C=5.926151812475554, max_iter=500, penalty='l1',
                   solver='liblinear')
```

설명 이 장의 레시피에서는 예제 코드 실행 속도를 빠르게 하려고 후보 모델의 개수를 작게 유지했습니다. 실전에서는 수천, 수만 개의 모델을 훈련하는 경우가 많습니다. 결국 최선의 모델을 찾으려면 많은 시간이 걸립니다.

이 탐색 과정의 속도를 높이기 위해 사이킷런은 여러 모델을 동시에 훈련할 수 있습니다. 기술적으로 너무 자세히 들어가진 않겠지만 사이킷런은 컴퓨터에 있는 코어 개수만큼 동시에 모델을 훈련할 수 있습니다. 최근 노트북은 보통 네 개의 코어를 가집니다. 따라서 (여러분이 노트북을 사용중이라고 가정하면) 네 개의 모델을 동시에 훈련할 수 있습니다. 이는 모델 선택 과정의 처리 속도를 크게 높여줍니다. n_jobs 매개변수에 병렬로 훈련할 모델의 개수를 정의할수 있습니다.

해결에서 사이킷런이 모든 코어를 사용하도록 n_jobs를 -1로 설정했습니다. n_jobs의 기본값은 1로 하나의 코어만 사용합니다. 해결과 동일한 GridSearchCV 객체를 n_jobs=1로 실행하면 최선의 모델을 찾는 데 매우 오랜 시간이 걸리는 것을 볼 수 있습니다(정확한 시간은 사용하는 컴퓨터에 따라 다릅니다).

```python
# 하나의 코어만 사용하는 그리드 서치 객체를 만듭니다.
clf = GridSearchCV(logistic, hyperparameters, cv=5, n_jobs=1, verbose=1)

# 그리드 서치를 수행합니다.
best_model = clf.fit(features, target)

# 최상의 모델을 확인합니다.
print(best_model.best_estimator_)
```

```
Fitting 5 folds for each of 2000 candidates, totalling 10000 fits
LogisticRegression(C=5.926151812475554, max_iter=500, penalty='l1',
                   solver='liblinear')
```

12.6 알고리즘에 특화된 기법을 사용해 모델 선택 수행 속도 높이기

과제 컴퓨팅 파워를 추가로 사용하지 않고 모델 선택 작업의 속도를 높여야 합니다.

해결 선택한 일부 알고리즘을 사용한다면 사이킷런에서 모델에 특화된 교차검증 하이퍼파라미터 튜닝을 사용하세요. 예를 들면 LogisticRegressionCV가 있습니다.

```python
# 라이브러리를 임포트합니다.
from sklearn import linear_model, datasets

# 데이터를 로드합니다.
iris = datasets.load_iris()
features = iris.data
target = iris.target

# 교차검증 로지스틱 회귀 모델을 만듭니다.
logit = linear_model.LogisticRegressionCV(Cs=100, max_iter=500,
                                          solver='liblinear')

# 모델을 훈련합니다.
logit.fit(features, target)

# 모델을 확인합니다.
print(logit)
```

```
LogisticRegressionCV(Cs=100, max_iter=500, solver='liblinear')
```

설명 이따금 학습 알고리즘의 특성을 사용하면 브루트포스나 랜덤 모델 탐색보다 훨씬 빠르게 최선의 하이퍼파라미터를 탐색할 수 있습니다. 사이킷런의 많은 학습 알고리즘(예를 들면, 리지, 라소lasso, 엘라스틱넷elastic net 회귀)은 알고리즘에 특화된 교차검증 방식을 가지고 있어 이런 작업에 도움이 됩니다. 예를 들면 LogisticRegression은 표준 로지스틱 회귀 분류 작업을 수행하지만 LogisticRegressionCV는 규제 하이퍼파라미터 C의 최적값을 효율적으로 찾아주는 교차검증 로지스틱 회귀 분류기를 구현합니다.

사이킷런의 LogisticRegressionCV 클래스는 매개변수 Cs를 제공합니다. Cs에 리스트를 전달하면 후보 하이퍼파라미터 값으로 사용합니다. 정숫값을 전달하면 정수 개수만큼 후보 리스트를 생성합니다. 후보값은 0.0001과 10,000 사이(납득할 만한 C의 범위입니다)에서 로그 스케일로 선택됩니다.[1]

LogisticRegressionCV의 주된 단점은 매개변수 C에 대해서만 탐색할 수 있다는 것입니다.

---

1 옮긴이_ 선택된 후보 리스트는 Cs_ 속성에 저장되어 있습니다.

레시피 12.1에서 가능성있는 하이퍼파라미터 탐색 공간은 C 외에 다른 하이퍼파라미터도 포함했습니다(규제 페널티의 노름[norm 2]). 이런 제약 사항은 일반적으로 사이킷런의 다른 모델 특화 교차검증 방식에도 있습니다.

> **참고** • 사이킷런 문서: LogisticRegressionCV (*http://bit.ly/2GPJvjY*)
> • 사이킷런 문서: 모델에 특화된 교차검증(*http://bit.ly/2F0TQsL*)

12.7 모델 선택 후 성능 평가하기

> **과제** 모델 선택 과정을 통해 찾은 모델의 성능을 평가하고 싶습니다.

> **해결** 중첩 교차검증[nested cross-validation]을 사용하여 편향된 평가를 피합니다.

```python
# 라이브러리를 임포트합니다.
import numpy as np
from sklearn import linear_model, datasets
from sklearn.model_selection import GridSearchCV, cross_val_score

# 데이터를 로드합니다.
iris = datasets.load_iris()
features = iris.data
target = iris.target

# 로지스틱 회귀 모델을 만듭니다.
logistic = linear_model.LogisticRegression(max_iter=500, solver='liblinear')

# Create range of 20 candidate values for C
C = np.logspace(0, 4, 20)

# 하이퍼파라미터 옵션을 만듭니다.
hyperparameters = dict(C=C)
# 그리드 서치 객체를 만듭니다.
gridsearch = GridSearchCV(logistic, hyperparameters, cv=5, n_jobs=-1,
                          verbose=0)
```

---

2 옮긴이_ 라소 모델에 적용하는 페널티 항은 계수의 L1 노름이고 리지 모델에 적용하는 페널티 항은 L2 노름의 제곱입니다. 규제에 대해서는 레시피 13.4를 참고하세요.

```
# 중첩 교차검증을 수행하고 평균 점수를 출력합니다.
cross_val_score(gridsearch, features, target, cv=3).mean()
```

```
0.9733333333333334
```

설명 모델 선택에서 중첩 교차검증은 처음부터 이해하기 쉽지 않은 개념입니다. k-폴드 교차검증을 생각해보면 데이터 중 $k-1$개의 폴드에서 모델을 훈련하고 이 모델을 사용해 남은 폴드에서 예측을 만듭니다. 그다음 모델의 예측과 정답을 비교하여 모델이 얼마나 잘 예측하는지 평가합니다.

이 장에서 소개한 모델 선택 기능(즉, **GridSearchCV**와 **RandomizedSearchCV**)에서 교차검증을 사용해 어떤 하이퍼파라미터 값이 최선의 모델을 만드는지 평가했습니다. 하지만 미묘하고 보통 원치 않는 문제가 발생합니다. 최선의 하이퍼파라미터 값을 찾기 위해 데이터를 사용했기 때문에 동일한 데이터로 모델의 성능을 평가할 수 없습니다. 해결 방법은 모델 탐색을 위해 사용한 교차검증을 다른 교차검증으로 감싸는 것입니다! 중첩 교차검증에서 안쪽의 교차검증이 최선의 모델을 찾고 바깥쪽의 교차검증이 편향되지 않은 모델의 성능을 평가합니다. 해결에서 안쪽 교차검증이 **GridSearchCV** 객체입니다. 이를 **cross_val_score** 함수를 사용하여 바깥쪽 교차검증으로 감쌌습니다.

헷갈린다면 간단한 실험을 직접 해보세요. **verbose=1**로 설정하면 어떤 작업이 수행되는지 확인할 수 있습니다.

```
gridsearch = GridSearchCV(logistic, hyperparameters, cv=5, verbose=1)
```

그다음 **gridsearch.fit(features, target)**를 실행합니다. 최선의 모델을 찾기 위한 안쪽 교차검증입니다.

```
best_model = gridsearch.fit(features, target)
```

```
Fitting 5 folds for each of 20 candidates, totalling 100 fits
```

출력 결과에서 안쪽 교차검증이 20개의 후보 모델을 다섯 번씩 총 100개의 모델을 훈련했다는 것을 알 수 있습니다. 그다음 새로운 교차검증에 **clf**를 중첩시킵니다. 이 교차검증의 폴드 기본값은 3입니다.

```
scores = cross_val_score(gridsearch, features, target, cv=3)
```

```
Fitting 5 folds for each of 20 candidates, totalling 100 fits
Fitting 5 folds for each of 20 candidates, totalling 100 fits
Fitting 5 folds for each of 20 candidates, totalling 100 fits
Fitting 5 folds for each of 20 candidates, totalling 100 fits
Fitting 5 folds for each of 20 candidates, totalling 100 fits
```

출력 결과에서 다음과 같은 내용을 알 수 있습니다. 안쪽 교차검증이 20개의 후보 모델을 다섯 번씩 총 100개의 모델을 훈련했고 이 모델이 바깥쪽 3-폴드 교차검증을 사용해 평가되었습니다. 총 500개의 모델이 훈련됩니다.

## CHAPTER 13

선형 회귀

13.0 소개

선형 회귀linear regression는 매우 간단한 지도 학습 알고리즘 중 하나입니다. 대학에서 기초 통계학 수업을 들었다면 아마도 마지막에 선형 회귀를 다루었을 것입니다. 선형 회귀 그리고 여기에서 확장된 알고리즘은 타깃 벡터가 수치형(예를 들면 주택 가격, 나이)일 때 널리 유용하게 사용됩니다. 이 장에서는 높은 성능의 예측 모델을 만들기 위한 다양한 선형 회귀 방법(그리고 확장된 알고리즘)을 소개하겠습니다.

13.1 직선 학습하기

> **과제** 특성과 타깃 벡터 사이의 선형 관계를 표현하는 모델을 훈련하고 싶습니다.

> **해결** 선형 회귀를 사용합니다(사이킷런의 `LinearRegression`).

```python
# 라이브러리를 임포트합니다.
from sklearn.linear_model import LinearRegression
from sklearn.datasets import make_regression

# 특성 행렬과 타깃 벡터를 만듭니다.
features, target = make_regression(n_samples = 100,
                                   n_features = 3,
```

```
                                    n_informative = 2,
                                    n_targets = 1,
                                    noise = 0.2,
                                    coef = False,
                                    random_state = 1)

# 선형 회귀 모델을 만듭니다.
regression = LinearRegression()

# 선형 회귀 모델을 훈련합니다.
model = regression.fit(features, target)
```

설명 선형 회귀는 특성과 타깃 벡터 사이의 관계가 거의 선형이라고 가정합니다. 즉 타깃 벡터에 대한 특성의 **효과**(또는 **계수**coefficient, **가중치**weight, **파라미터**parameter라고도 부릅니다)는 상수입니다. 해결에서 간단한 설명을 위해 두 개의 특성만 사용한 모델을 훈련했습니다. 이 선형 모델을 식으로 표현하면 다음과 같습니다.

$$\hat{y} = \hat{\beta}_0 + \hat{\beta}_1 x_1 + \hat{\beta}_2 x_2 + \hat{\beta}_3 x_3 + \epsilon$$

여기에서 $\hat{y}$는 타깃이고, x_i는 하나의 특성 데이터입니다. $\hat{\beta}_1$과 $\hat{\beta}_2$, $\hat{\beta}_3$는 모델을 훈련하여 찾아야 하는 계수입니다. ϵ는 오차입니다. 모델을 훈련한 후에 각 파라미터를 확인할 수 있습니다. 예를 들어 편향bias 또는 절편intercept라고 부르는 $\hat{\beta}_0$는 intercept_ 속성에서 볼 수 있습니다.

```
# 절편을 확인합니다.
model.intercept_
```

```
-0.009650118178816669
```

그리고 $\hat{\beta}_1$과 $\hat{\beta}_2$, $\hat{\beta}_3$는 coef_에서 볼 수 있습니다.

```
# 특성의 계수를 확인합니다.
model.coef_
```

```
array([1.95531234e-02, 4.42087450e+01, 5.81494563e+01])
```

데이터셋에서 타깃값은 랜덤하게 생성된 연속형 변수입니다.

```
# 타깃 벡터의 첫 번째 값
target[0]
```

```
-20.870747595269407
```

predict 메서드를 사용하여 주택 가격을 예측할 수 있습니다.

```
# 첫 번째 샘플의 타깃값을 예측합니다.
model.predict(features)[0]
```

```
-20.861927709296808
```

나쁘지 않네요! 이 모델의 예측은 0.01 정도만 차이납니다.

선형 회귀의 주요 장점은 해석이 용이하다는 것입니다. 모델의 계수는 특성이 타깃값에 미치는 영향의 크기입니다. 첫 번째 특성의 모델 계수는 약 −0.02입니다. 이는 첫 번째 특성이 바뀔 때 타깃의 변화율을 의미합니다.

score 함수를 사용해 주어진 데이터에 대한 모델의 성능을 확인할 수 있습니다.

```
# 훈련 데이터에 대한 모델의 점수를 출력합니다.
print(model.score(features, target))
```

```
0.9999901732607787
```

사이킷런의 선형 회귀의 기본 평가 방법은 R^2입니다. 이 값은 0.0(최악)에서 1.0(최상) 사이입니다. 이 예제는 완벽한 값이 1.0에 매우 가깝습니다. 하지만 이미 본 적 있는 데이터(훈련 데이터)에서 모델을 평가하고 있다는 점을 유념하세요. 일반적으로 별도의 테스트 세트에서 평가해야 합니다. 그럼에도 불구하고 이렇게 높은 점수는 실전 환경에서 모델에게 좋은 현상입니다.

🖐 덧붙임 사이킷런 모델의 fit 메서드의 반환값은 객체 자기 자신입니다. 즉 해결의 regression 객체와 model 객체는 같습니다.

```
regression is model
```

```
True
```

유용한 방법은 아니지만 모델을 만들고 훈련, 예측하는 모든 과정을 한 줄로 이어 쓸 수도 있습니다.

```
LinearRegression().fit(features, target).predict(features)[0]
```

```
-20.861927709296808
```

13.2 교차 특성 다루기

과제 타깃 변수에 영향을 미치면서 다른 특성에 의존하는 특성이 있습니다.

해결 사이킷런의 PolynomialFeatures 클래스로 교차항interactive term을 만들어 의존성을 잡아
냅니다.

```
# 라이브러리를 임포트합니다.
from sklearn.linear_model import LinearRegression
from sklearn.preprocessing import PolynomialFeatures
from sklearn.datasets import make_regression

# 특성 행렬과 타깃 벡터를 만듭니다.
features, target = make_regression(n_samples = 100,
                                   n_features = 2,
                                   n_informative = 2,
                                   n_targets = 1,
                                   noise = 0.2,
                                   coef = False,
                                   random_state = 1)

# 교차항을 만듭니다.
interaction = PolynomialFeatures(
    degree=3, include_bias=False, interaction_only=True)
features_interaction = interaction.fit_transform(features)

# 선형 회귀 모델을 만듭니다.
regression = LinearRegression()

# 선형 회귀 모델을 훈련합니다.
model = regression.fit(features_interaction, target)
```

설명 이따금 타깃 변수에 대한 특성의 영향이 부분적으로 또 다른 특성에 의존합니다. 예를
들어, 두 개의 이진 특성을 가진 간단한 커피 예제를 생각해보죠. 설탕이 있는지sugar와 커피
를 저었는지stirred가 특성입니다. 예측하고 싶은 것은 커피 맛이 달콤한지입니다. 커피에 설탕

을 넣기만 했다면 (sugar=1, stirred=0) 커피가 달콤하지 않을 것입니다(설탕이 밑에 가라앉아 있기 때문이죠!). 설탕을 넣지 않고 젓기만 한다면 (sugar=0, stirred=1) 역시 커피가 달콤하지 않을 것입니다. 커피에 설탕을 넣는 것과 커피를 젓는 것이 함께 일어나야 (sugar=1, stirred=1) 커피 맛이 달콤할 것입니다. 달콤함에 대한 sugar와 stirred의 영향은 서로에게 의존적입니다. 이런 경우 특성 sugar와 stirred 사이에 **상호 작용**^{interaction effect}이 있다고 말합니다.

두 특성값의 곱을 포함하는 새로운 특성을 포함시켜 상호 작용을 나타낼 수 있습니다.

$$\hat{y} = \hat{\beta}_0 + \hat{\beta}_1 x_1 + \hat{\beta}_2 x_2 + \hat{\beta}_3 x_1 x_2 + \epsilon$$

여기에서 x_1와 x_2는 각각 sugar와 stirred의 값입니다. $x_1 x_2$는 두 특성의 상호 작용을 나타냅니다.

해결에서 두 개의 특성만을 가진 데이터셋을 사용했습니다. 첫 번째 샘플의 특성값은 다음과 같습니다.

```
# 첫 번째 샘플의 특성값을 확인합니다.
features[0]
```

```
array([0.0465673 , 0.80186103])
```

모든 샘플에서 이 두 값을 곱하여 교차항을 만듭니다.

```
# 라이브러리를 임포트합니다.
import numpy as np

# 각 샘플에서 첫 번째와 두 번째 특성을 곱합니다.
interaction_term = np.multiply(features[:, 0], features[:, 1])
```

첫 번째 샘플의 교차항을 확인해보죠.

```
# 첫 번째 샘플의 교차항을 확인합니다.
interaction_term[0]
```

```
0.037340501965846186
```

두 특성 사이에 하나의 상호 작용이 있다고 믿을만한 이유가 많겠지만 어떨 때는 그렇지 않을 것입니다. 이런 경우에는 사이킷런의 PolynomialFeatures를 사용해 특성의 모든 조합에 대한 교차항을 만드는 것이 좋습니다. 그런 다음 모델 선택 전략을 사용해 최선의 모델을 만드는 특성 조합과 교차항을 찾습니다.

PolynomialFeatures를 사용해 교차항을 만들 때 지정해야 하는 세 개의 중요한 매개변수가 있습니다. 가장 중요한 interaction_only=True를 지정하면 PolynomialFeatures가 오직 교차항만 반환합니다(레시피 13.3에서 설명할 다항 특성이 제외됩니다). 기본적으로 PolynomialFeatures는 **절편**bias이라고 부르는 1로 채워진 특성을 추가합니다. 이를 원치 않는다면 include_bias=False로 지정합니다. 마지막으로 degree 매개변수는 교차항을 만들 최대 특성의 수를 결정합니다(세 개의 특성을 조합하여 교차항을 만들고 싶은 경우). 해결에서 PolynomialFeatures의 출력으로부터 첫 번째 샘플의 특성값과 교차항이 수동으로 계산한 것과 같은지 확인할 수 있습니다.

```
# 첫 번째 샘플의 값을 확인합니다.
features_interaction[0]
```

```
array([0.0465673 , 0.80186103, 0.0373405 ])
```

13.3 비선형 관계 학습하기

과제 비선형 관계를 모델링하고 싶습니다.

해결 선형 회귀 모델에 다항 특성polynomial feature을 추가하여 다항 회귀polynomial regression를 만듭니다.

```
# 라이브러리를 임포트합니다.
from sklearn.linear_model import LinearRegression
from sklearn.preprocessing import PolynomialFeatures
from sklearn.datasets import make_regression

# 특성 행렬과 타깃 벡터를 만듭니다.
features, target = make_regression(n_samples = 100,
                                   n_features = 3,
                                   n_informative = 2,
                                   n_targets = 1,
                                   noise = 0.2,
                                   coef = False,
```

```
                                    random_state = 1)

    # 다항 특성 x^2와 x^3를 만듭니다.
    polynomial = PolynomialFeatures(degree=3, include_bias=False)
    features_polynomial = polynomial.fit_transform(features)

    # 선형 회귀 모델을 만듭니다.
    regression = LinearRegression()

    # 선형 회귀 모델을 훈련합니다.
    model = regression.fit(features_polynomial, target)
```

설명 지금까지 선형 관계를 모델링하는 것에 대해서만 이야기했습니다. 선형 관계의 한 예는 빌딩의 층 수와 빌딩의 높이입니다. 선형 회귀는 층 수와 빌딩의 높이의 관계가 거의 일정하다고 가정합니다. 즉 20층 건물은 10층 건물보다 대략 두 배 높습니다. 10층 건물은 5층 건물보다 대략 두 배 높을 것입니다. 하지만 많은 흥미로운 관계는 완전히 선형이 아닙니다.

비선형 관계를 모델링해야 할 경우가 많습니다. 예를 들어 학생의 학습 시간과 시험 점수 사이의 관계입니다. 직관적으로 한 시간 공부한 학생과 전혀 공부하지 않은 학생 사이에는 큰 차이가 있다고 생각할 수 있습니다. 그러나 99시간 공부한 학생과 100시간 공부한 학생 사이에는 테스트 점수의 차이가 아주 작을 것입니다. 시험 점수에 대한 한시간의 학습 효과는 시간이 많을수록 점점 감소합니다.

다항 회귀는 선형 회귀의 확장하여 비선형 관계를 모델링합니다. 레시피 13.1에서 소개한 선형 함수는 다음과 같습니다.

$$\hat{y} = \hat{\beta}_0 + \hat{\beta}_1 x_1 + \epsilon$$

다항 회귀는 다항 특성을 추가하여 이를 다항 함수로 변환합니다.

$$\hat{y} = \hat{\beta}_0 + \hat{\beta}_1 x_1 + \hat{\beta}_2 x_1^2 + ... + \hat{\beta}_d x_1^d + \epsilon$$

여기에서 d는 다항식의 차수입니다. 선형 회귀를 사용하여 비선형 함수를 이렇게 훈련할 수 있을까요? 선형 회귀가 모델을 훈련하는 방식을 바꾸지 않고 대신 다항 특성만 추가하면 됩니다. 즉 선형 회귀는 x^2이 x의 2차식인지 모릅니다. 그냥 또 다른 하나의 변수로 인식합니다.

조금 더 실용적인 설명이 나을지 모르겠네요. 비선형 관계를 모델링하려면 기존 특성 x부터 x^2, x^3과 같은 어떤 제곱근까지 새로운 특성을 만듭니다. 새로운 특성을 많이 추가할수록 모델이 만든 선은 더 유연해집니다. 구체적으로 설명하기 위해서 차수가 3인 다항식을 만든다고 가정해보죠. 간단한 설명을 위해서 샘플 $x[0]$(데이터셋에 있는 첫 번째 샘플) 하나만 예를 들어 보겠습니다.

```
# 첫 번째 샘플을 확인합니다.
features[0]
```

```
array([-0.61175641])
```

첫 번째 샘플의 값으로 2차 다항 특성 x_1^2를 만듭니다.

```
# 첫 번째 샘플을 x^2로 거듭제곱합니다.
features[0]**2
```

```
array([0.37424591])
```

이것이 새로운 특성입니다. 그다음 첫 번째 샘플의 값으로 3차 다항 특성 x_1^3도 만듭니다.

```
# 첫 번째 샘플을 x^2로 세제곱합니다.
features[0]**3
```

```
array([-0.22894734])
```

이 세 특성을 특성 행렬에 모두 포함하고 선형 회귀를 실행하면 다항 회귀가 됩니다.

```
# 첫 번째 샘플의 x, x^2,x^3 값을 확인합니다.
features_polynomial[0]
```

```
array([-0.61175641,  0.37424591, -0.22894734])
```

PolynomialFeatures 클래스에는 두 개의 중요한 매개변수가 있습니다. 먼저 degree는 다항 특성을 위한 최대 차수를 결정합니다. 예를 들어 degree=3은 x^2와 x^3 항을 만듭니다. 기본적으로 PolynomialFeatures는 값이 1인 특성(절편이라고 부릅니다)을 포함합니다. 이를 제외하려면 include_bias=False로 설정할 수 있습니다.

13.4 규제로 분산 줄이기

과제 선형 회귀의 분산을 줄이고 싶습니다.

해결 리지 회귀나 라소 회귀와 같이 **축소 페널티**(또는 **규제**regularization라고도 부릅니다)가 포함된 학습 알고리즘을 사용합니다.

```python
# 라이브러리를 임포트합니다.
from sklearn.linear_model import Ridge
from sklearn.preprocessing import StandardScaler
from sklearn.datasets import make_regression

# 특성 행렬과 타깃 벡터를 만듭니다.
features, target = make_regression(n_samples = 100,
                                   n_features = 3,
                                   n_informative = 2,
                                   n_targets = 1,
                                   noise = 0.2,
                                   coef = False,
                                   random_state = 1)

# 특성을 표준화합니다.
scaler = StandardScaler()
features_standardized = scaler.fit_transform(features)

# alpha 값을 지정한 리지 회귀를 만듭니다.
regression = Ridge(alpha=0.5)

# 선형 회귀 모델을 훈련합니다.
model = regression.fit(features_standardized, target)
```

설명 표준 선형 회귀에서는 모델이 정답(y_i)과 예측($\hat{y}_i$) 사이의 제곱 오차 합sum of squared error, 또는 잔차 제곱합residual sum of squares(RSS)을 최소화하기 위해 훈련합니다.

$$RSS - \sum_{i=1}^{n} \left(y_i \quad \hat{y}_i \right)^2$$

규제를 적용한 회귀 학습기도 비슷하지만 RSS와 전체 계숫값의 합인 페널티penalty를 최소화합니다. 모델을 축소시키려는 경향이 있기 때문에 이 페널티를 축소 페널티라고 부릅니다. 규제를 적용한 선형 회귀로는 리지 회귀와 라소 회귀 두 종류가 널리 사용됩니다. 공식에 사용하는 축소 페널티만 다릅니다. 리지 회귀에서 축소 페널티는 모든 계수의 제곱합에 튜닝 파라미터를 곱한 것입니다.

$$\text{RSS} + \alpha \sum_{j=1}^{p} \hat{\beta}_j^2$$

여기에서 $\hat{\beta}_j$는 p 특성의 j번째 계수입니다. α는 하이퍼파라미터입니다(다음에 설명합니다). 라소도 비슷하게 축소 페널티가 모든 계수의 절댓값 합에 튜닝 하이퍼파라미터를 곱한 것입니다.

$$\frac{1}{2n}\text{RSS} + \alpha \sum_{j=1}^{p} \left| \hat{\beta}_j \right|$$

여기에서 n은 샘플 개수입니다. 둘 중 어떤 것을 사용해야 할까요? 일반적인 경험에 비춰보면 리지 회귀가 라소보다 조금 더 좋은 예측을 만듭니다. 하지만 라소가 더 이해하기 쉬운 모델을 만듭니다(레시피 13.5에서 그 이유를 설명하겠습니다). 리지와 라소 페널티 사이에 균형을 맞추고 싶다면 엘라스틱넷을 사용할 수 있습니다. 이 모델은 두 페널티를 모두 포함한 회귀 모델입니다. 어떤 것을 사용하든지 리지와 라소 회귀는 최소화하려는 손실 함수에 계숫값을 포함시킴으로써 크고 복잡한 모델을 불리하게 만듭니다.

하이퍼파라미터 α는 계수를 얼마나 불리하게 만들지 조절합니다. α 값이 클수록 더 간단한 모델을 만듭니다. 이상적인 α 값을 구하려면 다른 하이퍼파라미터와 같이 튜닝해야만 합니다. 사이킷런에서 α는 alpha 매개변수를 사용해 지정합니다.

사이킷런의 RidgeCV 클래스를 사용하면 좋은 α 값을 선택할 수 있습니다.

```python
# 라이브러리를 임포트합니다.
from sklearn.linear_model import RidgeCV

# 세 개의 alpha 값에 대한 리지 회귀를 만듭니다.
regr_cv = RidgeCV(alphas=[0.1, 1.0, 10.0])

# 선형 회귀 모델을 훈련합니다.
model_cv = regr_cv.fit(features_standardized, target)

# 계수를 확인합니다.
model_cv.coef_
```

```
array([1.29223201e-02, 4.40972291e+01, 5.38979372e+01])
```

최선의 모델이 사용한 α 값을 간단하게 확인할 수 있습니다.

```
# alpha 값을 확인합니다.
model_cv.alpha_
```

```
0.1
```

- 마지막으로, 선형 회귀의 계숫값이 부분적으로 특성의 스케일에 따라 영향을 받고 규제 모델에서는 모든 계수를 더하기 때문에 훈련하기 전에 특성을 표준화해야 합니다.

▶덧붙임 RidgeCV 클래스의 cv 매개변수를 사용해 교차검증 방식을 지정할 수 있습니다. 기본값은 None으로 LOOCV 방식을 사용합니다. 정수를 지정하면 GridSearchCV를 사용하여 교차검증을 수행합니다.

```
# 5-폴드 교차검증을 사용하여 리지 회귀를 만듭니다.
regr_cv = RidgeCV(alphas=[0.1, 1.0, 10.0], cv=5)

# 선형 회귀 모델을 훈련합니다.
model_cv = regr_cv.fit(features_standardized, target)

# alpha 값을 확인합니다.
model_cv.alpha_
```

```
0.1
```

엘라스틱넷의 사이킷런 구현은 ElasticNet 클래스입니다. 레시피 13.5에서 살펴볼 Lasso 클래스는 ElasticNet 클래스에서 리지 회귀를 제외한 것입니다. 엘라스틱넷이 최소화하는 함수는 다음과 같습니다.

$$\frac{1}{2n}\text{RSS} + \alpha\rho\sum_{j=1}^{p}\left|\hat{\beta}_j\right| + \frac{\alpha(1-\rho)}{2}\sum_{j=1}^{p}\hat{\beta}_j^{\,2}$$

ρ를 사용하여 라소 페널티와 리지 페널티를 조절합니다. ElasticNet 클래스의 l1 ratio가 ρ입니다. Lasso 클래스는 l1_ratio를 1.0으로 설정한 ElasticNet 클래스를 사용합니다.

13.5 라소 회귀로 특성 줄이기

과제 특성의 수를 줄여서 선형 회귀 모델을 단순하게 만들고 싶습니다.

해결 라소 회귀를 사용합니다.

```python
# 라이브러리를 임포트합니다.
from sklearn.linear_model import Lasso
from sklearn.preprocessing import StandardScaler
from sklearn.datasets import make_regression

# 특성 행렬과 타깃 벡터를 만듭니다.
features, target = make_regression(n_samples = 100,
                                   n_features = 3,
                                   n_informative = 2,
                                   n_targets = 1,
                                   noise = 0.2,
                                   coef = False,
                                   random_state = 1)

# 특성을 표준화합니다.
scaler = StandardScaler()
features_standardized = scaler.fit_transform(features)

# alpha 값을 지정한 라소 회귀를 만듭니다.
regression = Lasso(alpha=0.5)

# 선형 회귀 모델을 훈련합니다.
model = regression.fit(features_standardized, target)
```

설명 라소 회귀 페널티의 한 가지 재미있는 특성은 모델의 계수를 0까지 축소시킬 수 있다는 것입니다. 결국 모델에 있는 특성의 수를 줄일 수 있습니다. 예를 들어 해결에서 **alpha**를 0.5로 지정하여 많은 계수가 0이 되었습니다. 즉 이에 해당하는 특성은 모델에서 사용되지 않는다는 뜻입니다.

```python
# 계수를 확인합니다.
model.coef_
```

```
array([-0.        , 43.58618393, 53.39523724])
```

α 값이 너무 크게 증가하면 어떤 특성도 사용되지 않습니다.

```
# 큰 alpha 값을 지정한 라소 회귀를 만듭니다.
regression_a10 = Lasso(alpha=10)
model_a10 = regression_a10.fit(features_standardized, target)
model_a10.coef_
```

```
array([-0.        , 32.92181899, 42.73086731])
```

이런 효과의 실제적인 장점은 특성 행렬에 100개의 특성이 있을 때, 라소의 α 하이퍼파라미터를 조정하여 (예를 들면) 가장 중요한 10개의 특성만 사용하는 모델을 만들 수 있다는 뜻입니다. 이렇게 하면 (적은 수의 특성이 설명하기 쉽기 때문에) 모델을 더 쉽게 이해할 수 있고 분산이 감소됩니다.

■ 덧붙임 라소의 α 값을 찾기 위해 LassoCV 클래스를 사용할 수 있습니다. LassoCV의 cv 매개변수 기본값은 3으로 3-폴드 교차검증을 사용합니다.

```
# 라이브러리를 임포트합니다.
from sklearn.linear_model import LassoCV

# 세 개의 alpha 값에 대한 라소 회귀를 만듭니다.
lasso_cv = LassoCV(alphas=[0.1, 1.0, 10.0], cv=5)

# 선형 회귀 모델을 훈련합니다.
model_cv = lasso_cv.fit(features_standardized, target)

# 계수를 확인합니다.
model_cv.coef_
```

```
array([ 0.        , 44.03520465, 53.84426278])
```

alpha_ 속성에 최선의 모델을 위한 α 값이 저장되어 있습니다.

```
# alpha 값을 확인합니다.
model_cv.alpha_
```

```
0.1
```

LassoCV는 alphas 매개변수에 탐색할 값을 명시적으로 지정하지 않고 n_alphas 매개변수를 사용해 자동으로 탐색 대상 값을 생성할 수 있습니다. n_alphas의 기본값은 100으로 탐색 후보로 100개의 값을 선정합니다. 이를 1,000개로 늘려 최적의 α 값을 찾아 보겠습니다.

```python
# 1000개의 alpha 값을 탐색하는 라소 회귀를 만듭니다.
lasso_cv = LassoCV(n_alphas=1000, cv=5)

# 선형 회귀 모델을 훈련합니다.
model_cv = lasso_cv.fit(features_standardized, target)

# 계수를 확인합니다.
model_cv.alpha_
```

```
0.049136356423491775
```

탐색 대상이 된 후보값은 alphas_ 속성에 저장되어 있습니다.

CHAPTER **14**

트리와 랜덤 포레스트

14.0 소개

트리tree 기반 학습 알고리즘은 분류와 회귀에서 모두 인기 있고 널리 사용되는 비모수non-parametric 지도 학습 방법입니다. 트리 기반 학습기의 기본은 일련의 결정 규칙(예를 들면, "어떤 사람의 신용 점수가 720 이상이면…")이 연결된 **결정 트리**decision tree입니다. 결과물이 뒤집힌 나무와 조금 비슷합니다. 첫 번째 결정 규칙이 맨 위에 있고 이어지는 결정 규칙이 아래로 퍼져 있습니다. 결정 트리에서 모든 결정 규칙은 결정 노드decision node에서 일어납니다. 이 규칙은 새로운 노드로 이어지는 가지branch를 만듭니다. 결정 규칙이 없는 마지막 가지를 **리프**leaf라고 부릅니다.

트리 기반 모델이 인기 있는 한 가지 이유는 이해하기 쉽기 때문입니다. 사실 결정 트리는 완벽하게 그림으로 출력하여 매우 직관적으로 이해하기 쉬운 모델을 만들 수 있습니다(레시피 14.3). 기본 트리 시스템은 랜덤 포레스트부터 스태킹stacking까지 광범위하게 적용됩니다. 이 장에서는 여러 가지 트리 기반 모델을 훈련하고, 다루고, 조정하고, 시각화하고, 평가하는 방법을 설명하겠습니다.

14.1 결정 트리 분류기 훈련하기

과제 결정 트리 분류기를 훈련해야 합니다.

해결 사이킷런의 `DecisionTreeClassifier`를 사용합니다.

```python
# 라이브러리를 임포트합니다.
from sklearn.tree import DecisionTreeClassifier
from sklearn import datasets

# 데이터를 로드합니다.
iris = datasets.load_iris()
features = iris.data
target = iris.target

# 결정 트리 분류기를 만듭니다.
decisiontree = DecisionTreeClassifier(random_state=0)

# 모델을 훈련합니다.
model = decisiontree.fit(features, target)
```

설명 결정 트리 학습기는 노드에서 불순도impurity가 가장 크게 감소하는 결정 규칙을 찾습니다. 불순도를 측정하는 방법은 많이 있지만 `DecisionTreeClassifier`는 기본적으로 지니 불순도Gini impurity를 사용합니다.

$$G(t) = 1 - \sum_{i=1}^{c} p_i^2$$

여기에서 $G(t)$는 노드 t에서 지니 불순도이고 p_i는 노드 t에서 클래스 c의 샘플 비율입니다. 불순도를 낮추는 결정 규칙을 찾는 과정은 모든 리프 노드leaf node가 순수해지거나(즉, 한 클래스만 남거나) 어떤 임곗값에 도달할 때까지 반복됩니다.

사이킷런의 `DecisionTreeClassifier` 클래스의 동작 방식은 다른 학습기와 비슷합니다. `fit` 메서드를 사용해 모델을 훈련한 뒤 이 모델을 사용해 샘플의 클래스를 예측할 수 있습니다.

```python
# 새로운 샘플을 만듭니다.
observation = [[ 5,  4,  3,  2]]

# 샘플의 클래스를 예측합니다.
model.predict(observation)
```

```
array([1])
```

샘플의 클래스 예측 확률을 볼 수도 있습니다.

```
# 세 개의 클래스에 댜한 예측 확률을 확인합니다.
model.predict_proba(observation)
```

```
array([[0., 1., 0.]])
```

마지막으로 다른 불순도 지표를 사용하고 싶다면 criterion 매개변수를 사용합니다.

```
# 엔트로피를 사용해 결정 트리 분류기를 훈련합니다.
decisiontree_entropy = DecisionTreeClassifier(
    criterion='entropy', random_state=0)

# 모델을 훈련합니다.
model_entropy = decisiontree_entropy.fit(features, target)
```

참고 • 결정 트리 학습, 프린스턴^{Princeton} (*http://bit.ly/2FqJxlj*)

▶ **덧붙임** 지니 불순도는 클래스가 균등하게 분포되어 있을 때 최대가 됩니다. 예를 들어 이진 클래스일 경우 클래스 샘플 비율이 0.5일 때 가장 큰 값이 됩니다.

$$G(t) = 1 - 0.5^2 - 0.5^2 = 0.5$$

엔트로피 불순도의 공식은 다음과 같습니다.

$$H(t) = -\sum_{i=1}^{c} p_i \log_2 p_i$$

엔트로피도 마찬가지로 클래스 샘플 비율이 균등할 때 가장 큰 값이 됩니다. 다음은 샘플 비율이 균등한 이진 클래스의 경우입니다.

$$H(t) = -0.5 * \log_2(0.5) - 0.5 * \log_2(0.5) = 0.5 + 0.5 = 1$$

14.2 결정 트리 회귀 훈련하기

과제 결정 트리를 사용한 회귀 모델을 훈련해야 합니다.

해결 사이킷런의 `DecisionTreeRegressor`를 사용합니다.

```python
# 라이브러리를 임포트합니다.
from sklearn.tree import DecisionTreeRegressor
from sklearn import datasets

# 데이터를 로드합니다.
diabetes = datasets.load_diabetes()
features = diabetes.data
target = diabetes.target

# 결정 트리 회귀 모델을 만듭니다.
decisiontree = DecisionTreeRegressor(random_state=0)

# 모델을 훈련합니다.
model = decisiontree.fit(features, target)
```

설명 결정 트리 회귀는 결정 트리 분류와 작동 방식이 비슷합니다. 지니 불순도나 엔트로피를 감소하는 대신 기본적으로 얼마나 평균 제곱 오차(MSE)를 감소시키는지에 따라 분할합니다.

$$\text{MSE} = \frac{1}{n} \sum_{i=1}^{n} (y_i - \bar{y})^2$$

여기에서 y_i는 타깃의 정답값이고 $\bar{y}$는 평균값입니다. 사이킷런에서는 `DecisionTree Regressor`를 사용하여 결정 트리 회귀를 수행할 수 있습니다. 결정 트리를 훈련하고 나면 이를 사용해 샘플의 타깃값을 예측할 수 있습니다.

```python
# 새로운 샘플을 만듭니다.
observation = [features[0]]

# 샘플의 타깃을 예측합니다.
model.predict(observation)
```

```
array([151.])
```

`DecisionTreeClassifier`처럼 `criterion` 매개변수를 사용하여 분할 품질의 측정 방식을 선

택할 수 있습니다. 예를 들어 분할할 때 평균 절댓값 오차(MAE)가 감소되는 트리를 만들 수 있습니다.

```
# 평균 절댓값 오차를 사용한 결정 트리 회귀 모델을 훈련합니다.
decisiontree_mae = DecisionTreeRegressor(criterion="absolute_error",
                                          random_state=0)

# 모델을 훈련합니다.
model_mae = decisiontree_mae.fit(features, target)
```

참고 • 사이킷런: 결정 트리 회귀(*http://bit.ly/2GR63AZ*)

🚩 **덧붙임** 평균 절댓값 오차는 다음과 같습니다.

$$\text{MAE} = \frac{1}{n} \sum_{i=1}^{n} |y_i - \overline{y}|$$

criterion 매개변수에 지정할 수 있는 또 다른 방식은 friedman_mse입니다.

$$\text{FriedmanMSE} = \frac{n_{left} \times n_{right} (\mu_{left} - \mu_{right})^2}{n_{left} + n_{right}}$$

이 방식은 왼쪽 노드와 오른쪽 노드의 평균을 비교합니다. n_{left}는 왼쪽 노드의 샘플 개수이고 μ_{left}는 왼쪽 노드의 평균입니다. 이에 상응하는 오른쪽 노드의 값은 각각 n_{right}, μ_{right} 입니다.

14.3 결정 트리 모델 시각화하기

과제 결정 트리 학습 알고리즘으로 만든 모델을 시각화해야 합니다.

해결 결정 트리 모델을 DOT 포맷으로 변환한 후 시각화합니다.

```
# 라이브러리를 임포트합니다.
import pydotplus
from sklearn.tree import DecisionTreeClassifier
from sklearn import datasets
from IPython.display import Image
from sklearn import tree
```

```python
# 데이터를 로드합니다.
iris = datasets.load_iris()
features = iris.data
target = iris.target

# 결정 트리 분류기를 만듭니다.
decisiontree = DecisionTreeClassifier(random_state=0)

# 모델을 훈련합니다.
model = decisiontree.fit(features, target)

# DOT 데이터를 만듭니다.
dot_data = tree.export_graphviz(decisiontree,
                                out_file=None,
                                feature_names=iris.feature_names,
                                class_names=iris.target_names)

# 그래프를 그립니다.
graph = pydotplus.graph_from_dot_data(dot_data)

# 그래프를 출력합니다.
Image(graph.create_png())
```

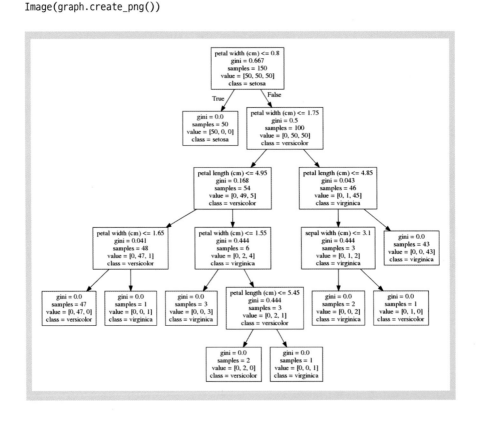

설명 결정 트리 분류기의 장점 중 하나는 훈련된 전체 모델을 시각화할 수 있다는 것입니다. 결정 트리는 머신러닝에서 가장 해석하기 좋은 모델 중 하나입니다. 해결에서 훈련된 모델을 DOT 포맷(그래프 표현 언어의 하나)으로 변환한 다음 이를 사용해 그래프를 그립니다.

루트 노드root node의 결정 규칙은 꽃잎 너비가 0.8보다 작거나 같은 경우 왼쪽 가지branch로 갑니다. 그렇지 않으면 오른쪽 가지로 갑니다. 또한 지니 불순도 인덱스(0.667), 샘플 개수(150), 클래스별 샘플 개수([50, 50, 50])를 볼 수 있습니다. 이 노드에서 멈춘다면 예측될 샘플의 클래스를 알 수 있습니다(setosa). 또한 모델이 찾은 이 결정 규칙(petal width (cm) <= 0.8) 하나에서 모든 setosa 클래스 샘플이 완벽하게 구분됩니다. 또 같은 특성에 대한 결정 규칙(petal width (cm) <= 1.75)을 하나 추가하여 150개 샘플 중 144개를 완벽하게 분류하였습니다. 꽃잎 너비가 아주 중요한 특성임을 알려줍니다!

애플리케이션이나 리포트에 결정 트리를 사용하려면 그래프를 PDF나 PNG 이미지로 변환할 수 있습니다.

```
# PDF를 만듭니다.
graph.write_pdf("iris.pdf")
```

```
True
```

```
# PNG 파일을 만듭니다.
graph.write_png("iris.png")
```

```
True
```

이 해결에서 결정 트리 분류기를 시각화하고 있지만 결정 트리 회귀 모델도 간단하게 시각화할 수 있습니다.

노트 macOS는 앞의 코드를 실행하려면 GraphViz 프로그램을 설치해야 할 수 있습니다. 홈브류Homebrew 명령이인 brew install graphviz를 사용해서 이를 수행할 수 있습니다. 홈브류 설치에 대해서는 홈브류 웹사이트를 참고하세요.

참고 • 홈브류(https://brew.sh/)

▥덧붙임 export_graphviz 함수의 filled 매개변수를 True로 지정하면 노드마다 다수의 클래스에 따라 색이 채워집니다. round 매개변수를 True로 지정하면 노드의 모서리를 라운드 처

리합니다.

사이킷런 0.21 버전에서 맷플롯립 기반의 트리 그래프를 그려주는 plot_tree 함수가 추가되었습니다. 이 함수를 사용하면 다른 서드파티 라이브러리를 설치할 필요가 없습니다. 사용법은 export_graphviz 함수와 비슷합니다. 맷플롯립 기반이므로 적절한 그래프 크기를 먼저 정의하는 것이 좋습니다. fontsize 매개변수는 텍스트 크기를 조절합니다.

```python
import matplotlib.pyplot as plt

plt.figure(figsize=(20, 15))
tree.plot_tree(model, filled=True,
               feature_names=iris.feature_names,
               class_names=iris.target_names,
               rounded=True, fontsize=14)
plt.show()
```

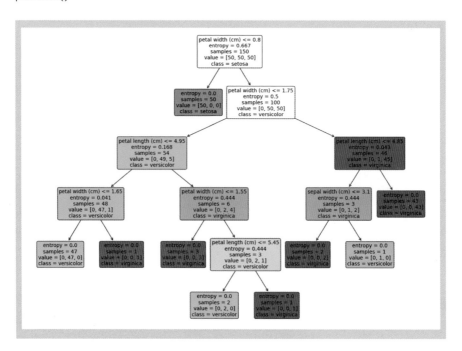

14.4 랜덤 포레스트 분류기 훈련하기

과제 랜덤한 결정 트리를 많이 사용하여 분류 모델을 훈련하고 싶습니다.

해결 사이킷런의 RandomForestClassifier을 사용하여 랜덤 포레스트 분류 모델을 훈련합니다.

```python
# 라이브러리를 임포트합니다.
from sklearn.ensemble import RandomForestClassifier
from sklearn import datasets

# 데이터를 로드합니다.
iris = datasets.load_iris()
features = iris.data
target = iris.target

# 랜덤 포레스트 분류기 객체를 만듭니다.
randomforest = RandomForestClassifier(random_state=0, n_jobs=-1)

# 모델을 훈련합니다.
model = randomforest.fit(features, target)
```

설명 결정 트리의 일반적인 문제는 훈련 데이터에 너무 가깝게 맞추려는 경향이 있다는 점입니다(즉, 과대적합). 이런 이유 때문에 **랜덤 포레스트**라 불리는 앙상블 방법이 널리 사용됩니다. 랜덤 포레스트는 많은 결정 트리를 훈련하지만 각 트리는 부트스트랩bootstrap 샘플을 사용합니다(즉, 원본 샘플 수와 동일하게 중복을 포함하여 랜덤하게 샘플을 뽑습니다). 또 각 노드는 최적의 분할을 결정할 때 특성의 일부만 사용합니다. 이 랜덤한 결정 트리의 숲forest(여기서 이름이 유래했습니다)이 투표하여 예측 클래스를 결정합니다.

레시피 14.1의 해결과 비교해보면 알 수 있듯이 사이킷런의 RandomForestClassifier는 DecisionTreeClassifier와 작동 방식이 비슷합니다.

```python
# 새로운 샘플을 만듭니다.
observation = [[ 5,  4,  3,  2]]

# 샘플 클래스를 예측합니다.
model.predict(observation)
```

```
array([1])
```

RandomForestClassifier는 DecisionTreeClassifier와 같은 매개변수가 많습니다. 예를 들어 분할 품질의 측정 방식을 바꿀 수 있습니다.

```python
# 엔트로피를 사용하여 랜덤 포레스트 분류기 객체를 만듭니다.
randomforest_entropy = RandomForestClassifier(
    criterion="entropy", random_state=0)

# 모델을 훈련합니다.
model_entropy = randomforest_entropy.fit(features, target)
```

개별 결정 트리가 아니므로 RandomForestClassifier에만 있거나 특별히 중요한 매개변수가 있습니다. 첫째, max_features 매개변수는 각 노드에서 사용할 특성의 최대 개수를 결정합니다. 이 매개변수는 정수(특성의 수), 실수(특성 개수 비율), sqrt(특성 개수의 제곱근)를 입력할 수 있습니다. max_features의 기본값은 auto로 sqrt와 동작이 같습니다. 둘째, bootstrap 매개변수는 트리에 사용할 샘플을 중복을 허용한 샘플링으로 만들지(기본값) 아닐지를 결정합니다. 셋째, n_estimators는 랜덤 포레스트에서 만들 결정 트리 개수를 지정합니다. 마지막으로 많은 결정 트리 모델을 만들 때 효율적이므로 n_jobs=-1로 설정하여 모든 코어를 사용하는 것이 좋습니다. 이 매개변수가 랜덤 포레스트에만 있는 것은 아닙니다.

참고 · 랜덤 포레스트, 버클리 통계학과(*http://bit.ly/2Fxm0Ps*)

14.5 랜덤 포레스트 회귀 훈련하기

과제 랜덤 포레스트를 사용한 회귀 모델을 훈련하고 싶습니다.

해결 사이킷런의 RandomForestRegressor를 사용하여 랜덤 포레스트 회귀 모델을 훈련합니다.

```python
# 라이브러리를 임포트합니다.
from sklearn.ensemble import RandomForestRegressor
from sklearn import datasets

# 데이터를 로드합니다.
diabetes = datasets.load_diabetes()
features = diabetes.data
target = diabetes.target
```

```
# 랜덤 포레스트 회귀 객체를 만듭니다.
randomforest = RandomForestRegressor(random_state=0, n_jobs=-1)

# 모델을 훈련합니다.
model = randomforest.fit(features, target)
```

설명 결정 트리 분류기로 랜덤 포레스트 분류기를 만들 수 있는 것처럼 결정 트리 회귀로 랜덤 포레스트 회귀 모델을 만들 수 있습니다. 각 트리는 부트스트랩 샘플을 사용하고 각 노드의 결정 규칙은 특성의 일부만 사용합니다. RandomForestClassifier에서처럼 몇 가지 중요한 매개변수가 있습니다.

- max_features는 각 노드에서 사용할 최대 특성 개수를 지정합니다. 기본값은 전체 특성 개수입니다.
- bootstrap은 중복을 허용한 샘플링 여부를 지정합니다. 기본값은 True입니다.
- n_estimators는 사용할 결정 트리 개수를 지정합니다. 기본값은 10입니다.

참고 • 사이킷런의 RandomForestRegressor(*http://bit.ly/2GQZ3nx*)

▼ **덧붙임** RandomForestClassifier와 RandomForestRegressor 클래스의 n_estimators 기본값은 100입니다.

RandomForestClassifier는 DecisionTreeClassifier 클래스를 사용하고 RandomForestRegressor는 DecisionTreeRegressor를 사용합니다. 랜덤 포레스트 클래스의 매개변수 중에서 criterion, random_state와 레시피 14.10에서 설명할 사전 가지치기 매개변수들을 사용해 결정 트리 모델을 만듭니다.

14.6 OOB 데이터로 랜덤 포레스트 평가하기

과제 교차검증을 사용하지 않고 랜덤 포레스트 모델을 평가해야 합니다.

해결 모델의 OOB$^{\text{out-of-bag}}$ 점수를 계산합니다.

```
# 라이브러리를 임포트합니다.
from sklearn.ensemble import RandomForestClassifier
from sklearn import datasets

# 데이터를 로드합니다.
iris = datasets.load_iris()
features = iris.data
target = iris.target

# 랜덤 포레스트 분류기의 객체를 만듭니다.
randomforest = RandomForestClassifier(
    random_state=0, n_estimators=1000, oob_score=True, n_jobs=-1)

# 모델을 훈련합니다.
model = randomforest.fit(features, target)

# OOB 오차를 확인합니다.
randomforest.oob_score_
```

```
0.9533333333333334
```

설명 랜덤 포레스트에서 각 결정 트리는 부트스트랩 샘플을 사용하여 훈련됩니다. 즉 모든 트리는 서로 다른 일부 샘플을 훈련에 사용하지 않습니다. 이를 OOB 샘플이라고 부릅니다. OOB 샘플을 테스트 세트처럼 사용하여 랜덤 포레스트의 성능을 평가할 수 있습니다.

특정 샘플을 사용하여 훈련되지 않은 트리를 통해 학습 알고리즘은 해당 샘플의 정답과 예측값을 비교합니다. 전체 점수를 계산하여 랜덤 포레스트의 성능을 측정합니다. OOB 점수는 교차 검증을 대신할 수 있는 방법입니다.

사이킷런에서 OOB 점수를 계산하려면 랜덤 포레스트 클래스(즉, RandomForestClassifier)의 객체를 oob_score=True로 지정하여 초기화합니다. 이 점수는 oob_score_ 속성에 저장되어 있습니다.

■ 덧붙임 랜덤 포레스트와 비슷하게 부트스트랩 샘플링을 사용하는 배깅Bagging도 OOB 점수를 계산할 수 있습니다. 배깅은 BaggingClassifier와 BaggingRegressor에 구현되어 있습니다. BaggingClassifier로 결정 트리의 앙상블을 만들려면 DecisionTreeClassifier 객체를 만들어 직접 전달해야 합니다.

```
# 라이브러리를 임포트합니다.
from sklearn.tree import DecisionTreeClassifier
from sklearn.ensemble import BaggingClassifier

# 배깅 분류기의 객체를 만듭니다.
bagging = BaggingClassifier(DecisionTreeClassifier(), n_estimators=100,
                            random_state=0, oob_score=True, n_jobs=-1)

# 모델을 훈련합니다.
model = bagging.fit(features, target)

# OOB 오차를 확인합니다.
model.oob_score_
```

```
0.9533333333333334
```

14.7 랜덤 포레스트에서 중요한 특성 구분하기

과제 랜덤 포레스트 모델에서 가장 중요한 특성을 알아야 합니다.

해결 모델의 feature_importances_ 속성으로 특성 중요도를 계산하고 시각화합니다.

```
# 라이브러리를 임포트합니다.
import numpy as np
import matplotlib.pyplot as plt
from sklearn.ensemble import RandomForestClassifier
from sklearn import datasets

# 데이터를 로드합니다.
iris = datasets.load_iris()
features = iris.data
target = iris.target

# 랜덤 포레스트 분류기 객체를 만듭니다.
randomforest = RandomForestClassifier(random_state=0, n_jobs=-1)

# 모델을 훈련합니다.
model = randomforest.fit(features, target)

# 특성 중요도를 계산합니다.
```

```python
importances = model.feature_importances_

# 특성 중요도를 내림차순으로 정렬합니다.
indices = np.argsort(importances)[::-1]

# 정렬된 특성 중요도에 따라 특성의 이름을 나열합니다.
names = [iris.feature_names[i] for i in indices]

# 그래프를 만듭니다.
plt.figure()

# 그래프 제목을 지정합니다.
plt.title("Feature Importance")

# 막대 그래프를 추가합니다.
plt.bar(range(features.shape[1]), importances[indices])

# x축 레이블로 특성 이름을 사용합니다.
plt.xticks(range(features.shape[1]), names, rotation=90)

# 그래프를 출력합니다.
plt.show()
```

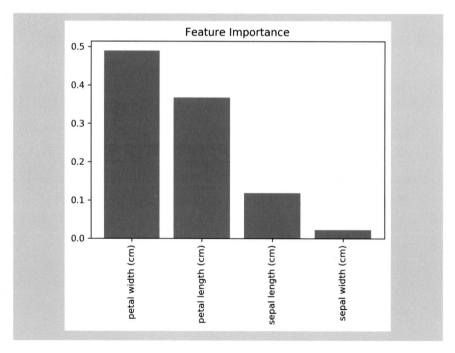

설명 결정 트리의 주요 장점 중 하나는 해석이 용이하다는 것입니다. 특히 전체 모델을 그래프로 나타낼 수 있습니다(레시피 14.3 참조). 랜덤 포레스트 모델은 수십, 수백 심지어 수천 개의 결정 트리로 구성됩니다. 따라서 간단하고 직관적으로 랜덤 포레스트 모델을 시각화하는 것은 현실적으로 어렵습니다. 하지만 다른 방법이 있습니다. 각 특성의 상대적 중요도를 비교하고 시각화하는 것입니다.

레시피 14.3에서 결정 트리 분류기를 시각화했을 때 꽃잎 너비에만 의존하는 결정 규칙이 많은 샘플을 올바르게 분류했습니다. 당연하게 꽃잎 너비가 이 분류기에서 중요한 특성이라고 말할 수 있습니다. 조금 더 이론적으로 말하면 불순도(예를 들면 분류기의 지니 불순도나 엔트로피, 회귀 모델의 분산)를 가장 많이 감소시키도록 분할하는 특성이 더 중요합니다.

특성 중요도에 관해 두 가지를 유념해야 합니다. 첫째, 사이킷런에서는 순서가 없는 범주형 특성을 여러 개의 이진 특성으로 변환해야 합니다. 특성의 중요도 또한 여러 개의 이진 특성으로 나뉘게 됩니다. 원본 범주형 특성이 아주 중요하더라도 개별 이진 특성은 중요하지 않게 보일 수 있습니다. 둘째, 두 특성의 상관관계가 크다면 한 특성이 중요하게 나타났을 때 다른 특성은 훨씬 중요하지 않게 보일 것입니다. 이런 상황을 고려하지 않으면 모델 해석이 영향을 받을 것입니다.

사이킷런에서 분류와 회귀를 위한 결정 트리와 랜덤 포레스트는 `feature_importances_` 속성에서 특성의 상대적 중요도를 제공합니다.

```
# 특성 중요도를 확인합니다.
model.feature_importances_
```

```
array([0.09090795, 0.02453104, 0.46044474, 0.42411627])
```

값이 클수록 더 중요한 특성입니다(특성 중요도의 전체 합은 1입니다). 이 값을 그래프로 나타내면 랜덤 포레스트 모델을 더 잘 이해할 수 있습니다.

덧붙임 랜덤 포레스트의 특성 중요도는 결정 트리의 중요도를 특성별로 평균하여 특성 중요도를 구합니다. 최종적으로 특성 중요도가 합이 1이 되도록 정규화합니다. 단일 결정 트리에서 만든 특성 중요도와 랜덤 포레스트의 특성 중요도를 비교해보면 랜덤 포레스트가 한 특성에 치우치지 않고 데이터의 다양한 면을 바라본다는 것을 알 수 있습니다.

```
# 결정 트리 분류기를 만듭니다.
decisiontree = DecisionTreeClassifier(random_state=0)

# 모델을 훈련합니다.
model = decisiontree.fit(features, target)

# 랜덤 포레스트와 결정 트리의 특성 중요도를 비교합니다.
fig, ax = plt.subplots()
rects1 = ax.bar(np.arange(features.shape[1])-0.25,
                randomforest.feature_importances_, 0.5,
                label='Random Forest')
rects2 = ax.bar(np.arange(features.shape[1])+0.25, model.feature_importances_, 0.5,
                label='Decision Tree')
plt.xticks(range(features.shape[1]), names, rotation=90)
plt.legend()
plt.show()
```

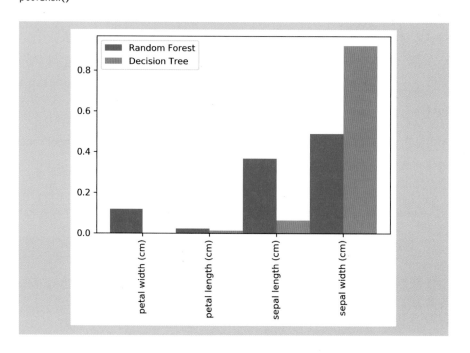

결정 트리에서 한 노드의 중요도는 다음과 같이 계산합니다.

$$\frac{n_p \times I_p - (n_{left} \times I_{left} + n_{right} \times I_{right})}{n}$$

여기에서 n_p와 I_p는 각각 상위 노드의 샘플 개수와 불순도이고 n_{left}, I_{left}는 왼쪽 노드의 샘플 개수와 중요도입니다. 마찬가지로 n_{right}, I_{right}는 오른쪽 노드의 샘플 개수와 중요도입니다. 이를 트리의 모든 노드에 대해 계산하고 노드에 사용된 특성별로 더한 후 특성 중요도의 합이 1이 되도록 정규화합니다.

14.8 랜덤 포레스트에서 중요한 특성 선택하기

과제 랜덤 포레스트에서 특성 선택을 수행해야 합니다.

해결 중요한 특성을 구별하고 가장 중요한 특성만 사용하여 모델을 다시 훈련합니다.

```python
# 라이브러리를 임포트합니다.
from sklearn.ensemble import RandomForestClassifier
from sklearn import datasets
from sklearn.feature_selection import SelectFromModel

# 데이터를 로드합니다.
iris = datasets.load_iris()
features = iris.data
target = iris.target

# 랜덤 포레스트 분류기를 만듭니다.
randomforest = RandomForestClassifier(random_state=0, n_jobs=-1)

# 특성 중요도가 임곗값보다 크거나 같은 특성으로 객체를 만듭니다.
selector = SelectFromModel(randomforest, threshold=0.3)

# selector를 사용하여 새로운 특성 행렬을 만듭니다.
features_important = selector.fit_transform(features, target)

# 가장 중요한 특성을 사용하여 랜덤 포레스트 모델을 훈련합니다.
model = randomforest.fit(features_important, target)
```

설명 모델의 특성 개수를 감소시켜야 할 때가 있습니다. 예를 들어 모델의 분산을 감소시키거나 가장 중요한 특성만 사용하여 모델을 이해하기 쉽게 만들어야 하는 경우입니다.

사이킷런에서는 두 단계의 워크플로를 사용하여 줄어든 특성으로 모델을 만들 수 있습니다. 먼저 모든 특성을 사용해 랜덤 포레스트 모델을 훈련합니다. 그다음 중요한 특성만 포함된 새로운 특성 행렬을 만듭니다. 해결에서 SelectFromModel 클래스를 사용해 threshold 값보다 중요도가 크거나 같은 특성만 포함된 특성 행렬을 만듭니다. 마지막으로 이 특성만을 사용한 새로운 모델을 훈련합니다.

이 방식에는 꼭 언급할 두 가지 단점이 있습니다. 첫째, 원-핫 인코딩된 순서가 없는 범주형 특성의 특성 중요도는 여러 개의 이진 특성으로 희석됩니다. 둘째, 상관관계가 높은 특성의 중요도는 양쪽 특성에 고루 분산되는 것이 아니라 한 특성에 집중됩니다.

참고 • 랜덤 포레스트를 사용한 특성 선택, Robin Genuer, Jean-Michel Poggi, Christine Tuleau-Malot(*http://bit.ly/2FvG70D*)

14.9 불균형한 클래스 다루기

과제 클래스가 매우 불균형한 타깃 벡터로 랜덤 포레스트 모델을 훈련하고 싶습니다.

해결 class_weight="balanced"로 설정한 결정 트리나 랜덤 포레스트 모델을 훈련합니다.

```python
# 라이브러리를 임포트합니다.
import numpy as np
from sklearn.ensemble import RandomForestClassifier
from sklearn import datasets

# 데이터를 로드합니다.
iris = datasets.load_iris()
features = iris.data
target = iris.target

# 처음 40개의 샘플을 제거하여 불균형한 데이터를 만듭니다.
features = features[40:,:]
target = target[40:]

# 0인 클래스 이외에는 모두 1인 타깃 벡터를 만듭니다.
target = np.where((target == 0), 0, 1)
```

```
# 랜덤 포레스트 분류기 객체를 만듭니다.
randomforest = RandomForestClassifier(
    random_state=0, n_jobs=-1, class_weight="balanced")

# 모델을 훈련합니다.
model = randomforest.fit(features, target)
```

설명 불균형한 클래스는 실전에서 머신러닝을 사용할 때 흔히 나타나는 문제입니다. 불균형한 클래스를 적절히 처리하지 않으면 모델의 성능을 감소시킬 수 있습니다. 레시피 17.5에서 전처리 과정에서 불균형한 클래스를 다루는 몇 가지 전략에 대해 이미 논의했습니다. 사이킷런의 많은 머신러닝 알고리즘은 불균형한 클래스를 바로 잡을 수 있는 방법을 내장하고 있습니다. RandomForestClassifier 클래스의 class_weight 매개변수를 사용하여 불균형한 클래스를 교정할 수 있습니다. 클래스 이름과 원하는 상대적 가중치를 딕셔너리(예를 들어, {"male": 0.2, "female": 0.8})로 만들어 주입하면 그에 따라 RandomForestClassifier가 클래스에 가중치를 부여합니다. 좀 더 유용한 매개변숫값은 balanced입니다. 이 옵션은 데이터에 등장한 비율의 역수로 클래스 가중치를 자동으로 부여합니다.

$$w_j = \frac{n}{kn_j}$$

여기에서 w_j는 클래스 j의 가중치이고 n은 샘플의 개수입니다. n_j는 클래스 j의 샘플 개수이고 k는 전체 클래스 개수입니다. 예를 들어 해결에는 클래스 개수가 2(k), 샘플 개수가 110(n), 클래스의 샘플 개수가 각각 10, 100(n_j)입니다. class_weight="balanced"로 클래스의 가중치를 조정하면 작은 클래스에 가중치가 더 부여됩니다.

```
# 작은 클래스의 가중치를 계산합니다.
110/(2*10)
```

```
5.5
```

반면 큰 클래스는 가중치가 줄어듭니다.

```
# 큰 클래스의 가중치를 계산합니다.
110/(2*100)
```

```
0.55
```

14.10 트리 크기 제어하기

과제 결정 트리의 구조와 크기를 수동으로 결정하고 싶습니다.

해결 사이킷런의 트리 기반 학습 알고리즘에 있는 트리 구조와 관련된 매개변수를 사용합니다.

```python
# 라이브러리를 임포트합니다.
from sklearn.tree import DecisionTreeClassifier
from sklearn import datasets

# 데이터를 로드합니다.
iris = datasets.load_iris()
features = iris.data
target = iris.target

# 결정 트리 분류기를 만듭니다.
decisiontree = DecisionTreeClassifier(random_state=0,
                                      max_depth=None,
                                      min_samples_split=2,
                                      min_samples_leaf=1,
                                      min_weight_fraction_leaf=0,
                                      max_leaf_nodes=None,
                                      min_impurity_decrease=0)

# 모델을 훈련합니다.
model = decisiontree.fit(features, target)
```

설명 사이킷런의 트리 기반 학습 알고리즘은 결정 트리 크기를 제어할 수 있는 여러 가지 도구를 가지고 있습니다. 다음 매개변수로 조정할 수 있습니다.

- max_depth

  트리의 최대 깊이. **None**이면 모든 리프 노드가 순수해질 때까지 트리가 성장합니다. 정수가 입력되면 트리는 그 깊이까지 성장합니다.

- min_samples_split

  노드를 분할하기 위한 최소 샘플 개수. 정수가 입력되면 최솟값으로 사용됩니다. 실수가 입력되면 전체 샘플 개수의 비율을 의미합니다.

- min_samples_leaf

  리프 노드가 되기 위한 최소 샘플 개수. **min_samples_split**와 동일한 매개변숫값을 사용합니다.

- max_leaf_nodes

  리프 노트의 최대 개수

- min_impurity_split

  분할하기 위한 불순도 최소 감소량

이런 매개변수를 알고 있는 것이 유용하지만 대부분 max_depth와 min_impurity_split만 사용합니다. 얕은 트리(**스텀프**stump라고도 부릅니다)로 만든 모델이 간단하고 분산이 낮기 때문입니다.

🔖 **덧붙임** 트리 기반 모델에서 과대적합을 막는 방법은 트리의 성장을 제한하는 것입니다. 트리가 모두 성장한 후 노드를 줄이는 방법을 사후 가지치기post-pruning라고 하고 성장하기 전에 막는 방법을 사전 가지치기pre-pruning라고 부릅니다. 사이킷런은 사전 가지치기만 지원합니다.

이 외에도 min_samples_leaf와 비슷하지만 가중치가 부여된 전체 샘플 개수에 대한 비율을 사용하는 min_weight_fraction_leaf가 있습니다. 사이킷런 0.19 버전에서 분할로 얻어질 최소한의 불순도 감소량을 지정하는 min_impurity_decrease가 추가되었습니다. min_impurity_split는 사이킷런 0.25 버전에서 사라졌습니다. 대신 min_impurity_decrease를 사용하세요.

트리 모델에서 과대적합을 줄이려면 min_으로 시작하는 매개변숫값을 증가시키거나 max_로 시작하는 매개변숫값을 줄입니다.

14.11 부스팅을 사용해 성능 향상하기

과제 결정 트리나 랜덤 포레스트보다 더 높은 성능을 가진 모델이 필요합니다.

해결 AdaBoostClassifier나 AdaBoostRegressor를 사용하여 부스팅 모델을 훈련합니다.

```
# 라이브러리를 임포트합니다.
from sklearn.ensemble import AdaBoostClassifier
from sklearn import datasets

# 데이터를 로드합니다.
```

```
iris = datasets.load_iris()
features = iris.data
target = iris.target

# 에이다부스트 트리 분류기의 객체를 만듭니다.
adaboost = AdaBoostClassifier(random_state=0)

# 모델을 훈련합니다.
model = adaboost.fit(features, target)
```

설명 랜덤 포레스트에서 랜덤한 결정 트리의 앙상블(그룹)이 타깃 벡터를 예측합니다. **부스팅** boosting이라 부르는 방법은 이와 다르지만 종종 더 강력합니다. 에이다부스트AdaBoost로 부르는 부스팅 형식은 이전 모델이 잘못 예측한 샘플에 높은 우선순위를 부여하는 식으로 약한 모델 (많은 경우 스텀프라 부르는 얕은 결정 트리를 사용합니다)을 연속적으로 훈련합니다. 조금 더 구체적으로 말하면 다음과 같습니다.

1. 모든 샘플 x_i에 초기 가중치값 $w_i = \dfrac{1}{n}$을 할당합니다. 여기에서 n은 데이터에 있는 샘플의 전체 개수입니다.

2. 이 데이터에서 약한 모델을 훈련합니다.

3. 각 샘플에 대하여
   a. 모델이 x_i를 올바르게 예측하면 w_i를 낮춥니다.
   b. 모델이 x_i를 잘못 예측하면 w_i를 높입니다.

4. w_i가 큰 샘플에 높은 우선순위를 두는 새로운 약한 모델을 훈련합니다.

5. 데이터가 완벽하게 예측되거나 지정된 개수만큼 모델을 훈련할 때까지 단계 4와 5를 반복합니다.

최종 결과는 (예측 측면에서) 더 어려운 샘플에 초점을 맞추는 약한 모델들을 모은 앙상블 모델입니다. 사이킷런에는 AdaBoostClassifier와 AdaBoostRegressor 클래스에 에이다 부스트가 구현되어 있습니다. 가장 중요한 매개변수는 base_estimator, n_estimators, learning_rate입니다.

• base_estimator는 약한 모델을 훈련하는 데 사용할 학습 알고리즘입니다. 이 매개변수의 기본값은 결정 트리입니다. 에이부스트에서 가장 널리 사용하는 학습기이기 때문에 거의 바

꿀 일이 없습니다.

- n_estimators는 반복적으로 훈련할 모델의 개수입니다.

- learning_rate은 각 모델이 부여하는 가중치 정도로 기본값은 1입니다. 학습률을 감소하면 가중치 감소나 증가량이 줄어들기 때문에 모델의 훈련 속도를 느리게 만듭니다(하지만 이따금 더 나은 성능을 만듭니다).

- loss는 AdaBoostRegressor에만 해당되는 것으로 가중치를 업데이트할 때 사용하는 손실 함수loss function을 지정합니다. 기본값은 선형 손실 함수이지만 square나 exponential로 바꿀 수 있습니다.

> **참고** • 에이다부스트 설명, Robert E. Schapire (*http://bit.ly/2FCS30E*)

🗩 **덧붙임** AdaBoostClassifier는 깊이가 1인 분류용 결정 트리 DecisionTreeClassifier (max_depth=1)를 사용하고 AdaBoostRegressor는 깊이가 3인 회귀용 결정 트리 Decision TreeRegressor(max_depth=3)을 사용합니다.

AdaBoostClassifier에서 예측할 때는 각 학습기에 부여된 가중치를 더하여 가장 높은 점수의 클래스가 예측 결과가 됩니다. 개별 학습기의 가중치는 샘플 가중치를 고려한 예측 정확도를 기반으로 계산됩니다. AdaBoostRegressor의 예측은 개별 학습기의 결과를 정렬하여 예측기 가중치의 누적값이 중간 지점에 있는 결과를 사용합니다.

그레이디언트 부스팅Gradient Boosting은 에이다부스트와는 달리 이전 학습기가 만든 잔여 오차에 새로운 트리를 훈련하는 방식으로 앙상블 모델을 구성하여 높은 성능을 냅니다. Graident BoostingClassifier와 GradientBoostingRegressor 모두 깊이가 3이고 criterion이 'friedman_mse'인 DecisionTreeRegressor를 사용합니다.

```
# 라이브러리를 임포트합니다.
from sklearn.ensemble import GradientBoostingClassifier

# 그레이디언트 부스팅 분류기의 객체를 만듭니다.
gradientboost = GradientBoostingClassifier(random_state=0)

# 모델을 훈련합니다.
model = gradientboost.fit(features, target)
```

현재 인기가 많은 머신러닝 알고리즘 중 하나는 XGBoost, LightGBM와 같은 라이브러리에 구현된 히스토그램 기반의 그레이디언트 부스팅입니다. 사이킷런 0.21 버전에 히스토그램 기반의 그레이디언트 부스팅이 **HistGradientBoostingClassifier**과 **HistGradient BoostingRegressor**에 추가되었습니다. 이 알고리즘은 훈련 데이터를 정수 구간(bin)으로 변환한 후 훈련하기 때문에 일반적인 그래디언 부스팅보다 훨씬 빠릅니다. 구간의 최대 개수를 지정하는 **max_bins**의 기본값은 256이며 이보다 크게 지정할 수는 없습니다. 이 클래스들은 아직 실험적이기 때문에 명시적으로 사용한다는 것을 선언해야 합니다.

```python
# 히스토그램 기반의 그레이디언트 부스팅을 활성화하고
# 라이브러리를 임포트합니다.
from sklearn.experimental import enable_hist_gradient_boosting
from sklearn.ensemble import HistGradientBoostingClassifier

# 히스토그램 기반의 그레이디언트 부스팅 분류기의 객체를 만듭니다.
histgradientboost = HistGradientBoostingClassifier(random_state=0)

# 모델을 훈련합니다.
model = histgradientboost.fit(features, target)
```

14.12 XGBoost 모델 훈련하기

과제 높은 예측 성능을 가진 트리 기반 모델을 훈련하고 싶습니다.

해결 xgboost 파이썬 라이브러리를 사용합니다.

```python
# 라이브러리를 임포트합니다.
import xgboost as xgb
from sklearn import datasets, preprocessing
from sklearn.metrics import classification_report
from numpy import argmax

# 데이터를 로드합니다.
iris = datasets.load_iris()
features = iris.data
target = iris.target

# 데이터셋을 만듭니다.
xgb_train = xgb.DMatrix(features, label=target)

# 파라미터를 정의합니다.
```

```
param = {
    'objective': 'multi:softprob',
    'num_class': 3
}

# 모델을 훈련합니다.
gbm = xgb.train(param, xgb_train)

# 예측을 만듭니다.
predictions = argmax(gbm.predict(xgb_train), axis=1)

# 분류 리포트를 출력합니다.
print(classification_report(target, predictions))
```

	precision	recall	f1-score	support
0	1.00	1.00	1.00	50
1	1.00	0.96	0.98	50
2	0.96	1.00	0.98	50
accuracy			0.99	150
macro avg	0.99	0.99	0.99	150
weighted avg	0.99	0.99	0.99	150

설명 (Extreme Gradient Boosting의 약자인) XGBoost는 머신러닝 분야에서 매우 인기 높은 그레이디언트 부스팅 라이브러리입니다. 항상 트리 기반 모델을 사용하는 것은 아니지만 결정 트리의 앙상블을 적용하는 경우가 많습니다. 머신러닝 경연 웹사이트인 캐글Kaggle에서 큰 성공을 거두어 인기가 높아졌습니다. 그 후 일반적인 랜덤 포레스트나 그레이디언트 부스팅 머신보다 성능을 향상시킬 수 있는 안정적인 알고리즘으로 자리 잡았습니다.

XGBoost가 계산 비용이 높은 것으로 알려졌지만 지난 몇 년간 (GPU 지원 같은) 계산 성능 최적화를 통해 XGBoost로 모델링을 반복하는 것이 쉬워졌습니다. 통계적 성능이 필수적일 때 일반적으로 선택할 수 있는 알고리즘입니다.

참고 • XGBoost 문서 (*https://oreil.ly/cAuGX*)

14.13 LightGBM으로 실시간 성능 향상하기

과제 계산 최적화된 그레이디언트 부스티드gradient boosted 트리 기반 모델을 훈련해야 합니다.

해결 그레이디언트 부스티드 머신gradient boosted machine(GBM) 라이브러리인 lightgbm을 사용합니다.

```python
# 라이브러리를 임포트합니다.
import lightgbm as lgb
from sklearn import datasets, preprocessing
from sklearn.metrics import classification_report
from numpy import argmax

# 데이터를 로드합니다.
iris = datasets.load_iris()
features = iris.data
target = iris.target

# 데이터셋을 만듭니다.
lgb_train = lgb.Dataset(features, target)

# 파라미터를 정의합니다.
params = {
    'objective': 'multiclass',
    'num_class': 3,
    'verbose': -1,
}

# 모델을 훈련합니다.
gbm = lgb.train(params, lgb_train)

# 예측을 만듭니다.
predictions = argmax(gbm.predict(features), axis=1)

# 분류 리포트를 출력합니다.
print(classification_report(target, predictions))
```

```
              precision    recall  f1-score   support

           0       1.00      1.00      1.00        50
           1       1.00      1.00      1.00        50
           2       1.00      1.00      1.00        50
```

accuracy			1.00	150
macro avg	1.00	1.00	1.00	150
weighted avg	1.00	1.00	1.00	150

설명 lightgbm 라이브러리는 그레이디언트 부스티드 머신에 사용되며 훈련 시간, 추론, GPU 지원에 매우 최적화되어 있습니다. 계산 효율성 덕분에 제품과 대규모 환경에 사용됩니다. 사이킷런 모델이 일반적으로 사용하기 쉽지만 대규모 데이터를 다루거나 모델 훈련이나 서빙^{serving} 시간이 엄격한 경우 lightgbm 같은 라이브러리가 도움이 될 수 있습니다.

참고
- LightGBM 문서 (*https://oreil.ly/XDcpG*)
- CatBoost 문서 (최적화된 또 다른 GBM 라이브러리) (*https://oreil.ly/4Bb8g*)

k-최근접 이웃

15.0 소개

k-최근접 이웃(KNN) 분류기는 지도 학습용 머신러닝 모델에서 매우 간단하지만 널리 사용하는 것 중 하나입니다. KNN은 종종 게으른 학습기로 불립니다. 기술적으로 예측을 만들기 위해 모델을 훈련하지 않기 때문입니다. 대신 가장 가까운 k 개의 샘플에서 다수의 클래스를 그 샘플의 클래스로 예측합니다.

예를 들어 클래스가 알려지지 않은 한 샘플이 클래스 1인 샘플로 둘러싸여 있다면 그 샘플을 클래스 1로 분류합니다. 이 장에서 사이킷런을 사용하여 KNN 분류기를 만들고 사용하는 방법을 소개하겠습니다.

15.1 샘플의 최근접 이웃 찾기

과제 샘플에서 가장 가까운 k 개의 샘플(이웃)을 찾아야 합니다.

해결 사이킷런의 NearestNeighbors를 사용합니다.

```python
# 라이브러리를 임포트합니다.
from sklearn import datasets
from sklearn.neighbors import NearestNeighbors
from sklearn.preprocessing import StandardScaler
```

```python
# 데이터를 로드합니다.
iris = datasets.load_iris()
features = iris.data

# 표준화 객체를 만듭니다.
standardizer = StandardScaler()

# 특성을 표준화합니다.
features_standardized = standardizer.fit_transform(features)

# k=2인 최근접 이웃 모델을 만듭니다.
nearest_neighbors = NearestNeighbors(n_neighbors=2).fit(features_standardized)

# 새로운 샘플을 만듭니다.
new_observation = [ 1,  1,  1,  1]

# 이 샘플과 가장 가까운 이웃의 인덱스와 거리를 찾습니다.
distances, indices = nearest_neighbors.kneighbors([new_observation])

# 최근접 이웃을 확인합니다.
features_standardized[indices]
```

```
array([[[1.03800476, 0.55861082, 1.10378283, 1.18556721],
        [0.79566902, 0.32841405, 0.76275827, 1.05393502]]])
```

설명 해결에서 붓꽃 데이터셋을 사용합니다. 임의의 값으로 새로운 샘플 new_observation
를 만들고 데이터셋에서 가장 가까운 두 개의 샘플을 찾았습니다. indices에는 데이터셋에서
가장 가까운 샘플의 위치가 담겨 있습니다. 찾은 샘플의 값을 보려면 X[indices]처럼 사용합
니다. 당연히 거리는 일종의 유사도로 생각할 수 있으므로 가장 가까운 두 개의 샘플은 새로운
꽃 샘플과 가장 가까운 두 개의 꽃입니다.

어떻게 거리를 측정할 수 있을까요? 사이킷런은 유클리드Euclidean를 포함하여 다양한 거리 측정
방법을 제공합니다.

$$d_{euclidean} = \sqrt{\sum_{i=1}^{n} (x_i - y_i)^2}$$

맨해튼 거리Manhattan distance도 있습니다.

$$d_{manhattan} = \sum_{i=1}^{n} |x_i - y_i|$$

NearestNeighbors의 기본값은 민코프스키 거리^{Minkowski distance}입니다.

$$d_{minkowski} = \left(\sum_{i=1}^{n} |x_i - y_i|^p \right)^{1/p}$$

여기에서 x_i와 y_i는 거리를 계산하려는 두 개의 샘플입니다. 민코프스키 거리에는 하이퍼파라미터 p가 있습니다. p=1이면 맨해튼 거리이고 p=2이면 유클리드 거리가 되는 식입니다. 사이킷런의 기본값은 p=2입니다.

metric 매개변수를 사용하여 거리 측정 방법을 지정할 수 있습니다.

```
# 유클리드 거리 기반으로 가장 가까운 두 개의 최근접 이웃을 찾습니다.
nearestneighbors_euclidean = NearestNeighbors(
    n_neighbors=2, metric='euclidean').fit(features_standardized)
```

distance 변수는 가장 가까운 두 개의 이웃까지 실제 거릿값이 들어 있습니다.

```
# 거리를 확인합니다.
distances
```

```
array([[0.49140089, 0.74294782]])
```

또한 kneighbors_graph 메서드를 사용하여 샘플의 최근접 이웃을 나타내는 행렬을 만들 수 있습니다.

```
# 유클리드 거리를 기반으로 각 샘플에 대해 (자기 자신을 포함한)
# 세 개의 최근접 이웃을 찾습니다.
nearestneighbors_euclidean = NearestNeighbors(
    n_neighbors=3, metric="euclidean").fit(features_standardized)

# 각 샘플의 (자기 자신을 포함한) 3개의 최근접 이웃을 나타내는 리스트의 리스트
nearest_neighbors_with_self = nearestneighbors_euclidean.kneighbors_graph(
    features_standardized).toarray()

# 최근접 이웃 중에서 1로 표시된 자기 자신을 제외시킵니다.
for i, x in enumerate(nearest_neighbors_with_self):
    x[i] = 0

# 첫 번째 샘플에 대한 두 개의 최근접 이웃을 확인합니다.
nearest_neighbors_with_self[0]
```

```
array([0., 0., 0., 0., 0., 0., 0., 0., 0., 0., 0., 0., 0., 0., 0., 0., 0.,
       1., 0., 0., 0., 0., 0., 0., 0., 0., 0., 1., 0., 0., 0., 0., 0., 0.,
       0., 0., 0., 0., 0., 0., 0., 0., 0., 0., 0., 0., 0., 0., 0., 0., 0.,
       0., 0., 0., 0., 0., 0., 0., 0., 0., 0., 0., 0., 0., 0., 0., 0., 0.,
       0., 0., 0., 0., 0., 0., 0., 0., 0., 0., 0., 0., 0., 0., 0., 0., 0.,
       0., 0., 0., 0., 0., 0., 0., 0., 0., 0., 0., 0., 0., 0., 0., 0., 0.,
       0., 0., 0., 0., 0., 0., 0., 0., 0., 0., 0., 0., 0., 0., 0., 0., 0.,
       0., 0., 0., 0., 0., 0., 0., 0., 0., 0., 0., 0., 0., 0., 0., 0., 0.,
       0., 0., 0., 0., 0., 0., 0., 0., 0., 0., 0., 0., 0., 0.])
```

최근접 이웃을 찾거나 거리 기반의 학습 알고리즘을 사용할 때 특성을 같은 스케일을 갖도록 변환하는 것이 중요합니다. 이런 이유는 거리 측정 방법이 모든 특성을 같은 스케일로 다루기 때문입니다. 만약 한 특성이 수 백만 달러 값이고 다른 특성이 퍼센트 값이면 계산된 거리는 전자에 편향될 것입니다. 해결에서 StandardScaler 클래스를 사용해 특성을 표준화함으로써 이 문제를 해결했습니다.

▌덧붙임 kneighbors 메서드에서 n_neighbors 매개변수를 다르게 지정할 수 있습니다. return_distance를 False로 지정하면 최근접 이웃의 인덱스만 반환합니다.

```
# 이 샘플과 가장 가까운 이웃의 다섯 개의 인덱스를 찾습니다.
indices = nearest_neighbors.kneighbors(
    [new_observation], n_neighbors=5, return_distance=False)
```

```
# 최근접 이웃을 확인합니다.
features_standardized[indices]
```

```
array([[[1.03800476, 0.55861082, 1.10378283, 1.18556721],
        [0.79566902, 0.32841405, 0.76275827, 1.05393502],
        [0.4321654 , 0.78880759, 0.93327055, 1.44883158],
        [0.55333328, 0.78880759, 1.0469454 , 1.58046376],
        [1.03800476, 0.55861082, 1.10378283, 1.71209594]]])
```

radius_neighbors 메서드는 주어진 반경 내의 이웃을 모두 찾아줍니다. 반경은 Nearest Neighbors 클래스의 radius에서 지정할 수 있습니다. 이 매개변수의 기본값은 1.0입니다. 또한 radius_neighbors 메서드에서도 radius 값을 설정할 수 있습니다.

```
# 반경 0.5 안에 있는 모든 샘플의 인덱스를 찾습니다.
indices = nearest_neighbors.radius_neighbors(
    [new_observation], radius=0.5, return_distance=False)
```

```
# 반경 내의 이웃을 확인합니다.
features_standardized[indices[0]]
```

```
array([[1.03800476, 0.55861082, 1.10378283, 1.18556721]])
```

kneighbors_graph 메서드와 마찬가지로 radius_neighbors_graph를 사용하여 반경 내의
이웃을 나타내는 행렬을 만들 수 있습니다. 이 메서드도 희소 행렬을 반환하기 때문에 toarray
메서드를 사용하여 밀집 배열로 바꿉니다.

```
# 반경 내의 이웃을 나타내는 리스트의 리스트
nearest_neighbors_with_self = nearest_neighbors.radius_neighbors_graph(
    [new_observation], radius=0.5).toarray()
```

```
# 첫 번째 샘플에 대한 반경 내의 이웃을 확인합니다.
nearest_neighbors_with_self[0]
```

```
array([0., 0., 0., 0., 0., 0., 0., 0., 0., 0., 0., 0., 0., 0., 0., 0.,
       0., 0., 0., 0., 0., 0., 0., 0., 0., 0., 0., 0., 0., 0., 0., 0.,
       0., 0., 0., 0., 0., 0., 0., 0., 0., 0., 0., 0., 0., 0., 0., 0.,
       0., 0., 0., 0., 0., 0., 0., 0., 0., 0., 0., 0., 0., 0., 0., 0.,
       0., 0., 0., 0., 0., 0., 0., 0., 0., 0., 0., 0., 0., 0., 0., 0.,
       0., 0., 0., 0., 0., 0., 0., 0., 0., 0., 0., 0., 0., 0., 0., 0.,
       0., 0., 0., 0., 0., 0., 0., 0., 0., 0., 0., 0., 0., 0., 0., 0.,
       0., 0., 0., 0., 1., 0., 0., 0., 0., 0., 0., 0., 0., 0., 0., 0.,
       0., 0., 0., 0., 0., 0., 0., 0., 0., 0., 0., 0., 0.])
```

15.2 k-최근접 이웃 분류기 만들기

과제 클래스를 모르는 샘플이 주어졌을 때 이웃한 샘플의 클래스를 기반으로 이 샘플의 클래스를 예측
해야 합니다.

해결 데이터셋이 아주 크지 않다면 KNeighborsClassifier를 사용합니다.

```
# 라이브러리를 임포트합니다.
from sklearn.neighbors import KNeighborsClassifier
from sklearn.preprocessing import StandardScaler
from sklearn import datasets
```

```
# 데이터를 로드합니다.
iris = datasets.load_iris()
X = iris.data
y = iris.target

# 표준화 객체를 만듭니다.
standardizer = StandardScaler()

# 특성을 표준화합니다.
X_std = standardizer.fit_transform(X)

# 5개의 이웃을 사용한 KNN 분류기를 훈련합니다.
knn = KNeighborsClassifier(n_neighbors=5, n_jobs=-1).fit(X_std, y)

# 두 개의 샘플을 만듭니다.
new_observations = [[ 0.75,  0.75,  0.75,  0.75],
                    [ 1,  1,  1,  1]]

# 두 샘플의 클래스를 예측합니다.
knn.predict(new_observations)
```

```
array([1, 2])
```

설명 타깃 클래스를 모르는 샘플 x_u가 주어지면 KNN 알고리즘은 먼저 어떤 거리 측정 방법 (예를 들면 유클리드 거리)을 기반으로 가장 가까운 k 개의 샘플(x_u의 **이웃**이라고도 부릅니다) 을 찾습니다. 그다음 이 k 개 샘플의 클래스를 기반으로 투표를 합니다. 가장 많은 표를 얻은 클래스가 x_u의 예측 클래스가 됩니다. 이론적으로 말하면 x_u가 클래스 j일 확률은 다음과 같습 니다.

$$\frac{1}{k}\sum_{i \in v}I\left(y_i = j\right)$$

여기에서 v는 x_u 이웃에 있는 k 개의 샘플이고, y는 i 번째 샘플의 클래스입니다. I는 지시 함 수indicator function (즉 1은 참, 0은 그외)입니다. 사이킷런에서는 predict_proba 메서드를 사용 하여 이 확률을 출력할 수 있습니다.

```
# 각 샘플이 세 클래스에 속할 확률을 확인합니다.
knn.predict_proba(new_observations)
```

```
array([[0. , 0.6, 0.4],
```

```
          [0. , 0. , 1. ]])
```

가장 높은 확률을 가진 클래스가 예측 클래스가 됩니다. 예를 들어 앞의 출력에서 첫 번째 샘플의 클래스는 1(Pr=0.6)이어야 합니다. 반면 두 번째 샘플의 클래스는 2(Pr=1)가 되어야 합니다. 이는 predict 메서드로 얻은 것과 같습니다.

```
knn.predict(new_observations)
```

```
array([1, 2])
```

KNeighborsClassifier에는 중요한 매개변수가 많이 있습니다. 첫째, metric은 사용할 거리 측정 방법을 지정합니다. 둘째, n_jobs 매개변수는 얼마나 많은 컴퓨터 코어를 사용할지 결정합니다. 예측을 만들려면 한 샘플에서 데이터의 모든 샘플까지 거리를 계산해야 하기 때문에 여러 개의 코어를 사용하는 것이 좋습니다. 셋째, algorithm 매개변수에는 가장 가까운 이웃을 계산하기 위한 방법을 지정합니다. 알고리즘마다 차이가 있지만 KNeighborsClassifier는 자동으로 최선의 알고리즘을 찾기 때문에 이 매개변수에 관해 신경 쓸 필요가 없습니다. 넷째, 앞서 설명한 방식대로 KNeighborsClassifier는 이웃한 샘플이 한 번씩 투표를 행사합니다. 만약 weights 매개변수를 distance로 지정하면 멀리 떨어진 샘플보다 가까운 이웃의 투표에 가중치가 더 부여됩니다. 직관적으로 생각해도 다른 것보다 가까운 이웃일수록 샘플의 클래스를 잘 나타낼 것이므로 타당한 방법입니다.

마지막으로, 거리 계산은 모든 특성을 같은 스케일로 다루기 때문에 KNN 분류기를 사용하기 전에 특성을 표준화하는 것이 중요합니다.

■덧붙임 회귀 문제에는 KNeighborsRegressor 클래스를 사용할 수 있습니다. 사용법은 KNeighborsClassifier와 매우 비슷합니다. 보스턴 데이터셋을 사용하여 최근접 회귀 모델을 훈련해보겠습니다.

```
# 라이브러리를 임포트합니다.
from sklearn.neighbors import KNeighborsRegressor
from sklearn import datasets

# 데이터를 로드합니다.
diabetes = datasets.load_diabetes()
features = diabetes.data
target = diabetes.target
```

```
# 최근접 회귀 모델을 만듭니다.
knn_regressor = KNeighborsRegressor(n_neighbors=10)

# 모델을 훈련합니다.
model = knn_regressor.fit(features, target)

# 첫 번째 샘플의 타깃값을 예측합니다.
model.predict(features[0:1])[0]
```

> 191.8

KNeighborsClassifier와 KNeighborsRegressor는 모두 NearestNeighbors 클래스를 상속하기 때문에 kneighbors 메서드를 사용하여 최근접 이웃을 확인할 수 있습니다. 첫 번째 샘플에 대한 이웃의 타깃값을 평균하여 predict 메서드의 결과와 비교해보죠.

```
import numpy as np

indices = model.kneighbors(features[0:1], return_distance=False)
np.mean(target[indices])
```

> 191.8

15.3 최선의 이웃 개수 결정하기

과제 k-최근접 이웃 분류기에서 최선의 k 값을 찾고 싶습니다.

해결 GridSearchCV와 같은 모델 선택 기법을 사용합니다.

```
# 라이브러리를 임포트합니다.
from sklearn.neighbors import KNeighborsClassifier
from sklearn import datasets
from sklearn.preprocessing import StandardScaler
from sklearn.pipeline import Pipeline, FeatureUnion
from sklearn.model_selection import GridSearchCV

# 데이터를 로드합니다.
iris = datasets.load_iris()
features = iris.data
target = iris.target
```

```
# 표준화 객체를 만듭니다.
standardizer = StandardScaler()

# KNN 분류기를 만듭니다.
knn = KNeighborsClassifier(n_neighbors=5, n_jobs=-1)

# 파이프라인을 만듭니다.
pipe = Pipeline([("standardizer", standardizer), ("knn", knn)])

# 탐색 영역의 후보를 만듭니다.
search_space = [{"knn__n_neighbors": [1, 2, 3, 4, 5, 6, 7, 8, 9, 10]}]

# 그리드 서치를 만듭니다.
classifier = GridSearchCV(
    pipe, search_space, cv=5, verbose=0).fit(features, target)
```

설명 k 값의 크기는 KNN 분류기에 큰 영향을 미칩니다. 편향과 분산 사이에 균형점을 찾아야 하는 머신러닝에서 k 값만큼 명확한 경우가 많지 않습니다. n이 샘플의 개수일 때 $k = n$이면 편향이 높고 분산이 낮습니다. $k = 1$이면 편향이 낮고 분산이 높습니다. 이 편향-분산 트레이드오프bias-variance trade-off의 균형을 맞추는 k 값을 찾으면 최선의 모델을 만들 수 있습니다. 해결에서 KNN 분류기에 각기 다른 k 값으로 5-폴드 교차검증을 수행하는 **GridSearchCV**를 사용했습니다. 그리드 서치가 완료되면 최선의 모델을 만드는 k를 확인할 수 있습니다.

```
# 최선의 이웃 개수 (k)
classifier.best_estimator_.get_params()["knn__n_neighbors"]
```

6

15.4 반지름 기반의 최근접 이웃 분류기 만들기

과제 클래스를 모르는 샘플이 주어졌을 때 일정 거리 내의 모든 샘플의 클래스를 기반으로 이 샘플의 클래스를 예측해야 합니다.

해결 RadiusNeighborsClassifier 클래스를 사용합니다.

```
# 라이브러리를 임포트합니다.
from sklearn.neighbors import RadiusNeighborsClassifier
```

```python
from sklearn.preprocessing import StandardScaler
from sklearn import datasets

# 데이터를 로드합니다.
iris = datasets.load_iris()
features = iris.data
target = iris.target

# 표준화 객체를 만듭니다.
standardizer = StandardScaler()

# 특성을 표준화합니다.
features_standardized = standardizer.fit_transform(features)

# 반지름 이웃 분류기를 훈련합니다.
rnn = RadiusNeighborsClassifier(
    radius=.5, n_jobs=-1).fit(features_standardized, target)

# 두 개의 샘플을 만듭니다.
new_observations = [[ 1,  1,  1,  1]]

# 두 샘플의 클래스를 예측합니다.
rnn.predict(new_observations)
```

```
array([2])
```

설명 KNN 분류에서 샘플의 클래스는 k 개 이웃의 클래스로부터 예측됩니다. **반지름 기반 최근접 이웃**radius-based nearest neighbor(RNN) 분류기는 이보다는 덜 사용되는 분류 방법입니다. 여기에서는 샘플의 클래스가 주어진 반지름 r 이내에 있는 모든 샘플의 클래스로부터 예측됩니다.

사이킷런의 RadiusNeighborsClassifier 클래스는 두 개의 매개변수를 제외하고 KNeighborsClassifier와 매우 비슷합니다. 첫 번째로 RadiusNeighborsClassifier는 radius 매개변수로 고정 영역의 반지름을 지정하여 이웃 샘플을 결정합니다. radius를 어떤 값을 지정할 확실한 근거가 있지 않다면 다른 하이퍼파라미터처럼 모델 선택 과정으로 튜닝하는 것이 최선입니다. 두 번째로 유용한 매개변수는 outlier_label입니다. 반지름 내에 다른 샘플이 하나도 없는 샘플에 부여할 레이블을 지정합니다. 이 기능을 이상치outlier를 구별하는 데 종종 유용하게 사용할 수 있습니다.

덧붙임 outlier_label 매개변수의 기본값은 None으로 이웃한 샘플을 찾지 못할 경우 예외를 발생시킵니다. 예외를 일으키는 대신 이상치로 표시하려면 일반적으로 클래스 레이블로 사용하지 않는 -1을 지정할 수 있습니다.

```
# 반지름 이웃 분류기를 훈련합니다.
rnn = RadiusNeighborsClassifier(
    radius=.5, outlier_label=-1, n_jobs=-1).fit(features_standardized, target)

rnn.predict([[100, 100, 100, 100]])
```

```
array([-1])
```

15.5 근사 최근접 이웃 찾기

과제 빅 데이터 환경에서 빠르게 최근접 이웃을 찾고 싶습니다.

해결 페이스북의 faiss 라이브러리로 **근사 최근접 이웃**approximate nearest neighbors(ANN) 기반 검색을 사용합니다.

```
# 라이브러리를 임포트합니다.
import faiss
import numpy as np
from sklearn import datasets
from sklearn.neighbors import NearestNeighbors
from sklearn.preprocessing import StandardScaler

# 데이터를 로드합니다.
iris = datasets.load_iris()
features = iris.data

# 표준화 전처리 객체를 만듭니다.
standardizer = StandardScaler()

# 특성을 표준화합니다.
features_standardized = standardizer.fit_transform(features)

# faiss 파라미터를 지정합니다.
n_features = features_standardized.shape[1]
nlist = 3
```

```
k = 2

# IVF 인덱스를 만듭니다.
quantizer = faiss.IndexFlatIP(n_features)
index = faiss.IndexIVFFlat(quantizer, n_features, nlist)

# 인덱스를 훈련하고 특성 벡터를 추가합니다.
index.train(features_standardized)
index.add(features_standardized)

# 새로운 샘플을 만듭니다.
new_observation = np.array([[ 1,  1,  1,  1]])

# 2개의 최근접 이웃을 위해 인덱스를 검색합니다.
distances, indices = index.search(new_observation, k)

# 2개의 최근접 이웃에 해당하는 특성 벡터를 출력합니다.
np.array([list(features_standardized[i]) for i in indices[0]])
```

```
array([[1.03800476, 0.55861082, 1.10378283, 1.18556721],
       [0.79566902, 0.32841405, 0.76275827, 1.05393502]])
```

설명 KNN은 작은 데이터셋에서 가장 비슷한 샘플을 찾는 데 뛰어난 방법입니다. 하지만 데이터 규모가 커지면 한 샘플과 데이터셋에 있는 다른 모든 샘플 사이의 거리를 계산하는 시간이 증가합니다. 검색이나 추천 엔진과 같이 대규모 ML 시스템은 비슷한 샘플을 검색하기 위해 일정 형태의 벡터 유사도 측정 방법을 사용합니다. 하지만 100ms 이내에 결과를 얻어야 하는 대규모 실시간 시스템에는 KNN을 적용할 수 없습니다.

ANN은 속도를 위해 정확한 최근접 이웃 검색의 품질을 희생함으로써 이런 문제를 극복할 수 있습니다. ANN 검색으로 얻은 처음 10개의 최근접 이웃에 있는 샘플이 KNN 검색으로 찾은 처음 10개의 결과와 일치하지 않을 수 있지만 처음 10개의 최근접 이웃을 매우 빠르게 얻을 수 있습니다.

이 예에서 IVF^inverted file index라고 부르는 ANN 방법을 사용합니다. 이 방식은 군집clustering을 사용해 최근접 이웃 검색을 위한 탐색 공간을 제한합니다. IVF는 보로노이 테셀레이션Voronoi tessellation을 사용해 검색 공간을 여러 독립된 영역(또는 클러스터cluster)으로 나눕니다. 최근접 이웃을 찾을 때 데이터셋에 있는 모든 샘플에 대해 비교를 수행하는 것이 아니라 비슷한 샘플을 찾기 위해 제한된 개수의 클러스터를 방문합니다.

데이터에서 보로노이 테셀레이션을 만드는 방법은 간단한 데이터로 시각화하는 것이 이해하기 쉽습니다. [그림 15-1]처럼 2차원에 랜덤하게 생성된 데이터의 산점도를 살펴보죠.

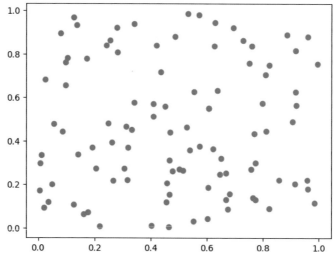

그림 15-1 랜덤하게 생성된 2차원 데이터의 산점도

보로노이 테셀레이션을 사용하면 여러 부분 공간을 만들 수 있습니다. [그림 15-2]처럼 각 부분 공간은 탐색하려는 전체 샘플 중 일부분만 담고 있습니다.

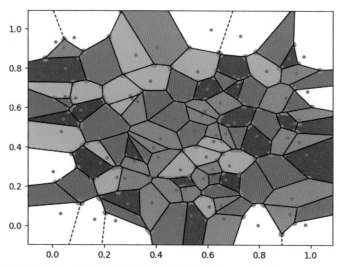

그림 15-2 랜덤하게 생성된 2차원 데이터를 여러 개의 독립된 부분 공간으로 나눕니다.

faiss 라이브러리의 nlist 매개변수는 만들 클러스터 개수를 지정합니다. 추가적인 파라미터 nprobe를 사용해 쿼리 시점에 최근접 이웃을 검색할 클러스터 개수를 지정할 수 있습니다. nlist와 nprobe를 모두 증가시면 계산 비용이 늘어나는 대신 결과 이웃의 품질을 높일 수 있습니다. 따라서 IVF 인덱스의 실행 시간이 증가합니다. 두 매개변수를 줄이면 반대의 효과가 나타납니다. 코드가 빠르게 실행되지만 낮은 품질의 결과를 얻을 위험이 있습니다.

이 예제는 이 장의 첫 레시피와 같은 결과를 반환합니다. 이는 데이터셋이 매우 작고 세 개의 클러스터만 사용했기 때문입니다. 따라서 ANN의 결과가 KNN의 결과와 크게 다를 가능성이 적습니다.

> **참고** • 유사도 검색을 위한 최근접 이웃 인덱스(여러 종류의 ANN 인덱스) (*https://oreil. ly/DVqgn*)

15.6 근사 최근접 이웃 평가하기

과제 일반적인 최근접 이웃(KNN)과 ANN의 성능을 비교하는 방법을 알고 싶습니다.

해결 KNN과 비교하여 ANN의 최근접 이웃에 대한 재현율 @k를 계산합니다.

```python
# 라이브러리를 로드합니다.
import faiss
import numpy as np
from sklearn import datasets
from sklearn.neighbors import NearestNeighbors
from sklearn.preprocessing import StandardScaler

# 최근접 이웃 개수
k = 10

# 데이터를 로드합니다.
iris = datasets.load_iris()
features = iris.data

# 표준화 전처리 객체를 만듭니다.
standardizer = StandardScaler()
```

```python
# 특성을 표준화합니다.
features_standardized = standardizer.fit_transform(features)

# 10개의 최근접 이웃을 사용하는 KNN을 만듭니다.
nearest_neighbors = NearestNeighbors(n_neighbors=k).fit(features_standardized)

# faiss 파라미터를 지정합니다.
n_features = features_standardized.shape[1]
nlist = 3

# IVF 인덱스를 만듭니다.
quantizer = faiss.IndexFlatIP(n_features)
index = faiss.IndexIVFFlat(quantizer, n_features, nlist)

# 인덱스를 훈련하고 특성 벡터를 추가합니다.
index.train(features_standardized)
index.add(features_standardized)
index.nprobe = 1

# 새로운 샘플을 만듭니다.
new_observation = np.array([[ 1,  1,  1,  1]])

# 샘플의 최근접 이웃에 해당하는 인덱스와 거리를 찾습니다.
knn_distances, knn_indices = nearest_neighbors.kneighbors(new_observation)

# 두 개의 최근접 이웃을 위해 인덱스를 검색합니다.
ivf_distances, ivf_indices = index.search(new_observation, k)

# 두 인덱스의 교집합을 구합니다.
recalled_items = set(list(knn_indices[0])) & set(list(ivf_indices[0]))

# 재현율을 출력합니다.
print(f"재현율 @k={k}: {len(recalled_items)/k * 100}%")
```

```
재현율 @k=10: 100.0%
```

설명 재현율 @k는 k 개의 최근접 이웃으로 ANN이 반환한 값과 KNN이 반환한 값에서 겹치는 항목의 개수를 k로 나눈 값으로 정의됩니다. 이 예에서는 10개의 최근접 이웃에 대해 100%의 재현율을 달성합니다. 즉 k=10일 때 ANN이 KNN과 (순서는 같지 않더라도) 동일한 인덱스를 반환했습니다.

재현율은 KNN 대비 ANN의 성능을 평가할 때 널리 사용되는 지표입니다.

참고　• Vertex Matching Engine Service를 위한 구글의 ANN 노트(*https://oreil.ly/-C0c9*)

## CHAPTER 16

로지스틱 회귀

16.0 소개

회귀라고 부르지만 사실 **로지스틱 회귀**^{logistic regression}는 널리 사용되는 분류용 지도 학습 알고리즘입니다. 로지스틱 회귀와 다중 로지스틱 회귀와 같은 확장 알고리즘들은 간단하고 이해하기 쉬운 방법으로 샘플이 특정 클래스에 속할 확률을 예측합니다. 이 장에서 사이킷런의 로지스틱 회귀를 사용해 다양한 분류기를 훈련시켜 보겠습니다.

16.1 이진 분류기 훈련하기

과제 간단한 분류 모델을 훈련시켜야 합니다.

해결 사이킷런의 **LogisticRegression** 클래스를사용해 로지스틱 회귀를 훈련합니다.

```python
# 라이브러리를 임포트합니다.
from sklearn.linear_model import LogisticRegression
from sklearn import datasets
from sklearn.preprocessing import StandardScaler

# 데이터를 로드하고 두 개의 클래스만 선택합니다.
iris = datasets.load_iris()
features = iris.data[:100,:]
target = iris.target[:100]
```

```
# 특성을 표준화합니다.
scaler = StandardScaler()
features_standardized = scaler.fit_transform(features)

# 로지스틱 회귀 모델을 만듭니다.
logistic_regression = LogisticRegression(random_state=0)

# 모델을 훈련합니다.
model = logistic_regression.fit(features_standardized, target)
```

설명 이름이 '회귀'이지만 로지스틱 회귀는 사실 널리 사용되는 이진 분류기입니다(즉, 타깃 벡터의 값이 두 개 뿐입니다). 로지스틱 회귀에서 선형 모델(예를 들면, $\beta_0 + \beta_1 x$)은 로지스틱 함수(시그모이드^{sigmoid} 함수라고도 부릅니다) $\dfrac{1}{1+e^{-z}}$ 에 포함됩니다. 즉 다음과 같습니다.

$$P\left(y_i = 1 \mid X\right) = \frac{1}{1+e^{-(\beta_0+\beta_1 x)}}$$

여기에서 $P(y_i = 1 \mid X)$는 i 번째 샘플의 타깃값 y_i가 클래스 1이 될 확률입니다. X는 훈련 데이터이고 β_0와 β_1는 학습할 모델 파라미터입니다. e는 오일러의 수$^{Euler's\ number}$입니다. 로지스틱 함수는 함수의 출력을 0과 1 사이로 제한하는 효과가 있습니다. $P(y_i = 1 \mid X)$가 0.5보다 크면 클래스 1로 예측하고 그렇지 않으면 클래스 0으로 예측합니다.

사이킷런에서 LogisticRegression 클래스를 사용해 로지스틱 회귀 모델을 훈련할 수 있습니다. 훈련이 끝나면 이 모델을 사용해 새로운 샘플의 클래스를 예측할 수 있습니다.

```
# 새로운 샘플을 만듭니다.
new_observation = [[.5, .5, .5, .5]]

# 클래스를 예측합니다.
model.predict(new_observation)
```

```
array([1])
```

이 예제의 샘플은 클래스 1로 예측되었습니다. 샘플이 각 클래스에 속할 확률을 볼 수도 있습니다.

```
# 예측 확률을 확인합니다.
model.predict_proba(new_observation)
```

```
array([[0.17738424, 0.82261576]])
```

이 샘플이 클래스 0일 확률은 17.7%이고 클래스 1이 될 확률은 82.2%입니다.

16.2 다중 클래스 분류기 훈련하기

과제 두 개보다 많은 클래스가 있을 때 분류 모델을 훈련해야 합니다.

해결 OVR$^{one-vs-rest}$ 또는 다중 분류 기법으로 사이킷런의 `LogisticRegression` 사용해 로지스틱 회귀를 훈련합니다.

```python
# 라이브러리를 임포트합니다.
from sklearn.linear_model import LogisticRegression
from sklearn import datasets
from sklearn.preprocessing import StandardScaler

# 데이터를 로드합니다.
iris = datasets.load_iris()
features = iris.data
target = iris.target

# 특성을 표준화합니다.
scaler = StandardScaler()
features_standardized = scaler.fit_transform(features)

# OVR 로지스틱 회귀 모델을 만듭니다.
logistic_regression = LogisticRegression(random_state=0, multi_class="ovr")

# 모델을 훈련합니다.
model = logistic_regression.fit(features_standardized, target)
```

설명 로지스틱 회귀 자체는 이진 분류기입니다. 다시 말해 클래스가 두 개보다 많은 타깃 벡터를 다루지 못합니다. 하지만 두 가지 방식으로 로지스틱 회귀를 확장하여 처리할 수 있습니다. 첫째, **OVR 로지스틱 회귀**는 클래스마다 모델을 만듭니다. 개별 모델은 샘플이 해당 클래스에 속하는지를 예측합니다(즉 이진 분류 문제가 됩니다). 개별 분류 문제(예를 들어, 클래스 0이거나 아니거나)는 독립적이라고 가정합니다.

또 다른 방법으로, **다항 로지스틱 회귀**$^{multinomial\ logistic\ regression}$ (MLR)는 레시피 16.1에서 보았던 로지스틱 함수를 소프트맥스 함수로 바꿉니다.

$$P\left(y_i = k \mid X\right) = \frac{e^{\beta_k x_i}}{\sum_{j=1}^{K} e^{\beta_j x_i}}$$

여기에서 $P(y_i = k \mid X)$는 i 번째 샘플에 대한 타깃값 y_i가 클래스 k가 될 확률입니다. K는 전체 클래스 개수입니다. MLR의 한 가지 장점은 predict_proba 메서드를 사용해 예측한 확률을 더 신뢰할 수 있다는 것입니다(즉 보정calibration이 잘 되어 있습니다).

LogisticRegression을 사용할 때 두 가지 기법 중 하나를 선택할 수 있습니다 기본값은 OVR을 의미하는 ovr입니다. 매개변숫값을 multinomial로 지정해 MLR로 바꿀 수 있습니다.

▶덧붙임 사이킷런 0.22 버전에서 최적화 알고리즘을 지정하는 solver 매개변수의 기본값이 liblinear에서 lbfgs로 바뀌고, multi_class 매개변수의 기본값은 ovr에서 auto로 바뀌었습니다. auto로 지정하면 이진 분류이거나 solver='liblinear'일 경우에 ovr이 되고 그 외에는 multinomial이 됩니다.

16.3 규제로 분산 줄이기

과제 로지스틱 회귀 모델의 분산을 줄여야 합니다.

해결 규제 강도를 조절하는 하이퍼파라미터 C를 사용합니다.

```python
# 라이브러리를 임포트합니다.
from sklearn.linear_model import LogisticRegressionCV
from sklearn import datasets
from sklearn.preprocessing import StandardScaler

# 데이터를 로드합니다.
iris = datasets.load_iris()
features = iris.data
target = iris.target

# 특성을 표준화합니다.
scaler = StandardScaler()
features_standardized = scaler.fit_transform(features)

# 로지스틱 회귀 모델을 만듭니다.
```

```
logistic_regression = LogisticRegressionCV(
    penalty='l2', Cs=10, random_state=0, n_jobs=-1)

# 모델을 훈련합니다.
model = logistic_regression.fit(features_standardized, target)
```

설명 규제regularization는 복잡한 모델에 페널티penalty를 가해 분산을 줄이는 방법입니다. 구체적으로 최소화하려는 손실 함수에 페널티 항을 추가합니다. 전형적으로 L1, L2 페널티를 사용합니다. L1 페널티는 다음과 같습니다.

$$\alpha \sum_{j=1}^{p} \left| \hat{\beta}_j \right|$$

여기에서 $\hat{\beta}_j$는 j 번째 모델 파라미터이고 p는 특성의 개수입니다. α는 규제 강도를 조절하는 하이퍼파라미터입니다. L2 페널티는 다음과 같습니다.

$$\alpha \sum_{j=1}^{p} \hat{\beta}_j^{\,2}$$

α 값이 높으면 큰 모델 파라미터 값(즉, 더 복잡한 모델)의 페널티를 증가시킵니다. 사이킷런은 α 대신에 규제 강도의 역수인 C를 사용합니다. 즉, $C = \dfrac{1}{\alpha}$ 입니다. 로지스틱 회귀를 사용할 때 분산을 낮추려면 C를 하이퍼파라미터로 생각하고 최선의 모델을 만드는 C의 값을 찾아야 합니다. 사이킷런의 LogisticRegressionCV을 사용하면 효율적으로 C 값을 튜닝할 수 있습니다. LogisticRegressionCV의 매개변수 Cs에서 탐색할 C의 범위를 입력할 수 있습니다(실수 리스트를 매개변수로 입력합니다). 정수를 입력하면 −10,000와 10,000 사이에서 로그 스케일로 정수만큼 후보 값의 리스트를 생성합니다.

아쉽지만 LogisticRegressionCV 클래스는 페널티 항에 대해서 탐색을 수행할 수 없습니다. 이렇게 하려면 덜 효율적이지만 12장에서 소개한 모델 선택 방법을 사용해야 합니다.

덧붙임 LogisticRegressionCV가 찾은 각 클래스별 최적의 C 값은 C_ 속성에 저장되어 있습니다.

```
logistic_regression.C_
```

```
array([21.5443469, 21.5443469, 21.5443469])
```

LogisticRegression와 LogisticRegressionCV 클래스에서 solver='saga'일 때 penalty ='elasticnet'으로 지정하고 l1_ratio를 조정하여 엘라스틱넷의 L1 페널티의 양을 제어할 수 있습니다. l1_ratio=1은 penalty='l1'과 같고 l1_ratio=0은 penalty='l2'와 같습니다.

16.4 대용량 데이터에서 분류기 훈련하기

과제 아주 많은 데이터셋에서 간단한 분류 모델을 훈련해야 합니다.

해결 사이킷런의 LogisticRegression에서 solver 매개변수를 **확률적 평균 경사 하강법** stochastic average gradient(SAG)으로 지정하여 로지스틱 회귀를 훈련합니다.

```python
# 라이브러리를 임포트합니다.
from sklearn.linear_model import LogisticRegression
from sklearn import datasets
from sklearn.preprocessing import StandardScaler

# 데이터를 로드합니다.
iris = datasets.load_iris()
features = iris.data
target = iris.target

# 특성을 표준화합니다.
scaler = StandardScaler()
features_standardized = scaler.fit_transform(features)

# 로지스틱 회귀 모델을 만듭니다.
logistic_regression = LogisticRegression(random_state=0, solver="sag")

# 모델을 훈련합니다.
model = logistic_regression.fit(features_standardized, target)
```

설명 사이킷런의 LogisticRegression 클래스는 solver 매개변수에서 여러 가지 로지스틱 회귀 훈련 기법을 지원합니다. 대부분 사이킷런은 최선의 방법을 자동으로 선택하거나 해당 방법으로 처리할 수 없을 때 경고를 발생시킵니다. 하지만 꼭 알고 있어야 할 경우가 하나 있습니다.

정확한 설명은 이 책의 범위를 넘어서지만(자세한 정보는 참고에 있는 마크 슈미트[Mark Schmidt]의 슬라이드를 참고하세요) 데이터셋이 매우 클 때 확률적 평균 경사 하강법이 다른 방법보다 훨씬 빠르게 모델을 훈련할 수 있습니다. 이 방법은 특성의 스케일에 매우 민감하기 때문에 특성 표준화가 매우 중요합니다. solver='sag'로 지정하면 이 알고리즘을 사용할 수 있습니다.

> **참고** • 확률적 평균 경사 하강법 알고리즘으로 유한 합[finite sum] 최소화하기, 마크 슈미트 (*http://bit.ly/2GRrVw0*)

■ 덧붙임 사이킷런 0.19 버전에서 sag 알고리즘의 향상된 버전인 saga가 추가되었습니다. 레시피 16.3의 덧붙임에서 소개한 것처럼 유일하게 saga만 엘라스틱넷 페널티를 지원합니다. saga는 L1, L2 페널티를 지원하고 penalty=None으로 하여 페널티를 부여하지 않을 수도 있습니다.

solver='liblinear'는 penalty=None을 지원하지 않습니다.

```
# 에러 발생
LogisticRegression(random_state=0, solver='liblinear', penalty=None).fit(
    features_standardized, target)
```

solver='sag'는 penalty='l1'을 지원하지 않습니다.

```
# 에러 발생
LogisticRegression(random_state=0, solver='sag', penalty='l1').fit(
    features_standardized, target)
```

16.5 불균형한 클래스 다루기

과제 간단한 분류 모델을 훈련해야 합니다.

해결 사이킷런의 LogisticRegression 클래스를 사용하여 로지스틱 회귀 모델을 훈련합니다.

```
# 라이브러리를 임포트합니다.
import numpy as np
from sklearn.linear_model import LogisticRegression
from sklearn import datasets
from sklearn.preprocessing import StandardScaler
```

```
# 데이터를 로드합니다.
iris = datasets.load_iris()
features = iris.data
target = iris.target

# 처음 40개 샘플을 제거하여 불균형한 클래스를 만듭니다.
features = features[40:,:]
target = target[40:]

# 타깃 벡터에서 0이 아닌 클래스는 모두 1로 만듭니다.
target = np.where((target == 0), 0, 1)

# 특성을 표준화합니다.
scaler = StandardScaler()
features_standardized = scaler.fit_transform(features)

# 로지스틱 회귀 모델을 만듭니다.
logistic_regression = LogisticRegression(random_state=0,
                                  class_weight="balanced")

# 모델을 훈련합니다.
model = logistic_regression.fit(features_standardized, target)
```

설명 사이킷런에 있는 다른 학습 알고리즘들처럼 **LogisticRegression**은 자체적으로 불균형한 클래스를 다룰 수 있습니다. 매우 불균형한 클래스가 있고 전처리 과정에서 처리하지 못했다면 **class_weight** 매개변수로 클래스에 가중치를 부여하여 균형잡힌 클래스를 만들 수 있습니다. balanced로 지정하면 자동으로 클래스 빈도의 역수로 가중치를 부여합니다.

$$w_j = \frac{n}{kn_j}$$

w_j는 클래스 j의 가중치이고 n은 전체 샘플 개수입니다. n_j는 클래스 j에 있는 샘플 개수이고 k는 전체 클래스 개수입니다.

▌**덧붙임** 붓꽃 데이터셋은 세 개의 클래스가 50개씩 순서대로 놓여 있습니다. 클래스 0의 샘플 40개를 삭제한 후 클래스 1과 2의 샘플 100개를 합쳐 클래스 1로 만들었습니다. 이제 이 데이터셋은 클래스 0이 10개, 클래스 1이 100개로 불균형합니다.

class_weight="balanced"로 설정했을 때 로지스틱 모델이 계산한 클래스 가중치는 **compute_class_weight** 함수를 사용하여 구할 수 있습니다.

```
from sklearn.utils.class_weight import compute_class_weight

# 클래스 레이블이 0, 1인 데이터의 클래스 가중치를 계산합니다.
compute_class_weight('balanced', [0, 1], target)
```

```
array([5.5 , 0.55])
```

class_weight 매개변수에 {클래스_레이블: 가중치} 형식의 딕셔너리를 전달할 수도 있습니다.

```
# 10:1의 클래스 가중치를 부여한 로지스틱 회귀 모델을 만듭니다.
logistic_regression = LogisticRegression(random_state=0, class_weight={0:10,
1:1})

# 모델을 훈련합니다.
model = logistic_regression.fit(features_standardized, target)
```

## CHAPTER 17

서포트 벡터 머신

17.0 소개

서포트 벡터 머신을 이해하려면 먼저 **초평면**hyperplane을 이해해야 합니다. 초평면은 n차원 공간에 있는 $n-1$ 부분 공간으로 정의합니다. 복잡한 것처럼 들릴지 모르지만 사실 아주 간단합니다. 예를 들어 2차원 공간을 나누려면 1차원 초평면(즉, 직선)을 사용해야 합니다. 3차원 공간을 나누려면 2차원 초평면(즉, 평편한 종이나 침대 시트)을 사용할 것입니다. 초평면은 이 개념을 n차원으로 일반화한 것뿐입니다.

서포트 벡터 머신support vector machine은 훈련 데이터를 분류하기 위해 클래스 사이의 마진margin을 최대화하는 초평면을 찾습니다. 두 개의 클래스가 있는 2차원, 예를 들면 초평면을 두 클래스를 분할하는 널찍하고 곧게 뻗은 띠(즉, 마진을 가진 직선)로 생각할 수 있습니다.

이 장에서 다양한 상황에서 서포트 벡터 머신을 훈련해보고 이 방법을 확장하여 어떻게 일반적인 문제를 해결할 수 있는지 살펴보겠습니다.

17.1 선형 분류기 훈련하기

과제 샘플 분류를 위해 모델을 훈련해야 합니다.

해결 **서포트 벡터 분류기**super vector classifier(SVC)를 사용하여 클래스 사이 마진을 최대화하는 초평면을 찾습니다.

```python
# 라이브러리를 임포트합니다.
from sklearn.svm import LinearSVC
from sklearn import datasets
from sklearn.preprocessing import StandardScaler
import numpy as np

# 데이터를 로드하고 두 개의 클래스와 두 개의 특성만 선택합니다.
iris = datasets.load_iris()
features = iris.data[:100,:2]
target = iris.target[:100]

# 특성을 표준화합니다.
scaler = StandardScaler()
features_standardized = scaler.fit_transform(features)

# 서포트 벡터 분류기를 만듭니다.
svc = LinearSVC(C=1.0)

# 모델을 훈련합니다.
model = svc.fit(features_standardized, target)
```

설명 사이킷런의 **LinearSVC** 클래스는 간단한 SVC를 구현합니다. SVC가 하는 일을 이해하기 위해 데이터와 초평면을 그려보겠습니다. SVC는 고차원 데이터에서 잘 작동하지만 해결에서는 두 개의 특성과 두 개의 클래스에 해당하는 일부 샘플만 선택했습니다. 모델을 시각화하기 위해서입니다. SVC는 클래스 사이 마진이 최대화되는 초평면을 찾으려 한다는 것을 기억하세요. 2차원일 때 이 초평면은 직선입니다. 다음 코드에서 2차원 공간에 두 클래스와 초평면을 그립니다.

```python
# 라이브러리를 임포트합니다.
from matplotlib import pyplot as plt

# 클래스를 색으로 구분한 산점도를 그립니다.
color = ["black" if c == 0 else "lightgrey" for c in target]
plt.scatter(features_standardized[:,0], features_standardized[:,1], c=color)

# 초평면을 만듭니다.
w = svc.coef_[0]
a = -w[0] / w[1]
```

```
xx = np.linspace(-2.5, 2.5)
yy = a * xx - (svc.intercept_[0]) / w[1]

# 초평면을 그립니다.
plt.plot(xx, yy)
plt.axis("off"), plt.show();
```

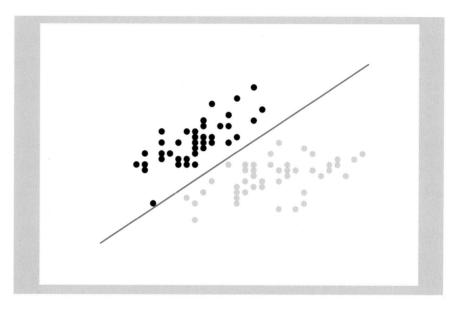

이 그래프에서 클래스 0의 샘플은 검은색이고 클래스 1의 샘플은 밝은 회색입니다. 이 초평면은 새로운 샘플을 분류하기 위한 결정 경계입니다. 예를 들면 이 직선 위의 샘플은 클래스 0으로 분류되고 직선 아래 샘플은 클래스 1로 분류될 것입니다. 이를 확인하기 위해 그래프 왼쪽위에 새로운 샘플을 만들어보겠습니다. 이 샘플은 클래스 0으로 예측되어야 합니다.

```
# 새로운 샘플을 만듭니다.
new_observation = [[ -2,  3]]

# 새로운 샘플의 클래스를 예측합니다.
svc.predict(new_observation)
```

```
array([0])
```

SVC에 관해 몇 가지 언급할 것이 있습니다. 첫째, 그래프로 나타내기 쉽도록 이진 분류의 예를 (예를 들면 두 개의 클래스만 가진 경우) 들었습니다. 하지만 SVC는 다중 클래스 환경에도 잘 동작합니다. 둘째, 그림에서 보듯이 초평면은 완전 선형입니다(즉, 곡선이 아닙니다). 이 예제는 데이터를 선형적으로 구분할 수 있기 때문에 괜찮았습니다. 다시 말해 두 클래스를 완벽하게 구분할 수 있는 초평면이 있습니다. 아쉽지만 실전에서는 이는 드문 경우입니다.

일반적으로 클래스를 완벽하게 구분할 수 없을 것입니다. 이런 경우에는 초평면의 마진을 최대화하는 SVC와 분류 오차를 최소화하는 것 사이에 균형을 잡아야 합니다. SVC에서 하이퍼파라미터 *C*를 사용해 후자를 조절합니다. *C*는 SVC 모델의 매개변수로 잘못 분류된 데이터 포인트에 부여하는 페널티입니다. *C*가 작으면 분류기는 잘못 분류된 데이터 포인트를 허용합니다(편향이 커지고 분산이 낮아집니다). *C*가 크면 분류기는 잘못 분류된 데이터에 큰 페널티를 부과합니다. 결국 잘못 분류된 데이터 포인트를 피하기 위해 이 데이터 뒤로 결정 경계가 기울어집니다(편향이 낮고 분산이 높아집니다).

사이킷런에서 *C*는 매개변수 C로 지정합니다. 기본값은 C=1.0입니다. *C*는 학습 알고리즘의 하이퍼파라미터로 다루어야 합니다. 따라서 12장에서 소개한 모델 선택 기법을 사용해 튜닝합니다.

🔖 덧붙임 서포트 벡터 머신의 최적화 원 문제primal problem를 특정 조건 하에서 같은 해를 제공하는 쌍대 문제dual problem로 나타낼 수 있습니다. LinearSVC 클래스의 dual 매개변수가 기본값 True이면 쌍대 문제를 풉니다. 샘플 개수가 특성 개수보다 크다면 dual=False로 지정하는 것이 좋습니다.

penalty 매개변수의 기본값은 L2 규제를 나타내는 l2입니다. l1으로 지정하여 L1 규제를 사용할 수도 있습니다. LinearSVC에 상응하는 회귀 알고리즘은 LinearSVR입니다. LinearSVR은 penalty 매개변수를 제공하지 않으며 기본적으로 L2 규제가 사용됩니다.

LinearSVC 클래스는 예측 확률을 제공하지는 않지만 decision_function 메서드를 사용해 분류에 대한 신뢰도를 확인할 수 있습니다.

```
svc.decision_function(new_observation)
```

```
array([-6.84220341])
```

17.2 커널을 사용해 선형적으로 구분되지 않는 클래스 다루기

과제 클래스가 선형적으로 구분되지 않을 때 서포트 벡터 분류기를 훈련시켜야 합니다.

해결 비선형 결정 경계를 만들기 위해 커널 함수를 사용한 서포트 벡터 머신을 훈련합니다.

```python
# 라이브러리를 임포트합니다.
from sklearn.svm import SVC
from sklearn import datasets
from sklearn.preprocessing import StandardScaler
import numpy as np

# 랜덤 시드를 지정합니다.
np.random.seed(0)

# 두 개의 특성을 만듭니다.
features = np.random.randn(200, 2)

# XOR 연산(이것이 무엇인지 알 필요는 없습니다)을 사용하여
# 선형적으로 구분할 수 없는 클래스를 만듭니다.
target_xor = np.logical_xor(features[:, 0] > 0, features[:, 1] > 0)
target = np.where(target_xor, 0, 1)

# 방사 기저 함수 커널을 사용한 서포트 벡터 머신을 만듭니다.
svc = SVC(kernel="rbf", random_state=0, gamma=1, C=1)

# 분류기를 훈련합니다.
model = svc.fit(features, target)
```

설명 서포트 벡터 머신에 대한 완전한 설명은 이 책의 범위를 넘어섭니다. 서포트 벡터 머신과 커널을 이해하기 위해 간단히 설명해보겠습니다. 다른 곳에서 볼 수 있듯이 서포트 벡터 분류기는 다음과 같이 표현할 수 있습니다.

$$f(x) = \beta_0 + \sum_{i \in S} \alpha_i K(x_i, x_{i'})$$

여기에서 β_0는 절편이고 S는 모든 서포트 벡터 샘플의 집합입니다. α는 학습되는 모델 파라미터입니다. $(x_i, x_{i'})$는 두 서포트 벡터 샘플 x_i와 $x_{i'}$의 쌍입니다. 무엇보다도 K가 x_i와 $x_{i'}$ 사이의 유사도를 비교하는 커널 함수라는 것이 중요합니다. 커널 함수를 이해하지 못해도 괜찮습니다. 다음 사항만 기억하면 됩니다. 1) K는 클래스를 구분하기 위해 사용하는 초평면의 종류를 결정하고, 2) 다른 커널을 사용하면 다른 초평면을 만들 수 있습니다. 예를 들어 레시피 17.1에서 만든 것과 같은 기본적인 선형 초평면이 필요하면 선형 커널을 사용합니다.

$$K(x_i, x_{i'}) = \sum_{j=1}^{p} x_{ij} x_{i'j}$$

여기에서 p는 특성의 개수입니다. 비선형 결정 경계가 필요하면 선형 커널을 다항 커널로 바꿀 수 있습니다.

$$K(x_i, x_{i'}) = \left(r + \gamma \sum_{j=1}^{p} x_{ij} x_{i'j} \right)^d$$

여기에서 d는 다항 커널 함수의 차수입니다. 또는 서포트 벡터 머신에서 널리 사용하는 커널 중 하나인 **방사 기저 함수**$^{radial\ basis\ function}$ 커널을 사용할 수 있습니다.

$$K(x_i, x_{i'}) = e^{\left(-\gamma \sum_{j=1}^{p} (x_{ij} - x_{i'j})^2 \right)}$$

여기에서 γ는 하이퍼파라미터이고 0보다 커야 합니다. 앞의 설명에서 중요한 포인트는 선형적으로 구분할 수 없는 데이터가 있을 때 선형 커널을 비선형 결정 경계를 만드는 다른 커널로 바꿀 수 있다는 것입니다.

커널을 잘 이해하기 위해 간단한 샘플 예제를 시각화해보겠습니다. 이 함수는 세바스찬 라시카가 작성한 것을 기반으로 만들었습니다. 이 함수는 2차원 공간에 샘플과 결정 경계를 그립니다. 이 함수의 작동 방법을 몰라도 됩니다. 다만 독자가 직접 실습해볼 수 있도록 이 함수를 포함시켰습니다.

```python
# 샘플과 결정 경계를 그립니다.
from matplotlib.colors import ListedColormap
import matplotlib.pyplot as plt

def plot_decision_regions(X, y, classifier):
    cmap = ListedColormap(("red", "blue"))
    xx1, xx2 = np.meshgrid(np.arange(-3, 3, 0.02), np.arange(-3, 3, 0.02))
    Z = classifier.predict(np.array([xx1.ravel(), xx2.ravel()]).T)
    Z = Z.reshape(xx1.shape)
    plt.contourf(xx1, xx2, Z, alpha=0.1, cmap=cmap)

    for idx, cl in enumerate(np.unique(y)):
        plt.scatter(x=X[y == cl, 0], y=X[y == cl, 1],
```

```
                          alpha=0.8, c=cmap.colors[idx],
                          marker="+", label=cl)
```

해결의 데이터는 두 개의 특성(즉, 2차원)과 각 샘플의 클래스가 담긴 타깃 벡터로 이루어져
있습니다. 클래스는 선형적으로 구분할 수 없도록 할당되어 있습니다. 즉 두 클래스를 나누는
직선을 그릴 수 없습니다. 먼저 선형 커널을 사용한 서포트 벡터 머신 분류기를 만들어보죠.

```
# 선형 커널을 사용한 서포트 벡터 분류기를 만듭니다.
svc_linear = SVC(kernel="linear", random_state=0, C=1)

# 모델을 훈련합니다.
svc_linear.fit(features, target)
```

```
SVC(C=1, kernel='linear', random_state=0)
```

특성이 두 개이기 때문에 2차원 공간이고 샘플과 클래스, 모델의 선형 초평면을 그릴 수 있습
니다.

```
# 샘플과 초평면을 그립니다.
plot_decision_regions(features, target, classifier=svc_linear)
plt.axis("off"), plt.show();
```

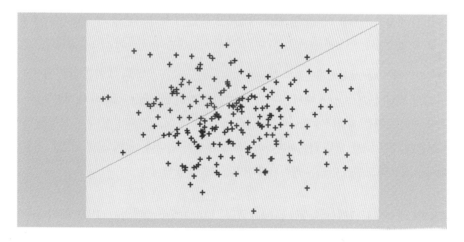

여기서 볼 수 있듯이 선형 초평면은 두 클래스를 엉터리로 나누고 있습니다! 이제 선형 커널을
방사 기저 함수 커널로 바꾸고 새로운 모델을 훈련시켜 보죠.

```
# 방사 기저 함수 커널을 사용한 서포트 벡터 머신을 만듭니다.
svc = SVC(kernel="rbf", random_state=0, gamma=1, C=1)
```

```
# 분류기를 훈련합니다.
model = svc.fit(features, target)
```

샘플과 초평면을 그립니다.

```
# 샘플과 초평면을 그립니다.
plot_decision_regions(features, target, classifier=svc)
plt.axis("off"), plt.show();
```

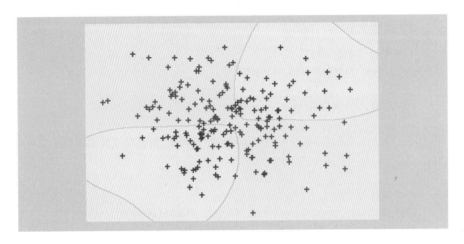

방사 기저 함수 커널을 사용하면 선형 커널보다 훨씬 더 두 클래스를 잘 구분하는 결정 경계를 만들 수 있습니다. 이것이 서포트 벡터 머신에서 커널 함수를 사용하는 이유입니다.

사이킷런에서 kernel 매개변수를 사용하여 원하는 커널을 선택할 수 있습니다. 커널을 선택하면 다항 커널의 d(degree 매개변수)나 방사 기저 함수 커널의 γ(gamma 매개변수)와 같은 적절한 커널 옵션을 지정해야 합니다. 페널티 매개변수 C도 지정해야 합니다. 모델을 훈련할 때 대부분의 경우 이를 모두 하이퍼파라미터로 다루어야 합니다. 모델 선택 기법을 사용해 가장 뛰어난 성능의 모델을 만드는 하이퍼파라미터 조합을 찾습니다.

🚩 덧붙임 레시피 17.1에서 소개한 LinearSVC와 LinearSVR 클래스는 LIBLINEAR 라이브러리를 사용합니다. 비선형 문제를 위한 서포트 벡터 머신의 분류 모델인 SVC와 회귀 모델인 SVR은 LIBSVM 라이브러리를 사용합니다. SVC와 SVR은 쌍대 문제만을 풉니다.

해결에 소개된 linear, polynomial, rbf 외에 또 다른 하나는 하이퍼볼릭 탄젠트 함수를 사용하는 sigmoid 커널입니다.

$$K(x_i, x_{i'}) = \tanh\left(\gamma \sum_{j=1}^{p} x_{ij} x_{i'j} + r\right)$$

coef0 매개변수는 다항 커널과 시그모이드 커널의 r에 해당합니다.

17.3 예측 확률 계산하기

과제 샘플에 대한 예측 클래스 확률을 알아야 합니다.

해결 사이킷런의 SVC 클래스를 사용할 때 probability=True로 지정하여 모델을 훈련하면 predict_proba 메서드에서 보정된 확률을 확인할 수 있습니다.

```python
# 라이브러리를 임포트합니다.
from sklearn.svm import SVC
from sklearn import datasets
from sklearn.preprocessing import StandardScaler
import numpy as np

# 데이터를 로드합니다.
iris = datasets.load_iris()
features = iris.data
target = iris.target

# 특성을 표준화합니다.
scaler = StandardScaler()
features_standardized = scaler.fit_transform(features)

# 서포트 벡터 분류기를 만듭니다.
svc = SVC(kernel="linear", probability=True, random_state=0)

# 분류기를 훈련합니다.
model = svc.fit(features_standardized, target)

# 새로운 샘플을 만듭니다.
new_observation = [[.4, .4, .4, .4]]

# 예측 확률을 확인합니다.
model.predict_proba(new_observation)
```

```
array([[0.00541761, 0.97348825, 0.02109414]])
```

설명 여기서 다루는 많은 지도 학습 알고리즘은 확률을 추정하여 클래스를 예측합니다. 예를 들어 k-최근접 이웃에서 샘플 주변에 있는 k 개 이웃의 클래스 비율을 사용해 확률을 만듭니다. 그다음 가장 높은 확률을 가진 클래스를 예측 클래스로 사용합니다. 결정 경계를 만들기위해 사용하는 SVC의 초평면은 원래 샘플이 어떤 클래스에 속할 확률을 만들지 않습니다. 사실 약간의 단점을 감수하면 보정된 클래스 확률을 출력할 수 있습니다. 두 개의 클래스가 있는 SVC에서 **플랫 스케일링**platt scaling을 사용할 수 있습니다. 먼저 SVC를 훈련한 다음 별도의 로지스틱 회귀를 교차검증으로 훈련하여 SVC 출력을 확률에 매핑합니다.

$$P(y = 1 \mid x) = \frac{1}{1 + e^{(A \times f(x) + B)}}$$

여기서 A와 B는 파라미터 벡터이고 $f(x)$는 i 번째 샘플이 초평면으로부터 떨어진 거리입니다. 클래스가 두 개 이상일 때 플랫 스케일링을 확장하여 사용할 수 있습니다.

실용적인 측면에서 보면 예측 확률을 만드는 데 두 가지 이슈가 있습니다. 첫째, 교차검증으로 또 다른 모델을 훈련해야 하기 때문에 예측 확률을 만드는 것이 모델 훈련 시간을 증가시킬 수 있습니다. 둘째, 예측 확률이 교차검증으로 만들어지기 때문에 예측 클래스와 항상 일치하지 않습니다. 즉 샘플이 클래스 1로 예측되더라도 클래스 1의 예측 확률은 0.5보다 작을 수 있습니다.

사이킷런에서는 모델을 훈련할 때 예측 확률을 계산해야 합니다. 이를 위해 SVC 클래스의 `probability` 매개변수를 True로 지정합니다. 모델이 훈련되고 나면 `predict_proba` 메서드로 각 클래스에 대한 추정 확률을 출력할 수 있습니다.

17.4 서포트 벡터 식별하기

과제 결정 초평면의 서포트 벡터가 어떤 샘플인지 식별해야 합니다.

해결 모델은 훈련한 다음 `support_vectors_` 속성을 확인합니다.

```python
# 라이브러리를 임포트합니다.
from sklearn.svm import SVC
from sklearn import datasets
from sklearn.preprocessing import StandardScaler
import numpy as np

#데이터를 로드하고 두 개의 클래스만 선택합니다.
iris = datasets.load_iris()
features = iris.data[:100,:]
target = iris.target[:100]

# 특성을 표준화합니다.
scaler = StandardScaler()
features_standardized = scaler.fit_transform(features)

# 서포트 벡터 분류기를 만듭니다. object
svc = SVC(kernel="linear", random_state=0)

# 분류기를 훈련합니다.
model = svc.fit(features_standardized, target)

# 서포트 벡터를 확인합니다.
model.support_vectors_
```

```
array([[-0.5810659 ,  0.42196824, -0.80497402, -0.50860702],
       [-1.52079513, -1.67737625, -1.08231219, -0.86427627],
       [-0.89430898, -1.4674418 ,  0.30437864,  0.38056609],
       [-0.5810659 , -1.25750735,  0.09637501,  0.55840072]])
```

설명 서포트 벡터 머신은 초평면이 비교적 소수의 샘플에 의해 결정된다는 사실에서 이름이 유래했습니다. 이런 샘플을 **서포트 벡터**라고 부릅니다. 이런 서포트 벡터가 초평면을 떠받들고 있다고 생각할 수 있습니다. 따라서 이런 서포트 벡터는 모델에서 아주 중요합니다. 예를 들어 서포트 벡터가 아닌 샘플을 데이터에서 삭제해도 모델은 변하지 않습니다. 하지만 서포트 벡터를 삭제하면 초평면이 만드는 최대 마진이 달라질 것입니다.

사이킷런은 SVC를 훈련하고 나서 서쏘트 벡터를 식별할 수 있는 여러 가지 방법을 제공합니다. 해결에서 support_vectors_를 사용하여 모델에 있는 서포트 벡터 네 개의 실제 샘플 특성을 출력했습니다. 다른 방법으로 support_ 속성을 사용하여 서포트 벡터의 인덱스를 확인할 수도 있습니다.

```
model.support_
```

```
array([23, 41, 57, 98], dtype=int32)
```

마지막으로 n_support_를 사용하여 각 클래스에 속한 서포트 벡터의 개수를 확인할 수 있습
니다.

```
model.n_support_
```

```
array([2, 2], dtype=int32)
```

17.5 불균형한 클래스 다루기

과제 불균형한 클래스가 있을 때 서포트 벡터 머신 분류기를 훈련해야 합니다.

해결 class_weight 매개변수를 사용하여 작은 클래스를 잘못 분류했을 때 페널티를 증가시
킵니다.

```python
# 라이브러리를 임포트합니다.
from sklearn.svm import SVC
from sklearn import datasets
from sklearn.preprocessing import StandardScaler
import numpy as np

#데이터를 로드하고 두 개의 클래스만 선택합니다.
iris = datasets.load_iris()
features = iris.data[:100,:]
target = iris.target[:100]

# 처음 40개 샘플을 제거하여 불균형한 클래스를 만듭니다.
features = features[40:,:]
target = target[40:]

# 타깃 벡터에서 0이 아닌 클래스는 모두 1로 만듭니다.
target = np.where((target == 0), 0, 1)

# 특성을 표준화합니다.
scaler = StandardScaler()
features_standardized = scaler.fit_transform(features)
```

```
# 서포트 벡터 분류기를 만듭니다.
svc = SVC(kernel="linear", class_weight="balanced", C=1.0, random_state=0)

# 분류기를 훈련합니다.
model = svc.fit(features_standardized, target)
```

설명 서포트 벡터 머신에서 C는 샘플의 분류 오차에 대한 페널티를 결정하는 하이퍼파라미터입니다. 서포트 벡터 머신에서 불균형한 클래스를 다루는 한 가지 방법은 클래스별로 C를 가중하는 것입니다. 즉 다음과 같습니다.

$$C_k = C \times w_j$$

여기에서 C는 분류 오차에 대한 페널티입니다. w_j는 클래스 j의 빈도에 반비례하는 가중치입니다. C_k는 클래스 k의 C 값입니다. 소수 클래스를 잘못 분류하는 것에 대한 페널티를 증가시켜 다수 클래스에 휘둘리는 것을 막습니다.

사이킷런에서 SVC를 사용할 때 class_weight='balanced'로 지정하여 자동으로 C_k 값을 지정할 수 있습니다. balanced로 지정하면 자동으로 다음처럼 클래스를 가중합니다.

$$w_j = \frac{n}{kn_j}$$

여기에서 w_j는 클래스 j의 가중치이고 n은 샘플의 개수입니다. n_j는 클래스 j에 있는 샘플의 개수이고 k는 전체 클래스 개수입니다.

## CHAPTER 18

나이브 베이즈

18.0 소개

베이즈Bayes **이론**은 새로운 정보 $P(B\,|\,A)$와 사건의 사전 확률 $P(A)$가 주어졌을 때 어떤 사건이 일어날 확률을 이해하는 방법입니다.

$$P(A\,|\,B) = \frac{P(B\,|\,A)P(A)}{P(B)}$$

베이지안 메서드의 인기는 지난 10년간 매우 높아져 학계, 정부, 산업계에서 전통적인 빈도주의frequentist 애플리케이션과 점점 많이 경쟁하고 있습니다. 머신러닝에서는 베이즈 이론을 분류에 적용한 것이 **나이브 베이즈 분류기**naive Bayes classifier입니다. 나이브 베이즈 분류기는 실용적 머신러닝에서 필요한 다음과 같은 기능을 하나의 분류기에서 제공합니다.

1. 직관적인 방법을 사용합니다.
2. 작은 양의 데이터에서 사용할 수 있습니다.
3. 훈련과 예측에 계산 비용이 적게 듭니다.
4. 환경이 바뀌더라도 자주 안정적인 결과를 만듭니다.

구체적으로 나이브 베이즈 분류기는 다음 식으로 표현합니다.

$$P\left(y\,|\,x_1,\cdots,x_j\right) = \frac{P\left(x_1,\cdots x_j\,|\,y\right)P(y)}{P\left(x_1,\cdots,x_j\right)}$$

구체적으로는 다음과 같습니다.

- $P(y \mid x_1, \cdots, x_j)$는 **사후 확률**posterior이라고 부릅니다. 샘플의 j개 특성값 $x_1, \cdots, x_j$이 주어졌을 때 이 샘플이 클래스 y에 속할 확률입니다.
- $P(x_1, \dots x_j \mid y)$는 클래스 y가 주어졌을 때 샘플의 특성값 $x_1, \dots, x_j$의 **가능도**likelihood입니다.
- $P(y)$는 **사전 확률**prior이라고 부릅니다. 데이터를 보기전에 클래스 y의 확률에 대한 믿음입니다.
- $P(x_1, \dots, x_j)$는 **주변 확률**marginal probability이라고 부릅니다.

나이브 베이즈에서는 가능한 각 클래스에 대해 샘플의 사후 확률을 비교합니다. 구체적으로 비교하는 동안 주변 확률이 일정하기 때문에 각 클래스에 대한 사후 확률의 분자를 비교합니다. 각 샘플에 대해 사후 확률의 분자가 가장 큰 클래스가 예측 클래스 $\hat{y}$이 됩니다.

나이브 베이즈 분류기에 관해 중요하게 언급할 두 가지가 있습니다. 첫째, 데이터에 있는 각 특성에 대해 가능도의 통계적 분포 $P(x_j \mid y)$를 가정해야 합니다. 정규분포(가우스 분포Gaussian distribution), 다항 분포multinomial distribution, 베르누이 분포Bernoulli distribution를 자주 사용합니다. 종종 특성의 성질(연속, 이진 등)에 따라 분포를 선택합니다. 둘째, 각 특성과 특성의 가능도가 독립적이라고 가정하기 때문에 나이브 베이즈라고 부릅니다. 이런 '나이브'한 가정은 잘못된 경우가 많지만 실제 높은 품질의 분류기를 만드는 데 방해가 되지는 않습니다.

이 장에서 세 개의 다른 가능도 분산을 사용해 사이킷런으로 세 종류의 나이브 베이즈 분류기를 훈련해보겠습니다. 그다음 나이브 베이즈의 예측을 이해하기 쉽도록 보정하는 방법을 배우겠습니다.

18.1 연속적인 특성으로 분류기 훈련하기

과제 연속적인 특성만 있을 때 나이브 베이즈 분류기를 훈련하고 싶습니다.

해결 사이킷런의 가우스 나이브 베이즈 분류기를 사용합니다.

```
# 라이브러리를 임포트합니다.
from sklearn import datasets
from sklearn.naive_bayes import GaussianNB
```

```
# 데이터를 로드합니다.
iris = datasets.load_iris()
features = iris.data
target = iris.target

# 가우스 나이브 베이즈 객체를 만듭니다.
classifer = GaussianNB()

# 모델을 훈련합니다.
model = classifer.fit(features, target)
```

설명 가장 널리 사용하는 나이브 베이즈 분류기는 **가우스 나이브 베이즈 분류기**입니다. 가우스 나이브 베이즈 분류기에서는 클래스 y의 샘플이 주어졌을 때 특성값 x의 가능도가 다음과 같은 정규분포를 따른다고 가정합니다.

$$p\left(x_j \mid y\right) = \frac{1}{\sqrt{2\pi\sigma_y^2}} e^{-\frac{\left(x_j - \mu_y\right)^2}{2\sigma_y^2}}$$

여기에서 σ_y^2와 μ_y는 클래스 y에 대한 특성 x_j의 분산과 평균입니다. 정규분포로 가정했기 때문에 가우스 나이브 베이즈는 특성이 모두 연속적인 경우에 잘 맞습니다.

사이킷런의 다른 모델처럼 `fit` 메서드를 사용해 가우스 나이브 베이즈 모델을 훈련합니다. 그 다음 샘플의 클래스를 예측할 수 있습니다.

```
# 새로운 샘플을 만듭니다.
new_observation = [[ 4,  4,  4,  0.4]]

# 클래스를 예측합니다.
model.predict(new_observation)
```

```
array([1])
```

나이브 베이즈 분류기의 흥미로운 점 중 하나는 타깃 클래스에 대한 사전 확률을 지정할 수 있다는 것입니다. GaussianNB 클래스의 `priors` 매개변수를 사용하여 타깃 벡터의 각 클래스에 할당할 확률 리스트를 전달할 수 있습니다.

```
# 각 클래스별 사전 확률을 지정한 가우스 나이브 베이즈 객체를 만듭니다.
clf = GaussianNB(priors=[0.25, 0.25, 0.5])
```

```
# 모델을 훈련합니다.
model = classifer.fit(features, target)
```

priors 매개변수에 값을 지정하지 않으면 데이터를 기반으로 사전 확률을 계산합니다.

마지막으로 (predict_proba 메서드에서 출력되는) 가우스 나이브 베이즈의 예측 확률은 보정되어 있지 않습니다. 즉 신뢰할 만하지 않습니다. 쓸만한 예측 확률을 얻으려면 등위회귀 isotonic regression나 관련된 다른 방법을 사용해 보정해야 합니다.

참고 • 머신러닝에서 나이브 베이즈 분류기의 작동 방식, Dataaspirant (*http://bit.ly/2F6trtt*)

18.2 이산적인 카운트 특성으로 분류기 훈련하기

과제 이산적인 특성이나 카운트 데이터가 주어졌을 때 나이브 베이즈 분류기를 훈련해야 합니다.

해결 다항multinomial 나이브 베이즈 분류기를 사용합니다.

```
# 라이브러리를 임포트합니다.
import numpy as np
from sklearn.naive_bayes import MultinomialNB
from sklearn.feature_extraction.text import CountVectorizer

# 텍스트를 만듭니다.
text_data = np.array(['I love Brazil. Brazil!',
                      'Brazil is best',
                      'Germany beats both'])

# BoW(bag of words)를 만듭니다.
count = CountVectorizer()
bag_of_words = count.fit_transform(text_data)

# 특성 행렬을 만듭니다.
features = bag_of_words.toarray()

# 타깃 벡터를 만듭니다.
target = np.array([0,0,1])
```

```
# 각 클래스별 사전 확률을 지정한 다항 나이브 베이즈 객체를 만듭니다.
classifer = MultinomialNB(class_prior=[0.25, 0.5])

# 모델을 훈련합니다.
model = classifer.fit(features, target)
```

설명 **다항 나이브 베이즈**는 가우스 나이브 베이즈와 비슷하게 작동하지만 특성이 다항 분포라고 가정합니다. 실전에서는 이산 데이터에서 이 분류기를 사용한다는 의미입니다(예를 들면, 1~5 사이의 영화 평점). 다항 나이브 베이즈가 많이 사용되는 경우 중 하나는 BoW(bag of words)나 tf-idf 방식을 사용한 텍스트 분류입니다(레시피 6.9와 6.10 참조).

해결에서 세 개의 샘플로 이루어진 작은 텍스트 데이터셋을 만들었습니다. 그다음 텍스트 문자열을 BoW 특성 행렬로 바꾸고 타깃 벡터를 만듭니다. MultinomialNB을 사용해 두 클래스(brazil과 germany)에 대한 사전 확률을 지정하여 모델을 훈련합니다.

MultinomialNB는 GaussianNB와 작동 방식이 비슷합니다. fit 메서드를 사용해 모델을 훈련하고 predict 메서드를 사용해 샘플을 예측합니다.

```
# 새로운 샘플을 만듭니다.
new_observation = [[0, 0, 0, 1, 0, 1, 0]]

# 새로운 샘플의 클래스를 예측합니다.
model.predict(new_observation)
```

```
array([0])
```

class_prior가 지정되지 않으면 데이터를 사용하여 사전 확률을 학습합니다. 사전 확률로 균등 분포를 사용하려면 fit_prior=False로 지정합니다.

마지막으로 MultinomialNB는 추가적으로 평탄화smoothing 매개변수 alpha가 있으며 튜닝해야 합니다. 기본값은 1.0이고 0.0이면 평탄화가 없다는 것을 의미합니다.

18.3 이진 특성으로 나이브 베이즈 분류기 훈련하기

과제 이진 특성 데이터가 있고 나이브 베이즈 분류기를 훈련해야 합니다.

해결 베르누이 나이브 베이즈 분류기를 사용합니다.

```python
# 라이브러리를 임포트합니다.
import numpy as np
from sklearn.naive_bayes import BernoulliNB

# 세 개의 이진 특성을 만듭니다.
features = np.random.randint(2, size=(100, 3))

# 이진 타깃 벡터를 만듭니다.
target = np.random.randint(2, size=(100, 1)).ravel()

# 각 클래스별 사전 확률을 지정하여 베르누이 나이브 베이즈 객체를 만듭니다.
classifer = BernoulliNB(class_prior=[0.25, 0.5])

# 모델을 훈련합니다.
model = classifer.fit(features, target)
```

설명 **베르누이 나이브 베이즈**^{Bernoulli naive Bayes} 분류기는 모든 특성이 두 종류의 값만 발생할 수 있는 이진 특성이라고 가정합니다(예를 들면 원-핫 인코딩된 순서가 없는 범주형 특성). 다항 나이브 베이즈와 비슷하게 베르누이 나이브 베이즈는 텍스트 분류에 많이 사용됩니다. 이런 특성 행렬은 한 문서에 어떤 단어가 등장하는지를 담고 있습니다. 또한 `MultinomialNB`, `BernoulliNB`처럼 평탄화 매개변수인 `alpha`를 가지고 있고 모델 선택 기법을 사용해 튜닝해야 합니다. 마지막으로 사전 확률을 지정하려면 `class_prior` 매개변수에 클래스별 사전 확률을 담은 리스트를 전달합니다. 균등 분포를 사용하려면 `fit_prior=False`로 지정합니다.

```python
model_uniform_prior = BernoulliNB(class_prior=None, fit_prior=False)
```

18.4 예측 확률 보정하기

과제 나이브 베이즈 분류기의 예측 확률을 이해하기 쉽도록 보정하고 싶습니다.

해결 CalibratedClassifierCV를 사용합니다.

```python
# 라이브러리를 임포트합니다.
from sklearn import datasets
from sklearn.naive_bayes import GaussianNB
from sklearn.calibration import CalibratedClassifierCV

# 데이터를 로드합니다.
iris = datasets.load_iris()
features = iris.data
target = iris.target

# 가우스 나이브 베이즈 객체를 만듭니다.
classifer = GaussianNB()

# 시그모이드 보정을 사용해 보정 교차 검증을 만듭니다.
classifer_sigmoid = CalibratedClassifierCV(classifer, cv=2, method='sigmoid')

# 확률을 보정합니다.
classifer_sigmoid.fit(features, target)

# 새로운 샘플을 만듭니다.
new_observation = [[ 2.6,  2.6,  2.6,  0.4]]

# 보정된 확률을 확인합니다.
classifer_sigmoid.predict_proba(new_observation)
```

```
array([[0.31859969, 0.63663466, 0.04476565]])
```

설명 클래스 확률은 머신러닝 모델에서 유용하게 사용됩니다. 사이킷런의 대부분 학습 알고리즘은 predict_proba 메서드를 사용해 예측된 클래스 소속 확률을 확인할 수 있습니다. 이는 매우 유용합니다. 예를 들어 모델이 어떤 클래스를 90% 이상의 확률로 예측할때만 그 클래스로 예측할 수도 있습니다. 하지만 나이브 베이즈 분류기를 포함하여 일부 모델은 실전과 맞지 않는 확률을 반환합니다. 즉 실제로 한 샘플이 어떤 클래스에 속할 확률이 0.10 또는 0.99일 때 predict_proba 메서드는 0.70으로 예측할 수 있습니다. 특히 나이브 베이즈에서는 타깃 클래스에 대한 예측 확률의 순위는 유효하지만 예측 확률이 0 또는 1에 극단적으로 가까워지는 경향이 있습니다.

의미 있는 예측 확률을 얻으려면 **보정**calibration이라 부르는 작업을 수행해야 합니다. 사이킷런에서 CalibratedClassifierCV 클래스를 사용하여 잘 보정된 예측 확률을 k-폴드 교차검증으로 만들 수 있습니다. CalibratedClassifierCV에서 훈련 세트를 사용해 모델을 훈련하고 테스트 세트를 사용해 예측 확률을 보정합니다. 반환된 예측 확률은 k-폴드의 평균입니다.

해결을 사용하면 원본 확률과 잘 보정된 확률 사이의 차이를 볼 수 있습니다. 해결에서 가우시안 나이브 베이즈 분류기를 만들었습니다. 이 분류기를 훈련하고 새로운 샘플에 대해 확률을 예측하면 매우 극단적인 확률을 추정합니다.

```
# 가우스 나이브 베이즈를 훈련하고 클래스 확률을 예측합니다.
classifer.fit(features, target).predict_proba(new_observation)
```

```
array([[2.31548432e-04, 9.99768128e-01, 3.23532277e-07]])
```

그러나 예측 확률을 보정하고 나면(해결에서 했던 것처럼) 매우 다른 결과를 얻게 됩니다.

```
# 보정된 확률을 확인합니다.
classifer_sigmoid.predict_proba(new_observation)
```

```
array([[0.31859969, 0.63663466, 0.04476565]])
```

CalibratedClassifierCV는 method 매개변수에서 두 개의 보정 방법을 지원합니다. 플랫platt의 시그모이드 모델과 등위회귀입니다. 지면 관계상 자세히 설명할 수는 없지만 등위회귀는 비모수 모델non-parametric model이기 때문에 샘플 크기가 작으면(가령 100개의 샘플) 과대적합되는 경향이 있습니다. 해결에서 150개 샘플을 가진 붓꽃 데이터셋을 사용하기 때문에 플랫의 시그모이드 모델을 사용했습니다.

## CHAPTER 19

군집

19.0 소개

이 책의 많은 부분은 특성과 타깃이 모두 필요한 지도 학습 머신러닝을 다루지만, 안타깝게도 이것이 항상 가능한 것은 아닙니다. 우리는 종종 특성만 알고 있는 상황에 마주칩니다. 예를 들어 식료품점의 판매 기록을 할인 클럽의 회원이 구매했는지 아닌지로 나누려 한다고 생각해보죠. 훈련과 모델 평가에 필요한 타깃 데이터가 없기 때문에 지도 학습을 사용할 수 없습니다. 하지만 다른 방법이 있습니다. 비지도 학습입니다. 식료품점에서 할인 클럽 회원과 비회원의 행동이 실제로 다르다면 두 회원 간의 평균 행동의 차이는 회원과 비회원 고객 간의 평균 행동 차이보다 작을 것입니다. 다르게 말하면 샘플에 두 개의 클러스터cluster가 있습니다.

군집clustering 알고리즘의 목적은 샘플에 잠재되어 있는 그룹을 식별하는 것입니다. 성공적으로 구분된다면 타깃 벡터가 없이도 샘플의 클래스를 예측할 수 있습니다. 군집 알고리즘은 매우 많으며 다양한 방법으로 데이터에서 클러스터를 식별합니다. 이 장에서 사이킷런을 사용해 군집 알고리즘을 살펴보고 실전에 응용하는 방법을 배우겠습니다.

19.1 k-평균을 사용한 군집

과제 샘플을 k 개의 그룹으로 나누고 싶습니다.

해결 **k-평균**k-means 군집을 사용합니다.

```python
# 라이브러리를 임포트합니다.
from sklearn import datasets
from sklearn.preprocessing import StandardScaler
from sklearn.cluster import KMeans

# 데이터를 로드합니다.
iris = datasets.load_iris()
features = iris.data

# 특성을 표준화합니다.
scaler = StandardScaler()
features_std = scaler.fit_transform(features)

# k-평균 객체를 만듭니다.
cluster = KMeans(n_clusters=3, random_state=0, n_init="auto")

# 모델을 훈련합니다.
model = cluster.fit(features_std)
```

설명 k-평균 군집은 널리 사용하는 군집 알고리즘 중 하나입니다. k-평균 군집에서 알고리즘은 샘플을 k 개의 그룹으로 나눕니다. 각 그룹은 거의 동일한 분산을 가집니다. 그룹의 개수 k는 하이퍼파라미터로 사용자가 지정해야 합니다. k-평균의 작동 방식은 다음과 같습니다.

1. k 개의 클러스터 '중심' 포인트를 랜덤한 위치에 만듭니다.

2. 각 샘플에 대해

   a. 각 샘플과 k 개의 중심 포인트 사이 거리를 계산합니다.

   b. 샘플을 가장 가까운 중심 포인트의 클러스터에 할당합니다.

3. 중심 포인트를 해당하는 클러스터의 평균(즉, 중심)으로 이동합니다.

4. 더 이상 샘플의 클러스터 소속이 바뀌지 않을 때까지 단계 2와 단계 3을 반복합니다.

이때 알고리즘이 수렴했다고 간주하고 멈춥니다. k-평균에 대하여 중요하게 세 가지를 언급할 것이 있습니다. 첫째, k-평균 군집은 클러스터가 둥그런 모양으로 간주합니다(예를 들면 원, 타원). 둘째, 모든 특성은 동일한 스케일을 가집니다. 해결에서 이런 가정에 맞도록 특성을 표준화했습니다. 셋째, 클러스터 크기는 균형 잡혀 있습니다(즉, 거의 비슷한 수의 샘플을 가집니다). 이런 가정을 만족하지 못한다고 의심된다면 다른 군집 알고리즘을 시도해보는 것이 좋습니다.

사이킷런에는 KMeans 클래스에 k-평균 군집이 구현되어 있습니다. 클러스터 k의 수를 지정하는 n_clusters가 가장 중요한 매개변수입니다. 어떤 경우에는 데이터의 특징이 k 값을 결정합니다(예를 들면, 학생 데이터에서는 등급이 하나의 클러스터가 됩니다). 하지만 일반적으로 클러스터의 수를 알 수 없습니다. 이런 경우에는 어떤 기준을 바탕으로 k 값을 선택합니다. 예를 들면 실루엣 계수(레시피 11.9)는 클러스터 간의 유사성 대비 클러스터 내의 유사성을 측정합니다. k-평균 군집은 계산 비용이 많이 들기 때문에 컴퓨터의 모든 코어를 사용하는 것이 좋습니다. 이렇게 하기 위해 n_jobs=-1로 설정합니다.

해결에서 세 개의 클래스가 있다는 것을 이미 알고 있는 붓꽃 데이터를 사용했기 때문에 k=3으로 지정했습니다. labels_ 속성에서 각 샘플의 예측 클래스를 확인할 수 있습니다.

```
# 예측 클래스를 확인합니다.
model.labels_
```

```
array([0, 0, 0, 0, 0, 0, 0, 0, 0, 0, 0, 0, 0, 0, 0, 0, 0, 0, 0, 0, 0, 0,
       0, 0, 0, 0, 0, 0, 0, 0, 0, 0, 0, 0, 0, 0, 0, 0, 0, 0, 0, 0, 0, 0,
       0, 0, 0, 0, 0, 0, 2, 2, 2, 1, 1, 1, 2, 1, 1, 1, 1, 1, 1, 1, 1, 2,
       1, 1, 1, 1, 2, 1, 1, 1, 1, 2, 2, 2, 1, 1, 1, 1, 1, 1, 1, 2, 2, 1,
       1, 1, 1, 1, 1, 1, 1, 1, 1, 1, 1, 1, 2, 1, 2, 2, 2, 2, 1, 2, 1, 2,
       2, 1, 2, 1, 1, 2, 2, 2, 2, 1, 2, 1, 2, 1, 2, 2, 1, 1, 2, 2, 2, 2,
       2, 1, 1, 2, 2, 2, 1, 2, 2, 2, 1, 2, 2, 2, 1, 2, 2, 1], dtype=int32)
```

이를 샘플의 진짜 클래스와 비교하면 클래스 레이블 값(즉, 0, 1, 2)은 다르지만 k-평균의 결과가 상당히 좋다는 것을 알 수 있습니다.

```
# 진짜 클래스를 확인합니다.
iris.target
```

```
array([0, 0, 0, 0, 0, 0, 0, 0, 0, 0, 0, 0, 0, 0, 0, 0, 0, 0, 0, 0, 0, 0,
       0, 0, 0, 0, 0, 0, 0, 0, 0, 0, 0, 0, 0, 0, 0, 0, 0, 0, 0, 0, 0, 0,
       0, 0, 0, 0, 0, 0, 1, 1, 1, 1, 1, 1, 1, 1, 1, 1, 1, 1, 1, 1, 1, 1,
       1, 1, 1, 1, 1, 1, 1, 1, 1, 1, 1, 1, 1, 1, 1, 1, 1, 1, 1, 1, 1, 1,
       1, 1, 1, 1, 1, 1, 1, 1, 1, 1, 1, 1, 2, 2, 2, 2, 2, 2, 2, 2, 2, 2,
       2, 2, 2, 2, 2, 2, 2, 2, 2, 2, 2, 2, 2, 2, 2, 2, 2, 2, 2, 2, 2, 2,
       2, 2, 2, 2, 2, 2, 2, 2, 2, 2, 2, 2, 2, 2, 2, 2, 2, 2])
```

하지만 클러스터 수를 잘못 선택하면 k-평균의 성능은 매우 심각하게 나빠질 수 있습니다.

마지막으로 다른 사이킷런 모델처럼 훈련된 클러스터를 사용하여 새로운 샘플의 클러스터를 예측할 수 있습니다.

```
# 새로운 샘플을 만듭니다.
new_observation = [[0.8, 0.8, 0.8, 0.8]]

# 샘플의 클러스터를 예측합니다.
model.predict(new_observation)
```

```
array([0], dtype=int32)
```

가장 가까운 중심 포인트의 클러스터가 샘플의 클러스터로 예측됩니다. cluster_centers_를 사용하면 중심 포인트를 확인할 수도 있습니다.

```
# 클러스터 중심을 확인합니다.
model.cluster_centers_
```

```
array([[-1.01457897,  0.85326268, -1.30498732, -1.25489349],
       [-0.01139555, -0.87600831,  0.37707573,  0.31115341],
       [ 1.16743407,  0.14530299,  1.00302557,  1.0300019 ]])
```

참고 • k-평균 군집 소개, DataScience.com(*http://bit.ly/2Hjik1f*)

▶덧붙임 K-Means++ 알고리즘은 중심 포인트(혹은 센트로이드centroid) 하나를 먼저 랜덤하게 선택하고 그다음부터는 이전 중심 포인트와의 거리를 고려하여 다음 중심 포인트를 선택합니다. 사이킷런의 KMeans 클래스의 init 매개변수 기본값이 K-Means++ 알고리즘을 의미하는 k-means++입니다. random으로 지정하면 초기 중심 포인트를 랜덤으로 선택합니다.

KMeans 클래스는 n_init 횟수만큼 반복하여 최상의 결과를 만드는 중심 포인트를 찾습니다. n_init의 기본값은 10이고 비교하는 기준은 샘플과 클러스터 중심까지의 거리 합입니다. 이를 이너셔inertia라고 부르며 inertia_ 속성에 저장되어 있습니다.

```
model.inertia_
```

```
140.0327527742865
```

score 메서드에서 반환하는 값이 이너셔입니다. score 메서드는 좋을수록 값이 커야 하기 때문에 이너셔의 음숫값을 반환합니다.

```
model.score(features_std)
```

```
-140.0327527742865
```

KMeans 클래스는 샘플 데이터를 각 클러스터까지 거리로 변환하는 transform 메서드도 제공합니다. 이 예에서는 4차원 특성 공간이 3차원 특성 공간으로 변환됩니다.

```
model.transform(new_observation)
```

```
array([[3.45674596, 1.97109171, 0.81102172]])
```

n_clusters 매개변수의 기본값은 8입니다. 적절한 n_clusters 값을 결정하려면 n_clusters 값을 바꾸어 가며 이너셔 값이 크게 변하는 위치를 찾습니다.

```
inertia = []
for n in range(1, 10):
    kmeans = KMeans(n_clusters=n, random_state=0, n_init="auto")
    inertia=.append(kmeans.fit(features_std).inertia_)

import matplotlib.pyplot as plt

plt.plot(range(1, 10), inertia)
plt.show()
```

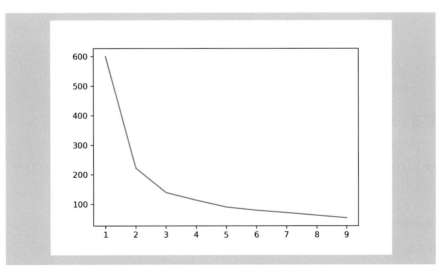

그래프에서 볼 수 있듯이 클러스터 개수가 3~4개 이상 늘어나면 이너셔의 감소가 크게 줄어들고 있으므로 이 문제에서 클러스터 개수는 3개 혹은 4개가 적절합니다.

19.2 k-평균 군집 속도 향상하기

과제 샘플을 k 개의 그룹으로 나누고 싶습니다. 하지만 k-평균이 너무 오래 걸립니다.

해결 미니배치 k-평균을 사용합니다.

```python
# 라이브러리를 임포트합니다.
from sklearn import datasets
from sklearn.preprocessing import StandardScaler
from sklearn.cluster import MiniBatchKMeans

# 데이터를 로드합니다.
iris = datasets.load_iris()
features = iris.data

# 특성을 표준화합니다.
scaler = StandardScaler()
features_std = scaler.fit_transform(features)

# k-평균 객체를 만듭니다.
cluster = MiniBatchKMeans(n_clusters=3, random_state=0, batch_size=100,
                          n_init="auto")

# 모델을 훈련합니다.
model = cluster.fit(features_std)
```

설명 **미니배치 k-평균**Mini-batch k-means은 레시피 19.1에서 설명한 k-평균 알고리즘과 비슷합니다. 자세히 설명하지는 않겠지만 미니배치 k-평균에서는 가장 계산 비용이 많이 드는 단계가 전체 샘플이 아니라 랜덤 샘플에 대해서만 수행된다는 것이 차이점입니다. 이런 방식은 성능을 조금만 희생하고 알고리즘이 수렴하는 데 (즉 데이터 학습 시) 드는 시간을 대폭 줄여줍니다.

MiniBatchKMeans는 KMeans와 비슷하지만 한 가지 큰 차이는 batch_size 매개변수입니다. batch_size는 각 배치에 랜덤하게 선택할 샘플의 수를 조절합니다. 배치 사이즈가 클수록 훈련 과정에 계산 비용이 많이 필요합니다.

▐▜ 덧붙임 MiniBatchKMeans 클래스는 KMeans를 상속하기 때문에 대부분 동일한 매개변수를 제공합니다. 훈련 세트가 너무 크면 해결에서와 같이 하나의 넘파이 배열로 전달하기 어렵습니다. 이런 경우 MiniBatchKMeans 클래스 밖에서 데이터를 조금씩 전달하면서 훈련할 수 있는 partial_fit 메서드를 사용합니다.

아래 코드는 훈련 세트를 세 덩어리로 나누어 partial_fit 메서드를 호출하는 예시입니다. 실전에서는 파일 같은 외부 저장소에서 시스템의 메모리가 허용하는만큼 데이터를 추출하여 모델을 훈련합니다.

```python
mb_kmeans = MiniBatchKMeans(n_init="auto")

for i in range(3):
    mb_kmeans.partial_fit(features_std[i*50:(i+1)*50])
```

19.3 평균이동을 사용한 군집

과제 클러스터 수나 모양을 가정하지 않고 샘플을 그룹으로 나누고 싶습니다.

해결 평균이동meanshift 군집을 사용합니다.

```python
# 라이브러리를 임포트합니다.
from sklearn import datasets
from sklearn.preprocessing import StandardScaler
from sklearn.cluster import MeanShift

# 데이터를 로드합니다.
iris = datasets.load_iris()
features = iris.data

# 특성을 표준화합니다.
scaler = StandardScaler()
features_std = scaler.fit_transform(features)

# meanshift 객체를 만듭니다.
cluster = MeanShift(n_jobs=-1)

# 모델을 훈련합니다.
model = cluster.fit(features_std)
```

설명 앞서 설명한 k-평균 군집의 단점 중 하나는 훈련하기 전에 클러스터의 개수 k를 지정해야 한다는 것입니다. 또 클러스터의 형태를 가정해야 합니다. 이런 제약이 없는 군집 알고리즘 중 하나가 평균이동 군집입니다.

평균이동 군집은 간단한 개념이지만 설명하기 조금 어렵습니다. 따라서 비유를 들어 설명하는 방법이 가장 좋습니다. 안개가 많이 낀 축구장(즉, 이차원 특성 공간)에 100명의 사람(즉, 샘플)이 서 있다고 상상해보죠. 안개가 끼어 있기 때문에 한 사람은 짧은 거리만 볼 수 있습니다. 매번 사람들은 주위를 둘러보고 가장 사람들이 많이 모인 방향으로 한 걸음 이동합니다. 시간이 지나면 사람들은 점점 더 많이 모인 쪽으로 이동함에 따라 그룹을 만들기 시작합니다. 결국 축구장 위에 클러스터를 형성합니다. 사람들은 마지막에 도달한 클러스터가 할당됩니다.

사이킷런의 평균 이동 구현인 MeanShift는 더 복잡하지만 기본적인 로직은 동일합니다. MeanShift에는 꼭 알아야 할 중요한 매개변수가 두 개 있습니다. 첫째, bandwidth는 샘플이 이동 방향을 결정하기 위해 사용하는 면적(즉, 커널)의 반경을 지정합니다. 비유로 설명하면 bandwith는 사람들이 안개를 뚫고 얼마나 멀리 볼 수 있는가를 결정합니다. 이 매개변수를 수동으로 지정할 수 있지만 기본적으로 합리적인 bandwith가 자동으로 추정됩니다(계산 비용이 많이 듭니다). 둘째, 이따금 평균 이동에서 샘플의 커널 안에 다른 샘플이 하나도 없는 경우가 있습니다. 즉 축구장에서 다른 사람을 하나도 보지 못하는 사람이 있습니다. 기본적으로 MeanShift는 이런 외톨이 샘플을 모두 가장 가까운 샘플의 커널에 할당합니다. 만약 외톨이 그대로 놔두고 싶다면 cluster_all=False로 지정할 수 있습니다. 이때 외톨이 샘플의 레이블은 −1이 됩니다.

참고 • 평균 이동 군집 알고리즘, EFAVDB(*http://efavdb.com/mean-shift/*)

▶ 덧붙임 KMeans 클래스와 마찬가지로 MeanShift 클래스는 훈련 샘플의 클래스 레이블과 클러스터 중심을 확인할 수 있습니다.

```
model.labels_
```

```
array([1, 1, 1, 1, 1, 1, 1, 1, 1, 1, 1, 1, 1, 1, 1, 1, 1, 1, 1, 1, 1, 1,
       1, 1, 1, 1, 1, 1, 1, 1, 1, 1, 1, 1, 1, 1, 1, 1, 1, 1, 1, 1, 1, 1,
       1, 1, 1, 1, 1, 1, 0, 0, 0, 0, 0, 0, 0, 0, 0, 0, 0, 0, 0, 0, 0, 0,
       0, 0, 0, 0, 0, 0, 0, 0, 0, 0, 0, 0, 0, 0, 0, 0, 0, 0, 0, 0, 0, 0,
       0, 0, 0, 0, 0, 0, 0, 0, 0, 0, 0, 0, 0, 0, 0, 0, 0, 0, 0, 0, 0, 0,
       0, 0, 0, 0, 0, 0, 0, 0, 0, 0, 0, 0, 0, 0, 0, 0, 0, 0, 0, 0, 0, 0,
```

```
      0, 0, 0, 0, 0, 0, 0, 0, 0, 0, 0, 0, 0, 0, 0, 0, 0, 0])
```

`model.cluster_centers_`

```
array([[ 0.50161528, -0.32287436,  0.65393539,  0.65261739],
       [-1.05954571,  0.75811468, -1.2998088 , -1.25401594]])
```

19.4 DBSCAN을 사용한 군집

과제 샘플의 밀집 영역을 클러스터로 그룹핑하고 싶습니다.

해결 DBSCAN 군집을 사용합니다.

```
# 라이브러리를 임포트합니다.
from sklearn import datasets
from sklearn.preprocessing import StandardScaler
from sklearn.cluster import DBSCAN

# 데이터를 로드합니다.
iris = datasets.load_iris()
features = iris.data

# 특성을 표준화합니다.
scaler = StandardScaler()
features_std = scaler.fit_transform(features)

# DBSCAN 객체를 만듭니다.
cluster = DBSCAN(n_jobs=-1)

# 모델을 훈련합니다.
model = cluster.fit(features_std)
```

설명 DBSCAN은 많은 샘플이 밀집되어 있는 영역이 클러스터라는 아이디어에서 창안되었으며 클러스터 모양에 어떤 가정도 하지 않습니다. DBSCAN의 처리 방식은 다음과 같습니다.

1. 랜덤한 샘플 x_i를 선택합니다.

2. x_i가 최소한의 가까운 이웃을 가지고 있다면 클러스터의 일부로 간주합니다.

3. 단계 2를 모든 x_i의 이웃과 이웃의 이웃 등에 대해 재귀적으로 반복합니다. 이들은 클러스터의 핵심core 샘플이 됩니다.

4. 단계 3이 가까운 샘플에 대해 모두 진행되면 새로운 랜덤 샘플을 선택합니다(즉 단계 1을 다시 시작합니다).

이런 단계가 완료되면 여러 클러스터에 속한 핵심 샘플을 얻습니다. 최종적으로 클러스터에 가깝지만 핵심 샘플이 아닌 샘플을 이 클러스터의 일부로 삼습니다. 어떤 클러스터에도 가깝게 있지 않은 샘플은 이상치로 레이블됩니다. DBSCAN의 주요 매개변수 세 개는 다음과 같습니다.

- eps
  다른 샘플을 이웃으로 고려하기 위한 최대 거리
- min_samples
  핵심 샘플로 간주하기 위해 eps 거리 내에 필요한 최소 샘플 개수
- metric
  eps에서 사용할 거리 측정 방식. 예를 들면 minkowski나 euclidean(민코프스키 거리가 사용되면 매개변수 p를 사용해 민코프스크의 거듭제곱 수를 지정합니다).

훈련 데이터에 있는 클러스터를 확인하면 두 개의 클러스터 0과 1이 식별된 것을 볼 수 있습니다. 이상치 샘플은 −1로 레이블됩니다.

```
# 클러스터 소속을 확인합니다.
model.labels_
```

```
array([ 0,  0,  0,  0,  0,  0,  0,  0,  0,  0,  0,  0,  0, -1, -1,  0,
        0,  0,  0,  0,  0,  0,  0,  0,  0,  0,  0,  0,  0, -1, -1,
        0,  0,  0,  0,  0,  0,  0, -1,  0,  0,  0,  0,  0,  0,  0,  1,
        1,  1,  1,  1,  1, -1, -1,  1, -1, -1,  1, -1,  1,  1,  1,  1,  1,
       -1,  1,  1,  1, -1,  1,  1,  1,  1,  1,  1,  1,  1,  1,  1,  1,
       -1,  1, -1,  1,  1,  1,  1, -1,  1,  1,  1, -1,  1, -1,  1,
        1,  1,  1, -1, -1, -1, -1, -1,  1,  1,  1,  1, -1,  1,  1, -1, -1,
       -1,  1,  1, -1,  1,  1, -1,  1,  1,  1, -1, -1, -1,  1,  1,  1, -1,
       -1,  1,  1,  1,  1,  1,  1,  1,  1,  1,  1,  1, -1,  1])
```

참고 • DBSCAN, 위키피디아(*https://en.wikipedia.org/wiki/DBSCAN*)

🔖 덧붙임 DBSCAN에서 찾은 핵심 샘플의 인덱스는 **core_sample_indices_** 속성에 저장되어 있습니다.

```
model.core_sample_indices_
```

```
array([  0,   1,   2,   3,   4,   5,   6,   7,   9,  10,  11,  12,  17,
        19,  20,  21,  23,  24,  25,  26,  27,  28,  29,  30,  31,  34,
        35,  36,  37,  38,  39,  40,  42,  43,  44,  45,  46,  47,  48,
        49,  52,  54,  55,  58,  61,  63,  64,  65,  66,  67,  69,  71,
        73,  74,  75,  77,  78,  79,  80,  81,  82,  83,  86,  88,  89,
        90,  91,  92,  94,  95,  96,  97,  99, 101, 103, 104, 110, 111,
       112, 116, 120, 123, 126, 133, 137, 138, 139, 140, 141, 142, 143,
       145, 147])
```

DBSCAN은 알고리즘 특성상 새로운 데이터에 대한 예측을 수행할 수 없습니다. 훈련 데이터에 대한 예측 결과를 얻으려면 **fit_predict** 메서드를 사용합니다.

```
cluster.fit_predict(features_std)
```

```
array([ 0,  0,  0,  0,  0,  0,  0,  0,  0,  0,  0,  0,  0,  0, -1, -1,  0,
        0,  0,  0,  0,  0,  0,  0,  0,  0,  0,  0,  0,  0,  0,  0, -1, -1,
        0,  0,  0,  0,  0,  0,  0, -1,  0,  0,  0,  0,  0,  0,  0,  0,  1,
        1,  1,  1,  1,  1, -1, -1,  1, -1, -1,  1, -1,  1,  1,  1,  1,  1,
       -1,  1,  1,  1, -1,  1,  1,  1,  1,  1,  1,  1,  1,  1,  1,  1,  1,
       -1,  1, -1,  1,  1,  1,  1,  1, -1,  1,  1,  1,  1, -1,  1, -1,  1,
        1,  1,  1, -1, -1, -1, -1,  1,  1,  1,  1, -1,  1,  1, -1, -1,
       -1,  1,  1, -1,  1,  1, -1,  1,  1,  1, -1, -1, -1,  1,  1,  1, -1,
       -1,  1,  1,  1,  1,  1,  1,  1,  1,  1,  1,  1, -1,  1])
```

19.5 계층적 병합을 사용한 군집

과제 클러스터 계층을 사용하여 샘플을 그룹으로 나누고 싶습니다.

해결 병합 군집을 사용합니다.

```
# 라이브러리를 임포트합니다.
from sklearn import datasets
```

```
from sklearn.preprocessing import StandardScaler
from sklearn.cluster import AgglomerativeClustering

# 데이터를 로드합니다.
iris = datasets.load_iris()
features = iris.data

# 특성을 표준화합니다.
scaler = StandardScaler()
features_std = scaler.fit_transform(features)

# 병합 군집 객체를 만듭니다.
cluster = AgglomerativeClustering(n_clusters=3)

# 모델을 훈련합니다.
model = cluster.fit(features_std)
```

설명 **병합 군집**agglomerative clustering은 강력하고 유연한 계층적 군집 알고리즘입니다. 병합 군집은 모든 샘플이 각자 하나의 클러스터로 시작합니다. 그다음 어떤 조건에 부합하는 클러스터들이 서로 병합됩니다. 이 과정이 어떤 종료 조건에 도달할 때까지 반복되어 클러스터가 커집니다. 사이킷런의 `AgglomerativeClustering` 클래스는 linkage 매개변수를 사용하여 다음과 같은 내용을 최소화하는 병합 전략을 결정합니다.

- 병합된 클러스터의 분산(ward)
- 두 클러스터 샘플 간의 평균 거리(average)
- 두 클러스터 샘플 간의 최대 거리(complete)

유용한 매개변수 두 개가 더 있습니다. 첫째, affinity 매개변수는 linkage에서 사용할 거리 측정 방식을 결정합니다(minkowski, euclidean 등). 둘째, n_clusters는 이 군집 알고리즘이 찾을 클러스터 수를 지정합니다. 즉 n_clusters개의 클러스터가 남을 때까지 연속적으로 병합됩니다.

앞서 다룬 다른 군집 알고리즘과 마찬가지로 labels_ 속성을 사용해 각 샘플이 속한 클러스터를 확인할 수 있습니다.

```
# 클러스터 소속을 확인합니다.
model.labels_
```

```
array([1, 1, 1, 1, 1, 1, 1, 1, 1, 1, 1, 1, 1, 1, 1, 1, 1, 1, 1, 1, 1, 1,
       1, 1, 1, 1, 1, 1, 1, 1, 1, 1, 1, 1, 1, 1, 1, 1, 1, 1, 2, 1, 1,
       1, 1, 1, 1, 1, 1, 0, 0, 0, 2, 0, 2, 0, 2, 0, 2, 2, 0, 2, 0, 2, 0,
       2, 2, 2, 2, 0, 0, 0, 0, 0, 0, 0, 0, 0, 2, 2, 2, 2, 0, 2, 0, 0, 2,
       2, 2, 2, 0, 2, 2, 2, 2, 2, 0, 2, 2, 0, 0, 0, 0, 0, 0, 2, 0, 0, 0,
       0, 0, 0, 0, 0, 0, 0, 0, 0, 2, 0, 0, 0, 0, 0, 0, 0, 0, 0, 0, 0, 0,
       0, 0, 0, 0, 0, 0, 0, 0, 0, 0, 0, 0, 0, 0, 0, 0, 0, 0])
```

▮덧붙임 사이킷런 0.20 버전에서 linkage 매개변수에 두 클러스터 샘플 간의 최소 거리를 최소화하는 병합 전략인 single 옵션이 추가되었습니다.

DBSCAN과 마찬가지로 새로운 데이터에 대한 예측을 수행할 수 없기 때문에 fit_predict 메서드만 제공합니다.

```
cluster.fit_predict(features_std)
```

```
array([1, 1, 1, 1, 1, 1, 1, 1, 1, 1, 1, 1, 1, 1, 1, 1, 1, 1, 1, 1, 1, 1,
       1, 1, 1, 1, 1, 1, 1, 1, 1, 1, 1, 1, 1, 1, 1, 1, 1, 1, 2, 1, 1,
       1, 1, 1, 1, 1, 1, 0, 0, 0, 2, 0, 2, 0, 2, 0, 2, 2, 0, 2, 0, 2, 0,
       2, 2, 2, 2, 0, 0, 0, 0, 0, 0, 0, 0, 0, 2, 2, 2, 2, 0, 2, 0, 0, 2,
       2, 2, 2, 0, 2, 2, 2, 2, 2, 0, 2, 2, 0, 0, 0, 0, 0, 0, 2, 0, 0, 0,
       0, 0, 0, 0, 0, 0, 0, 0, 0, 2, 0, 0, 0, 0, 0, 0, 0, 0, 0, 0, 0, 0,
       0, 0, 0, 0, 0, 0, 0, 0, 0, 0, 0, 0, 0, 0, 0, 0, 0, 0])
```

## CHAPTER 20

파이토치 텐서

20.0 소개

넘파이가 머신러닝 분야에서 데이터 조작을 위한 기본 도구인 것처럼 파이토치^{PyTorch}는 딥러닝 분야에서 텐서^{tensor}를 다루기 위한 기본 도구입니다. 딥러닝을 배우기 전에 파이토치 텐서에 익숙해지고 1장에서 넘파이로 수행한 것과 비슷한 연산을 수행해 보겠습니다.

파이토치는 여러 딥러닝 라이브러리 중 하나이지만 학계와 산업계에서 모두 인기가 높습니다. 파이토치 텐서는 넘파이 배열과 매우 비슷합니다. 하지만 (딥러닝에 특화된 하드웨어인) GPU 에서 텐서 연산을 수행할 수 있습니다. 이 장에서 파이토치 텐서의 기본 사항과 여러 가지 저수준 연산을 배워 보겠습니다.

20.1 텐서 만들기

과제 텐서를 만들어야 합니다.

해결 파이토치를 사용해 텐서를 만듭니다.

```
# 라이브러리를 임포트합니다.
import torch
```

```
# 하나의 행으로 벡터를 만듭니다.
tensor_row = torch.tensor([1, 2, 3])

# 하나의 열로 벡터를 만듭니다.
tensor_column = torch.tensor(
    [
        [1],
        [2],
        [3]
    ]
)
```

설명 파이토치의 핵심 데이터 구조는 텐서입니다. 많은 점에서 텐서는 1장에서 사용한 다차원 넘파이 배열과 같습니다. 벡터나 배열처럼 텐서는 수평(즉, 행)이나 수직(즉, 열)으로 표현할 수 있습니다.

참고 • 파이토치 문서: 텐서 (*https://oreil.ly/utaTD*)

20.2 넘파이로 텐서 만들기

과제 넘파이 배열로 파이토치 텐서를 만들어야 합니다.

해결 파이토치 from_numpy 함수를 사용합니다.

```
# 라이브러리를 임포트합니다.
import numpy as np
import torch

# 넘파이 배열을 만듭니다.
vector_row = np.array([1, 2, 3])

# 넘파이 배열로부터 텐서를 만듭니다.
tensor_row = torch.from_numpy(vector_row)
```

설명 여기서 보듯이 파이토치는 넘파이 문법과 매우 비슷합니다. 또한 넘파이 배열을 GPU나 다른 하드웨어 가속기에 사용할 수 있는 파이토치 텐서로 쉽게 변환할 수 있습니다. 이 글을 쓰는 시점에 넘파이는 파이토치 문서에서 자주 언급됩니다. 파이토치 텐서와 넘파이 배열이 같은 메모리를 공유하여 오버헤드overhead를 줄이는 방법을 파이토치 자체에서 제공합니다.

> **참고** • 파이토치 문서: 넘파이와 함께 사용하기(*https://oreil.ly/zEJo6*)

20.3 희소 텐서 만들기

> **과제** **0이 아닌 값이 매우 적은 데이터를 텐서로 효과적으로 표현하고 싶습니다.**

> **해결** 파이토치의 **to_sparse** 함수를 사용합니다.

```
# 라이브러리를 임포트합니다.
import torch

# 텐서를 만듭니다.
tensor = torch.tensor(
[
[0, 0],
[0, 1],
[3, 0]
]
)

# 일반 텐서로부터 희소 텐서를 만듭니다.
sparse_tensor = tensor.to_sparse()
```

> **설명** 희소 텐서sparse tensor는 대부분 0으로 채워진 데이터를 메모리 효율적으로 표현합니다. 1장에서 **scipy**를 사용해 넘파이 배열이 아닌 CSRcompressed sparse row 행렬을 만들었습니다.

torch.Tensor 클래스를 사용하면 같은 객체로 일반 행렬과 희소 행렬을 모두 만들 수 있습니다. 방금 만든 두 텐서의 타입을 확인하면 모두 동일한 클래스임을 알 수 있습니다.

```
print(type(tensor))
print(type(sparse_tensor))
```

```
<class 'torch.Tensor'>
<class 'torch.Tensor'>
```

> **참고** • 파이토치 문서: 희소 텐서(*https://oreil.ly/8J3IO*)

20.4 텐서 원소 선택하기

과제 텐서의 특정 원소를 선택해야 합니다.

해결 넘파이와 유사한 인덱싱indexing이나 슬라이싱slicing을 사용해 원소를 선택합니다.

```python
# 라이브러리를 임포트합니다.
import torch

# 벡터 텐서를 만듭니다.
vector = torch.tensor([1, 2, 3, 4, 5, 6])

# 행렬 텐서를 만듭니다.
matrix = torch.tensor(
    [
        [1, 2, 3],
        [4, 5, 6],
        [7, 8, 9]
    ]
)

# 벡터의 세 번째 원소를 선택합니다.
vector[2]
```

```
tensor(3)
```

```python
# 두 번째 행, 두 번째 열을 선택합니다.
matrix[1,1]
```

```
tensor(5)
```

설명 넘파이나 파이썬의 다른 라이브러리와 마찬가지로 파이토치 텐서의 인덱스는 0부터 시작합니다. 인덱싱과 슬라이싱을 모두 지원합니다. 한 가지 차이점은 하나의 원소를 반환하는 파이토치 텐서 인덱싱의 경우 (정수나 부동소수 형태인) 객체의 값 자체가 아니라 여전히 텐서를 반환한다는 것입니다. 슬라이싱 문법도 넘파이와 동일하며 파이토치 텐서 객체를 반환합니다.

```python
# 벡터의 모든 원소를 선택합니다.
vector[:]
```

```
array([1, 2, 3, 4, 5, 6])
```

```
# 세 번째 원소를 포함해 모든 원소를 선택합니다.
vector[:3]
```

```
tensor([1, 2, 3])
```

```
# 세 번째 이후의 모든 원소를 선택합니다.
vector[3:]
```

```
tensor([4, 5, 6])
```

```
# 마지막 원소를 선택합니다.
vector[-1]
```

```
tensor(6)
```

```
# 처음 두 개 행의 모든 열을 선택합니다.
matrix[:2,:]
```

```
tensor([[1, 2, 3],
        [4, 5, 6]])
```

```
# 모든 행의 두 번째 열을 선택니다.
matrix[:,1:2]
```

```
tensor([[2],
        [5],
        [8]])
```

한 가지 크게 다른 점은 파이토치 텐서는 슬라이싱에서 음수 스텝[step]을 지원하지 않습니다. 따라서 슬라이싱으로 텐서를 뒤집으려면 다음처럼 에러가 발생합니다.

```
# 벡터를 뒤집습니다.
vector[::-1]
```

```
ValueError: step must be greater than zero
```

대신 flip 메서드를 사용하여 텐서를 뒤집을 수 있습니다.

```
vector.flip(dims=(-1,))
```

```
tensor([6, 5, 4, 3, 2, 1])
```

참고 • 파이토치 문서: 텐서 연산(*https://oreil.ly/8-xj7*)

20.5 텐서 구조 파악하기

과제 텐서의 크기, 데이터 타입, 형태, 사용하는 하드웨어 정보를 알고 싶습니다.

해결 텐서의 shape, dtype, layout, device 속성을 확인합니다.

```python
# 라이브러리를 임포트합니다.
import torch

# 텐서를 만듭니다.
tensor = torch.tensor([[1,2,3], [1,2,3]])

# 텐서의 크기를 확인합니다.
tensor.shape
```

```
torch.Size([2, 3])
```

```python
# 텐서 안에 있는 항목의 데이터 타입을 확인합니다.
tensor.dtype
```

```
torch.int64
```

```python
# 텐서의 레이아웃을 확인합니다.
tensor.layout
```

```
torch.strided
```

```python
# 텐서가 사용하는 장치를 확인합니다.
tensor.device
```

```
device(type='cpu')
```

설명 파이토치는 다음과 같이 텐서에 대한 정보를 확인할 수 있는 여러 가지 유용한 속성을 제공합니다.

- **크기**

  텐서의 차원을 반환합니다.

- **데이터 타입**

  텐서 안에 있는 객체의 데이터 타입을 반환합니다.

- **레이아웃**layout

  메모리 레이아웃을 반환합니다(밀집 텐서dense tensor의 경우 대부분 **strided**입니다).

- **장치**

  텐서가 저장되어 있는 하드웨어(CPU 또는 GPU)를 반환합니다.

텐서와 배열의 핵심 차이는 장치 속성입니다. 텐서는 GPU 같은 하드웨어 가속 기능을 제공하기 때문입니다.

20.6 원소에 연산 적용하기

과제 텐서에 있는 모든 원소에 연산을 적용하고 싶습니다.

해결 파이토치의 **브로드캐스팅**broadcasting을 이용합니다.

```python
# 라이브러리를 임포트합니다.
import torch

# 텐서를 만듭니다.
tensor = torch.tensor([1, 2, 3])

# 텐서에 있는 모든 원소에 산술 연산을 브로드캐스팅합니다.
tensor * 100
```

```
tensor([100, 200, 300])
```

설명 파이토치의 기본 연산은 GPU와 같은 하드웨어 가속기를 사용해 병렬화하기 위해 브로드캐스팅을 활용합니다. 파이썬의 수학 연산자(+, −, x, /)와 파이토치에서 제공하는 다른 함수에서 사용할 수 있습니다. 넘파이와 달리 파이토치는 텐서에 있는 모든 원소에 어떤 함수를 적용하기 위한 vectorize 메서드를 제공하지 않습니다. 하지만 파이토치는 딥러닝 워크플로에 필요한 일반 연산을 분산하고 가속하기 위한 모든 수학 도구를 가지고 있습니다.

> **참고** · 파이토치 문서: 브로드캐스팅(*https://oreil.ly/NsPpa*)
> · 파이토치의 벡터화와 브로드캐스팅(*https://oreil.ly/dfzIJ*)

20.7 최댓값과 최솟값 찾기

> **과제** 텐서의 최댓값과 최솟값을 찾아야 합니다.

> **해결** 파이토치의 max와 min 메서드를 사용합니다.

```python
# 라이브러리를 임포트합니다.
import torch

# 텐서를 만듭니다.
torch.tensor([1,2,3])

# 최댓값을 찾습니다.
tensor.max()
```

```
tensor(3)
```

```python
# 최솟값을 찾습니다.
tensor.min()
```

```
tensor(1)
```

> **설명** 텐서의 max와 min 메서드를 사용하면 텐서에서 가장 큰 값과 작은 값을 찾을 수 있습니다. 이 메서드는 다차원 텐서에서도 동일하게 작동합니다.

```python
# 다차원 텐서를 만듭니다.
tensor = torch.tensor([[1,2,3],[1,2,5]])

# 가장 큰 값을 찾습니다.
tensor.max()
```

```
tensor(5)
```

20.8 텐서 크기 바꾸기

과제 텐서의 원솟값을 바꾸지 않고 크기(행과 열의 개수)를 바꾸고 싶습니다.

해결 파이토치의 reshape 메서드를 사용합니다.

```
# Load library
import torch

# Create 4x3 tensor
tensor = torch.tensor([[1, 2, 3],
                       [4, 5, 6],
                       [7, 8, 9],
                       [10, 11, 12]])

# Reshape tensor into 2x6 tensor
tensor.reshape(2, 6)
```

```
tensor([[ 1,  2,  3,  4,  5,  6],
        [ 7,  8,  9, 10, 11, 12]])
```

설명 신경망의 뉴런에 특정 크기의 텐서가 필요한 경우가 많기 때문에 딥러닝에서는 텐서의 크기를 조작하는 일이 잦습니다. 필요한 텐서의 크기는 신경망에 있는 뉴런에 따라 달라질 수 있으므로 딥러닝의 입력과 출력에 대한 저수준 이해가 있으면 도움이 됩니다.

20.9 텐서 전치하기

과제 텐서를 전치해야 합니다.

해결 mT 메서드를 사용합니다.

```python
# 라이브러리를 임포트합니다.
import torch

# 2차원 텐서를 만듭니다.
tensor = torch.tensor([[[1,2,3]]])

# 텐서를 전치합니다.
tensor.mT
```

```
tensor([[1],
        [2],
        [3]])
```

설명 파이토치의 전치는 넘파이와 조금 다릅니다. 넘파이 배열에서 사용하는 T 메서드는 파이토치에서 2차원 텐서에서만 지원합니다. 이 글을 쓰는 시점에 다른 크기의 텐서에서는 사용이 제한되었습니다. 텐서 배치^{batch}의 경우 2차원 이상이기 때문에 mT 메서드를 사용합니다.

임의의 크기를 가진 파이토치 텐서를 전치하는 또 다른 방법은 permute 메서드입니다.

```python
tensor.permute(*torch.arange(tensor.ndim - 1, -1, -1))
```

```
tensor([[1],
        [2],
        [3]])
```

이 메서드는 (전치 텐서가 원본 텐서와 동일한) 1차원 텐서에도 적용됩니다.

20.10 텐서 펼치기

과제 텐서를 1차원으로 변환해야 합니다.

해결 flatten 메서드를 사용합니다.

```python
# 라이브러리를 임포트합니다.
import torch

# 텐서를 만듭니다.
tensor = torch.tensor([[1, 2, 3],
```

```
           [4, 5, 6],
           [7, 8, 9]])

# 텐서를 펼칩니다.
tensor.flatten()
```

```
tensor([1, 2, 3, 4, 5, 6, 7, 8, 9])
```

설명 텐서를 펼치는 것은 다차원 텐서를 1차원으로 줄이기 위한 유용한 기술입니다.

20.11 점곱 계산하기

과제 두 텐서의 점곱dot product를 계산해야 합니다.

해결 dot 메서드를 사용합니다.

```
# 라이브러리를 임포트합니다.
import torch

# 텐서를 만듭니다.
tensor_1 = torch.tensor([1, 2, 3])

# 또 다른 텐서를 만듭니다.
tensor_2 = torch.tensor([4, 5, 6])

# 두 텐서의 점곱을 계산합니다.
tensor_1.dot(tensor_2)
```

```
tensor(32)
```

설명 두 텐서이 점곱 계산은 딥러닝은 물론 정보 검색 분야에서도 널리 사용되는 연산입니다. 이 책의 초반부에 두 벡터의 점곱을 사용해 코사인 유사도 기반의 검색을 수행했습니다. 이를 (넘파이나 사이킷런으로 CPU에서 수행하는 것이 아니라) 파이토치로 GPU에서 수행하면 정보 검색 문제에서 높은 성능 이익을 얻을 수 있습니다.

참고 • 파이토치 벡터화와 브로드캐스팅(*https://oreil.ly/lIjtB*)

20.12 텐서 곱셈

과제 두 텐서를 곱해야 합니다.

해결 파이썬 기본 산술 연산자를 사용합니다.

```python
# 라이브러리를 임포트합니다.
import torch

# 텐서를 만듭니다.
tensor_1 = torch.tensor([1, 2, 3])

# 또 다른 텐서를 만듭니다.
tensor_2 = torch.tensor([4, 5, 6])

# 두 텐서를 곱합니다.
tensor_1 * tensor_2
```

```
tensor([ 4, 10, 18])
```

설명 파이토치는 x, +, −, / 같은 기본 산술 연산자를 지원합니다. 딥러닝에서는 텐서 곱셈을 많이 사용하지만 텐서 덧셈, 뺄셈, 나눗셈도 알아두면 좋습니다.

두 텐서를 더합니다.

```python
tensor_1+tensor_2
```

```
tensor([5, 7, 9])
```

한 텐서를 다른 텐서에서 뺍니다.

```python
tensor_1-tensor_2
```

```
tensor([-3, -3, -3])
```

텐서를 다른 텐서로 나눕니다.

```python
tensor_1/tensor_2
```

```
tensor([0.2500, 0.4000, 0.5000])
```

## CHAPTER 21

신경망

21.0 소개

기본적인 신경망의 핵심은 **유닛**^{unit}(**노드**^{node}나 **뉴런**^{neuron}이라고도 부릅니다)입니다. 유닛은 하나 이상의 입력을 받아 각 입력에 파라미터(**가중치**^{weight}라고도 합니다)를 곱합니다. 가중치가 곱해진 입력에 어떤 절편^{bias}값(일반적으로 0)을 더하고 활성화 함수에 이 값을 전달합니다. 출력은 신경망에서 (만약 있다면) 더 깊은 층에 있는 다른 뉴런을 위해 앞으로 전달됩니다.

신경망은 일련의 연결된 층으로 표현할 수 있으며 한쪽 끝에는 샘플의 특성값과 다른 한쪽에는 타깃값(예를 들면 샘플의 클래스)을 연결한 네트워크입니다. **피드포워드**^{feedforward} 신경망 또는 **다층 퍼셉트론**^{multilayer perceptron}은 다양한 실전 환경에서 사용하는 가장 간단한 인공 신경망입니다. 피드포워드란 이름은 샘플의 특성값이 네트워크 앞쪽으로 주입된다는 사실에서 따왔습니다. 각 층은 연속적으로 특성값을 변환하여 타깃값과 같은(또는 가까운) 최종 출력을 내는 것이 목적입니다.

피드포워드 신경망은 세 가지 종류의 층이 있습니다. 신경망의 시작 부분의 층은 입력층^{input layer}입니다. 이 층의 각 유닛은 샘플의 개별 특성값입니다. 예를 들어 샘플이 100개의 특성을 가진다면 입력층은 100개의 노드를 가집니다. 신경망의 끝은 출력층^{output layer}입니다. (**은닉 층**^{hidden layer}이라고 부르는) 중간층의 출력을 현재 문제를 해결할 수 있는 값으로 변환합니다. 예를 들어 이진 분류 문제라면 출력층은 시그모이드 함수를 사용한 유닛 하나로 이루어집니다. 이 함수는 출력을 0과 1 사이로 스케일을 바꾸어 클래스 예측 확률로 표현합니다.

입력층과 출력층 사이에는 소위 은닉층이 있습니다. 은닉층은 입력층에서 받은 특성값을 출력층에서 처리할 때 타깃 클래스와 닮도록 연속적으로 변환합니다. 많은 은닉층(예를 들면 10개, 100개, 1,000개)을 가진 신경망을 심층 신경망이라고 부르며 이런 애플리케이션을 **딥러닝** deep learning이라고 부릅니다.

신경망을 만들 때 일반적으로 가우스 분포나 균등 분포를 따르는 작은 난숫값으로 모든 모델 파라미터를 초기화합니다. 샘플 하나(또는 **배치**batch라 부르는 샘플 여러 개)가 신경망에 주입되면 손실 함수를 사용해 출력값과 샘플의 진짜 타깃값을 비교합니다. 이를 **정방향 계산**forward propagation이라고 부릅니다. 그다음 알고리즘은 예측과 정답 간의 오차에 각 모델 파라미터가 얼마나 기여했는지 파악하기 위해 네트워크의 역방향으로 진행합니다. 이를 **역전파**backpropagation라고 부릅니다. 각 모델 파라미터에 대해 최적화 알고리즘은 출력을 개선하려면 가중치를 얼마나 조정해야 하는지 결정합니다.

신경망은 훈련 데이터에 있는 모든 샘플에 대해 이런 정방향 계산과 역전파를 여러 번 반복하면서 학습됩니다(모든 샘플이 네트워크를 통과하는 것을 **에폭**epoch이라고 부르며 훈련 과정은 일반적으로 여러 에폭으로 구성됩니다). 모델 파라미터의 값을 **경사 하강법**gradient descent이라는 과정을 사용해 반복적으로 업데이트하여 주어진 출력에 대해 파라미터의 값을 조금씩 최적화합니다.

이 장에서는 이전 장에서 사용한 파이썬 라이브러리인 파이토치를 사용하여 다양한 종류의 신경망을 만들고, 훈련하고, 평가하겠습니다. 파이토치는 훌륭한 API와 저수준 텐서 연산으로 신경망을 직관적으로 표현할 수 있어 딥러닝 분야에서 인기가 높습니다. 파이토치의 핵심 기능 중 하나는 **자동미분**autograd입니다. 정방향 계산과 역전파 수행 후에 신경망의 파라미터를 최적화하는 데 사용하는 그레이디언트gradient를 자동으로 계산하고 저장합니다.

파이토치로 만든 신경망은 CPU(예를 들면 노트북)나 GPU(예를 들면 특화된 딥러닝 컴퓨터)를 사용해 훈련할 수 있습니다. 실전에서는 GPU를 사용하여 훈련해야만 하는 경우가 많습니다. 복잡한 신경망을 대규모 데이터에서 훈련하는 과정은 CPU보다 GPU에서 훨씬 빠르기 때문입니다. 이 책의 모든 신경망은 CPU만 있는 노트북에서 몇 분 만에 훈련할 수 있을 정도로 작고 간단합니다. 네트워크가 크고 훈련 데이터가 많을 때 CPU로 훈련하면 GPU를 사용해 훈련할 때보다 심각하게 느리다는 것을 기억하세요.

21.1 파이토치 자동미분 사용하기

과제 파이토치 자동미분 기능을 사용해 정방향 계산과 역전파 수행 후 그레이디언트를 계산하고 저장하고 싶습니다.

해결 reguires_grad 매개변수를 True로 지정하여 텐서를 만듭니다.

```python
# 라이브러리를 임포트합니다.
import torch

# 그레이언트가 필요한 토치 텐서를 만듭니다.
t = torch.tensor([1.0, 2.0, 3.0], requires_grad=True)

# 정방향 계산을 모방한 텐서 연산을 수행합니다.
tensor_sum = t.sum()

# 역전파를 수행합니다.
tensor_sum.backward()

# 그레이디언트를 확인합니다.
t.grad
```

```
tensor([1., 1., 1.])
```

설명 자동미분은 파이토치의 핵심 기능 중 하나이고 딥러닝 라이브러리로 인기를 얻은 주된 요인입니다. 그레이디언트를 쉽게 계산하고, 저장하고, 시각화하는 능력 덕분에 연구자와 기술자들이 밑바닥부터 신경망을 만드는 데 파이토치가 매우 직관적입니다.

파이토치는 유향 비순환 그래프^{directed acyclic graph}(DAG)를 사용하여 모든 데이터와 이 데이터에서 수행할 연산을 기록합니다. 이는 매우 유용하지만 그레이디언트가 필요한 파이토치 데이터에 어떤 연산을 적용할지 주의해야 한다는 의미이기도 합니다. 자동미분을 사용할 때 (자동미분을 지원하지 않는 연산을 표현할 때 사용하는) '그래프를 벗어나지 않고' 텐서를 넘파이 배열로 손쉽게 전환할 수 없습니다.

```python
import torch

tensor = torch.tensor([1.0,2.0,3.0], requires_grad=True)
tensor.numpy()
```

```
RuntimeError: Can't call numpy() on Tensor that requires grad. Use
    tensor.detach().numpy() instead.
```

이 텐서를 넘파이 배열로 변환하려면 detach() 메서드를 호출해야 합니다. 이렇게 하면 그래 프를 벗어나게 되므로 자동으로 그레이디언트를 계산하지 못합니다. 이것이 매우 유용할 수 있 지만 텐서의 detach() 메서드를 호출하면 자동으로 그레이디언트를 계산하지 못하게 된다는 점을 유념하세요.

참고 • 파이토치 자동미분 튜토리얼(*https://oreil.ly/mOWSw*)

21.2 신경망을 위해 데이터 전처리하기

과제 신경망에 사용할 데이터를 전처리하고 싶습니다.

해결 사이킷런의 StandardScaler를 사용해 특성을 표준화합니다.

```python
# 라이브러리를 임포트합니다.
from sklearn import preprocessing
import numpy as np

# 특성을 만듭니다.
features = np.array([[-100.1, 3240.1],
                     [-200.2, -234.1],
                     [5000.5, 150.1],
                     [6000.6, -125.1],
                     [9000.9, -673.1]])

# 스케일링 객체를 만듭니다.
scaler = preprocessing.StandardScaler()

# 특성을 변환합니다.
features_standardized = scaler.fit_transform(features)

# 특성을 확인합니다.
features_standardized
```

```
array([[-1.12541308,  1.96429418],
       [-1.15329466, -0.50068741],
       [ 0.29529406, -0.22809346],
       [ 0.57385917, -0.42335076],
       [ 1.40955451, -0.81216255]])
```

설명 이 레시피는 레시피 4.2와 비슷하지만 신경망에서 아주 중요하기 때문에 반복할 가치가 있습니다. 일반적으로 신경망의 모델 파라미터는 작은 난수로 초기화합니다. 특성값이 모델 파라미터보다 크면 종종 신경망의 성능이 나빠집니다. 또한 샘플의 특성값이 개별 유닛을 통과하면서 합쳐지기 때문에 모든 특성이 같은 스케일을 가지는 것이 중요합니다.

이런 이유로 특성값의 평균이 0, 표준편차가 1이 되도록 각 특성을 표준화하는 것이 가장 좋습니다(필수는 아닙니다. 예를 들면 모두 이진 특성인 경우). 사이킷런의 **StandardScaler**를 사용해 손쉽게 처리할 수 있습니다.

하지만 requires_grad=True로 텐서를 만든 후 이 연산을 수행해야 한다면 그래프를 벗어나지 않기 위해 파이토치 연산자를 사용해 직접 수행해야 합니다. 일반적으로 신경망을 훈련하기 전에 특성을 표준화하지만 파이토치로 같은 작업을 수행하는 방법을 알아두면 좋습니다.

```python
# 라이브러리를 임포트합니다.
import torch

# 특성을 만듭니다.
torch_features = torch.tensor([[-100.1, 3240.1],
                               [-200.2, -234.1],
                               [5000.5, 150.1],
                               [6000.6, -125.1],
                               [9000.9, -673.1]], requires_grad=True)

# 평균과 표준 편차를 계산합니다.
mean = torch_features.mean(0, keepdim=True)
standard_deviation = torch_features.std(0, unbiased=False, keepdim=True)

# 평균과 표준 편차를 사용해 특성을 표준화합니다.
torch_features_standardized = torch_features - mean
torch_features_standardized /= standard_deviation

# 표준화된 특성을 확인합니다.
torch_features_standardized
```

```
tensor([[-1.1254,  1.9643],
        [-1.1533, -0.5007],
        [ 0.2953, -0.2281],
        [ 0.5739, -0.4234],
        [ 1.4096, -0.8122]], grad_fn=<DivBackward0>)
```

21.3 신경망 구성하기

과제 신경망을 만들고 싶습니다.

해결 파이토치의 **nn.Module** 클래스를 사용해 간단한 신경망을 정의합니다.

```python
# 라이브러리를 임포트합니다.
import torch
import torch.nn as nn

# 신경망을 정의합니다.
class SimpleNeuralNet(nn.Module):
    def __init__(self):
        super(SimpleNeuralNet, self).__init__()
        self.fc1 = nn.Linear(10, 16)
        self.fc2 = nn.Linear(16, 16)
        self.fc3 = nn.Linear(16, 1)

    def forward(self, x):
        x = nn.functional.relu(self.fc1(x))
        x = nn.functional.relu(self.fc2(x))
        x = nn.functional.sigmoid(self.fc3(x))
        return x

# 신경망을 초기화합니다.
network = SimpleNeuralNet()

# 손실 함수, 옵티마이저를 정의합니다.
loss_criterion = nn.BCELoss()
optimizer = torch.optim.RMSprop(network.parameters())

# 신경망을 확인합니다.
network
```

```
SimpleNeuralNet(
  (fc1): Linear(in_features=10, out_features=16, bias=True)
  (fc2): Linear(in_features=16, out_features=16, bias=True)
  (fc3): Linear(in_features=16, out_features=1, bias=True)
)
```

설명 신경망은 유닛의 층으로 구성되어 있습니다. 층의 종류와 네트워크 구조를 만들기 위해 연결하는 방법도 많습니다. 널리 사용되는 구조 패턴이 있습니다(이 장에서 이런 구조를 다룹니다). 사실 딱 맞는 구조를 선택하는 것은 예술에 가까우며 많은 연구가 필요한 주제입니다.

파이토치에서 피드포워드 신경망을 만들려면 네트워크 구조와 훈련 과정에 관해 여러 가지 선택을 해야 합니다. 은닉층의 유닛에 대해 다음을 기억하세요.

1. 여러 개의 입력을 받습니다.
2. 각 입력을 모델 파라미터와 곱합니다.
3. 모든 입력에 가중치를 곱하고 절편(일반적으로 0)을 더합니다.
4. 대부분 어떤 함수를 적용합니다(**활성화 함수**^{activation function}라고 부릅니다).
5. 다음 층에 있는 유닛으로 출력을 보냅니다.

첫째, 각 은닉층과 출력층에 대해 층에 사용할 유닛 개수와 활성화 함수를 정의해야 합니다. 층에 유닛을 많이 추가할수록 네트워크는 더 복잡한 패턴을 학습할 수 있습니다. 하지만 유닛이 많으면 네트워크가 훈련 데이터에 과대적합될 수 있으며 테스트 세트에서 성능이 나빠집니다.

은닉층에 많이 사용되는 활성화 함수는 **렐루**^{Rectified Linear Unit}(ReLU)입니다.

$$f(z) = \max(0, z)$$

여기에서 z는 가중치가 적용된 입력과 절편의 합입니다. 공식에서 볼 수 있듯이 이 활성화 함수는 z가 0보다 크면 z를 반환하고 그렇지 않으면 0을 반환합니다. 간단한 이 함수는 여러 가지 좋은 성질을 가지기 때문에 신경망에서 널리 사용됩니다(자세한 설명은 이 책의 범위를 넘어섭니다). 하지만 다른 활성화 함수도 많이 있습니다.

둘째, 이 네트워크에 사용할 여러 은닉층을 정의해야 합니다. 층이 많으면 네트워크가 더 복잡한 관계를 학습할 수 있지만 계산 비용이 늘어납니다.

셋째, (사용한다면) 출력층의 활성화 함수를 정의해야 합니다. 출력 형태는 종종 네트워크의 목적에 따라 결정됩니다. 다음은 자주 사용하는 출력층의 유형입니다.

- **이진 분류**

  시그모이드 함수와 하나의 유닛

- **다중 분류**

  소프트맥스softmax 활성화 함수와 k 개의 유닛(k는 타깃 클래스의 개수입니다)

- **회귀**

  아무런 활성화 함수를 사용하지 않는 하나의 유닛

넷째, 손실 함수(예측값이 타깃값과 얼마나 잘 맞는지 측정하는 함수)를 정의해야 합니다. 이 함수도 문제의 유형에 따라 정의됩니다.

- **이진 분류**

  이진 크로스엔트로피cross-entropy

- **다중 분류**

  범주형 크로스엔트로피

- **회귀**

  평균 제곱 오차

다섯째, 옵티마이저optimizer를 정의해야 합니다. 직관적으로 이 함수는 가장 작은 손실 함수 오차를 만드는 모델 파라미터 값을 찾는 전략으로 이해할 수 있습니다. 자주 사용하는 옵티마이저는 확률적 경사 하강법, 모멘텀momentum을 사용한 확률적 경사 하강법, RMSProproot mean square propagation, Adamadaptive moment estimation입니다(옵티마이저에 대한 더 자세한 내용은 이 레시피의 뒷부분에 있는 '참고' 자료에서 확인하세요).

여섯째, 정확도와 같은 성능을 평가하기 위해 사용할 하나 이상의 성능 지표를 선택합니다.

이 예제에서는 `torch.nn.Module`을 사용해 이진 분류를 수행하는 간단하고 순차적인 신경망을 구성했습니다. 이런 신경망을 만들기 위한 표준적인 파이토치 방식은 `torch.nn.Module` 클래스를 상속한 자식 클래스를 만들고, `__init__` 메서드에서 신경망 구조를 만들고, `forward` 메서드에서 정방향 계산에서 수행될 수학 연산을 정의하는 것입니다. 파이토치로 신경망을 구성하는 방법은 많습니다. 여기서는 활성화 함수를 위해 (`nn.functional.relu` 같은) 함수형 메서드를 사용했지만 활성화 함수를 층으로 정의할 수도 있습니다. 신경망에 있는 모든 요소를 층으로 구성한다면 다음처럼 Sequential 클래스를 사용할 수 있습니다.

```python
# 라이브러리를 임포트합니다.
import torch

# Sequential 클래스를 사용해 신경망을 정의합니다.
class SimpleNeuralNet(nn.Module):
    def __init__(self):
        super(SimpleNeuralNet, self).__init__()
        self.sequential = torch.nn.Sequential(
            torch.nn.Linear(10, 16),
            torch.nn.ReLU(),
            torch.nn.Linear(16,16),
            torch.nn.ReLU(),
            torch.nn.Linear(16, 1),
            torch.nn.Sigmoid()
        )

    def forward(self, x):
        x = self.sequential(x)
        return x

# 신경망을 초기화하고 확인합니다.
SimpleNeuralNet()
```

```
SimpleNeuralNet(
  (sequential): Sequential(
    (0): Linear(in_features=10, out_features=16, bias=True)
    (1): ReLU()
    (2): Linear(in_features=16, out_features=16, bias=True)
    (3): ReLU()
    (4): Linear(in_features=16, out_features=1, bias=True)
    (5): Sigmoid()
  )
)
```

누 경우 모두 신경망 지체는 파이토치익 순차 모델을 사용해 정의한 두 개의 층을 가진 신경망입니다(층을 셀 때 학습할 파라미터가 없기 때문에 입력층은 포함하지 않습니다). 각 층은 '밀집dense' 층(또는 '완전 연결fully connected' 층)입니다. 이전 층의 모든 유닛이 다음 층의 모든 유닛에 연결되어 있습니다.

첫 번째 층은 out_features=16으로 지정되었습니다. 이는 16개의 유닛을 가진 층을 의미합니다. 각 유닛은 forward 메서드에서 정의한 렐루 활성화 함수를 사용합니다(x = nn.functional.relu(self.fc1(x))). 신경망의 첫 번째 층의 크기는 (10, 16)입니다. 이는 첫 번째 층이 입력층으로부터 10개의 특성을 가진 샘플을 기대한다는 의미입니다. 이진 분류 신경망이므로 출력층은 시그모이드 활성화 함수를 사용하는 유닛 하나로 구성됩니다. 시그모이드 활성화 함수는 0과 1 사이의 값을 출력합니다(샘플이 클래스 1일 확률을 나타냅니다).

> **참고**
> - 파이토치 튜토리얼: 신경망 만들기(*https://oreil.ly/iT8iv*)
> - 위키피디아: 분류용 손실 함수(*https://oreil.ly/4bPXv*)
> - On Loss Functions for Deep Neural Networks in Classification, Katarzyna Janocha, Wojciech Marian Czarnecki(*https://oreil.ly/pplP-*)

21.4 이진 분류기 훈련하기

과제 이진 분류 신경망을 훈련하고 싶습니다.

해결 파이토치를 사용하여 피드포워드 신경망을 만들고 훈련합니다.

```python
# 라이브러리를 임포트합니다.
import torch
import torch.nn as nn
import numpy as np
from torch.utils.data import DataLoader, TensorDataset
from torch.optim import RMSprop
from sklearn.datasets import make_classification
from sklearn.model_selection import train_test_split

# 훈련 세트와 테스트 세트를 만듭니다.
features, target = make_classification(n_classes=2, n_features=10,
    n_samples=1000)
features_train, features_test, target_train, target_test = train_test_split(
    features, target, test_size=0.1, random_state=1)

# 랜덤 시드를 지정합니다.
torch.manual_seed(0)
np.random.seed(0)
```

```python
# 데이터를 파이토치 텐서로 변환합니다.
x_train = torch.from_numpy(features_train).float()
y_train = torch.from_numpy(target_train).float().view(-1, 1)
x_test = torch.from_numpy(features_test).float()
y_test = torch.from_numpy(target_test).float().view(-1, 1)

# Sequential 클래스를 사용해 신경망을 정의합니다.
class SimpleNeuralNet(nn.Module):
    def __init__(self):
        super(SimpleNeuralNet, self).__init__()
        self.sequential = torch.nn.Sequential(
            torch.nn.Linear(10, 16),
            torch.nn.ReLU(),
            torch.nn.Linear(16,16),
            torch.nn.ReLU(),
            torch.nn.Linear(16, 1),
            torch.nn.Sigmoid()
        )

    def forward(self, x):
        x = self.sequential(x)
        return x

# 신경망을 초기화합니다.
network = SimpleNeuralNet()

# 손실 함수와 옵티마이저를 정의합니다.
criterion = nn.BCELoss()
optimizer = RMSprop(network.parameters())

# 데이터 로더를 정의합니다.
train_data = TensorDataset(x_train, y_train)
train_loader = DataLoader(train_data, batch_size=100, shuffle=True)

# 파이토치 모델을 컴파일합니다.
network = torch.compile(network)

# 신경방을 훈련합니다.
epochs = 3
for epoch in range(epochs):
    for batch_idx, (data, target) in enumerate(train_loader):
        optimizer.zero_grad()
        output = network(data)
        loss = criterion(output, target)
```

```
        loss.backward()
        optimizer.step()
    print("에포크:", epoch+1, "\t손실:", loss.item())

# 신경망을 평가합니다.
with torch.no_grad():
    output = network(x_test)
    test_loss = criterion(output, y_test)
    test_accuracy = (output.round() == y_test).float().mean()
    print("테스트 세트 손실:", test_loss.item(), "\t테스트 세트 정확도:",
        test_accuracy.item())
```

```
에포크: 1        손실: 0.19006995856761932
에포크: 2        손실: 0.14092367887496948
에포크: 3        손실: 0.03935524448752403
테스트 세트 손실: 0.06877756118774414   테스트 세트 정확도: 0.9700000286102295
```

설명 레시피 21.3에서 파이토치의 순차 모델을 사용해 신경망을 만드는 방법을 소개했습니다. 이 레시피에서 사이킷런의 make_classification 함수로 생성한 10개의 특성과 1,000개의 샘플을 사용해 신경망을 훈련합니다.

여기서 사용할 신경망은 레시피 21.3에 있는 것과 같습니다(자세한 설명은 레시피 21.3을 참고하세요). 레시피 21.3에서는 신경망을 만들고 훈련하지 않았을 뿐입니다.

끝부분에서 with torch.no_grad()를 사용해 신경망을 평가합니다. 이는 이 코드 블록에서 수행되는 모든 텐서 연산에 대해 그레이디언트를 계산하지 않는다는 뜻입니다. 모델 훈련 과정에서만 그레이디언트를 사용하기 때문에 (예측이나 평가와 같이) 훈련 루프 밖의 연산에 대해서 그레이디언트를 저장할 필요가 없습니다.

epochs 매개변수는 훈련할 때 사용할 에폭 횟수를 정의합니다. batch_size는 모델 파라미터를 업데이트하기 전에 네트워크를 통과시킬 샘플 개수를 설정합니다.

그다음 여러 에폭을 반복하면서 forward 메서드로 신경망의 정방향 계산을 수행하고 역전파로 가중치를 업데이트합니다. 이를 통해 훈련된 모델이 만들어집니다.

21.5 다중 분류기 훈련하기

과제 다중 분류 신경망을 훈련하고 싶습니다.

해결 파이토치를 사용하여 출력층에 소프트맥스 활성화 함수를 사용하는 피드포워드 신경망을 만듭니다.

```python
# 라이브러리를 임포트합니다.
import torch
import torch.nn as nn
import numpy as np
from torch.utils.data import DataLoader, TensorDataset
from torch.optim import RMSprop
from sklearn.datasets import make_classification
from sklearn.model_selection import train_test_split


N_CLASSES=3
EPOCHS=3

# 훈련 세트와 테스트 세트를 만듭니다.
features, target = make_classification(n_classes=N_CLASSES, n_informative=9,
    n_redundant=0, n_features=10, n_samples=1000)
features_train, features_test, target_train, target_test = train_test_split(
    features, target, test_size=0.1, random_state=1)

# 랜덤 시드를 지정합니다.
torch.manual_seed(0)
np.random.seed(0)

# 데이터를 파이토치 텐서로 변환합니다.
x_train = torch.from_numpy(features_train).float()
y_train = torch.nn.functional.one_hot(torch.from_numpy(target_train).long(),
    num_classes=N_CLASSES).float()
x_test = torch.from_numpy(features_test).float()
y_test = torch.nn.functional.one_hot(torch.from_numpy(target_test).long(),
    num_classes=N_CLASSES).float()

# Sequential 클래스를 사용해 신경망을 정의합니다.
class SimpleNeuralNet(nn.Module):
    def __init__(self):
        super(SimpleNeuralNet, self).__init__()
        self.sequential = torch.nn.Sequential(
```

```python
            torch.nn.Linear(10, 16),
            torch.nn.ReLU(),
            torch.nn.Linear(16,16),
            torch.nn.ReLU(),
            torch.nn.Linear(16,3),
            torch.nn.Softmax(dim=1)
        )

    def forward(self, x):
        x = self.sequential(x)
        return x

# 신경망을 초기화합니다.
network = SimpleNeuralNet()

# 손실 함수와 옵티마이저를 정의합니다.
criterion = nn.CrossEntropyLoss()
optimizer = RMSprop(network.parameters())

# 데이터 로더를 정의합니다.
train_data = TensorDataset(x_train, y_train)
train_loader = DataLoader(train_data, batch_size=100, shuffle=True)

# 모델을 컴파일합니다.
network = torch.compile(network)

# 신경망을 훈련합니다.
for epoch in range(EPOCHS):
    for batch_idx, (data, target) in enumerate(train_loader):
        optimizer.zero_grad()
        output = network(data)
        loss = criterion(output, target)
        loss.backward()
        optimizer.step()
    print("에포크:", epoch+1, "\t손실:", loss.item())

# 신경망을 평가합니다.
with torch.no_grad():
    output = network(x_test)
    test_loss = criterion(output, y_test)
    test_accuracy = (output.round() == y_test).float().mean()
    print("테스트 세트 손실:", test_loss.item(), "\t테스트 세트 정확도:",
        test_accuracy.item())
```

```
에포크: 1        손실: 0.8022041916847229
에포크: 2        손실: 0.775616466999054
에포크: 3        손실: 0.7751263380050659
테스트 세트 손실: 0.8105319142341614    테스트 세트 정확도: 0.8199999928474426
```

설명 해결에서 이전 레시피의 이진 분류기와 비슷한 신경망을 만들었지만 몇 가지 차이점이 있습니다. 분류 데이터를 생성할 때 n_classes=3으로 지정했습니다. 다중 분류 문제를 다루기 위해 타깃이 원-핫 인코딩one-hot encoding되어 있을 거라 기대하는 nn.CrossEntropyLoss()을 사용합니다. 이를 위해 torch.nn.functional.one_hot 함수를 사용하여 1의 위치가 주어진 샘플의 클래스를 나타내는 원-핫 인코딩된 배열을 만듭니다.

```
# 타깃 행렬을 확인합니다.
y_train
```

```
tensor([[1., 0., 0.],
        [0., 1., 0.],
        [1., 0., 0.],
        ...,
        [0., 1., 0.],
        [1., 0., 0.],
        [0., 0., 1.]])
```

다중 분류 문제이므로 소프트맥스 활성화 함수를 사용하고 유닛이 (클래스당 1개씩) 3개인 출력층을 사용합니다. 소프트맥스 활성화 함수는 3개의 값으로 구성된 배열을 반환합니다. 3개의 값을 더하면 1이 됩니다. 이 3개의 값은 3개의 클래스에 각각 속할 샘플의 확률을 나타냅니다.

이 레시피에서 언급했듯이 다중 분류에 잘 맞는 손실 함수인 범주형 크로스엔트로피 손실 함수 nn.CrossEntropyLoss()를 사용합니다.

21.6 회귀 모델 훈련하기

과제 회귀 신경망을 훈련하고 싶습니다

해결 파이토치를 사용해 활성화 함수 없이 출력 유닛 하나로 구성된 피드포워드 신경망을 만듭니다.

```python
# 라이브러리를 임포트합니다.
import torch
import torch.nn as nn
import numpy as np
from torch.utils.data import DataLoader, TensorDataset
from torch.optim import RMSprop
from sklearn.datasets import make_regression
from sklearn.model_selection import train_test_split

EPOCHS=5

# 훈련 세트와 테스트 세트를 만듭니다.
features, target = make_regression(n_features=10, n_samples=1000)
features_train, features_test, target_train, target_test = train_test_split(
    features, target, test_size=0.1, random_state=1)

# 랜덤 시드를 지정합니다.
torch.manual_seed(0)
np.random.seed(0)

# 데이터를 파이토치 텐서로 변환합니다.
x_train = torch.from_numpy(features_train).float()
y_train = torch.from_numpy(target_train).float().view(-1,1)
x_test = torch.from_numpy(features_test).float()
y_test = torch.from_numpy(target_test).float().view(-1,1)

# Sequential 클래스를 사용해 신경망을 정의합니다.
class SimpleNeuralNet(nn.Module):
    def __init__(self):
        super(SimpleNeuralNet, self).__init__()
        self.sequential = torch.nn.Sequential(
            torch.nn.Linear(10, 16),
            torch.nn.ReLU(),
            torch.nn.Linear(16,16),
            torch.nn.ReLU(),
            torch.nn.Linear(16,1),
        )

    def forward(self, x):
        x = self.sequential(x)
```

```
        return x

# 신경망을 초기화합니다.
network = SimpleNeuralNet()

# 손실 함수와 옵티마이저를 정의합니다.
criterion = nn.MSELoss()
optimizer = RMSprop(network.parameters())

# 데이터 로더를 정의합니다.
train_data = TensorDataset(x_train, y_train)
train_loader = DataLoader(train_data, batch_size=100, shuffle=True)

# 모델을 컴파일합니다.
network = torch.compile(network)

# 신경망을 훈련합니다.
for epoch in range(EPOCHS):
    for batch_idx, (data, target) in enumerate(train_loader):
        optimizer.zero_grad()
        output = network(data)
        loss = criterion(output, target)
        loss.backward()
        optimizer.step()
    print("에포크:", epoch+1, "\t손실:", loss.item())

# 신경망을 평가합니다.
with torch.no_grad():
    output = network(x_test)
    test_loss = float(criterion(output, y_test))
    print("테스트 세트 MSE:", test_loss)
```

```
에포크: 1        손실: 10764.02734375
에포크: 2        손실: 1356.510009765625
에포크: 3        손실: 504.9664306640625
에포크: 4        손실: 199.11314392089844
에포크: 5        손실: 191.20834350585938
테스트 세트 MSE: 162.24497985839844
```

설명 당연히 클래스 확률 대신 연속적인 값을 예측하는 신경망을 만들 수 있습니다. 이진 분류기의 경우(레시피 21.4) 하나의 유닛과 시그모이드 활성화 함수로 이루어진 출력층을 사용해 샘플이 클래스 1인 확률을 만들었습니다. 시그모이드 활성화 함수는 출력값을 0과 1 사이로 제한합니다. 활성화 함수를 없애 이 제한을 제거하면 연속적인 값을 출력할 수 있습니다.

또한 회귀 모델을 훈련하기 때문에 적절한 손실 함수와 평가 지표를 사용해야 합니다. 이 경우에는 평균 제곱 오차를 사용했습니다.

$$MSE = \frac{1}{n}\sum_{i=1}^{n}\left(\hat{y}_i - y_i\right)^2$$

여기에서 n은 샘플 개수이고 y_i는 예측하려는 진짜 타깃값인 샘플 i에 대한 y 값입니다. $\hat{y}_i$는 y_i에 대한 모델의 예측값입니다.

마지막으로 사이킷런의 `make_regression` 함수로 만든 모의 데이터를 사용하기 때문에 특성을 표준화할 필요가 없습니다. 하지만 실전에서는 거의 모든 경우 표준화가 필요하다는 것을 기억하세요.

21.7 예측하기

과제 신경망을 사용해 예측을 만들고 싶습니다.

해결 파이토치를 사용해 피드포워드 신경망을 만들고 `forward` 메서드를 사용해 예측 결과를 만듭니다.

```python
# 라이브러리를 임포트합니다.
import torch
import torch.nn as nn
import numpy as np
from torch.utils.data import DataLoader, TensorDataset
from torch.optim import RMSprop
from sklearn.datasets import make_classification
from sklearn.model_selection import train_test_split

# 훈련 세트와 테스트 세트를 만듭니다.
features, target = make_classification(n_classes=2, n_features=10,
    n_samples=1000)
features_train, features_test, target_train, target_test = train_test_split(
    features, target, test_size=0.1, random_state=1)
```

```python
# 랜덤 시드를 지정합니다.
torch.manual_seed(0)
np.random.seed(0)

# 데이터를 파이토치 텐서로 변환합니다.
x_train = torch.from_numpy(features_train).float()
y_train = torch.from_numpy(target_train).float().view(-1, 1)
x_test = torch.from_numpy(features_test).float()
y_test = torch.from_numpy(target_test).float().view(-1, 1)

# Sequential 클래스를 사용해 신경망을 정의합니다.
class SimpleNeuralNet(nn.Module):
    def __init__(self):
        super(SimpleNeuralNet, self).__init__()
        self.sequential = torch.nn.Sequential(
            torch.nn.Linear(10, 16),
            torch.nn.ReLU(),
            torch.nn.Linear(16,16),
            torch.nn.ReLU(),
            torch.nn.Linear(16, 1),
            torch.nn.Sigmoid()
        )

    def forward(self, x):
        x = self.sequential(x)
        return x

# 신경망을 초기화합니다.
network = SimpleNeuralNet()

# 손실 함수와 옵티마이저를 정의합니다.
criterion = nn.BCELoss()
optimizer = RMSprop(network.parameters())

# 데이터 로더를 정의합니다.
train_data = TensorDataset(x_train, y_train)
train_loader = DataLoader(train_data, batch_size=100, shuffle=True)

# 모델을 컴파일합니다.
network = torch.compile(network)

# 신경망을 훈련합니다.
epochs = 3
for epoch in range(epochs):
```

```
    for batch_idx, (data, target) in enumerate(train_loader):
        optimizer.zero_grad()
        output = network(data)
        loss = criterion(output, target)
        loss.backward()
        optimizer.step()
    print("에포크:", epoch+1, "\t손실:", loss.item())

# 예측을 만듭니다.
with torch.no_grad():
    predicted_class = network.forward(x_train).round()

predicted_class[0]
```

```
에포크: 1        손실: 0.19006995856761932
에포크: 2        손실: 0.14092367887496948
에포크: 3        손실: 0.03935524448752403
tensor([1.])
```

설명 파이토치에서 예측을 만드는 것은 쉽습니다. 신경망을 훈련시켰다면 특성을 입력으로 받고 정방향 계산을 수행하는 (훈련 과정에서 사용했던) **forward** 메서드를 사용할 수 있습니다. 해결에서 이진 분류를 위한 신경망을 만들었으므로 예측 결과는 클래스 1이 될 확률입니다. 1에 아주 가까운 값으로 예측된 샘플은 클래스 1일 가능성이 매우 높습니다. 0에 아주 가깝게 예측된 샘플은 클래스 0일 가능성이 높습니다. 따라서 **round** 메서드로 이 값을 이진 분류기에 맞게 1과 0으로 변환합니다.

21.8 훈련 기록 시각화하기

과제 최적의 신경망 손실이나 정확도 점수를 찾고 싶습니다.

해결 맷플롯립 라이브러리를 사용해 에폭마다 훈련 세트와 테스트 세트의 손실을 시각화합니다.

```
# 라이브러리를 임포트합니다.
import torch
import torch.nn as nn
```

```
from torch.utils.data import DataLoader, TensorDataset
from torch.optim import RMSprop
from sklearn.datasets import make_classification
from sklearn.model_selection import train_test_split

import numpy as np
import matplotlib.pyplot as plt

# 훈련 세트와 테스트 세트를 만듭니다.
features, target = make_classification(n_classes=2, n_features=10,
    n_samples=1000)
features_train, features_test, target_train, target_test = train_test_split(
    features, target, test_size=0.1, random_state=1)

# 랜덤 시드를 지정합니다.
torch.manual_seed(0)
np.random.seed(0)

# 데이터를 파이토치 텐서로 변환합니다.
x_train = torch.from_numpy(features_train).float()
y_train = torch.from_numpy(target_train).float().view(-1, 1)
x_test = torch.from_numpy(features_test).float()
y_test = torch.from_numpy(target_test).float().view(-1, 1)

# Sequential 클래스를 사용해 신경망을 정의합니다.
class SimpleNeuralNet(nn.Module):
    def __init__(self):
        super(SimpleNeuralNet, self).__init__()
        self.sequential = torch.nn.Sequential(
            torch.nn.Linear(10, 16),
            torch.nn.ReLU(),
            torch.nn.Linear(16,16),
            torch.nn.ReLU(),
            torch.nn.Linear(16, 1),
            torch.nn.Sigmoid()
        )

    def forward(self, x):
        x = self.sequential(x)
        return x

# 신경망을 초기화합니다.
network = SimpleNeuralNet()
```

```python
# 손실 함수와 옵티마이저를 정의합니다.
criterion = nn.BCELoss()
optimizer = RMSprop(network.parameters())

# 데이터 로더를 정의합니다.
train_data = TensorDataset(x_train, y_train)
train_loader = DataLoader(train_data, batch_size=100, shuffle=True)

# 모델을 컴파일합니다.
network = torch.compile(network)

# 신경망을 훈련합니다.
epochs = 8
train_losses = []
test_losses = []
for epoch in range(epochs):
    for batch_idx, (data, target) in enumerate(train_loader):
        optimizer.zero_grad()
        output = network(data)
        loss = criterion(output, target)
        loss.backward()
        optimizer.step()

    with torch.no_grad():
        train_output = network(x_train)
        train_loss = criterion(output, target)
        train_losses.append(train_loss.item())

        test_output = network(x_test)
        test_loss = criterion(test_output, y_test)
        test_losses.append(test_loss.item())

# 손실 기록을 시각화합니다.
epochs = range(0, epochs)
plt.plot(epochs, train_losses, "r--")
plt.plot(epochs, test_losses, "b-")
plt.legend(["Training Loss", "Test Loss"])
plt.xlabel("Epoch")
plt.ylabel("Loss")
plt.show();
```

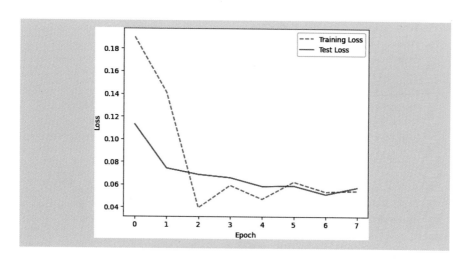

설명 처음에는 신경망의 성능이 나쁠 것입니다. 신경망이 훈련 데이터를 학습함에 따라 훈련 세트와 테스트 세트에 대한 모델의 오차가 감소하는 경향을 보입니다. 하지만 어떤 지점에서 신경망이 훈련 데이터를 암기하기 시작하여 과대적합됩니다. 이때부터 훈련 오차는 감소하지만 테스트 오차는 증가하기 시작합니다. 따라서 대부분 경우 테스트 오차(주요 관심 대상인 오차)가 가장 낮은 지점이 최적점입니다. 이런 현상은 해결에 있는 에폭 대비 훈련 손실과 테스트 손실의 그래프에서 잘 볼 수 있습니다. 테스트 오차는 6 에폭에서 가장 낮고 그 이후부터 훈련 손실은 평평해지지만 테스트 손실은 증가합니다. 즉 이 지점 이후부터 모델이 과대적합됩니다.

21.9 가중치 규제로 과대적합 줄이기

과제 신경망의 가중치를 규제하여 과대적합을 줄이고 싶습니다.

해결 네트워크의 모델 파라미터에 제한을 가합니다. 이를 **가중치 규제**weight regularization라고 부릅니다.

```python
# 라이브러리를 임포트합니다.
import torch
import torch.nn as nn
import numpy as np
from torch.utils.data import DataLoader, TensorDataset
```

```python
from torch.optim import RMSprop
from sklearn.datasets import make_classification
from sklearn.model_selection import train_test_split

# 훈련 세트와 테스트 세트를 만듭니다.
features, target = make_classification(n_classes=2, n_features=10,
    n_samples=1000)
features_train, features_test, target_train, target_test = train_test_split(
    features, target, test_size=0.1, random_state=1)

# 랜덤 시드를 지정합니다.
torch.manual_seed(0)
np.random.seed(0)

# 데이터를 파이토치 텐서로 변환합니다.
x_train = torch.from_numpy(features_train).float()
y_train = torch.from_numpy(target_train).float().view(-1, 1)
x_test = torch.from_numpy(features_test).float()
y_test = torch.from_numpy(target_test).float().view(-1, 1)

# Sequential 클래스를 사용해 신경망을 정의합니다.
class SimpleNeuralNet(nn.Module):
    def __init__(self):
        super(SimpleNeuralNet, self).__init__()
        self.sequential = torch.nn.Sequential(
            torch.nn.Linear(10, 16),
            torch.nn.ReLU(),
            torch.nn.Linear(16,16),
            torch.nn.ReLU(),
            torch.nn.Linear(16, 1),
            torch.nn.Sigmoid()
        )

    def forward(self, x):
        x = self.sequential(x)
        return x

# 신경망을 초기화합니다.
network = SimpleNeuralNet()

# 손실 함수와 옵티마이저를 정의합니다.
criterion = nn.BCELoss()
optimizer = torch.optim.Adam(network.parameters(), lr=1e-4, weight_decay=1e-5)
```

```python
# 데이터 로더를 정의합니다.
train_data = TensorDataset(x_train, y_train)
train_loader = DataLoader(train_data, batch_size=100, shuffle=True)

# 모델을 컴파일합니다.
network = torch.compile(network)

# 신경망을 훈련합니다.
epochs = 100
for epoch in range(epochs):
    for batch_idx, (data, target) in enumerate(train_loader):
        optimizer.zero_grad()
        output = network(data)
        loss = criterion(output, target)
        loss.backward()
        optimizer.step()

# 신경망을 평가합니다.
with torch.no_grad():
    output = network(x_test)
    test_loss = criterion(output, y_test)
    test_accuracy = (output.round() == y_test).float().mean()
    print("테스트 세트 손실:", test_loss.item(), "\t테스트 세트 정확도:",
        test_accuracy.item())
```

테스트 세트 손실: 0.4030887186527252   테스트 세트 정확도: 0.9599999785423279

설명 신경망의 과대적합과 싸우는 한 가지 전략은 신경망의 모델 파라미터(즉 가중치)가 작은 값을 갖도록 제한을 가하는 것입니다. 이는 더 간단한 모델을 만들기 때문에 과대적합될 가능성이 적습니다. 이런 방법을 가중치 규제 혹은 가중치 감소$^{weight\ decay}$라고 부릅니다. 구체적으로 가중치 규제에서는 L2 노름^{norm} 같은 페널티를 손실 함수에 추가합니다.

파이토치에서는 규제가 일어나는 옵티마이저에 **weight_decay=1e-5**를 포함시켜 가중치 규제를 추가할 수 있습니다. 이 예에서 **1e-5**는 큰 모델 파라미터 값에 얼마나 페널티를 부여할지 결정합니다. 파이토치에서 **weight_decay**를 0보다 크게 지정하면 L2 규제가 적용됩니다.

21.10 조기 종료로 과대적합 줄이기

과제 훈련 점수와 테스트 점수가 벌어지기 시작할 때 훈련을 중단하여 과대적합을 줄이고 싶습니다.

해결 파이토치 라이트닝Lightning을 사용해 **조기 종료**early stopping 전략을 구현합니다.

```python
# 라이브러리를 임포트합니다.
import torch
import torch.nn as nn
import numpy as np
from torch.utils.data import DataLoader, TensorDataset
from torch.optim import RMSprop
import lightning as pl
from lightning.pytorch.callbacks.early_stopping import EarlyStopping
from sklearn.datasets import make_classification
from sklearn.model_selection import train_test_split

# 훈련 세트와 테스트 세트를 만듭니다.
features, target = make_classification(n_classes=2, n_features=10,
    n_samples=1000)
features_train, features_test, target_train, target_test = train_test_split(
    features, target, test_size=0.1, random_state=1)

# 랜덤 시드를 지정합니다.
torch.manual_seed(0)
np.random.seed(0)

# 데이터를 파이토치 텐서로 변환합니다.
x_train = torch.from_numpy(features_train).float()
y_train = torch.from_numpy(target_train).float().view(-1, 1)
x_test = torch.from_numpy(features_test).float()
y_test = torch.from_numpy(target_test).float().view(-1, 1)

# Sequential 클래스를 사용해 신경망을 정의합니다.
class SimpleNeuralNet(nn.Module):
    def __init__(self):
        super(SimpleNeuralNet, self).__init__()
        self.sequential = torch.nn.Sequential(
            torch.nn.Linear(10, 16),
            torch.nn.ReLU(),
            torch.nn.Linear(16,16),
            torch.nn.ReLU(),
            torch.nn.Linear(16, 1),
```

```python
            torch.nn.Sigmoid()
        )

    def forward(self, x):
        x = self.sequential(x)
        return x

class LightningNetwork(pl.LightningModule):
    def __init__(self, network):
        super().__init__()
        self.network = network
        self.criterion = nn.BCELoss()
        self.metric = nn.functional.binary_cross_entropy

    def training_step(self, batch, batch_idx):
        # training_step은 훈련 루프를 정의합니다.
        data, target = batch
        output = self.network(data)
        loss = self.criterion(output, target)
        self.log("val_loss", loss)
        return loss

    def configure_optimizers(self):
        return torch.optim.Adam(self.parameters(), lr=1e-3)

# 데이터 로더를 정의합니다.
train_data = TensorDataset(x_train, y_train)
train_loader = DataLoader(train_data, batch_size=100, shuffle=True)

# 신경망을 초기화합니다.
network = LightningNetwork(SimpleNeuralNet())

# 신경망을 훈련합니다.
trainer = pl.Trainer(callbacks=[EarlyStopping(monitor="val_loss", mode="min",
    patience=3)], max_epochs=1000)
trainer.fit(model=network, train_dataloaders=train_loader)
```

```
GPU available: False, used: False
TPU available: False, using: 0 TPU cores
IPU available: False, using: 0 IPUs
HPU available: False, using: 0 HPUs

  ¦ Name       ¦ Type          ¦ Params
--------------------------------------------------
```

```
0 │ network  │ SimpleNeuralNet │ 465
1 │ criterion │ BCELoss        │ 0
-----------------------------------------------
465       Trainable params
0         Non-trainable params
465       Total params
0.002     Total estimated model params size (MB)
/usr/local/lib/python3.10/site-packages/lightning/pytorch/trainer/
    connectors/data_connector.py:224: PossibleUserWarning:
    The dataloader, train_dataloader, does not have many workers which
    may be a bottleneck. Consider increasing the value of the `num_workers`
    argument (try 7 which is the number of cpus on this machine)
    in the `DataLoader` init to improve performance.
  rank_zero_warn(
/usr/local/lib/python3.10/site-packages/lightning/pytorch/trainer/
    trainer.py:1609: PossibleUserWarning: The number of training batches (9)
    is smaller than the logging interval Trainer(log_every_n_steps=50).
    Set a lower value for log_every_n_steps if you want to see logs
    for the training epoch.
  rank_zero_warn(
Epoch 23: 100%|████████████| 9/9 [00:00<00:00, 59.29it/s, loss=0.147,
v_num=5]
```

설명 레시피 21.8에서 설명했듯이 일반적으로 처음 몇 번의 훈련 에폭에서는 훈련 오차와 테스트 오차가 감소합니다. 하지만 어떤 지점에서 네트워크가 훈련 데이터를 기억하기 시작합니다. 이 때문에 훈련 오차는 계속 감소하지만 테스트 오차는 증가하기 시작합니다. 이런 현상 때문에 과대적합을 해결하는 일반적이고 효과적인 방법 중 하나는 훈련 과정을 감시하여 테스트 오차가 증가하기 시작할 때 훈련을 멈추는 것입니다. 이런 전략을 **조기 종료**라고 부릅니다.

파이토치에서는 콜백callback 함수로 조기 종료를 구현합니다. 콜백은 에폭의 마지막과 같이 훈련 과정의 특정 단계에 적용할 수 있는 함수입니다. 하지만 파이토치 자체는 조기 종료 클래스를 제공하지 않습니다. 따라서 인기 있는 라이브러리인 (파이토치 라이트닝이라 부르는) lightning의 조기 종료 기능을 사용합니다. 파이토치 라이트닝은 파이토치의 고수준 라이브러리로 유용한 기능을 많이 제공합니다. 해결에서 파이토치 라이트닝의 EarlyStopping (monitor="val_loss", mode="min", patience=3)을 사용해 각 에폭에서 모니터링할 테스트 (검증) 손실을 지정하고, 테스트 손실이 3번(기본값)의 에포크 후에 향상되지 않으면 훈련을 종료시킵니다.

EarlyStopping 콜백을 포함하지 않는다면 모델은 멈추지 않고 1,000번의 에폭 동안 훈련될 것입니다.

```python
# 신경망을 훈련합니다.
trainer = pl.Trainer(max_epochs=1000)
trainer.fit(model=network, train_dataloaders=train_loader)
```

```
GPU available: False, used: False
TPU available: False, using: 0 TPU cores
IPU available: False, using: 0 IPUs
HPU available: False, using: 0 HPUs

  | Name      | Type           | Params
-----------------------------------------------
0 | network   | SimpleNeuralNet | 465
1 | criterion | BCELoss        | 0
-----------------------------------------------
465       Trainable params
0         Non-trainable params
465       Total params
0.002     Total estimated model params size (MB)
Epoch 999: 100%|██████████| 9/9 [00:01<00:00,  7.95it/s, loss=0.00188,
v_num=6]
`Trainer.fit` stopped: `max_epochs=1000` reached.
Epoch 999: 100%|██████████| 9/9 [00:01<00:00,  7.80it/s, loss=0.00188,
v_num=6]
```

21.11 드롭아웃으로 과대적합 줄이기

과제 과대적합을 줄이고 싶습니다.

해결 드롭아웃dropout을 사용하여 네트워크에 구조적으로 잡음을 추가합니다.

```python
# 라이브러리를 임포트합니다.
import torch
import torch.nn as nn
import numpy as np
from torch.utils.data import DataLoader, TensorDataset
from torch.optim import RMSprop
from sklearn.datasets import make_classification
```

```python
from sklearn.model_selection import train_test_split

# 훈련 세트와 테스트 세트를 만듭니다.
features, target = make_classification(n_classes=2, n_features=10,
    n_samples=1000)
features_train, features_test, target_train, target_test = train_test_split(
    features, target, test_size=0.1, random_state=1)

# 랜덤 시드를 지정합니다.
torch.manual_seed(0)
np.random.seed(0)

# 데이터를 파이토치 텐서로 변환합니다.
x_train = torch.from_numpy(features_train).float()
y_train = torch.from_numpy(target_train).float().view(-1, 1)
x_test = torch.from_numpy(features_test).float()
y_test = torch.from_numpy(target_test).float().view(-1, 1)

# Sequential 클래스를 사용해 신경망을 정의합니다.
class SimpleNeuralNet(nn.Module):
    def __init__(self):
        super(SimpleNeuralNet, self).__init__()
        self.sequential = torch.nn.Sequential(
            torch.nn.Linear(10, 16),
            torch.nn.ReLU(),
            torch.nn.Linear(16,16),
            torch.nn.ReLU(),
            torch.nn.Linear(16, 1),
            torch.nn.Dropout(0.1), # 10%의 뉴런을 드롭아웃합니다.
            torch.nn.Sigmoid(),
        )

    def forward(self, x):
        x = self.sequential(x)
        return x

# 신경망을 초기화합니다.
network = SimpleNeuralNet()

# 손실 함수와 옵티마이저를 정의합니다.
criterion = nn.BCELoss()
optimizer = RMSprop(network.parameters())

# 데이터 로더를 정의합니다.
train_data = TensorDataset(x_train, y_train)
```

```python
train_loader = DataLoader(train_data, batch_size=100, shuffle=True)

# 모델을 컴파일합니다.
network = torch.compile(network)

# 신경망을 훈련합니다.
epochs = 3
for epoch in range(epochs):
    for batch_idx, (data, target) in enumerate(train_loader):
        optimizer.zero_grad()
        output = network(data)
        loss = criterion(output, target)
        loss.backward()
        optimizer.step()
    print("에포크:", epoch+1, "\t손실:", loss.item())

# 신경망을 평가합니다.
with torch.no_grad():
    output = network(x_test)
    test_loss = criterion(output, y_test)
    test_accuracy = (output.round() == y_test).float().mean()
    print("테스트 세트 손실:", test_loss.item(), "\t테스트 세트 정확도:",
        test_accuracy.item())
```

```
에포크: 1        손실: 0.18791493773460388
에포크: 2        손실: 0.17331615090370178
에포크: 3        손실: 0.1384529024362564
테스트 세트 손실: 0.12702330946922302   테스트 세트 정확도: 0.9100000262260437
```

설명 **드롭아웃**은 신경망을 규제하기 위해 매우 널리 사용되는 방법입니다. 드롭아웃에서는 샘플의 배치가 훈련을 위해 만들어질 때마다 한 개 이상의 층에서 유닛의 일부에 0을 곱합니다(즉 버려집니다). 이 설정에서 모든 배치가 같은 네트워크(예를 들면 같은 모델 파라미터)에서 훈련되지만 모든 배치는 조금씩 다른 버전의 네트워크 구조를 만납니다.

드롭아웃이 각 배치에서 유닛을 지속적으로 랜덤하게 끕니다. 이는 매우 다양한 네트워크 구조에서 수행할 수 있는 모델 파라미터 값을 학습하도록 유닛을 강제하기 때문에 효과적입니다. 즉 다른 은닉 유닛에 있는 문제(잡음)에 영향을 받지 않도록 학습됩니다. 또한 네트워크가 훈련 데이터를 단순히 암기하지 못하도록 합니다.

은닉층과 입력층에 모두 드롭아웃을 추가할 수 있습니다. 입력층이 드롭아웃되면 해당 배치의 그 특성값이 네트워크에 전달되지 않습니다.

파이토치에서는 nn.Dropout 층을 네트워크에 추가하여 드롭아웃을 구현할 수 있습니다. 각 nn.Dropout 층은 배치마다 이전 층에 있는 유닛를 사용자가 지정한 비율만큼 드롭합니다.

21.12 모델 훈련 진행 과정 저장하기

과제 오랜 시간 훈련해야 하는 신경망의 훈련 과정이 중지되는 경우 지금까지 훈련 내용을 저장하고 싶습니다.

해결 torch.save 함수를 사용해 에폭이 끝날 때마다 모델을 저장합니다.

```python
# 라이브러리를 임포트합니다.
import torch
import torch.nn as nn
import numpy as np
from torch.utils.data import DataLoader, TensorDataset
from torch.optim import RMSprop
from sklearn.datasets import make_classification
from sklearn.model_selection import train_test_split

# 훈련 세트와 테스트 세트를 만듭니다.
features, target = make_classification(n_classes=2, n_features=10,
    n_samples=1000)
features_train, features_test, target_train, target_test = train_test_split(
    features, target, test_size=0.1, random_state=1)

# 랜덤 시드를 지정합니다.
torch.manual_seed(0)
np.random.seed(0)

# 데이터를 파이토치 텐서로 변환합니다.
x_train = torch.from_numpy(features_train).float()
y_train = torch.from_numpy(target_train).float().view(-1, 1)
x_test = torch.from_numpy(features_test).float()
y_test = torch.from_numpy(target_test).float().view(-1, 1)

# Sequential 클래스를 사용해 신경망을 정의합니다.
class SimpleNeuralNet(nn.Module):
    def __init__(self):
        super(SimpleNeuralNet, self).__init__()
```

```python
        self.sequential = torch.nn.Sequential(
            torch.nn.Linear(10, 16),
            torch.nn.ReLU(),
            torch.nn.Linear(16,16),
            torch.nn.ReLU(),
            torch.nn.Linear(16, 1),
            torch.nn.Dropout(0.1), # 10%의 뉴런을 드롭아웃합니다.
            torch.nn.Sigmoid(),
        )

    def forward(self, x):
        x = self.sequential(x)
        return x

# 신경망을 초기화합니다.
network = SimpleNeuralNet()

# 손실 함수와 옵티마이저를 정의합니다.
criterion = nn.BCELoss()
optimizer = RMSprop(network.parameters())

# 데이터 로더를 정의합니다.
train_data = TensorDataset(x_train, y_train)
train_loader = DataLoader(train_data, batch_size=100, shuffle=True)

# 모델을 컴파일합니다.
network = torch.compile(network)

# 신경망을 훈련합니다.
epochs = 5
for epoch in range(epochs):
    for batch_idx, (data, target) in enumerate(train_loader):
        optimizer.zero_grad()
        output = network(data)
        loss = criterion(output, target)
        loss.backward()
        optimizer.step()
        # 매 에포크 종료 후 모델을 저장합니다.
        torch.save(
            {
                'epoch': epoch,
                'model_state_dict': network.state_dict(),
                'optimizer_state_dict': optimizer.state_dict(),
                'loss': loss,
            },
```

```
        "model.pt"
    )
    print("에포크:", epoch+1, "\t손실:", loss.item())
```

```
에포크: 1          손실: 0.18791493773460388
에포크: 2          손실: 0.17331615090370178
에포크: 3          손실: 0.1384529024362564
에포크: 4          손실: 0.1435958743095398
에포크: 5          손실: 0.17967987060546875
```

설명 실전에서는 신경망을 훈련하는 데 수 시간 또는 하루가 걸리는 경우도 많습니다. 이런 훈련 기간에 여러 가지가 잘못될 수 있습니다. 컴퓨터의 전원이 끊기거나 서버가 다운되거나 부주의한 대학원생이 여러분의 노트북을 닫아버릴 수도 있습니다.

torch.save 함수로 매 에포크가 끝난 후에 모델을 저장하여 이 문제를 완화할 수 있습니다. 구체적으로 torch.save 함수의 두 번째 매개변수로 지정된 **model.pt** 파일에 모델을 저장합니다. 파일 이름(예: **model.pt**)만 지정하면 에포크마다 최신 모델로 덮어쓰게 됩니다.

몇 번의 에포크마다 모델을 저장하거나, 손실이 줄어드는 경우에만 모델을 저장할 수도 있습니다. 이런 방식을 파이토치 라이트닝의 조기 종료와 연결하여 훈련이 어느 에포크에서 멈추는지에 상관없이 모델을 저장할 수 있습니다.

21.13 신경망 튜닝하기

과제 신경망을 위해 가장 좋은 하이퍼파라미터를 자동으로 찾고 싶습니다.

해결 파이토치와 함께 ray 튜닝 라이브러리를 사용하세요.

```python
# 라이브러리를 임포트합니다.
from functools import partial
import numpy as np
import os
import torch
import torch.nn as nn
import torch.nn.functional as F
import torch.optim as optim
from torch.optim import RMSprop
```

```python
from torch.utils.data import random_split, DataLoader, TensorDataset
from ray import tune
from ray import train
from ray.tune import CLIReporter
from ray.tune.schedulers import ASHAScheduler
from sklearn.datasets import make_classification
from sklearn.model_selection import train_test_split

# 훈련 세트와 테스트 세트를 만듭니다.
features, target = make_classification(n_classes=2, n_features=10,
    n_samples=1000)
features_train, features_test, target_train, target_test = train_test_split(
    features, target, test_size=0.1, random_state=1)

# 랜덤 시드를 지정합니다.
torch.manual_seed(0)
np.random.seed(0)

# 데이터를 파이토치 텐서로 변환합니다.
x_train = torch.from_numpy(features_train).float()
y_train = torch.from_numpy(target_train).float().view(-1, 1)
x_test = torch.from_numpy(features_test).float()
y_test = torch.from_numpy(target_test).float().view(-1, 1)

# Sequential 클래스를 사용해 신경망을 정의합니다.
class SimpleNeuralNet(nn.Module):
    def __init__(self, layer_size_1=10, layer_size_2=10):
        super(SimpleNeuralNet, self).__init__()
        self.sequential = torch.nn.Sequential(
            torch.nn.Linear(10, layer_size_1),
            torch.nn.ReLU(),
            torch.nn.Linear(layer_size_1, layer_size_2),
            torch.nn.ReLU(),
            torch.nn.Linear(layer_size_2, 1),
            torch.nn.Sigmoid()
        )

    def forward(self, x):
        x = self.sequential(x)
        return x

config = {
    "layer_size_1": tune.sample_from(lambda _: 2 ** np.random.randint(2, 9)),
    "layer_size_2": tune.sample_from(lambda _: 2 ** np.random.randint(2, 9)),
    "lr": tune.loguniform(1e-4, 1e-1),
}
```

```python
scheduler = ASHAScheduler(
    metric="loss",
    mode="min",
    max_t=1000,
    grace_period=1,
    reduction_factor=2
)

reporter = CLIReporter(
    parameter_columns=["layer_size_1", "layer_size_2", "lr"],
    metric_columns=["loss"]
)

# 신경망을 훈련합니다.
def train_model(config, epochs=3):
    network = SimpleNeuralNet(config["layer_size_1"], config["layer_size_2"])

    criterion = nn.BCELoss()
    optimizer = optim.SGD(network.parameters(), lr=config["lr"], momentum=0.9)

    train_data = TensorDataset(x_train, y_train)
    train_loader = DataLoader(train_data, batch_size=100, shuffle=True)

    # 모델을 컴파일합니다.
    network = torch.compile(network)

    for epoch in range(epochs):
        for batch_idx, (data, target) in enumerate(train_loader):
            optimizer.zero_grad()
            output = network(data)
            loss = criterion(output, target)
            loss.backward()
            optimizer.step()
            train.report(metrics={"loss": loss.item()})

result = tune.run(
    train_model,
    resources_per_trial={"cpu": 2},
    config=config,
    num_samples=1,
    scheduler=scheduler,
    progress_reporter=reporter
)

best_trial = result.get_best_trial("loss", "min", "last")
```

```
print("최상의 구성: {}".format(best_trial.config))
print("최상의 구성에서 최종 검증 손실: {}".format(
    best_trial.last_result["loss"]))

best_trained_model = SimpleNeuralNet(best_trial.config["layer_size_1"],
    best_trial.config["layer_size_2"])
```

```
== Status ==
Current time: 2023-03-05 23:31:33 (running for 00:00:00.07)
Memory usage on this node: 1.7/15.6 GiB
Using AsyncHyperBand: num_stopped=0
Bracket: Iter 512.000: None | Iter 256.000: None | Iter 128.000: None |
    Iter 64.000: None | Iter 32.000: None | Iter 16.000: None |
    Iter 8.000: None | Iter 4.000: None | Iter 2.000: None |
    Iter 1.000: None
Resources requested: 2.0/7 CPUs, 0/0 GPUs, 0.0/8.95 GiB heap,
    0.0/4.48 GiB objects
Result logdir: /root/ray_results/train_model_2023-03-05_23-31-33
Number of trials: 1/1 (1 RUNNING)
...
```

설명 레시피 12.1과 12.2는 사이킷런 모델에서 최상의 하이퍼파라미터를 찾기 위한 모델 선택 도구를 다루었습니다. 사이킷런 방식을 신경망에 적용할 수 있지만 ray 튜닝 라이브러리가 CPU와 GPU에서 실험을 스케줄링할 수 있는 고급 API를 제공합니다.

모델의 하이퍼파라미터는 중요하기 때문에 주의 깊게 선택해야 합니다. 하지만 하이퍼파라미터를 선택하기 위한 실험에는 비용과 시간이 크게 소요될 수 있습니다. 따라서 신경망의 자동 하이퍼파라미터 튜닝이 은총알^{silver bullet}은 아니지만 특정 상황에 유용하게 사용할 수 있는 도구입니다.

해결에서 층 크기와 옵티마이저의 학습률에 대해 여러 값을 탐색했습니다. `best_trial.config`는 가장 낮은 손실과 최상의 결과를 낸 ray 튜닝 라이브러리의 파라미터를 담고 있습니다.

21.14 신경망 시각화하기

과제 신경망의 구조를 빠르게 시각화하고 싶습니다.

해결 torchviz 라이브러리의 `make_dot` 함수를 사용합니다.

```python
# 라이브러리를 임포트합니다.
import torch
import torch.nn as nn
import numpy as np
from torch.utils.data import DataLoader, TensorDataset
from torch.optim import RMSprop
from torchviz import make_dot
from sklearn.datasets import make_classification
from sklearn.model_selection import train_test_split

# 훈련 세트와 테스트 세트를 만듭니다.
features, target = make_classification(n_classes=2, n_features=10,
    n_samples=1000)
features_train, features_test, target_train, target_test = train_test_split(
    features, target, test_size=0.1, random_state=1)

# 랜덤 시드를 지정합니다.
torch.manual_seed(0)
np.random.seed(0)

# 데이터를 파이토치 텐서로 변환합니다.
x_train = torch.from_numpy(features_train).float()
y_train = torch.from_numpy(target_train).float().view(-1, 1)
x_test = torch.from_numpy(features_test).float()
y_test = torch.from_numpy(target_test).float().view(-1, 1)

# Sequential 클래스를 사용해 신경망을 정의합니다.
class SimpleNeuralNet(nn.Module):
    def __init__(self):
        super(SimpleNeuralNet, self).__init__()
        self.sequential = torch.nn.Sequential()
        self.sequential.add_module('W0', torch.nn.Linear(10, 16))
        self.sequential.add_module('relu0', torch.nn.ReLU())
        self.sequential.add_module('W1', torch.nn.Linear(16,16))
        self.sequential.add_module('relu1', torch.nn.ReLU())
        self.sequential.add_module('W2', torch.nn.Linear(16, 1))
        self.sequential.add_module('sigmoid', torch.nn.Sigmoid())

    def forward(self, x):
        x = self.sequential(x)
        return x

# 신경망을 초기화합니다.
network = SimpleNeuralNet()
```

```
make_dot(network(x_train), params=dict(network.named_parameters())
    ).render("simple_neural_network", format="png")
```

```
'simple_neural_network.png'
```

컴퓨터에 저장된 이미지를 열면 다음과 같은 그림을 볼 수 있습니다.

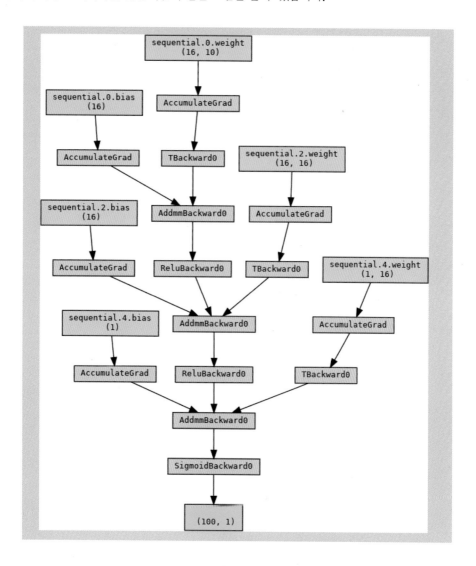

설명 torchviz 라이브러리는 신경망을 시각화하고 이미지로 저장하기 위한 간편한 유틸리티 함수를 제공합니다.

## CHAPTER 22

비정형 데이터를 위한 신경망

22.0 소개

이전 장에서 **정형 데이터**^{structured data}, 즉 테이블 형태의 데이터^{tabular data}를 위한 신경망에 초점을 맞추었습니다. 지난 몇 년간 가장 큰 발전의 대부분은 실제로 **비정형 데이터**에 신경망과 딥러닝을 사용하는 것이었습니다. 이러한 비정형 데이터를 다루는 것은 구조화된 데이터를 다루는 것과는 다소 다릅니다.

딥러닝은 텍스트 데이터, 오디오, 이미지, 비디오 등과 같은 비정형 데이터 분야에서 특히 강력합니다. (부스티드 트리와 같은) 고전적인 머신러닝 기법은 일반적으로 이런 데이터에 존재하는 복잡성과 미묘한 차이를 모두 포착하지 못합니다. 이번 장에서는 텍스트와 이미지 데이터에 대해 딥러닝을 사용하는 방법을 알아보겠습니다.

텍스트와 이미지를 위한 지도 학습 분야에는 많은 하위 작업 또는 다양한 유형이 있습니다. 다음은 몇 가지 예입니다(전체 목록은 아닙니다).

- 텍스트 또는 이미지 분류(예: 이미지가 핫도그 사진인지 아닌지 분류하기)
- 전이 학습^{transfer learning}(예: BERT와 같은 사전 훈련된 모델을 사용하여 이메일이 스팸인지 아닌지 예측하도록 미세 튜닝하기)
- 객체 탐지^{object detection}(예: 이미지 안에 있는 특정 객체를 식별하거나 분류하기)
- 생성 모델^{generative model}(예: GPT와 같이 주어진 입력을 바탕으로 텍스트를 생성하는 모델)

딥러닝의 인기가 높아지고 점점 더 상업화가 됨에 따라 이러한 작업을 처리하기 위한 오픈 소스 및 엔터프라이즈 솔루션이 많이 등장하게 되었습니다. 이번 장에서는 이러한 딥러닝 작업을 수행하기 위한 출발점으로 몇 가지 주요 라이브러리를 활용할 것입니다. 특히 파이토치, 토치 비전TorchVision 및 트랜스포머스Transformers 라이브러리를 사용하여 텍스트와 이미지 데이터에 관한 일련의 작업을 수행하겠습니다.

22.1 이미지 분류 신경망 훈련하기

과제 이미지를 분류하는 신경망을 훈련해야 합니다.

해결 파이토치로 합성곱 신경망convolution neural network을 만듭니다.

```python
# 라이브러리를 임포트합니다.
import torch
import torch.nn as nn
import torch.optim as optim
from torchvision import datasets, transforms

# 합성곱 신경망을 정의합니다.
class Net(nn.Module):
    def __init__(self):
        super(Net, self).__init__()
        self.conv1 = nn.Conv2d(1, 32, kernel_size=3, padding=1)
        self.conv2 = nn.Conv2d(32, 64, kernel_size=3, padding=1)
        self.dropout1 = nn.Dropout(0.25)
        self.dropout2 = nn.Dropout(0.5)
        self.fc1 = nn.Linear(64 * 14 * 14, 128)
        self.fc2 = nn.Linear(128, 10)

    def forward(self, x):
        x = nn.functional.relu(self.conv1(x))
        x = nn.functional.relu(self.conv2(x))
        x = nn.functional.max_pool2d(self.dropout1(x), 2)
        x = torch.flatten(x, 1)
        x = nn.functional.relu(self.fc1(self.dropout2(x)))
        x = self.fc2(x)
        return nn.functional.log_softmax(x, dim=1)

# 실행 장치를 설정합니다.
device = torch.device("cuda" if torch.cuda.is_available() else "cpu")
```

```python
# 데이터 전처리 단계를 정의합니다.
transform = transforms.Compose([
    transforms.ToTensor(),
    transforms.Normalize((0.1307,), (0.3081,))
])

# MNIST 데이터셋을 로드합니다.
train_dataset = datasets.MNIST('./data', train=True, download=True,
    transform=transform)
test_dataset = datasets.MNIST('./data', train=False, transform=transform)

# 데이터 로더를 정의합니다.
batch_size = 64
train_loader = torch.utils.data.DataLoader(train_dataset, batch_size=batch_
size,
    shuffle=True)
test_loader = torch.utils.data.DataLoader(test_dataset, batch_size=batch_size,
    shuffle=True)

# 모델과 옵티마이저를 초기화합니다.
model = Net().to(device)
optimizer = optim.Adam(model.parameters())

# 모델을 컴파일합니다.
model = torch.compile(model)

# 훈련 루프를 정의합니다.
model.train()
for batch_idx, (data, target) in enumerate(train_loader):
    data, target = data.to(device), target.to(device)
    optimizer.zero_grad()
    output = model(data)
    loss = nn.functional.nll_loss(output, target)
    loss.backward()
    optimizer.step()

# 테스트 루프를 정의합니다.
model.eval()
test_loss = 0
correct = 0
with torch.no_grad():
    for data, target in test_loader:
        data, target = data.to(device), target.to(device)
        output = model(data)
```

```
        # 가장 큰 로그 확률의 인덱스를 추출합니다.
        test_loss += nn.functional.nll_loss(
            output, target, reduction='sum'
        ).item()  # 배치 손실을 더합니다.
        pred = output.argmax(dim=1, keepdim=True)
        correct += pred.eq(target.view_as(pred)).sum().item()

    test_loss /= len(test_loader.dataset)
```

설명 합성곱 신경망(CNN)은 일반적으로 이미지 인식과 컴퓨터 비전 작업에 사용되며, 합성곱 층, 풀링 층, 그리고 완전 연결 층으로 구성됩니다.

합성곱 층convolutional layer의 목적은 주어진 작업에 사용할 수 있는 중요한 이미지 특성을 학습하는 것입니다. 합성곱 층은 이미지의 특정 영역(합성곱 크기)에 필터를 적용하는 식으로 동작합니다. 이 층의 가중치는 분류 작업에 중요한 이미지 특성을 인식하는 방법을 배웁니다. 예를 들어, 사람의 손을 인식하는 모델을 훈련시킬 경우, 필터는 손가락을 인식하는 법을 배울 수 있습니다.

풀링 층pooling layer의 목적은 일반적으로 이전 층으로부터 전달된 입력의 차원을 줄이는 것입니다. 이 층 역시 입력의 일부에 필터를 적용하지만 활성화 함수는 없습니다. 대신 (필터 안에서 가장 높은 값의 픽셀을 선택하는) **최대 풀링**max pooling 또는 (입력 픽셀의 평균을 사용하는) **평균 풀링**average pooling을 수행하여 입력의 차원을 줄입니다.

마지막으로, **완전 연결 층**fully connected layer과 소프트맥스 활성화 함수를 사용하여 다중 분류 작업을 구성합니다.

참고 • 합성곱 신경망(*https://oreil.ly/Ho09g*)

22.2 텍스트 분류 신경망 훈련하기

과제 텍스트를 분류하는 신경망을 훈련해야 합니다.

해결 어휘사전vocabulary 크기의 첫 번째 층을 가진 신경망을 사용합니다.

 # 라이브러리를 임포트합니다.

```python
import torch
import torch.nn as nn
import torch.optim as optim
import numpy as np
from sklearn.datasets import fetch_20newsgroups
from sklearn.feature_extraction.text import CountVectorizer
from sklearn.model_selection import train_test_split
from sklearn.metrics import accuracy_score

# 20 뉴스그룹 데이터셋을 로드합니다.
cats = ['alt.atheism', 'sci.space']
newsgroups_data = fetch_20newsgroups(subset='all', shuffle=True,
    random_state=42, categories=cats)

# 훈련 세트와 테스트 세트를 만듭니다.
X_train, X_test, y_train, y_test = train_test_split(newsgroups_data.data,
    newsgroups_data.target, test_size=0.2, random_state=42)

# bag-of-words 방식을 사용해 텍스트 데이터를 벡터화합니다.
vectorizer = CountVectorizer(stop_words='english')
X_train = vectorizer.fit_transform(X_train).toarray()
X_test = vectorizer.transform(X_test).toarray()

# 데이터를 파이토치 텐서로 변환합니다.
X_train = torch.tensor(X_train, dtype=torch.float32)
y_train = torch.tensor(y_train, dtype=torch.long)
X_test = torch.tensor(X_test, dtype=torch.float32)
y_test = torch.tensor(y_test, dtype=torch.long)

# 모델을 정의합니다.
class TextClassifier(nn.Module):
    def __init__(self, num_classes):
        super(TextClassifier, self).__init__()
        self.fc1 = nn.Linear(X_train.shape[1], 128)
        self.fc2 = nn.Linear(128, num_classes)

    def forward(self, x):
        x = nn.functional.relu(self.fc1(x))
        x = self.fc2(x)
        return nn.functional.log_softmax(x, dim=1)

# 모델을 초기화하고, 손실 함수와 옵티마이저를 정의합니다.
model = TextClassifier(num_classes=len(cats))
loss_function = nn.CrossEntropyLoss()
```

```python
    optimizer = optim.Adam(model.parameters(), lr=0.01)

    # 모델을 컴파일합니다.
    model = torch.compile(model)

    # 모델을 훈련합니다.
    num_epochs = 1
    batch_size = 10
    num_batches = len(X_train) // batch_size
    for epoch in range(num_epochs):
        total_loss = 0.0
        for i in range(num_batches):
            # 현재 배치를 위한 입력과 타깃 데이터를 준비합니다.
            start_idx = i * batch_size
            end_idx = (i + 1) * batch_size
            inputs = X_train[start_idx:end_idx]
            targets = y_train[start_idx:end_idx]

            # 옵티마이저의 그레이디언트를 0으로 초기화합니다.
            optimizer.zero_grad()

            # 모델의 정방향 계산을 수행하고 손실을 계산합니다.
            outputs = model(inputs)
            loss = loss_function(outputs, targets)

            # 모델의 역전파를 수행하고 모델 파라미터를 업데이트합니다.
            loss.backward()
            optimizer.step()

            # 해당 에포크의 총 손실을 업데이트합니다.
            total_loss += loss.item()

        # 해당 에포크에 대한 테스트 세트의 정확도를 계산합니다.
        test_outputs = model(X_test)
        test_predictions = torch.argmax(test_outputs, dim=1)
        test_accuracy = accuracy_score(y_test, test_predictions)

        # 에포크 횟수, 평균 손실, 테스트 세트 정확도를 출력합니다.
        print(f"에포크: {epoch+1}, 손실: {total_loss/num_batches}, "
            f"테스트 세트 정확도: {test_accuracy}")
```

설명 이미지와 달리 텍스트 데이터는 수치 데이터가 아닙니다. 모델을 훈련시키기 전에 텍스트를 수치 표현으로 변환해야 합니다. 이를 통해 모델이 주어진 분류 작업에서 중요한 단어와 단어 조합을 학습할 수 있습니다. 이 예제에서는 사이킷런의 CountVectorizer를 사용하여 어휘를 전체 어휘사전 크기의 벡터로 인코딩합니다. 여기서 각 단어는 벡터의 특정 인덱스에 할당되고, 해당 위치의 값은 텍스트에서 그 단어가 등장하는 횟수입니다. 이 경우 훈련 세트를 사용해 어휘 크기를 확인할 수 있습니다.

```
X_train.shape[1]
```

```
25150
```

입력층의 크기를 결정하기 위해 신경망의 첫 번째 층에서 이 값을 사용합니다(self.fc1 = nn.Linear(X_train.shape[1], 128)). 이를 통해 신경망은 **단어 임베딩**word embedding을 학습합니다. 단어 임베딩은 이 레시피와 같은 지도 학습 작업에서 학습할 수 있는 개별 단어의 벡터 표현입니다. 이 작업에서는 크기가 128인 단어 임베딩을 학습하지만, 이러한 임베딩은 주로 특정한 이 작업과 어휘에 유용합니다.

22.3 이미지 분류를 위해 사전 훈련된 모델 미세 튜닝하기

과제 사전 훈련된 모델을 사용해 이미지 분류 모델을 훈련하고 싶습니다.

해결 transformers와 torchvision 라이브러리를 사용해 자신의 데이터에서 사전 훈련된 모델을 미세 튜닝합니다.

```python
# 라이브러리를 임포트합니다.
import torch
from torchvision.transforms import(
    RandomResizedCrop, Compose, Normalize, ToTensor
    )
from transformers import Trainer, TrainingArguments, DefaultDataCollator
from transformers import ViTFeatureExtractor, ViTForImageClassification
from datasets import load_dataset, load_metric, Image

# 이미지를 RGB로 변환하기 위한 헬퍼 함수를 정의합니다.
def transforms(examples):
    examples["pixel_values"] = [_transforms(img.convert("RGB")) for img in
        examples["image"]]
    del examples["image"]
```

```python
        return examples

# 측정 지표를 계산하기 위한 헬퍼 함수를 정의합니다.
def compute_metrics(p):
    return metric.compute(predictions=np.argmax(p.predictions, axis=1),
        references=p.label_ids)

# 패션 mnist 데이터셋을 로드합니다.
dataset = load_dataset("fashion_mnist")

# VIT 모델에서 전처리기를 로드합니다.
image_processor = ViTFeatureExtractor.from_pretrained(
    "google/vit-base-patch16-224-in21k"
)

# 데이터셋에서 레이블을 추출합니다.
labels = dataset['train'].features['label'].names

# 사전 훈련된 모델을 로드합니다.
model = ViTForImageClassification.from_pretrained(
    "google/vit-base-patch16-224-in21k",
    num_labels=len(labels),
    id2label={str(i): c for i, c in enumerate(labels)},
    label2id={c: str(i) for i, c in enumerate(labels)}
)

# 콜레이터, 정규화를 정의하고 변환합니다.
collate_fn = DefaultDataCollator()
normalize = Normalize(mean=image_processor.image_mean,
    std=image_processor.image_std)
size = (
    image_processor.size["shortest_edge"]
    if "shortest_edge" in image_processor.size
    else (image_processor.size["height"], image_processor.size["width"])
)
_transforms = Compose([RandomResizedCrop(size), ToTensor(), normalize])

# 변환할 데이터셋을 로드합니다.
dataset = dataset.with_transform(transforms)

# 정확도를 측정 지표로 사용합니다.
metric = load_metric("accuracy")

# 훈련 매개변수를 설정합니다.
```

```python
training_args = TrainingArguments(
    output_dir="fashion_mnist_model",
    remove_unused_columns=False,
    evaluation_strategy="epoch",
    save_strategy="epoch",
    learning_rate=0.01,
    per_device_train_batch_size=16,
    gradient_accumulation_steps=4,
    per_device_eval_batch_size=16,
    num_train_epochs=1,
    warmup_ratio=0.1,
    logging_steps=10,
    load_best_model_at_end=True,
    metric_for_best_model="accuracy",
    push_to_hub=False,
)

# trainer를 초기화합니다.
trainer = Trainer(
    model=model,
    args=training_args,
    data_collator=collate_fn,
    compute_metrics=compute_metrics,
    train_dataset=dataset["train"],
    eval_dataset=dataset["test"],
    tokenizer=image_processor,
)

# 모델을 기록하고 지표를 기록, 저장합니다.
train_results = trainer.train()
trainer.save_model()
trainer.log_metrics("train", train_results.metrics)
trainer.save_metrics("train", train_results.metrics)
trainer.save_state()
```

설명 텍스트나 이미지와 같은 비정형 데이터에서는 처음부터 시작하는 대신 대규모 데이터셋으로 사전 훈련된 모델에서 시작하는 것이 매우 일반적입니다. 특히 레이블이 지정된 데이터가 많지 않은 경우에 그렇습니다. 너 큰 모델에서 얻은 임베딩과 다른 정보를 활용하여 레이블 정보가 많이 없이도 새로운 작업에 맞춰 자신의 모델을 미세 튜닝할 수 있습니다. 또한 사전 훈련 모델에는 훈련 데이터셋에서 감지되지 않는 정보가 있을 수 있어 전반적인 성능 향상을 가져올 수 있습니다. 이런 과정을 **전이 학습**transfer learning이라고 합니다.

이 예제에서는 구글의 ViT$^{Vision\ Transformer}$ 모델에서 가중치를 로드합니다. 그런 다음 trans formers 라이브러리를 사용하여 간단한 의류 데이터셋인 패션^{Fashion} MNIST 데이터셋을 분류하는 작업을 위해 미세 튜닝합니다. 이 접근법을 사용해 모든 컴퓨터 비전 데이터셋에 대한 작업의 성능을 향상할 수 있습니다. transformers 라이브러리는 많은 코드를 작성하지 않고도 대규모 사전 훈련 모델에서 자신의 모델을 미세 튜닝할 수 있는 고수준의 인터페이스를 제공합니다.[1]

참고 • 허깅 페이스 웹사이트와 문서(*https://oreil.ly/5F3Rf*)

22.4 텍스트 분류를 위해 사전 훈련된 모델 미세 튜닝하기

과제 사전 훈련된 모델을 사용해 텍스트 분류 모델을 훈련하고 싶습니다.

해결 transformers 라이브러리를 사용합니다.

```python
# 라이브러리를 임포트합니다.
from datasets import load_dataset
from transformers import AutoTokenizer, DataCollatorWithPadding
from transformers import (
    AutoModelForSequenceClassification, TrainingArguments, Trainer
    )
import evaluate
import numpy as np

# imdb 데이터셋을 로드합니다.
imdb = load_dataset("imdb")

# 토크나이저와 콜레이터를 만듭니다.
tokenizer = AutoTokenizer.from_pretrained("distilbert-base-uncased")
data_collator = DataCollatorWithPadding(tokenizer=tokenizer)

# imdb 데이터셋을 토큰화합니다.
tokenized_imdb = imdb.map(
    lambda example: tokenizer(
```

---

1 옮긴이_ transformers 라이브러리에 대한 자세한 내용은 〈트랜스포머를 활용한 자연어 처리〉(한빛미디어, 2022)를 참고하세요.

```python
        example["text"], padding="max_length", truncation=True
    ),
    batched=True,
)

# 정확도 지표를 사용합니다.
accuracy = evaluate.load("accuracy")

# 지표를 계산하는 헬퍼 함수를 정의합니다.
def compute_metrics(eval_pred):
    predictions, labels = eval_pred
    predictions = np.argmax(predictions, axis=1)
    return accuracy.compute(predictions=predictions, references=labels)

# 인덱스와 레이블을 서로 매핑하는 딕셔너리를 만듭니다.
id2label = {0: "NEGATIVE", 1: "POSITIVE"}
label2id = {"NEGATIVE": 0, "POSITIVE": 1}

# 사전 훈련된 모델을 로드합니다.
model = AutoModelForSequenceClassification.from_pretrained(
    "distilbert-base-uncased", num_labels=2, id2label=id2label,
        label2id=label2id
)

# 훈련 매개변수를 설정합니다.
training_args = TrainingArguments(
    output_dir="my_awesome_model",
    learning_rate=2e-5,
    per_device_train_batch_size=16,
    per_device_eval_batch_size=16,
    num_train_epochs=2,
    weight_decay=0.01,
    evaluation_strategy="epoch",
    save_strategy="epoch",
    load_best_model_at_end=True,
)

# trainer를 초기화합니다.
trainer = Trainer(
    model=model,
    args=training_args,
    train_dataset=tokenized_imdb["train"],
    eval_dataset=tokenized_imdb["test"],
    tokenizer=tokenizer,
    data_collator=data_collator,
```

```
    compute_metrics=compute_metrics,
)

# 모델을 훈련합니다.
trainer.train()
```

설명 사전 훈련된 이미지 모델을 사용하는 것과 마찬가지로, 사전 훈련된 언어 모델은 일반적으로 인터넷에 공개된 다양한 데이터에서 훈련되기 때문에 언어에 대한 많은 양의 문맥 정보가 포함되어 있습니다. 사전 훈련된 모델로 시작할 때 일반적으로 하는 작업은 기존 신경망의 분류 층을 자신의 작업에 맞는 층으로 교체하는 것입니다. 이를 통해 이미 학습된 신경망의 가중치를 현재 작업에 맞게 조정할 수 있습니다.

이 예제는 IMDB 영화 리뷰가 긍정(1)인지 부정(0)인지 인식하도록 DistilBERT 모델을 미세 튜닝합니다. 사전 훈련된 DistilBERT 모델은 사전 훈련 작업에서 학습된 신경망 가중치 외에도 대규모 어휘사전과 문맥 정보를 제공합니다. 전이 학습을 통해 DistilBERT 모델이 이전 작업에서 훈련하여 얻은 이점을 모두 활용하고 영화 리뷰 분류 작업에 맞게 목적을 변경할 수 있습니다.

참고 • 트랜스포머스로 텍스트 분류하기 (*https://oreil.ly/uhrjI*)

## CHAPTER 23

훈련 모델의 저장, 로딩, 서빙

23.0 소개

지난 22개의 장과 약 200개의 레시피에서 원시 데이터와 머신러닝을 사용하여 성능이 좋은 예측 모델을 만드는 방법을 다루었습니다. 그러나 이런 레시피의 가치가 발휘되려면 기존 소프트웨어 애플리케이션과 통합하는 것과 같은 궁극적으로 모델로 어떤 작업을 해야 합니다. 이를 위해 모델을 훈련한 후 저장하고, 애플리케이션에서 필요할 때 로드하며, 그다음 해당 애플리케이션에 요청하여 예측을 만들 수 있어야 합니다.

머신러닝 모델은 일반적으로 간단한 웹 서버에 배포되며 입력 데이터를 받아 예측을 반환하도록 고안됩니다. 이를 통해 동일한 네트워크의 모든 클라이언트가 머신러닝 모델을 사용할 수 있습니다. 따라서 (UI, 사용자 같은) 다른 서비스가 머신러닝 모델을 사용하여 실시간으로 예측을 수행할 수 있습니다. 예를 들어 전자상거래 웹사이트에서 머신러닝을 사용하여 상품을 검색합니다. 여기서 머신러닝 모델은 사용자 및 상품 목록에 대한 데이터를 입력받아 사용자가 해당 상품을 구매할 가능성을 반환합니다. 검색 결과는 실시간으로 제공되어야 하며 사용자 검색을 받고 결과를 배치하는 전자상거래 애플리케이션에서 사용할 수 있어야 합니다.

23.1 사이킷런 모델 저장하고 로드하기

과제 훈련된 사이킷런 모델을 저장하고 로드하고 싶습니다.

해결 피클^{pickle} 파일로 모델을 저장합니다.

```python
# 라이브러리를 임포트합니다.
import joblib
from sklearn.ensemble import RandomForestClassifier
from sklearn import datasets

# 데이터를 로드합니다.
iris = datasets.load_iris()
features = iris.data
target = iris.target

# 결정 트리 분류기 객체를 만듭니다.
classifer = RandomForestClassifier()

# 모델을 훈련합니다.
model = classifer.fit(features, target)

# 모델을 피클 파일로 저장합니다.
joblib.dump(model, "model.pkl")
```

```
['model.pkl']
```

모델을 저장하고 나면 필요한 애플리케이션(예: 웹 애플리케이션)에서 사이킷런으로 모델을 복원할 수 있습니다.

```python
# 파일에서 모델을 복원합니다.
classifer = joblib.load("model.pkl")
```

복원된 모델로 예측을 수행합니다.

```python
# 새로운 샘플을 만듭니다.
new_observation = [[ 5.2,  3.2,  1.1,  0.1]]

# 샘플의 클래스를 예측합니다.
classifer.predict(new_observation)
```

```
array([0])
```

설명 운영 시스템에서 모델을 사용하기 위한 첫 단계는 다른 애플리케이션이나 워크플로에서 사용할 수 있도록 모델을 파일로 저장하는 것입니다. 이를 위해 파이썬 객체를 직렬화하여 파일에 저장하는 파이썬 고유 데이터 포맷인 피클 파일로 모델을 저장할 수 있습니다. 특히 `joblib`

를 사용해 모델을 저장할 수 있습니다. 이 라이브러리는 피클을 확장한 것으로 사이킷런의 훈련된 모델에서 흔히 발생하는 대규모 넘파이 배열을 다룰 때 유용합니다.

사이킷런 모델을 저장할 때 저장된 모델이 사이킷런 버전 간에 호환되지 않는지 주의하세요. 파일 이름에 모델에 사용된 사이킷런 버전을 포함시키는 것이 좋습니다.

```python
# 라이브러리를 임포트합니다.
import sklearn

# 사이킷런 버전을 구합니다.
scikit_version = sklearn.__version__

# 모델을 피클 파일로 저장합니다.
joblib.dump(model, "model_{version}.pkl".format(version=scikit_version))
```

```
['model_1.2.0.pkl']
```

23.2 텐서플로 모델 저장하고 로드하기

과제 훈련된 텐서플로^{TensorFlow} 모델을 저장하고 로드하고 싶습니다.

해결 텐서플로 **saved_model** 포맷을 사용해 모델을 저장합니다.

```python
# 라이브러리를 임포트합니다.
import numpy as np
from tensorflow import keras

# 랜덤 시드를 지정합니다.
np.random.seed(0)

# 하나의 은닉층을 가진 모델을 만듭니다.
input_layer = keras.Input(shape=(10,))
hidden_layer = keras.layers.Dense(10)(input_layer)
output_layer = keras.layers.Dense(1)(input_layer)
model = keras.Model(input_layer, output_layer)
model.compile(optimizer="adam", loss="mean_squared_error")

# 모델을 훈련합니다.
x_train = np.random.random((1000, 10))
```

```
y_train = np.random.random((1000, 1))
model.fit(x_train, y_train)

# `save_model`이란 디렉터리에 모델을 저장합니다.
model.save("saved_model")
```

```
32/32 [==============================] - 1s 8ms/step - loss: 0.2056
INFO:tensorflow:Assets written to: saved_model/assets
```

그다음 다른 애플리케이션이나 추가적인 훈련을 위해 모델을 로드할 수 있습니다.

```
# 신경망을 로드합니다.
model = keras.models.load_model("saved_model")
```

설명 이 책에서 텐서플로를 많이 사용하지 않았지만 텐서플로 모델을 저장하고 로드하는 방법을 알면 유용합니다. 파이썬 **pickle** 포맷을 사용하는 사이킷런과 다르게 텐서플로는 모델을 저장하고 로드하기 위한 자체적인 메서드를 제공합니다. **saved_model** 포맷은 디렉터리를 만들어 모델과 나중에 이를 로드하여 예측을 만드는 데 필요한 모든 정보를 프로토콜 버퍼^{protocol} ^{buffer} 포맷으로 저장합니다(**.pb** 파일 확장자를 사용합니다).

```
ls saved_model
```

```
assets   fingerprint.pb   keras_metadata.pb   saved_model.pb   variables
```

이 포맷을 자세히 설명하지 않겠지만 텐서플로에서 훈련된 모델을 저장, 로드, 서빙^{serving}하는 표준 방법입니다.

참고 • 케라스 모델 직렬화와 저장(*https://oreil.ly/CDPvo*)
   • 텐서플로 SavedModel 포맷(*https://oreil.ly/StpSL*)

23.3 파이토치 모델 저장하고 로드하기

과제 훈련된 파이토치 모델을 저장하고 로드하고 싶습니다.

해결 torch.save와 torch.load 함수를 사용합니다.

```python
# 라이브러리를 임포트합니다.
import torch
import torch.nn as nn
import numpy as np
from torch.utils.data import DataLoader, TensorDataset
from torch.optim import RMSprop
from sklearn.datasets import make_classification
from sklearn.model_selection import train_test_split

# 훈련 세트와 테스트 세트를 만듭니다.
features, target = make_classification(n_classes=2, n_features=10,
    n_samples=1000)
features_train, features_test, target_train, target_test = train_test_split(
    features, target, test_size=0.1, random_state=1)

# 랜덤 시드를 지정합니다.
torch.manual_seed(0)
np.random.seed(0)

# 데이터를 파이토치 텐서로 변환합니다.
x_train = torch.from_numpy(features_train).float()
y_train = torch.from_numpy(target_train).float().view(-1, 1)
x_test = torch.from_numpy(features_test).float()
y_test = torch.from_numpy(target_test).float().view(-1, 1)

# Sequential 클래스를 사용해 신경망을 정의합니다.
class SimpleNeuralNet(nn.Module):
    def __init__(self):
        super(SimpleNeuralNet, self).__init__()
        self.sequential = torch.nn.Sequential(
            torch.nn.Linear(10, 16),
            torch.nn.ReLU(),
            torch.nn.Linear(16,16),
            torch.nn.ReLU(),
            torch.nn.Linear(16, 1),
            torch.nn.Dropout(0.1), # 10%의 뉴런을 드롭아웃합니다.
            torch.nn.Sigmoid(),
        )

    def forward(self, x):
        x = self.sequential(x)
        return x

# 신경망을 초기화합니다.
network = SimpleNeuralNet()
```

```python
# 손실 함수와 옵티마이저를 정의합니다.
criterion = nn.BCELoss()
optimizer = RMSprop(network.parameters())

# 데이터 로더를 정의합니다.
train_data = TensorDataset(x_train, y_train)
train_loader = DataLoader(train_data, batch_size=100, shuffle=True)

# 모델을 컴파일합니다.
network = torch.compile(network)

# 신경망을 훈련합니다.
epochs = 5
for epoch in range(epochs):
    for batch_idx, (data, target) in enumerate(train_loader):
        optimizer.zero_grad()
        output = network(data)
        loss = criterion(output, target)
        loss.backward()
        optimizer.step()

# 모델을 훈련한 다음 저장합니다.
torch.save(
    {
        'epoch': epoch,
        'model_state_dict': network.state_dict(),
        'optimizer_state_dict': optimizer.state_dict(),
        'loss': loss,
    },
    "model.pt"
)

# 신경망을 로드합니다.
network = SimpleNeuralNet()
state_dict = torch.load(
    "model.pt",
    map_location=torch.device('cpu')
    )["model_state_dict"]
network.load_state_dict(state_dict, strict=False)
network.eval()
```

```
SimpleNeuralNet(
  (sequential): Sequential(
    (0): Linear(in_features=10, out_features=16, bias=True)
```

```
    (1): ReLU()
    (2): Linear(in_features=16, out_features=16, bias=True)
    (3): ReLU()
    (4): Linear(in_features=16, out_features=1, bias=True)
    (5): Dropout(p=0.1, inplace=False)
    (6): Sigmoid()
  )
)
```

설명 21장에서 훈련 과정을 저장하는 데 비슷한 방법을 사용했습니다. 여기서는 동일한 방식을 사용하여 모델을 메모리에 다시 로드하여 예측을 수행합니다. 모델이 저장된 `model.pt` 파일은 실제로는 모델 파라미터를 담는 하나의 딕셔너리입니다. 모델 상태를 `model_state_dict` 딕셔너리 키에 저장했습니다. 모델을 다시 로드하려면 신경망을 다시 초기화한 다음 `network.load_state_dict`를 사용하여 모델을 로드합니다.

참고 • 파이토치 튜토리얼: 모델 저장과 로드(*https://oreil.ly/WO3X1*)

23.4 사이킷런 모델 서빙하기

과제 훈련된 사이킷런 모델을 웹 서버를 사용해 서빙하고 싶습니다.

해결 이 장의 앞부분에서 훈련된 모델을 로드하는 플라스크^{Flask} 애플리케이션을 만듭니다.

```
# 라이브러리를 임포트합니다.
import joblib
from flask import Flask, request

# 플라스크 앱을 초기화합니다.
app = Flask(__name__)

# 디스크로부터 모델을 로드합니다.
model = joblib.load("model.pkl")

# JSON 데이터를 받고 예측을 만들어 반환하는 라우트(route)를 만듭니다.
@app.route("/predict", methods = ["POST"])
def predict():
    print(request.json)
```

```
    inputs = request.json["inputs"]
    prediction = model.predict(inputs)
    return {
        "prediction" : prediction.tolist()
    }

# 애플리케이션을 실행합니다.
if __name__ == "__main__":
    app.run()
```

플라스크가 설치되어 있는지 확인하세요.

```
python3 -m pip install flask==2.2.3 joblib==1.2.0 scikit-learn==1.2.0
```

그다음 애플리케이션을 실행합니다.

```
python3 app.py
```

```
* Serving Flask app 'app'
 * Debug mode: off
WARNING: This is a development server. Do not use it in a production deployment.
    Use a production WSGI server instead.
 * Running on http://127.0.0.1:5000
Press CTRL+C to quit
```

이제 **curl**을 사용해 예측 엔드포인트^{endpoint}에 데이터를 보내어 예측을 만들고 결과를 받을 수 있습니다.

```
curl -X POST http://127.0.0.1:5000/predict  -H 'Content-Type: application/json'
    -d '{"inputs":[[5.1, 3.5, 1.4, 0.2]]}'
```

```
{"prediction":[0]}
```

설명 이 예에서는 인기 있는 오픈 소스 웹 프레임워크 라이브러리인 플라스크를 사용합니다. POST 요청으로 JSON 데이터를 받고 예측이 담긴 딕셔너리를 반환하는 라우트^{route} /predict 를 정의합니다. 이 서버를 제품 환경으로 사용할 수는 없습니다(개발 서버로 사용하라는 플라스크 경고 메시지를 참고하세요). 하지만 이 코드를 확장하여 제품 환경에 있는 웹 프레임워크로 서빙할 수 있습니다.

23.5 텐서플로 모델 서빙하기

과제 훈련된 텐서플로 모델을 웹 서버를 사용해 서빙하고 싶습니다.

해결 텐서플로의 오픈 소스 서빙 프레임워크와 도커Docker를 사용합니다.

```
docker run -p 8501:8501 -p 8500:8500 \
--mount type=bind,source=$(pwd)/saved_model,target=/models/saved_model/1 \
-e MODEL_NAME=saved_model -t tensorflow/serving
```

설명 텐서플로 서빙TensorFlow Serving은 텐서플로 모델에 최적화된 오픈 소스 서빙 솔루션입니다. 간단하게 모델 경로만 전달하면 HTTP와 gRPC 서버와 함께 개발자에게 유용한 기능을 얻을 수 있습니다.

docker run 명령은 tensorflow/serving 이미지를 사용해 컨테이너container를 실행하고, 현재 작업 디렉터리의 saved_model 경로($(pwd)/saved_model)를 컨테이너 안의 /models/saved_model/1에 마운트합니다. 이 장의 앞부분에서 저장한 모델을 도커 컨테이너로 자동으로 로드하며 예측 쿼리를 전송할 수 있습니다.

웹 브라우저로 *http://localhost:8501/v1/models/saved_model*에 접속하면 다음과 같은 JSON 결과를 볼 수 있습니다.

```
{
    "model_version_status": [
        {
            "version": "1",
            "state": "AVAILABLE",
            "status": {
                "error_code": "OK",
                "error_message": ""
            }
        }
    ]
}
```

*http://localhost:8501/v1/models/saved_model/metadata*로 접속하면 모델에 대한 상세한 정보를 반환합니다.

```
{
"model_spec":{
 "name": "saved_model",
 "signature_name": "",
 "version": "1"
}
,
"metadata": {"signature_def": {
 "signature_def": {
  "serving_default": {
   "inputs": {
    "input_8": {
     "dtype": "DT_FLOAT",
     "tensor_shape": {
      "dim": [
       {
        "size": "-1",
        "name": ""
       },
       {
        "size": "10",
        "name": ""
       }
      ],
      "unknown_rank": false
     },
     "name": "serving_default_input_8:0"
    }
   },
   "outputs": {
    "dense_11": {
     "dtype": "DT_FLOAT",
     "tensor_shape": {
      "dim": [
       {
        "size": "-1",
        "name": ""
       },
       {
        "size": "1",
        "name": ""
       }
      ],
      "unknown_rank": false
```

```
    },
      "name": "StatefulPartitionedCall:0"
    }
  },
  "method_name": "tensorflow/serving/predict"
},
 "__saved_model_init_op": {
  "inputs": {},
  "outputs": {
   "__saved_model_init_op": {
    "dtype": "DT_INVALID",
    "tensor_shape": {
     "dim": [],
     "unknown_rank": true
    },
    "name": "NoOp"
   }
  },
  "method_name": ""
  }
 }
}
}
}
```

curl을 사용해 REST 엔드포인트로 변수(이 신경망은 10개의 특성을 받습니다)를 전달하면 예측을 수행합니다.

```
curl -X POST http://localhost:8501/v1/models/saved_model:predict
    -d '{"inputs":[[1,2,3,4,5,6,7,8,9,10]]}'
```

```
{
    "outputs": [
        [
            5.59353495
        ]
    ]
}
```

참고 • 텐서플로 문서: 모델 서빙(https://oreil.ly/5ZEQo)

23.6 셀던으로 파이토치 모델 서빙하기

과제 훈련된 파이토치 모델을 실시간 예측을 위해 서빙하고 싶습니다.

해결 셀던 코어Seldon Core 파이썬 래퍼wrapper를 사용해 모델을 서빙합니다.

```python
# 라이브러리를 임포트합니다.
import torch
import torch.nn as nn
import logging

# 파이토치 모델 클래스를 만듭니다.
class SimpleNeuralNet(nn.Module):
    def __init__(self):
        super(SimpleNeuralNet, self).__init__()
        self.sequential = torch.nn.Sequential(
            torch.nn.Linear(10, 16),
            torch.nn.ReLU(),
            torch.nn.Linear(16,16),
            torch.nn.ReLU(),
            torch.nn.Linear(16, 1),
            torch.nn.Dropout(0.1), # 10%의 뉴런을 드롭아웃합니다.
            torch.nn.Sigmoid(),

        )
# `MyModel`이란 이름으로 셀던 모델 객체를 만듭니다.
class MyModel(object):

    # 모델을 로드합니다.
    def __init__(self):
        self.network = SimpleNeuralNet()
        self.network.load_state_dict(
            torch.load("model.pt")["model_state_dict"],
            strict=False
        )
        logging.info(self.network.eval())

    # 예측을 만듭니다.
    def predict(self, X, features_names=None):
        return self.network.forward(X)
```

도커로 이를 실행합니다.

```
docker run -it -v $(pwd):/app -p 9000:9000 kylegallatin/seldon-example
    seldon-core-microservice MyModel --service-type MODEL
```

```
2023-03-11 14:40:52,277 - seldon_core.microservice:main:578 -
    INFO:  Starting microservice.py:main
2023-03-11 14:40:52,277 - seldon_core.microservice:main:579 -
    INFO:  Seldon Core version: 1.15.0
2023-03-11 14:40:52,279 - seldon_core.microservice:main:602 -
    INFO:  Parse JAEGER_EXTRA_TAGS []
2023-03-11 14:40:52,287 - seldon_core.microservice:main:605 -
    INFO:  Annotations: {}
2023-03-11 14:40:52,287 - seldon_core.microservice:main:609 -
    INFO:  Importing MyModel
2023-03-11 14:40:55,901 - root:__init__:25 - INFO:  SimpleNeuralNet(
  (sequential): Sequential(
    (0): Linear(in_features=10, out_features=16, bias=True)
    (1): ReLU()
    (2): Linear(in_features=16, out_features=16, bias=True)
    (3): ReLU()
    (4): Linear(in_features=16, out_features=1, bias=True)
    (5): Dropout(p=0.1, inplace=False)
    (6): Sigmoid()
  )
)
2023-03-11 14:40:56,024 - seldon_core.microservice:main:640 -
    INFO:  REST gunicorn microservice running on port 9000
2023-03-11 14:40:56,028 - seldon_core.microservice:main:655 -
    INFO:  REST metrics microservice running on port 6000
2023-03-11 14:40:56,029 - seldon_core.microservice:main:665 -
    INFO:  Starting servers
2023-03-11 14:40:56,029 - seldon_core.microservice:start_servers:80 -
    INFO:  Using standard multiprocessing library
2023-03-11 14:40:56,049 - seldon_core.microservice:server:432 -
    INFO:  Gunicorn Config:  {'bind': '0.0.0.0:9000', 'accesslog': None,
    'loglevel': 'info', 'timeout': 5000, 'threads': 1, 'workers': 1,
    'max_requests': 0, 'max_requests_jitter': 0, 'post_worker_init':
    <function post_worker_init at 0x7f5aee2c89d0>, 'worker_exit':
    functools.partial(<function worker_exit at 0x7f5aee2ca170>,
    seldon_metrics=<seldon_core.metrics.SeldonMetrics object at
    0x7f5a769f0b20>), 'keepalive': 2}
2023-03-11 14:40:56,055 - seldon_core.microservice:server:504 -
    INFO:  GRPC Server Binding to 0.0.0.0:5000 with 1 processes.
2023-03-11 14:40:56,090 - seldon_core.wrapper:_set_flask_app_configs:225 -
    INFO:  App Config:  <Config {'ENV': 'production', 'DEBUG': False,
```

```
      'TESTING': False, 'PROPAGATE_EXCEPTIONS': None, 'SECRET_KEY': None,
      'PERMANENT_SESSION_LIFETIME': datetime.timedelta(days=31),
      'USE_X_SENDFILE': False, 'SERVER_NAME': None, 'APPLICATION_ROOT': '/',
      'SESSION_COOKIE_NAME': 'session', 'SESSION_COOKIE_DOMAIN': None,
      'SESSION_COOKIE_PATH': None, 'SESSION_COOKIE_HTTPONLY': True,
      'SESSION_COOKIE_SECURE': False, 'SESSION_COOKIE_SAMESITE': None,
      'SESSION_REFRESH_EACH_REQUEST': True, 'MAX_CONTENT_LENGTH': None,
      'SEND_FILE_MAX_AGE_DEFAULT': None, 'TRAP_BAD_REQUEST_ERRORS': None,
      'TRAP_HTTP_EXCEPTIONS': False, 'EXPLAIN_TEMPLATE_LOADING': False,
      'PREFERRED_URL_SCHEME': 'http', 'JSON_AS_ASCII': None,
      'JSON_SORT_KEYS': None, 'JSONIFY_PRETTYPRINT_REGULAR': None,
      'JSONIFY_MIMETYPE': None, 'TEMPLATES_AUTO_RELOAD': None,
      'MAX_COOKIE_SIZE': 4093}>
2023-03-11 14:40:56,091 - seldon_core.wrapper:_set_flask_app_configs:225 -
      INFO:  App Config:  <Config {'ENV': 'production', 'DEBUG': False,
      'TESTING': False, 'PROPAGATE_EXCEPTIONS': None, 'SECRET_KEY': None,
      'PERMANENT_SESSION_LIFETIME': datetime.timedelta(days=31),
      'USE_X_SENDFILE': False, 'SERVER_NAME': None, 'APPLICATION_ROOT': '/',
      'SESSION_COOKIE_NAME': 'session', 'SESSION_COOKIE_DOMAIN': None,
      'SESSION_COOKIE_PATH': None, 'SESSION_COOKIE_HTTPONLY': True,
      'SESSION_COOKIE_SECURE': False, 'SESSION_COOKIE_SAMESITE': None,
      'SESSION_REFRESH_EACH_REQUEST': True, 'MAX_CONTENT_LENGTH': None,
      'SEND_FILE_MAX_AGE_DEFAULT': None, 'TRAP_BAD_REQUEST_ERRORS': None,
      'TRAP_HTTP_EXCEPTIONS': False, 'EXPLAIN_TEMPLATE_LOADING': False,
      'PREFERRED_URL_SCHEME': 'http', 'JSON_AS_ASCII': None,
      'JSON_SORT_KEYS': None, 'JSONIFY_PRETTYPRINT_REGULAR': None,
      'JSONIFY_MIMETYPE': None, 'TEMPLATES_AUTO_RELOAD': None,
      'MAX_COOKIE_SIZE': 4093}>
2023-03-11 14:40:56,096 - seldon_core.microservice:_run_grpc_server:466 - INFO:
      Starting new GRPC server with 1 threads.
[2023-03-11 14:40:56 +0000] [23] [INFO] Starting gunicorn 20.1.0
[2023-03-11 14:40:56 +0000] [23] [INFO] Listening at: http://0.0.0.0:6000 (23)
[2023-03-11 14:40:56 +0000] [23] [INFO] Using worker: sync
[2023-03-11 14:40:56 +0000] [30] [INFO] Booting worker with pid: 30
[2023-03-11 14:40:56 +0000] [1] [INFO] Starting gunicorn 20.1.0
[2023-03-11 14:40:56 +0000] [1] [INFO] Listening at: http://0.0.0.0:9000 (1)
[2023-03-11 14:40:56 +0000] [1] [INFO] Using worker: sync
[2023-03-11 14:40:56 +0000] [34] [INFO] Booting worker with pid: 34
2023-03-11 14:40:56,217 - seldon_core.gunicorn_utils:load:103 - INFO:
      Tracing not active
```

설명 파이토치 모델을 서빙하는 방법이 여러 가지 있지만 여기서는 셀던 코어 파이썬 래퍼를 사용합니다. 셀던 코어는 모델 서빙을 위해 인기가 높은 프레임워크로 쉽게 사용할 수 있는 유용한 기능이 많고, 플라스크 애플리케이션보다 확장성이 뛰어납니다. 간단한 파이썬 클래스(해결에 있는 **MyModel**)를 작성하면 이 파이썬 라이브러리가 서버 구성요소와 엔드포인트를 모두 처리해 줍니다. 그다음 **seldon-core-microservice** 명령으로 서비스를 실행하여 REST 서버, gRPC 서버를 시작할 수 있고 심지어 측정 지표를 위한 엔드포인트도 제공합니다. 이 서비스로 예측을 만들려면 다음 엔드포인트의 9000번 포트에 요청합니다.

```
curl -X POST http://127.0.0.1:9000/predict  -H 'Content-Type: application/json'
    -d '{"data": {"ndarray":[[0, 0, 0, 0, 0, 0, 0, 0, 0]]}}'
```

그러면 다음과 같은 출력을 볼 수 있습니다.

```
{"data":{"names":["t:0","t:1","t:2","t:3","t:4","t:5","t:6","t:7","t:8"],
    "ndarray":[[0,0,0,0,0,0,0,0,0]]},"meta":{}}
```

참고
- 셀던 코어 파이썬 패키지(*https://oreil.ly/FTofY*)
- 토치서브TorchServe 문서(*https://oreil.ly/fjmrE*)

INDEX

INDEX

INDEX

INDEX

INDEX

INDEX

INDEX

INDEX

INDEX

INDEX